21世纪高等院校
行政管理专业规划教材

行政管理学

XINGZHENG GUANLIXUE

（第四版）

主　编◎丁　煌
副主编◎柏必成　云宇龙

首都经济贸易大学出版社
Capital University of Economics and Business Press
·北　京·

图书在版编目(CIP)数据

行政管理学 / 丁煌主编. -- 4 版. -- 北京 ：首都经济贸易大学出版社，2021.11

ISBN 978-7-5638-3281-1

Ⅰ. ①行… Ⅱ. ①丁… Ⅲ. ①行政管理-管理学 Ⅳ. ①D035

中国版本图书馆 CIP 数据核字(2021)第 191026 号

行政管理学(第四版)
丁煌 主编　　柏必成 云宇龙 副主编

责任编辑 彭伽佳
封面设计 砚祥志远 · 激光照排 TEL: 010-65976003
出版发行 首都经济贸易大学出版社
地　　址 北京市朝阳区红庙（邮编 100026）
电　　话 (010)65976483 65065761 65071505(传真)
网　　址 http://www.sjmcb.com
E-mail publish@cueb.edu.cn
经　　销 全国新华书店
照　　排 北京砚祥志远激光照排技术有限公司
印　　刷 北京建宏印刷有限公司
成品尺寸 170 毫米×240 毫米 1/16
字　　数 390 千字
印　　张 20.5
版　　次 2009 年 3 月第 1 版 2013 年 1 月第 2 版
2016 年 3 月第 3 版 **2021 年 11 月第 4 版**
2024 年 6 月总第 8 次印刷
书　　号 ISBN 978-7-5638-3281-1
定　　价 45.00 元

第四版前言

奉献给读者的这本《行政管理学》(第四版)是笔者在《行政管理学》前三版基础上吸收最新研究成果修订而成的,本书是一本既博采众长又集思广益之作,在编写过程中不仅广泛吸取了国内外行政管理学教材和论著之精华,更凝聚了各位作者的集体智慧,其中每一章的具体内容都是在主编提出的基本框架基础上经过大家讨论后确定,并由两位作者相互沟通、彼此磋商之后写作和修改完成的。

全书由绪论及行政组织篇、行政运行篇、行政工具篇和行政后果篇四大部分构成,其中,行政组织篇包括行政组织概述、行政组织职能和行政组织结构三章内容(即本书的1~3章);行政运行篇包括行政领导、人事行政和行政决策、实施与监督三章内容(即本书的4~6章);行政工具篇包括公共政策、行政方法和行政技术三章内容(即本书的7~9章);行政后果篇包括行政责任、行政绩效和行政改革三章内容(即本书的10~12章)。

本书由丁煌担任主编,柏必成和云宇龙担任副主编,尤其是柏必成在编写和修订过程中协助主编做了大量的工作。

各章撰稿的具体分工情况如下:

绪论:丁煌

第一章:柏必成、顾光海

第二章:顾光海、杨庐峰

第三章:丁煌、顾光海

第四章:郭春甫、丁煌

第五章:郭春甫、柏必成

第六章:云宇龙、郭春甫

第七章:丁煌、柏必成

第八章:柏必成、云宇龙

第九章:云宇龙、柏必成

第十章:杨庐峰、刘雪丰

第十一章:柏必成、刘雪丰

第十二章：刘雪丰、丁煌

由于我们的专业水平有限，再加之时间仓促，此次修订版中的讹误之处仍恐难以避免，乞请读者批评指正。

2021 年 6 月

目录

CONTENTS

绪　论

什么是行政管理？行政管理具有哪些基本内涵？什么是行政管理学？作为一门学科，行政管理学的研究要涉及哪些基本内容？行政管理学这门学科的发展历程又是怎样的？以上是人们在学习行政管理学的过程中首先要遇到的问题。在绪论部分，我们拟主要对这些问题进行分析和探讨。

一、行政管理的基本内涵

“行政管理”对很多人都不是一个陌生的词语，它在人们的社会生活中会通过不同的途径不时地出现，那么，究竟什么是行政管理？对这个问题，并不是每一个人都能够给出一个明确的答案，不少人对这个问题的认识是模糊不清的。

“行政管理”又被称为“行政”“公共行政”“公共行政管理”。由此可见，理解行政管理的内涵，关键是要把握好三个基本概念，即行政、管理与公共。其中，“行政”在这三个概念中是最主要的，因为行政的内涵就是行政管理的内涵，“管理”与“公共”则是对行政或行政管理所作的进一步说明与阐释，表明行政具有管理和公共的属性。通过依次对行政、管理和公共这三个概念的分析，我们可以逐步对行政管理的内涵得出更为全面和深入的认识。

（一）对行政的分析

我们要探讨行政这一概念，就不能不提到法国杰出政治思想家孟德斯鸠(Baron de Montesquieu)的三权分立学说，理解三权分立学说可以作为我们认识行政这一概念的开端。孟德斯鸠认为，每个国家的权力都可划分为三种——立法权、行政权和司法权，其中，立法权是制定、修改和废止法律的权力，行政权是执行法律的权力。需要注意的是，三权分立学说的要义不仅仅在于三种国家权力的划分和分立，更重要的是这三种权力的相互制衡，而实现权力制衡的途径就是将三种权力分别交由不同的人和不同的机构来行使（实现不同国家机关的分立)，由此来“以权力制约权力”[①]。这样，三种权力便与三种不同的国家机关一一对应了起来，立法权由立法机关来行使，行政权由行政机关来行使，司法权由司法机关来行使。孟德斯鸠的三权分立学说告诉我们，行政与立法、司法是并列的，它是对法律的执行，并且这种执行职能由专门的行政机关来承担。

在孟德斯鸠的三权分立学说诞生 100 多年后，美国著名行政学家和政治学家古德诺(Frank J. Goodnow)于 1900 年出版了《政治与行政》一书，在该书中，古德诺对行政的概念做了进一步的阐释。他认为，存在两种性质截然不同的政府功能，政府的这两种功能可以分别称作“政治”与“行政”，政治与政策或国家意志的表达相关，行政则与这些政策的执行相关。[②] 古德诺在这里所指的“政府”是广义上的政府，既包括以表达国家意志为主要职责的机关(即立法机关)，又包括以执行国家意志为主要功能的机关(可视为行政机关)。[③] 可见，古德诺与孟德斯鸠都认为国家的权力或功能可以划分为不同的类型，只不过孟德斯鸠采取的是三分法，古德诺采取的是二分法。然而，与孟德斯鸠不同，古德诺并不赞同国家的不同功能可以与不同的国家机关严格对应，他认为，国家的某种功能并不是排他地属于特定国家机关的，“以执行国家意志为主要功能的政府机关，经常地，事实上是通常地，又被赋予表达国家意志的具体细节的职责，尽管这些国家意志的具体细节在表达时必须合乎由主要职责在于表达国家意志的机构所制定的一般原则。这就是说，被称为执行机构的机构几乎在任何情况下都拥有大量的制定法令权或立法权。另一方面，以表达国家意志为主要职责的机关，即立法机关，通常又有权用某种方式控制以执行国家意志为主要职责的机关对国家意志的执行。也就是说，尽管人们能够区分开政府的两种主要功能，却无法严格地规定这些功能委托给哪些政府机关去行使”[④]。通过以上分析，我们可以将古德诺对行政的理解简要概括如下：行政是一种执行政策或国家意志的功能，这种功能主要由执行机构(或行政机关)来承担，但并不局限于执行机构，同时，执行机构又承担着一定的制定政策或表达国家意志的功能。

后来的学者对政治与行政二分的观点提出了批判，在此基础上，人们对行政的概念有了更加深入的认识。古德诺等人认为政治(或政策的制定)与行政(或政策的执行)属于两种不同的国家功能，它们是可以截然分开的。美国杰出的行政学家西蒙(Herbert A. Simon)则强调：管理就是决策。根据这一观点，行

① 孟德斯鸠：《论法的精神》(上册)，商务印书馆 1982 年版，第 155 页。

② 古德诺：《政治与行政》，华夏出版社 1987 年版，第 10 页。

③在人类文明史的早期阶段，国家与政府并没有得到分化，因此不存在广义的政府与狭义的政府之分，人们可以在国家的意义上使用政府的概念，也可以在政府的意义上使用国家的概念。近代以来，随着国家权力的分立，人们一般将国家称为广义的政府，而将政府(狭义的政府)特指为行政机关。参见张康之：“论‘公共性’及其在公共行政中的实现”，《东南学术》，2005 年第 1 期。

④古德诺：《政治与行政》，华夏出版社 1987 年版，第 9 页。

政既然属于管理的一个领域和范畴,那么,行政活动也是一种决策活动,将行政纯粹局限于执行领域是不现实的。西蒙的观点对政治与行政二分的观点形成了有力的冲击,同时也打破了人们关于行政就是对决策或政策的执行这样一种认识。实际上,政治与行政是相互渗透的,人们很难在政治与行政之间划出一条清晰的界线,行政不可能脱离政治而存在,行政人员在执行政策的过程中也不可能不涉及政策的制定问题,特别是随着行政事务的日益复杂和行政机关自由裁量权的逐步扩大,行政机关及行政人员更是难以被排除在政治或政策制定之外,政治与行政更是相互交织在了一起。因此,政治与行政的二分更多的是一种理论上的假设,而缺乏现实中证据的支持,行政与政治是难以分开的,行政不仅涉及决策或政策的执行,而且涉及决策或政策的制定。相应地,行政机关不仅担负着执行决策或政策的职责,而且担负着一定的制定决策或政策的职责。不过,在行政机关的职责范围这一点上,反对政治与行政二分的学者与古德诺持有较为相近的观点。

在以上分析的基础上,我们可以对行政或行政管理的内涵得出以下两点认识:首先,行政是国家的一种功能,这种功能具有显著的执行性特征(执行立法机关通过的法律和以这种法律为表现形式的国家意志),同时又涉及决策或政策的制定。行政的这一功能区别于立法和司法等功能,但这种区别是相对的。其次,承担行政这一功能的主体是国家机关中的执行机关,即行政机关,也可被视为狭义的政府(广义的政府还包括立法机关和司法机关)。当然,行政机关之外的其他国家机关以及国家机关之外的其他组织也在行政活动中发挥着自身的作用。

(二)对管理的分析

行政的主要功能在于执行国家意志。具体到我国,承担行政功能的国家机关要使权力机关通过的法律和决议落到实处,要使党的大政方针(最终要上升为国家意志)落到实处,执行的过程实际上也就是管理的过程,离开了具体的管理,国家意志便只能停留在意识和观念的层面。因此,行政具有典型的管理属性,行政活动是一种重要的管理活动。

那么,什么是管理?对这个问题,不少学者都提出过自己的看法。被称为科学管理之父的泰勒(Freiderick W. Taylor)认为,管理就是确切地知道你要别人去干什么,并使他用最好的方法去干。[①] 法国管理学家法约尔(Henri Fayol)认为,"管理,就是实行计划、组织、指挥、协调和控制"[②]。美国管理学家哈罗德·孔茨(Harold Koontz)认为,管理就是设计并保持一种良好的环境,使人在群

① 泰勒:《科学管理原理》,中国社会科学出版社 1980 年版,第 157 页。

② 法约尔:《工业管理与一般管理》,中国社会科学出版社 1982 年版,第 5 页。

体里高效率地完成既定目标的过程。① 我们认为,简言之,管理就是一个调动、调配与整合资源以实现特定目标的过程。管理连接着资源和目标两端,在目标确定之后,管理的关键就是明确如何去调动、调配与整合资源,因此,管理在很多情况下要涉及途径与方式的问题(这些途径与方式在现实中表现为一定的活动),比如,法约尔所提到的计划、组织、指挥、协调和控制。就具体的领域而言,管理包括行政管理,还包括工商企业管理,行政管理与工商企业管理在所要实现的目标上具有根本性的差异,行政管理活动的开展是为了国家意志的实现,工商企业管理活动的开展则是为了私人利益的实现。目标上的差异决定了行政管理与工商企业管理的本质性不同。然而,在实现目标的途径与方式上,行政管理与工商企业管理却可以相互借鉴,这体现了管理在不同活动领域所具有的共性特征。

管理的作用对象是资源,人们对资源的看法必然会影响其对管理的认识。在对资源的看法上,人们的认识经历了两个重要的转变:一是由强调物力资源向强调人力资源的转变,二是由强调可支配资源向强调可利用资源的转变。

首先,我们来分析第一个转变。物力资源是相对于人力资源而言的,它包括的范围十分广泛,机器、土地、厂房、原材料等均属于物力资源。物力资源的特点在于:易于测量且经济价值比较明显,因此,这种资源容易引起人们的重视。特别是在工业革命时代,物力资源对经济的增长发挥了巨大作用,这种作用甚至掩盖了人本身的作用。在这一背景下,人们在管理中也奉行着"以物为中心"的理念,将人当作物的附属。对物力资源的强调带来了人们对秩序和规范的关注,因为物力资源不具有自身的能动性,充分发挥这些资源效用的途径就是使它们按照一个理性和最佳的标准得到利用。泰勒和法约尔等早期的管理学家均为管理活动中秩序和规范的建立做出了重要贡献,也推动了管理实践科学化水平的提升。随着时代的发展,人们逐步觉察到了人力资源与物力资源之间的差异,人这种资源并非像物力资源那样是静态的、被动的,而是具有不可低估的能动作用。20 世纪二三十年代,行为科学理论开始在西方国家兴起,梅奥(George Elton Mayo)的霍桑实验(Hawthorne Experiment)可以说是行为科学理论研究的开端,通过霍桑实验,梅奥等人发现物质条件并不是影响生产效率的唯一因素,人本身的因素同样对生产效率具有重要的影响,甚至是更大的影响。后来诸如麦格雷戈(Douglas M. McGregor)和马斯洛(Abraham H. Maslow)等学者进一步强调了人作为一种资源的重要价值,并且将这种价值明确地置于物力资源的价值之上。对人力资源的强调使人们逐步将"以物为中心"的管理理念转变为"以人为中心"的管理理念,与之相适应,人们在管理中也更加关注

① 哈罗德·孔茨、海因茨·韦里克:《管理学》(第 10 版),经济科学出版社 1998 年版,第 2 页。

对人的激励,关注对人的潜能的开发,关注管理的弹性化和人性化。管理中多项改革措施——压缩管理层级、放松规制、授权一线等的实施,可以说是与人们对人力资源价值的重视密切相关的。

其次,我们分析第二个转变。可支配资源是指管理主体所拥有的资源,而可利用资源不仅包括可支配资源,还包括那些管理主体不具有支配权力但可以直接或间接服务于管理目标的资源。对可支配资源的强调使管理主体缺乏利用外部环境中的资源来实现管理目标的意识,使其将目光局限于组织内部,因此,管理就具有比较强的封闭性。对企业的管理而言,企业是完全根据自己所拥有的资源来安排生产的,并不考虑外部对产品的需求情况,同时也不注重通过与外部组织的协作来实现对外部资源的利用和达成企业自身的经营目标;对政府的管理而言,政府是完全根据自身所拥有的资源来提供公共物品和服务,而不考虑公众的需求情况,同时也不注重利用外部的力量和资源来实现公共物品和服务的供给。管理上的困境促使人们由强调可支配资源到强调可利用资源的转变,这种观念上的转变又促成了管理上的革新。经过革新,管理变得日益开放化:管理主体所关注的已不再仅仅是组织内部,而越来越重视外部环境所提出的要求和所提供的资源,越来越重视对外部要求的回应和对外部资源的利用。20 世纪 70 年代末 80 年代初,西方国家兴起了一场声势浩大的新公共管理运动,顾客导向和私营化是这场运动的两个重要特点。顾客导向要求政府由原来的从自身权力出发来实施管理转变为从顾客或公众的需求出发来实施管理,私营化则要求政府在公共物品和服务的提供中通过引入私人企业的力量和借助外部资源来实现管理的目标。

至于管理中对资源的作用途径和作用方式则是多种多样的,领导、人事、决策、指挥、沟通、协调等都属于这样的途径与方式,上述分析也说明这些途径与方式是在不断变革着的。现实中,组织、领导、协调等都表现为一种活动,管理其实就是一个活动的过程,无论是工商企业管理还是行政管理,均不例外。因此,我们可以对行政或行政管理的内涵得出第三点认识:行政或行政管理表现为一个调动、调配与整合资源(包括领导、人事、决策、实施、监督等活动)的过程。

(三)对公共的分析

公共与私人相对,《汉语大词典》对“公共”一词的解释是“公有的、公用的”①。当“公共”一词与其他词一起连用时,如公共权力、公共利益、公共财产、公共精神等,人们或许会对公共的含义得出更为直观的认识;同时,“公共”与一个词的连用也使该词所代表事物的公共性得到了界定。行政或行政管理又称

① 《汉语大词典》(第 2 卷),汉语大词典出版社 1988 年版,第 60 页。

为公共行政,这说明行政或行政管理具有公共性,而这种特征又会具体体现在行政的不同方面。

美国行政学家尼古拉斯·亨利(Nicholas Henry)主张从行为者(Agency)、利益(Interest)和可进入性(Access)三个维度来界定公共行政中的"公共性"①。行为者的维度是指通过公共行政的主体——"政府"来判断公共行政的公共性;利益的维度则是指通过公共行政所致力于谋求的"公共利益"来判断公共行政的公共性;可进入性的维度则是指通过行政活动的开放性(如公众有权参与行政决策、有权监督行政行为、有权获取行政信息等)来判断公共行政的公共性。从另一个角度来看,尼古拉斯·亨利的观点事实上说明了公共行政的公共性体现在行为者、利益和可进入性三个方面。美国行政学家弗雷德里克森(George Frederickson)认为,公共行政的公共性应满足四个基本的条件②:一是必须建立在宪法之上;二是建立在得到强化了的公民精神的基础之上;三是建立在对集体的和非集体的公众的回应之上;四是建立在乐善好施与爱心的基础之上。这种观点也说明了公共行政的公共性所应予以体现的方面。

我们认为,可以通过行政目标、行政主体、行政事务、行政权力、行政产出等行政的不同方面来更加具体地考察行政或行政管理的公共性特征:第一,从行政目标来看,行政管理与工商企业管理的根本性区别表现为目标上的不同,行政管理的目标在于国家意志的实现,而国家意志首先是一种公共意志,行政管理所要实现的目标也是具有公共性质的目标。第二,从行政主体来看,行政主体是国家机关中的执行机关,作为国家机关的一个组成部分,行政主体的公共性是不言而喻的。第三,从行政事务来看,对目标的实现从另一个角度来讲就是对特定事务的处理,目标的性质决定了事务的性质,行政目标的公共性也相应地决定了行政主体所处理事务的公共性,也就是说,行政事务具有公共性特征。行政事务主要表现为社会公共事务,包括内政、外交、国防、政治、经济、文化等各个方面。此外,行政事务还包括行政机关的内部事务,这类事务是由行政主体对社会公共事务的管理衍生出来的,它们也具有公共性质。第四,从行政权力来看,行政权力是公众赋予或委托给行政主体的,它不为私人所有,也不能用于私人目的,只能用于国家意志的实现、公共事务的处理和公共利益的增进,因此,行政权力具有严格的公共性。第五,从行政产出来看,企业生产的是商品,行政产出则是公共物品和服务,这种物品和服务的公共性表现为消费的非竞争性和受益的非排他性。所谓消费的非竞争性,是指增加一个消费者并不会减少任何一个人对公共物品或服务的消费量;所谓受益的非排他性,是指不能将拒绝为公共物品或服务付费的人排除在受益范围之外。

① 尼古拉斯·亨利:《公共行政与公共事务》(第8版),中国人民大学出版社2002年版,第71页。
② 乔治·弗雷德里克森:《公共行政的精神》,中国人民大学出版社2003年版,第39~42页。

可见,公共性在行政或行政管理中的表现是全方位的,它渗透于行政的各个方面,成为行政管理的一个内在属性。行政或行政管理的公共性又是与公平性、民主性、代表性和责任性等紧密伴随的,也就是说,行政的公共性必然带来行政的公平性、民主性和代表性等。这意味着行政或行政管理应切实尊重公众的权利,积极回应公众的需求,充分吸收公众参与,真正负起对公众的责任。

近代以来,学者们对行政之公共性、民主性等的强调从未间断。以曾任美国第三任总统的杰弗逊(Thomas Jefferson)为代表的早期共和党人坚持宪政民主主义,认为政府的首要职责是维护各种基本人权,民主价值是政府的根本使命。[①] 20世纪60年代末70年代初,美国行政学家弗雷德里克森和沃尔多(Dwight Waldo)等人发起了一场新公共行政运动,他们反对公共行政中的"效率至上"观念,而强调将公平、民主、责任等作为公共行政所应坚持的价值准则。作为对20世纪八九十年代开始兴起的新公共管理理论的反思和批判,美国行政学家登哈特(Robert B. Denhardt)创立的新公共服务理论更进一步地将公民权、回应性、公共精神等在公共行政中的价值凸显了出来。

综上所述,我们可以对行政或行政管理的内涵得出第四点认识:公共性是行政的一个内在属性,它渗透于行政的各个方面,这同时也意味着行政管理作为一种特定领域内的管理活动,其公共性是无处不在的。

至此,我们已对行政或行政管理的内涵得出了4点认识,即:行政是国家的一种功能,具有显著的执行性特征;行政功能的主体是国家机关中的执行机关,即狭义上的政府;行政或行政管理表现为一个调动、调配与整合资源的过程;公共性是行政的内在属性,渗透于行政的各个方面。根据这些认识,我们可以对行政管理给出如下定义:行政管理是指政府(狭义上的政府,即行政机关)为执行国家意志或处理社会公共事务所进行的领导、人事、决策、实施、监督等一系列调动、调配和整合资源的活动,公共性是这种活动的内在属性。

二、行政管理学及其基本内容

(一)对行政管理学的界定

行政管理学又称为行政学、公共行政学或公共行政管理学,它的研究对象包括行政管理所涉及的各个方面(诸如行政管理的主体、行政管理的各项活动等),以这些方面作为研究对象的科学就叫作行政管理学。

行政管理学产生于人类的行政管理实践,其目的在于探索行政管理实践中的规律并进而指导行政管理实践。因此,行政管理学首先是一门科学,检验这

① 丁煌:《行政学原理》,武汉大学出版社2007年版,第24页。

门科学有效性的标准就在于它能够在多大程度上解释行政管理现象以及解决行政管理实践中的问题。

行政管理学是一门综合性的学科,这种综合性主要表现在以下几个方面:第一,行政管理学在发展中从不同的理论中吸取了营养。在行政管理学漫长的发展过程中,曾经或现在出现的任何一种具体的理论或学派都不代表行政管理学的全部,它们的价值在于对行政管理学的发展所做的边际意义上的贡献,或者说对行政管理学所进行的"增量"意义上的发展。行政管理学正是在点滴的积累中逐步走向成熟与完善的。对这些理论,我们在前文中已经提到了一部分。第二,行政管理学的发展从不同的学科吸取了营养,这些学科包括政治学、管理学、经济学、法学、心理学以及不同门类的自然科学。比如,行政方法体系中包括有法律、经济、行为激励等多种类型的方法,而法律方法的完善需要以法学知识为依托,经济方法的完善需要以经济学知识为依托,行为激励方法的完善则要以管理学和心理学知识为依托。第三,行政管理学本身包含有方方面面的知识,这些知识构成了一个宏大的理论体系。关于行政管理学涉及的具体内容,我们在下面还要进一步分析。

另外,基础性也是行政管理学这门学科或科学的一个重要特点。所谓基础性,是指行政管理学在整个行政管理专业课程体系中处于基础性的地位,行政管理专业的其他不少课程都是对行政管理学中某部分知识的进一步扩展和深化,学习行政管理学是学习行政管理专业其他课程的基础。

(二)行政管理学的基本内容

关于行政管理学研究的内容,自行政管理学诞生之日起,人们对这个问题就一直在进行探讨。行政学的开山鼻祖、曾任美国总统的伍德罗·威尔逊(Woodrow Wilson)在"行政学研究"(1887 年)一文中研究了行政的实质、人事行政、行政监督等方面的内容。美国早期杰出的行政学家怀特(Leonard D. White)在其所著的《行政学导论》(1926 年)一书中对行政环境、行政组织、行政协调、人事行政、行政伦理、行政法规、行政监督等方面的内容进行了比较系统的探讨,怀特的这部著作也被视为西方行政管理学发展史上的第一部系统性教科书。美国杰出的行政理论家和实践家古立克(Luther H. Gulick)把行政机关所具有的职能总结为 POSDCRB,这个缩略词代表了行政机关的 7 种职能,即计划(planning)、组织(organizing)、人事(staffing)、指挥(directing)、协调(coordinating)、报告(reporting)和预算(budgeting),这 7 种职能相应地也就成为行政管理学的研究内容。我国台湾学者张金鉴提出了关于行政管理学研究内容划分的"15m"理论,即目标(aim)、计划(program)、人员(men)、经费(money)、物材(materials)、组织(machinery)、方法(method)、领导(command)、激励(motivation)、沟通(communication)、士气(morale)、协调(harmony)、及时

(time)、空间(room)、改进(improvement)。[①] 随着行政管理实践的不断发展以及人们对行政管理理论研究的日益深入,行政管理学的研究内容也不断丰富,至今已形成了一个相对完善的体系。

我们认为,对行政管理学研究内容的探讨离不开对行政管理学研究对象的探讨,而对行政管理学研究对象的探讨又离不开对行政管理内涵的探讨。根据绪论第一部分对行政管理所下的定义我们可知,行政管理表现为一系列的活动,因此,对这些活动的研究就构成了行政管理学的一个重要内容。此外,行政管理活动的开展需要一定的主体和工具,同时还会引起一定的后果,因此,对行政管理主体、工具以及后果的研究也构成了行政管理学中不可或缺的内容。当然,行政管理学的研究内容是丰富的、复杂的,因为行政管理理论来源于实践,而实践是极为复杂的,理论不可能穷尽实践,人们也不可能穷尽理论。因此,任何一本行政管理学的书籍都不可能涵盖行政管理学的所有内容,只能包括主要的和基本的内容,否则就不免使所要试图构建的理论体系显得过于庞杂。

基于以上认识,我们将行政管理学的基本内容概括为4个大的方面:一是关于行政管理主体的研究,二是关于行政管理各项活动的研究,三是关于行政管理工具的研究,其四是关于行政管理后果的研究。由于行政管理的主体为政府,也可称为行政机关或行政组织,因而对行政管理主体的研究就是对行政组织的研究;又由于行政管理的各项活动(如领导、人事、决策、指挥、沟通、协调、控制、监督等)构成了行政管理的运行过程,因而对行政管理各项活动的研究就是对行政运行过程的研究。

相应地,本书除了绪论部分,主要分为4篇内容,即行政组织篇、行政运行篇、行政工具篇和行政后果篇。下面对每一篇所包含的具体内容作一个大致的说明:

第一篇是行政组织篇,包括行政组织概述、行政组织职能和行政组织结构3章内容(即本书的1~3章)。行政组织概述一章主要介绍行政组织的本质、行政组织理论的发展脉络以及行政组织的历史沿革等方面的内容。行政组织职能一章主要围绕行政组织职能的含义、构成、定位以及转变等问题展开分析。行政组织结构一章主要介绍行政组织结构的概念、影响行政组织结构形态的因素、行政组织体制的基本类型、行政组织的设计以及行政组织间的关系等内容。

第二篇是行政运行篇,包括行政领导、人事行政和行政决策、实施与监督3章内容(即本书的4~6章)。领导、人事、决策、实施(包括指挥、沟通、协调和控制)与监督等都属于行政管理活动的范畴,这些活动构成了行政运行的过程。行政领导一章主要介绍行政领导的含义、行政领导权力的结构、行政领导制度

① 张金鉴:《行政学典范》,(台北)三民书局股份有限公司1979年版,第5页。

以及行政领导者的素质结构等内容。人事行政一章主要介绍人事行政的含义、管理机构以及运行过程(包括进口管理、在职管理和出口管理)等内容。行政决策、实施与监督一章包括行政决策、行政实施与行政监督3个部分的内容。

第三篇是行政工具篇,包括公共政策、行政方法和行政技术3章内容(即本书的7~9章)。工具是人们用以达到一定目的的事物,行政工具是政府用以实现行政目标的事物,也是政府用于开展行政管理活动的凭借。从这个意义上讲,公共政策、行政方法、行政技术都可归属于行政工具的范畴。也就是说,政府需要通过公共政策、行政方法和行政技术来开展行政管理活动和实现行政管理目标,离开了公共政策、行政方法和行政技术,政府便将陷入"不知如何做"的困境。公共政策一章提出,公共政策在静态意义上表现为某种用以指导人们行为的方案,这种方案便可看作一种工具;另外,公共政策在动态意义上还表现为一个过程,其中包括政策制定、政策执行、政策评估、政策调整与政策终结等一系列环节。从行政工具的角度来看,政策制定是工具的创设,政策执行是工具的运用,政策评估是工具的评价,政策调整是工具的优化,政策终结是工具使命的结束。这一章便根据这种认识对相关内容展开论述。行政方法一章主要介绍行政方法的含义、行政方法的内容构成(法律的方法、经济的方法、行政指令的方法、思想教育的方法和行为激励的方法等)以及行政方法的选择等内容。行政技术一章主要介绍行政技术的含义、行政技术的内容构成(信息通信技术、系统工程、网络规划技术和工商管理技术等)以及行政技术的应用等内容。

第四篇是行政后果篇,包括行政责任、行政绩效和行政改革3章内容(即本书的10~12章)。现时代政府是一个责任政府,政府开展行政管理活动必须重视行政责任的实现,行政责任的实现程度也成为重要的行政后果;现时代政府也是一个高效政府,行政绩效是评判政府行政管理活动后果的重要依据;现时代政府还是一个谋求不断改革、创新与发展的政府,而行政改革与发展在一定意义上可以说是政府在开展行政管理活动的基础上取得的成果。行政责任一章主要介绍行政责任的内涵、行政责任的构成、行政责任的实现以及责任政府的建设等内容。行政绩效一章主要介绍行政绩效的内涵、特点、类型以及行政绩效评估等方面的内容。行政改革一章主要介绍行政改革的目标、行政改革的主要环节、西方国家行政改革的理论与实践以及我国行政改革的主要内容与经验等。

三、行政管理学的发展历程

(一)行政管理学在西方的发展

1887年,伍德罗·威尔逊在《政治学季刊》上发表了"行政学研究"一文,该文开行政学理论研究之先河,被公认为是行政管理学的开山之作。由此以来,行政管理学在西方经历了一百多年的发展。

关于西方行政管理学的发展阶段,国内外学者的认识不尽相同,划分方法也有所差异。有的学者划分得比较详细,阶段多一些;有的学者则划分得比较概括,阶段自然就少一些;有的学者划分得抽象一些,时间界限比较模糊;有的学者则划分得比较明确,时间起止清楚。我们倾向于结合西方行政管理学的基本特征,将行政管理学在西方的发展分为初创、演进、深化和拓展 4 个主要阶段。

1. 行政管理学在西方的初创。与其他管理一样,行政管理具有十分悠久的历史,无论是在东方国家还是在西方世界,自古都不乏行政管理的思想。然而,早期的这些行政管理思想却因缺乏系统化而尚未成为一种学科化的专门理论。行政管理真正形成一个较完整的理论体系并成为一门独立的学科,则是到了 19 世纪末 20 世纪初,在威尔逊、古德诺等人的政治与行政二分法和韦伯(Max Weber)的官僚制理论基础上,经过泰勒的科学管理理论和法约尔的一般管理理论等工商企业管理理论的大力推动,最终通过怀特的系统化理论框架而逐渐创立起来的。

2. 行政管理学在西方的演进。虽然威尔逊和古德诺在政治与行政二分法的基础上提出了建立行政管理学的必要性,并大致框定了行政管理学研究的独立领域,韦伯的官僚制理论从组织体制的角度为行政管理学的创立提供了理论支撑,泰勒的科学管理理论和法约尔的一般管理理论从外部对行政管理学的创立起到了推动作用,而且怀特也通过自己的不懈努力开创性地为行政管理学提出了一个系统化的理论框架,然而,对于作为一门独立学科的行政管理学来说,他们只是完成了行政管理学创立的第一步,只是为我们大致勾画出了行政管理学这门新兴学科的概貌。西方行政管理学相对完整的理论体系是在其后很长一个时期的演进过程中通过对行政管理的科学原则和普遍原理的不断探寻而逐渐充实和完善起来的。

3. 行政管理学在西方的深化。尽管西方行政管理学经过长期的演进过程而在探寻科学的行政管理原则和普遍的行政管理原理方面取得了长足的发展,进而在很大程度上充实和完善了早期创立的行政管理学的理论框架,但是,这一时期的行政管理理论正是由于过于关注对行政管理普遍原则和原理的追求而在研究视野和研究内容上均存在局限性。到了 20 世纪六七十年代,一方面,科学技术的发展突飞猛进,以原子能技术、空间技术、电子计算机技术的利用和发展为主要标志的第三次科学技术革命,尤其是系统论、信息论、控制论等新兴方法论学科的发展和应用,不仅极大地促进了管理的现代化,也为行政管理科学注入了新的活力;另一方面,英美等西方国家的经济陷入“滞胀”的困境,尤其是美国经济的低速增长与结构性经济危机交织,结束了美国历史上第二个经济高速发展时期和美国称霸世界的黄金时代，同时，公民权运动、越南战争、水门事件、能源危机等带来的社会政治问题使公众对政府丧失了信心，现实对行政管理学理论提出了挑战，人们纷纷提出了所谓“新的模式”或“中心理论”，以取代“旧的传统理论”。这一时期的行政管理学摆脱了长期以来对政治科学的过分依赖，由纯理论研究转向应用研究，许多相关学科的理论方法和研究成果纷纷被引入行政管理学的研究，不仅衍生出了诸如行政生态学、比较公共行政学、政策科学以及新公共行政学等行政管理学的新兴分支学科和理论流派，而且使行政管理在研究视野和研究内容上均得到了进一步的深化，进而成为一门融多学科的理论与方法于一体的综合性学科。

4. 行政管理学在西方的拓展。20 世纪八九十年代以来，随着西方国家新公共管理运动的兴起和公民社会的不断发育，西方行政管理学出现了一些新的发展特点：一方面，在新管理主义思潮的影响下，许多在工商企业管理领域行之有效的新管理理论与方法又一次被引入行政管理领域；另一方面，在新一波民主政治思潮的推动下，出现了一些更加关注行政管理的公共本质，更加强调公民参与的新型行政管理理论。在这一时期，无论是在广度上还是在深度上，行政管理学在西方国家都得到了进一步的拓展。

纵观行政管理学在西方一百多年来的发展历程，不仅涌现出了一大批行政管理学经典著作，也形成了一系列对行政管理学科体系的完善具有重要价值的行政管理学理论。行政管理学在西方国家取得的理论成果不仅对西方国家政府行政管理实践的改进具有重要的推动作用，而且对我国行政管理学的勃兴具有重要的借鉴意义。

(二) 行政管理学在中国的发展

作为世界上为数甚少的几个文明古国之一，我国有着悠久的行政管理实践历史，也有着丰富的行政管理思想，但这些思想并没有上升为系统而科学的行政管理理论，行政管理学也没有最先在我国产生。

我国行政管理学的发展以引进外国的行政管理学为开端，19 世纪末 20 世纪初，中国江南制造局翻译出版了《行海要术》《行政纲目》《行政学总论》《行政法撮要》等著作，使西方行政管理学在中国传播开来。自 20 世纪 30 年代开始，我国有不少学者致力于行政管理学研究，并开设行政管理学课程，创办行政管理学刊物，出版行政管理学著作，建立行政管理学会。1935 年，商务印书馆出版的张金鉴教授的《行政学之理论与实践》一书，是我国第一部行政管理学专著，代表了 20 世纪 30 年代我国行政管理学研究的成就。与此同时，行政管理学开始步入高等院校的殿堂，被列为政治学系的必修课程，有的学校还招收行政管理学的硕士研究生，并选派一定数量的留学生出国深造。

新中国成立后，行政管理学在我国内地和港台地区的发展情况呈现出了一定差异。

在我国香港和台湾地区,由于它们的高等教育体制和学术研究体制更多地受到英国和美国的影响,它们高等学校行政管理学专业的人才培养体系基本上是沿袭和移植英、美相应的专业人才培养体系,尤其是它们的专业师资队伍和学术研究队伍大多要求在英美等西方发达国家受过系统的专业学习和训练,因而这些地区的行政管理学一直都处在对英、美行政管理学的跟踪发展过程之中,其行政管理学的发展水平与英美等西方发达国家相差不是很大。

相比之下,我国内地的行政管理学发展则是在经过了一段曲折的历程之后才勃兴的。尽管新中国建立以后中国共产党及其领导的人民政府从我国国情和不同阶段的不同任务出发,对改善我国的行政管理状况做出了艰苦的努力并积累了一定的行政管理的历史经验和教训。但是,我国在 1952 年高等院校院系调整时取消了行政管理学专业和课程,致使行政管理学的发展长期陷入了中断和停滞。

客观地说,我国关于行政管理的学科研究是改革开放的产物,行政管理学也是伴随着中国改革开放的进程而勃兴的。1979 年 3 月 30 日,邓小平同志在理论务虚会上谈到了至今令中国政治和行政学界依旧难忘的一段话:“政治学、法学、社会学以及世界政治的研究,我们过去多年忽视了,现在需要赶快补课。”[①]中共十一届三中全会以来,经过拨乱反正,纠正“左”的错误,为政治学、法学、社会学以及行政学等社会科学的恢复和发展创造了良好的政治条件。1980 年 12 月中国政治学学会的成立,酝酿了恢复和发展行政管理学的氛围,一些研究者开始公开撰文呼吁和讨论有关行政管理学的问题。1982 至 1984 年,我国行政改革过程中暴露出来的缺乏系统的科学行政管理理论指导的缺陷,则对恢复和发展行政管理学提出了现实要求。这就从理论和实践两个方面为恢复和发展行政管理学创造了充分的条件。自此,行政管理学这门学科得到了非常迅速的发展,受到了党和国家领导人的高度重视。1984 年 8 月,国务院办公厅和当时的劳动人事部在吉林联合召开了行政管理学研讨会,发表了《行政管理学研讨会纪要》。同年 9 月,国务院办公厅正式发文,号召各省、市、自治区政府高度重视行政管理学的研究,并于该年年底成立了中国行政管理学会筹备组,进而开创了行政管理学研究的新局面。1985 年,当时的国家教育委员会决定在我国的高等教育体系中设置行政管理本科专业,并且选定武汉大学和郑州大学作为试点高校于 1986 年正式招生。随后,在全国范围内很快掀起了一股学习和研究行政管理学的热潮,不少大学和研究单位也相继设置了行政管理学专业或开设了行政管理学课程,同时成立了一批行政管理干部学院,行政管理

① 《邓小平文选》(第 2 卷),人民出版社 1994 年版,第 180~181 页。

学甚至被视为我国几千万党政干部的必修课程。1988 年 10 月 13 日,中国行政管理学会正式成立,并且发行了会刊《中国行政管理》,标志着行政管理学作为一门独立的学科已获得公认并明确肯定下来,也标志着中国行政管理学的恢复和重建工作初战告捷。进入 20 世纪 90 年代以来,特别是伴随着社会主义市场经济体制的建立和经济全球化进程的加快,我国的行政管理学研究迅速发展,表现为学科体系、学科分化、应用研究的不断扩大和深入,尤其是研究领域开始触及世界公共行政研究的某些前沿问题。可以这么说,改革开放每前进一步都对行政管理学理论提出了新的要求,更推动了中国行政管理学的理论创新和学科发展。

回眸过去,沐浴着改革开放的春风,伴随着现代化建设的步伐,适应中国社会发展的需要而勃兴的中国行政管理学已经走过了近四十个年头,在这发展迅速的四十年中,中国的行政管理学既在开展理论研究、促进学科发展、培养行政管理人才、为党和政府提供决策咨询和智力支持等方面取得了显著的成果,另外,也在学科基础、研究方法、课程设置、研究体制、成果转化等诸方面有待进一步完善。

当今时代是人类社会发生深刻变革的时代,是中国实现现代化战略目标、中华民族伟大复兴的重要历史时期。展望未来,我们应该清醒地认识到,中国的行政管理学面临着机遇与挑战并存的客观现实,只要我们正确地处理好行政管理学的理论研究与现实研究、国际化与本土化以及继承与创新之间的关系,着重从加强理论研究、夯实学科基础,强化“问题”意识、关注行政现实,改进研究方法、提高研究质量,优化课程设置、培养专业人才等诸方面推进中国行政管理学科的进一步发展,我们就可以预见,伴随着我国改革开放和社会主义现代化建设事业的进一步推进,作为一门方兴未艾的学科,行政管理学必将继续焕发勃勃生机,显现更为强大的生命力,发挥更加重要的作用。

第一章

行政组织概述

现代社会是一个高度组织化的社会,组织在国家和社会生活中的作用日益突出。行政管理活动离不开组织,行政组织是公共事务管理的主体。本章主要对行政组织的本质、行政组织理论的发展脉络以及行政组织的历史沿革等方面的内容进行介绍。

第一节 行政组织的本质

一、行政组织的定义

从人类社会群体的角度来看,所谓组织,就是人们按照一定的目的、任务和形式编制起来的社会集团,是处于一定社会环境中各种组织要素的有机结合体,是为了达到某种目的而有意识建立起来的人类群体。简单地说,组织是由两个以上的人、目标和特定的人际关系这三种要素构成的一种特殊的人群体系。行政组织是各类社会组织中一种极为重要的组织形态。行政组织是社会组织中规模最大的组织,其管辖的范围涉及社会生活的各个方面、各个领域和各个团体。生活在现代社会中的每个人都直接或间接地受到行政组织的管理,接受行政组织提供的各类服务。

行政组织有广义和狭义之分。广义的行政组织是指各种为达到共同的目的而负有执行性管理职能的组织系统,它既包括各类企事业单位、群众团体、政党中负有管理职能的组织系统,也包括国家机关中的立法、司法系统中负有执行性职能的各类单位和国家的整个行政系统机关。狭义的行政组织是指国家的行政机关,即根据宪法和法律组建的、体现统治阶级的意志、行使行政权力、执行行政职能、推行政务、管理国家公共事务的机关体系,是国家权力的执行机关。①

张国庆教授通过对行政组织的定义进行归纳和梳理,总结出了比较有代表性的三种理解②:①广义与狭义的理解。从广义上说,行政组织是指为执行一定事务而将从事共同工作的人们通过权责和任务分配结成系统协调的组织机构;从狭义上说,则是指为执行国家的政务所结成的有系统的组织机构。②静态与动态的理解。从静态上说,行政组织是指国家为执行政务而依法组建的行政机关体系;从动态上说,则是指行政机关作为一个管理系统发挥领导和管理国家政务职能而产生的各种组织活动。③阶级属性与社会属性的理解。从阶级属性上说,行政组织是占据国家生活主导地位的阶级推行本阶级意志的组织工具;从社会属性上说,行政组织则是国家为实现社会目的而通过一定的法律程序所建立和规定的、有一定行政目标、人员设置、权责分配、结构形态、财物所有的行政机关体系,其组织行为受国家强制力的保障。

本书所研究的对象是狭义的行政组织,主要是指政府的机构实体,是为了实现行政目标而按照一定权责关系组合在一起的具有合理结构的公共管理活动群体。从世界各国现行的政治体系来看,行政组织是指总统制国家中的总统及其下属行政单位和内阁制国家中的内阁,社会主义国家中的中央人民政府(如国务院、部长会议、联邦委员会)及其下属机关。在我国,行政组织包括各级人民政府及其内设部门、职能部门、直属机构、办公机构、办事机构和派出机关。它们依照法律法规的规定建立,拥有一定的行政组织职能和职权;在国家机构序列中被当作“行政单位”来看待;对其成员按照国家公务员制度进行管理。

二、行政组织的基本要素及特性

(一)行政组织的基本要素

行政组织的构成要素主要包括以下几个方面:

1. 组织目标。一个明确、系统的组织目标是行政组织存在的基础,也是其组织凝聚力的重要保证。行政组织必须有明确、清晰的目标,并由上到下、由宏观到微观地进行目标分解,依次确定所属的各个子目标和分目标,形成一个多层次、多序列的组织目标体系。组织目标不明确,在外部将造成消极行为或无所作为的行为倾向,在内部则将引发纠纷和冲突,混淆行政组织关系。

2. 职能范围。围绕组织目标,行政组织必须对其职能范围进行界定,明确

① 傅明贤:《行政组织学》,高等教育出版社 1991 年版,第 2 页。
② 张国庆:《行政管理学概论》,北京大学出版社 1990 年版,第 49 页。

行政组织的工作任务与活动范围。职能范围是行政组织目标的具体化,是决定赋予行政组织何种权力、如何设置机构、如何进行管理的主要因素和依据。明确确定职能、改变或转变职能往往是行政组织改革或机构改革的重要问题。

3. 机构设置。机构是行政组织的实体,也是履行行政职能、达成组织目标的载体。机构的设置是根据组织目标和职能范围在行政组织内部进行职能配置和职能分工的结果,它是行政组织建设的核心内容。

4. 人员构成。组织是由人组成的,组织目标的实现和组织任务的完成都离不开组织成员的共同努力。人员是行政组织活的灵魂,一个行政组织只有具备高素质的行政人员、合理的人员结构,才能有效运转。

5. 权责体系。权责划分实质上是行政体制问题。为了实施科学管理,必须合理划分行政组织的权力和职责,即根据工作需要和授权原则对一定的行政行为主体的权力和责任作具体的规定,做到权责分明、权责分配合理。通过权力和责任的划分,使行政组织中各个部门、层次、成员之间的从属、并列等相互关系得到确认,从而保障行政组织各组成部分的有序运行。

6. 法规制度。法规制度是行政组织依法行政的根本保障,法规制度的完善程度也是衡量行政组织是否健全的主要标志。建立健全行政组织法、编制法以及组织内部的各项具体法规、制度,是行政组织建设十分重要的内容。

7. 物质要素。行政组织的存在和运转必须有一定的经费作保证,同时也离不开一定的办公场所、物资装备和办公用具。没有这些物质条件和手段,组织就无法实施行政管理。

8. 价值观念。价值观念表现为行政人员对组织的认同感和责任感,它们关系到组织成员的工作态度和进取精神,关系到组织的稳定、和谐与有效运转。

(二)行政组织的特性

行政组织是社会组织中的一种形态,具有一般社会组织的特征,同时具有一定的特殊性质。与其他组织相比,行政组织的特殊性主要体现在以下几个方面:

1. 公共性。行政组织是公共组织。所谓公共性,是指行政组织的目标在于公共利益,行政组织的活动是一种集体活动,行政组织的人员是公职人员。所有这些都将行政组织与非公共组织区分开来。

2. 政治性。行政组织是国家机器的一部分,与其他国家组织一起执行着维护统治阶级利益、维持阶级统治秩序、调节社会政治关系的职能。

3. 执行性。行政组织的基本使命是执行国家民意机关(在我国是国家权力机关)制定的法律、政策和命令,管理国家和社会的公共事务。与国家民意机关相比,行政组织居于从属地位。

4. 权威性。行政组织行使法律法规授予的行政权力,代表国家从事国家和社会公共事务的管理,其行为具有法定的权威性。

5. 法制性。为了防止行政权力侵犯公民和其他社会组织的合法权益,行政组织必须服从法律的严格管制。行政组织的法制性主要体现为以下四个方面:第一,行政组织的建立和行政权力的获取必须基于法律法规的规定;第二,行政权力实施的范围和内容必须严格依照法律法规的规定;第三,行政权力适用的程序和方式必须严格遵守法律法规的规定;第四,行政组织和人员必须对自己的行政行为承担相应的法律责任。

第二节　行政组织理论的发展脉络

19 世纪末期以来,西方学者开始关注组织现象,并形成了不同学派,开启了对行政组织研究的先河。从纵向上来看,行政组织理论大致可以分为古典组织理论时期、行为科学组织理论时期和现代组织理论时期。

一、古典组织理论

古典组织理论产生于 19 世纪末 20 世纪初,这也是公共行政学研究的起步阶段。古典组织理论主要包括以泰勒为代表的科学管理理论、以法约尔为代表的一般管理理论和以韦伯为代表的官僚制组织理论。古典组织理论的重大贡献在于:它第一次运用科学的方法把组织管理问题系统化、理论化,并总结和抽象出一套比较完整的管理原则和方法,用于指导管理实践,有效地促进了组织效率的提高。

(一)科学管理理论

管理学家泰勒于 1911 年出版了他的代表作《科学管理原理》,他被称为"科学管理之父",而以泰勒为代表的组织管理理论则被冠之以"科学管理理论"。泰勒主要以车间和工厂作为研究对象,强调"效率",认真探讨了工人的操作方式和工作程序,总结出了很多宝贵经验,如"工作定额原理""标准化原理""计件工作制"等。泰勒对组织理论的贡献主要体现在三个方面:第一,设置计划部门,组织中管理者的计划职能应与工人的作业职能相分离,既要各负其责,又要相互协作;第二,实行职能制,强调组织管理职能的专门化,每一个管理人员都要尽可能分担某一种专门职能;第三,提出了组织管理中的"例外原则",即强调高层管理人员应把管理工作中经常发生的一些杂乱、烦琐、程序性和事务性的事项事先拟就处理意见,使之规范化、条理化,然后授权给下级管理人员去处理,自己只保留那些没有规范的例外事项的处理权,并保留对下属工作人员工作的检查与监督权,以便能集中精力办大事。泰勒的科学管理理论主要是以企业组织为探讨对象的,对组织体制和结构的设计基本上是从属于效率原则的。

但是,泰勒的理论对行政组织的设计也产生了非常重要的影响。

（二）一般管理理论

法国管理学家法约尔以他作为高层管理者的经验为基础,总结出了一套行政管理理论体系。作为一位著名的管理学家,法约尔的思想主要反映在他的《工业管理与一般管理》一书中,该书是由他 1908 年发表的“论一般管理原则”一文完善而成的。与其同时代的美国管理科学家泰勒不同,法约尔所关心的不是作业现场的操作效率问题,他是在总经理的位置上看管理问题的,并且认为他的管理理论不仅适用于公司企业,也适用于军政机关和宗教组织等,所以他把自己的理论叫作“一般管理理论”。

1. 管理的定义。法约尔对管理的定义是通过将经营与管理进行比较并对管理活动的要素进行分析来揭示的。法约尔认为,经营和管理是两个不同的概念,他用了两个不同的法文词来表示。他认为,“经营”的意思是指导或引导一个组织趋向一个目标,根据具体情况,经营可以指船长驾驶一只船、经理经营一个企业或政府首脑管理一个国家。在他看来,“经营”包括六种活动,即技术活动、商业活动、财务活动、安全活动、会计活动和管理活动,而作为这六种活动中的一种,“管理”则由计划、组织、指挥、协调和控制五种要素构成,管理“就是实行计划、组织、指挥、协调和控制”①。将管理定义为这五个要素正是法约尔最主要的贡献之一。

对法约尔来说,管理意味着考虑未来,这就使计划和预测成为主要的管理活动。在这里,他是把计划和预测作为一个相同的概念提出的,即根据情况预测来制订工作计划。法约尔认为,管理必须对未来作出判断,并为未来的活动制定规则,企业组织为了有效地发挥其功能,必须具有某种计划,而这一计划应具有“统一、连续、灵活和精确”这样一些特点。在法约尔看来,管理部门在计划过程中必须解决的问题是:第一,把企业组织中的各种局部目标牢牢地结合成一个整体,以保证计划的“统一性”;第二,对未来作长期和短期的预测,以保证计划的“连续性”;第三,能够对计划做不断的调整,使其适应变化着的环境,以保证计划的“灵活性”;第四,对企业组织的行动方向作准确的预见,以保证计划的“精确性”。法约尔认为,计划的本质就是最有效地利用企业组织的资源,而且他指出,制订一个好的行动计划要求有一个精明的、有经验的领导,他必须具有管理人的艺术、积极性、勇气、专业能力以及处理事务的一般知识,缺乏计划或计划不良是领导人员没有能力的标志。可见,在法约尔眼里,计划是管理的首要因素,具有普遍的适用性,而且是一切组织活动的基础。值得注意的是,法约尔曾明确指出,法国政府有必要为法国制订一个全国性的计划。组织是法约

① 法约尔对管理的这一定义我们在绪论部分已经提到。

尔十分强调的又一个管理要素。在法约尔看来，所谓组织，就是确立企业在物质资源和人力资源方面的结构，而管理的任务就在于建立一种组织，使其能够以最有效的方式从事基本的活动。管理部门要完成这一任务，所要解决的中心问题就是确立企业的组织结构，而这种组织结构能够使企业的计划得到很好的制订和执行。

2. 管理的十四条原则。具体包括：

（1）劳动分工。这是一项属于自然规律方面的原则，其目的是用同样的努力生产出更多、更好的产品。法约尔认为，劳动分工可以提高劳动的熟练程度和准确性，从而提高效率。他明确指出，劳动分工不仅仅限于技术工作，而且也适用于管理工作，适用于职能的专业化和权限的划分。这是一个与泰勒相同的观点，正如没有学者和艺术家的专业化工作，社会进步的可能性就不可想象一样，劳动分工对提高管理工作的效率也是十分必要的。

（2）权力和责任。法约尔认为，所谓权力，就是指挥和要求别人服从的能力。他把管理人员的正式权力与其个人的权力相区别，前者是由管理人员的职务或地位而产生的，而后者则由管理人员的智慧、博学、经验、道德品质、指挥才能和以往的功绩等构成。一个好的管理人员应以他的个人权力来补充他的正式权力。在法约尔看来，权力和责任是互为因果的，有权力就必定有责任。他明确指出："人们在想到权力时不会不想到责任，也就是说不会不想到执行权力时的奖惩——奖励与惩罚。责任是权力的孪生物，是权力的当然结果和必要补充。凡有权力行使的地方，就有责任。"①

（3）纪律。在法约尔看来，纪律是一种规范，对违反纪律者应该给予有效的惩处，纪律的败坏常常来自无能的领导。没有纪律，任何一个组织都不能兴旺繁荣，而纪律的状况则主要取决于其领导的道德状况，纪律松弛必然是领导不善的结果，严明的纪律则产生于良好的领导、管理当局与其所属成员之间关于规则的明确协议和赏罚的审慎运用。

（4）统一指挥。法约尔的这一原则与泰勒的职能工长制思想正好相反，他明确指出，无论对哪一件工作来说，一个下属人员只应接受一个领导者的命令，这就是"统一指挥"原则。他特别强调，这是一个普遍适用的、永久必要的原则，如果这条原则受到破坏，权力将受到损害，秩序将受到扰乱，稳定将受到威胁。为此，他提出要避免双重领导，他认为，如果两个领导同时对一个人或一件事行使权力，就会出现混乱。对此，要么撤销其中的一个领导者，停止双重指挥，使组织恢复兴旺；要么使整个组织继续趋于衰败。在法约尔看来，在整个人类社会中，工业、商业、军队、国家机构中的双重指挥经常是冲突的根源，这些冲突有

① 法约尔：《工业管理与一般管理》，中国社会科学出版社 1982 年版，第 24 页。

时是很严重的,应该特别引起各级领导者的注意。

(5)统一领导。即对同一目标下的所有工作,应由同一管理者负责,这是推动协调一致的共同目标。法约尔认为,人类社会和动物机体一样,如果一个人长了两个脑袋,就是一个怪物,就难以生存。因此,对力求达到同一目的的全部活动,只能有一个领导者和一项计划。法约尔认为,不要把"统一领导"和"统一指挥"混为一谈,它们是两个不同的概念。"统一领导"强调的是一个领导者和一个计划,而"统一指挥"强调的是一个下属只能听从一个领导者指挥。人们通过建立完善的组织来实现一个社会团体的统一领导,而统一指挥取决于人员如何发挥作用;统一指挥不能没有统一领导而存在,但并不来源于它。

(6)个人利益服从整体利益。即相对于其所属成员和部门而言,组织的整体目标具有至高无上的地位。法约尔认为,无知、野心、自大、懒惰和软弱等都是使个人利益、小集团利益有可能置于组织整体利益之上的因素,因此,管理者一定要保持警惕,做好榜样,做好协调,使组织的整体利益始终处于最优先的位置。在他看来,在一个组织中,个人利益或小集团的利益不能置于组织的利益之上,一个家庭的利益应先于其成员的利益,国家的利益应高于一个公民或一些公民的利益。法约尔认为,要实现这条原则,成功的办法是:领导者要具有坚定性,做好榜样;要尽可能签订公平的协定;要认真搞好监督。

(7)人员的报酬。法约尔是把职工视为"经济人"来阐述这个原则的。他指出,人员的报酬是其服务的价格,应该合理,并尽量使组织的管理者和所属人员都满意。在他看来,应该奖励工作突出的人员,但也不能超出合理限度;同时应该认识到,任何报酬方式都不能完全取代配套的管理工作。他认为,职工的报酬方式有按劳动日付酬、按工作任务付酬和计件付酬三种,其方法还包括奖金、分红、实物补助和精神奖励。付酬的方式取决于多种因素,其目的只有一个,即改善所属人员的作用和命运,使其更有价值,以鼓励各级人员的工作热情。

(8)集中。法约尔认为,集中是一种必然规律。在动物机体或社会组织中,感觉集中于大脑或领导部门,从大脑或领导部门发出命令,使组织的各部分运动。集中化管理作为一项制度,本身无所谓好坏,也不为领导人的主观随意性所任意取舍。权力的集中和分散即集权和分权问题在任何组织中都是一个程度问题,而组织集权和分权的最佳程度取决于组织所面临的环境、所具备的条件以及组织成员的素质。权力集中与分散的措施本身可以经常变化,所有提高下属作用的做法都是分散,降低这种作用的做法则是集中,实行集中化管理的最终目的是尽可能地使所有组织成员的才干都得到发挥和运用。

(9)等级系列。即从最高权力机构直至底层管理人员的上下级领导系列,它显示出组织内权力执行的路线和信息传递的渠道。法约尔认为,等级系列固然能保证统一指挥，但往往并不是最迅速的信息传递渠道，在一些大型组织中，尤其是在政府机构中，通过这条渠道传递信息往往需要很长的时间，而许多事情的成败正是取决于信息传递和命令执行的快慢。因此，法约尔认为，应该把尊重等级系列与保持行动迅速结合起来。为了解决这个问题，他设计了一种“联系板”，亦称“法约尔跳板”，以便横跨过权力执行的路线而直接联系。但是他认为，只有在有关各方面都同意而上级又始终知情的情况下才能这样做。法约尔认为，各级人员都应养成使用这种最短通路的习惯。后来人们把这种信息传递的方式称为“法约尔跳板”。在法约尔看来，等级系列是节制有效、命令统一的保证。

(10)秩序。即“各有其位，各就其位”，每一件物品都有并且都在相应的位置上，每一个人也都有并且都在相应的位置上。在这里，法约尔特别强调的是，要按照事物的内在联系事先很好地选择恰当的位置。在法约尔看来，秩序可以分为物品秩序和社会秩序，因此，这一原则不仅适用于组织管理，也适用于人事管理。他指出，完善的秩序还要求位置适合于人，人也适合于位置，即“合适的人在合适的位置上”，以使每个人都在能够发挥出自己最大能力的岗位上任职。法约尔认为，这就是“最理想的”社会秩序。

(11)公平。法约尔认为，公平是由善意和公道产生的，它为处理组织与其所属成员的关系提供了一条原则。在法约尔看来，公道是指实现已订立的协定，但这些协定不能预测到所有的事物，要经常地加以阐明和补充。为了鼓励所属人员能全心全意和无限忠诚地执行自己的职责，领导者应该善待所属人员，尤其应该注意他们希望公平、平等的愿望。为了最大限度地满足这些愿望，同时又不违背任何原则，不忽视整体利益，领导者应该树立公平形象，并努力使公平感深入人心。

(12)人员的稳定。即有秩序地安排人员和补充人力资源。法约尔认为，一个人在一个职位上做出成绩需要一定的时间，应该保持职位的相对稳定性，他鼓励组织成员在一定的职位上做出长期的贡献。不稳定往往是组织不景气的原因与结果，所以要努力保持组织领导人和其他人员的相对稳定性。当然，法约尔也认识到，人员的变动是不可避免的，年老、疾病、退休、死亡都会打乱组织的人员构成，某些人不能再承担他们的职务，另一些人则担负起更大的责任，因此，法约尔指出，像其他各项原则一样，人员稳定的原则也是一个尺度问题，应合理地补充人力资源，掌握好人员稳定的尺度。

(13)首创精神。法约尔认为，首创精神能激发组织成员的活力，对组织来说，其成员的首创精神是一种力量的源泉，管理者应该允许其所属成员以某种方式显示自己的首创精神，应该尽最大的努力鼓励这种首创精神，为此，甚至可以牺牲部分管理人员的“个人虚荣心”。在法约尔看来，发挥首创精神是人的一种最大的满足,首创精神不仅包括领导者的首创精神,还包括其所属全体组织成员的首创精神。他认为,一个能发挥下属人员首创精神的领导要比一个不能这样做的领导高明得多。

(14)人员的团结。法约尔认为,全体组织成员的和谐与团结可以使一个组织产生巨大的力量。他告诫组织领导者要好好地想想"团结就是力量"这句话的真正含义。他指出,使敌人分裂以削弱其力量是聪明的,但使自己的队伍分裂则是对组织的严重犯罪。为了维护团结,法约尔特别强调要注意一个原则并避免两个危险。一个原则即统一指挥原则;两个危险即对格言断章取义、各取所需和滥用书面联系。

值得一提的是,在法约尔的笔下,"原则"一词只是显示其管理理论的一些"灯塔",不是一个固定不变的、僵化的概念,因为他认为,"在管理方面,没有什么死板和绝对的东西,这里全部是尺度问题……原则是灵活的,是可以适应于一切需要的,问题在于懂得使用它,这是一门很难掌握的艺术,它要求智慧、经验、判断和注意尺度。由机智和经验合成的掌握尺度的能力是一个管理者的主要才能之一"①。在他看来,原则的确十分重要,没有原则,人们就会处于黑暗和混乱之中,但是,如果没有经验与尺度,即使有最好的原则,人们仍将处于困惑不安之中。原则是灯塔,它能使人辨明方向,但它只能为那些知道通往自己目的地道路的人所利用。②

在法约尔对行政组织的专门论述中,集中探讨了行政管理的一般职能和原则,这对提高行政管理者的工作效率有着积极意义。法约尔的主要功绩在于开创了组织研究领域。在他的影响下形成的美国古典行政管理理论既是现代组织理论的批判对象,也是现代组织理论的前奏。我们可以说,法约尔拓宽了科学管理原理所涉及的领域,为现代组织理论准备好了生长的土壤。

(三)韦伯官僚制的行政组织理论

德国社会学家马克斯·韦伯从学理的角度设计出了一个普遍适用的理想组织模型——官僚制模型。

1. 三种权威组织。韦伯认为,尽管社会组织在不同发展时期具有不同的性质和特质,但是权威和控制是各类社会组织都不可缺的要素之一,任何组织的存在都是靠权威来维持的。韦伯在对多种社会组织进行研究的基础上提出了自己关于组织现象的独特见解。他认为,任何组织的存在都是靠权威来维持的,而合法的权威主要有三种类型:一是基于习俗惯例的传统型;二是基于领袖个人超凡魅力的伟人型;三是基于理性法规的法理型。他认为,基于这三种合

① 法约尔:《工业管理与一般管理》,中国社会科学出版社 1982 年版,第 22~23 页。
② 法约尔:《工业管理与一般管理》,中国社会科学出版社 1982 年版,第 45 页。

法的权威,产生了三种不同的组织形式,即“传统化组织”、“神秘化的组织”和“合理化—合法化组织”。其中,每一种组织形态都意味着其独特的管理机构和管理体制。

在“传统化组织”中,命令和权威的基础是先例和惯例。从前经常发生的事情被看作神圣的东西,并由此确定了各种团体的权利和期望,在这种组织中,习惯成了伟大的仲裁者。领袖由于其在组织中所继承得来的地位拥有了权威,而权威的内容则是根据习惯来确定的。当“传统化组织”通过世袭的方式使那个具有超凡魅力的领袖的权力得到继承时,原领袖的那种超凡的魅力或所谓神授的能力便成为组织的惯例而固定了下来。这时,就新领袖的权威而言,起作用的就不再是该领袖的人格,而是其所担当的角色,该领袖的权威是以对传统文化的信仰与尊重为基础的。在传统的权威制度下,存在两种组织形式,一种是“世袭制”,另一种是“封建制”。在实行“世袭制”的组织中,官员只是领袖个人的奴仆,并从领袖那里获取他们的报酬;而在采取“封建制”的组织中,官员则拥有自己的收入来源,并对领袖保持着一种传统上的忠诚关系,因此,他们比“世袭制”形式下组织中的官员享有更多的自主权。

“神秘化的组织”这一组织形态行使权威的方式是基于领导者个人的人格,它以对个人的崇拜和迷信为基础,如对宗教先知、宗教领袖和政治领袖的崇拜,对这些人的超人能力、英雄主义精神、模范品格进行崇拜。韦伯用“超凡魅力”一词来说明领导个人的人格。借助这一特性,领袖超脱凡人,被赋予了超自然、超人的权力,或起码成为具有非同一般的权力或才能的神秘人物。

在“合理化—合法化组织”中,权威的基础是组织内部的各种规则,人们对权威的服从是由于有了依法建立的等级体系。此时的权威享有者必须在组织中担任一定的领导职务,被领导者对权威的服从实质上是对组织规则的服从,在赢得服从这一点上与领导者个人的品质、能力和学识关系不大。此时,领导者与被领导者之间在法律地位上显然是平等的,各自都要受到组织规则的约束。这种类型的组织是以官僚组织的形式出现的,而韦伯则把它看作现代社会中占主导地位的权威制度。这种组织的权威制度之所以被称为合理化的制度,是因为它被专门用来作为实现某些既定目标的手段,即这些组织好像是一架精心设计的机器,旨在执行某些功能,而机器上的每一个部件都为机器发挥最大的功能起着它们各自的作用。同时,这一关于组织的权威制度又被称为合法化的制度,因为在此类组织中有一系列的规则和程序,在组织中担负一定职务的组织成员必须依据相应的规则和程序去行使他的权威。韦伯用“官僚制”一词来称呼这种组织。

韦伯认为,在基于三种权威而形成的三种组织类型中,与传统权威相适应的组织类型效率较差,因为其领导者不是按能力来挑选的,其管理单纯是为了保存过去的传统而行事。基于超凡魅力权威而形成的组织则过于带感情色彩并且是非理性的,其管理工作不是依据规章而是依据神秘或神圣的启示来进行的。只有合理合法的权威才能作为行政组织的基础。在韦伯看来,只有这种与合理合法权威相适应的组织形式才是“理想的官僚制”,这也是韦伯倍加推崇的组织形式。应当注意的是,韦伯在此所讲的“官僚制”一词与人们对这个词的日常理解有很大的差异。这里所谓“理想的”,并非是指应当或合乎需要之意,它是指组织的纯粹形态或标准模式,而现实中的组织往往是多种形态的混合。韦伯在此的目的是试图勾画出一种纯粹的、抽象的、标准的组织形态,以此作为参照系与其他社会组织进行对比和分析。弄清韦伯的官僚制组织及其理想形态的确切含义,是全面把握韦伯组织理论的关键。

2. 官僚制及其特征。韦伯认为,作为一种理想的行政组织形式,“官僚制”具有以下基本特征:

(1)合理的分工。明确划分每一个组织成员的职责权限并以法规的形式严格固定这种分工是官僚制的重要特征之一。在实行官僚制的组织中,无论是管理层次还是任务层次,都有一种高度明确的分工,即将组织中的全部工作分成若干个大的方面,然后再将每个大的方面的工作分为若干个小的方面,直至将每个小的方面的工作分工至每个职位所应承担的任务。工作的专业化便是这种高度明确分工的结果。韦伯认为,组织根据分工的要求规定每一职位均有特定的权责范围,这样不仅有利于组织成员通过训练掌握专门的技能,更有利于提高组织的工作效率。

(2)层级节制的权力体系。官僚制组织是一个等级实体,具有等级与权力一致的特征,在这样的一个等级实体中,将各种公职或职位按权力等级组织起来,形成一个统一的指挥链条,沿着自上而下的等级,由最高层级的组织指挥控制下一层级的组织直至最基层的组织,于是便形成了官僚制中层级节制的权力体系。在韦伯看来,这种层级节制的权力体系可以使组织中的每一个成员都能够确切地知道从何处取得命令以及把命令传达给何人,它有助于克服组织管理中的混乱现象以及提高组织的工作效率。

(3)依照规程办事的运作机制。在实行官僚制的组织中,管理工作不是随心所欲地进行的。官僚制组织通常要制定一整套规则和程序来规范组织及其成员的管理行为,以保证整个组织管理工作的一致性和明确性。韦伯认为,这些规则和程序是根据合理合法的原则制定的,它们具有稳定性,可以保证官僚制组织的合理性、合法性、稳定性和连续性。具体地说,这些规则和程序所具有的作用主要体现在以下三个方面:使组织中的每个部门、单位、个人都具有法定的权责;规范组织及其成员的行为,使他(它)们依法行使自己的职权;使那些只有具备法定资格条件的人才能被任用。

(4)形式正规的决策文书。在实行官僚制的组织中,一切重要的决定和命令都应形成正式文件下达,并且要记录在案,用毕归档,为此,官僚制组织要设立一个妥善保管一切记录和文件的"档案馆"。韦伯认为,官僚制组织的这一特征使组织独立于个人之外,在一个组织中,尽管其领导可能会因工作需要而有所变动,其成员也可能会由于某种原因来去不定,但是它的文件规定则具有相对的稳定性。在他看来,以文件的形式下达决定和命令有利于下级组织及其成员明确所下达的任务、规范要求和应履行的权责;而对上级来说,由于其对所属部门和个人的任务分配比较明确、具体,并且已经记录在案,因而也便于加强必要的控制,有利于组织有效地实现其目标。

(5)组织管理的非人格化。韦伯认为,人们的个人情感和好恶等非理性因素常常会影响他们的理性、合法性和客观性,进而助长亲情、裙带和偏爱等关系,而这一切都会严重地干扰和妨碍组织管理工作的有效开展。因此,在实行官僚制的组织中,管理工作是以法律、法规、条例和正式文件等来规范人的行为的,公事和私事之间有一种极为明确的界线,公务活动与私人生活的关系范围是截然分开的,不得掺杂个人的情感、偏好等非理性的因素;在组织成员之间的公务关系中存在的只是对事的关系而非对人的关系,人们在处理公务时只应考虑合法性、合理性以及有效性,而不应考虑任何私情关系。

(6)适应工作需要的专业培训机制。官僚制发展的一个重要标志就是专业管理人员的增加以及在各业务部门中专家人数的增加。韦伯指出,官僚制是建立在高度分工和专业化基础之上的,为了有效地处理纷繁复杂的事务和解决各种各样的问题,各个部门均有一套稳定且详细的技术规范要求,因此,组织在各个领域都必须配备专家和技术人员,以适应工作的需要。随着社会的进步和科学技术的发展,官僚制组织必须为其成员提供各种必需的专业培训,以便使其具备和增强处理事务和解决问题的能力,进而提高其服务数量和质量,从根本上提高组织的工作效率。

(7)合理合法的人事行政制度。关于官僚制组织的人事行政问题,韦伯用了较多的篇幅予以阐述。他认为,官僚制组织的人事行政具有以下特点:第一,人员任用的根据不应是信仰、籍贯、关系和性别,而是工作性质的要求以及人员本身所具备的资格条件,包括学历、专业、经验和能力。第二,对人员的职位,应根据职位等级系统给予合理的安排,以使其能够在合适的位置上充分发挥其才能。第三,职务是通过自由契约关系来承担的,除非犯有重大过失并依照法定规则加以免职,否则,组织不能单方面地随便结束这种契约关系;相反,本人则有权自由脱离组织。因此,从原则上讲,人员按其特长可以自由选择每一个职位。第四,每一个职务都有明确规定的法律意义上的权责范围和应具备的学识、能力和经验。第五,组织应有明确固定的货币工资制度,工资标准基本上是根据人员在等级系列中的级别、职位的责任大小以及年资和社会地位来确定的。第六,人员的奖惩应根据其工作的优劣来确定。第七,人员晋升应根据其工作成绩的大小和资历的深浅来决定。第八,任何人员都不得将自己的职位私自转让或指定他人非法继承。第九,行政人员不拥有任何获取其职位的手段并且不能滥用其职权。第十,行政人员在行使职权时,受到严格而系统的纪律约束和控制。

根据韦伯对理想型官僚组织的分析,它显然属于一种典型的行政组织。韦伯认为,从技术观点来看,这种纯粹的官僚集权式行政组织是能够最大限度地提高效率的,因此,这种组织是对人进行绝对必要控制的最合理的手段,在精确性、稳定性、纪律性和可靠性等方面都比其他组织形式要优越,它能够正式地应用于各种行政管理任务中。

3. 官僚制的优点与缺点。通过对官僚制的本质及特征进行深入而系统的分析,韦伯认为官僚制具有巨大的优越性。在他看来,这种优越性具体体现在以下四个方面:①严密性。官僚制组织通过等级结构进行控制,按专业化标准,权力分层、职位分等、层层节制、环环相扣、秩序井然,严格的岗位责任制使一切个人都统一在一个法则系统之内。②合理性。由于专业技术知识居于中心地位,任何规定都详细具体,具有可操作性,因而显示出精确、迅速、统一、协调、节约和高效等优势。③稳定性。非人格化秩序的确立使管理的任何步骤都源于法规,摆脱了长官意志,保证了体制的连续性和稳定性。④普适性。官僚制组织适用面广,政府机关、公共事业、各种企业甚至私人组织都可以采用。

由于官僚制具有上述优点,所以,韦伯认为资本主义离不开它,否则就不可能有发展,而社会主义则科层化程度更高,更需要它。应当指出的是,韦伯在看到官僚制的优越性和不可摆脱性的同时,也指出了它的缺点。他认为,官僚制犹如一个巨大的铁笼,将人固定在其中,压抑了人的积极性和创造精神,使人成为一种没有精神和情感的附属品,只会机械地例行公事,整个社会将变得毫无生气。这种后果在韦伯看来是可怕的,人追求理性、合理化,把管理作为一种手段,最后却在合理化中丧失了自我,管理变成了目的本身。在这种理性主义和人本主义的冲突面前,韦伯感到两难和悲观。作为一种希望,韦伯指望人类将运用“超凡魅力”的革命性力量来冲破官僚制最终造成的沉闷局面,延展合理化的进程。

二、行为科学组织理论

行为科学组织理论也被称为新古典组织理论,它是以古典组织理论为基础的,一方面注重组织效率,另一方面着重研究人以及人的行为对组织及其效率的影响。20 世纪 30 年代,西方社会兴起了行为科学,管理学家们也纷纷采用人类学、社会学、心理学等学科的方法对人类行为做客观、科学的研究。梅奥、巴纳德、西蒙便是这一理论的典型代表。

梅奥是美国的工程师,他曾于 1927—1933 年在美国西屋电器公司做了著名的"霍桑实验"。通过大量的访谈和研究,梅奥得出了三点结论:第一,人是"社会人"。与传统的"经济人"观点不同,梅奥把人看作"社会人",人不仅要求从劳动中获取物质利益,而且需要得到友谊、安定和归属感。第二,组织中除了正式组织外,还有以情感为纽带的"非正式组织"。梅奥发现,人们只要在一起活动,就会自发地形成"非正式组织"。管理者应力求在正式组织和非正式组织之间保持平衡,避免冲突。第三,管理者必须学会通过提高组织成员的满足程度来激励人的士气。

巴纳德(Chester Irving Barnard)曾任美国新泽西贝尔电话公司总经理,他从系统论的角度对组织进行定义,提出组织是由两个或两个以上的人有意识地进行协调活动的系统,并提出了著名的权威接受理论。他认为,领导者的权威不是由其职务高低决定的,而是由下属愿意接受的程度决定的,领导者的命令只有在下属愿意服从和接受的条件下才是有效的。另外,巴纳德还提出了组织平衡的思想,认为组织成员对组织的贡献与组织对成员的满足程度之间的平衡将决定组织存续与否。虽然梅奥发现了非正式组织的存在,但真正对非正式组织进行系统研究的学者是巴纳德。巴纳德指出,非正式组织是由组织中的个人接触而自由结合形成的联合体。这种联合体对正式组织既有促进作用,也有限制作用。它能促进组织成员之间的意见交流,调节协作意愿,维护正式组织的团结,增强组织凝聚力,但如果引导不好,也会对正式组织产生消极影响,妨碍正式组织功能的发挥。

西蒙是美国当代著名的行政学家,他在管理学、组织行为学、政治学、心理学等方面都有所建树。他提出"管理就是决策",强调决策在管理活动中的重要性。正是基于这种决策理论,他提出了一系列的行政组织思想:第一,组织的基本功能是决策,而有效的组织应以正确的决策为基础;第二,组织的目标是追求决策的合理性;第三,成员参加组织的动因主要是组织有助于成员个人利益的实现;第四,组织的影响方式主要是权威、组织成员对组织的忠诚心、信息沟通、效率准则和培训等;第五,组织结构的设计应与决策的过程相吻合,把组织整体结构设计为层级制。

三、现代组织理论

20 世纪 60 年代以后,西方组织理论进入了一个新的发展阶段,这是引进了系统论、控制论和信息论的结果。现代组织理论主要有系统与权变组织理论、行政生态组织理论和学习型组织理论。

最早将一般系统论运用于组织研究的学者是美国社会学家塔尔科特·帕森斯(Talcott Parsons)。帕森斯认为,任何一个组织其自身都是处于社会这个大系统之中的分系统,同时又是受社会经济、文化等环境影响的生态系统,它在与社会环境的互相作用中建立和维护自身的工作流程,从而保持组织功能与社会环境的动态平衡。美国华盛顿大学的管理学教授卡斯特(Fremont E. Kast)和罗森茨韦克(James E. Rosenzweig)发展了帕森斯的思想,两人于1970年合著的《组织与管理——系统方法与权变方法》便是其思想结晶。他们主张:第一,组织是一个开放的系统。不管是政府机关,还是企业组织,都处在一个开放系统与环境的持续相互作用中,并时刻努力达到动态的平衡。第二,组织是一个整体系统,任何组织都是与外界环境有一定界线的社会技术系统,由目标与价值分系统、技术分系统、社会心理分系统、结构分系统和管理分系统组成。第三,组织的权变理论。他们认为,任何一个组织的外部环境和内部各分系统都处于动态的变化之中,生活中也不存在普遍适用于任何组织的组织原则和管理方法。所以,对一个成功的组织而言,应该视具体情况而采取不同的设计和管理。权变理论致力于谋求组织与环境之间及组织内部各分系统之间动态的、具体的一致性,并认为只有通过组织设计和管理达到这种一致性,才能保证组织具有高效能和高效率。

哈佛大学教授高斯(John Gaus)是运用生态学的理论与方法研究政府行政现象的第一人,他坚定地认为,政府组织与行政行为必须考虑生态环境的因素,并于1947年发表了"政府生态学"一文集中阐释了他的思想。但"生态行政理论研究"之集大成者还要数美国著名行政学者里格斯(Fred Riggs)。里格斯于1961年出版的《行政生态学》一书是生态行政理论研究的标志性著作。在书中,他详细表明了自己的观点:第一,行政组织存在三种模式,即融合型(传统农业社会)、棱柱型(由农业社会向工业社会过渡)和衍射型(高度发达的工业社会)。里格斯利用物理学的光谱现象解释了三种类型的社会组织模式。在农业社会,行政组织与立法、司法组织混同,如同自然光在折射前是一束无区别的白光一样;到了工业社会,已经有了非常明确的分工,立法、司法、行政三权分立,如同五彩斑斓的光,光芒四射;而在过渡时期,行政组织呈半分化状态,异质性等特点突出,既有农业社会的特征,又有工业社会的特征。第二,社会经济机制和生产力水平是影响公共行政最主要的生态因素。另外,社会沟通网络、政治制度、社会结构和认同意识等也或多或少地影响着公共行政。

20世纪90年代,全球进入信息时代,一些世界知名企业中开始出现了以人为本的新型组织结构,人们几乎同时关注起组织成员的培训与学习,从而形成了适应时代发展的学习型组织理论。① 1991 年,美国麻省理工学院彼得·圣吉(Peter Senge)博士在其著作《第五项修炼——学习型组织的艺术与实务》中系统地阐述了这一理论。他认为,传统的等级制限制了人的潜能的发挥,新型组织应注重五个方面的修炼:第一项修炼——自我超越;第二项修炼——改善心智模式;第三项修炼——建立共同愿景;第四项修炼——团体学习;第五项修炼——系统思考。以上五项修炼便构成了对学习型组织的基本要求。另外,就个人而言,学习是一个终生的过程;对组织而言,学习则是其生命的动力与源泉。学习型组织摆脱了传统的金字塔形结构,代之以扁平式组织结构,采用开放式管理方式,领导者也被赋予了新的角色,不但要指挥与控制,同时也要兼任仆人和教师,承担起为组织注入活力的任务。

第三节 行政组织的历史沿革

一、我国行政组织的沿革

(一)我国古代行政组织

中华文明历史悠久,源远流长,在有文字记载的五千余年历史中,先祖们创造了多种形式的行政组织,在行政组织的设计和管理方面为我们积累了丰富的经验。

早在夏朝,中国就设立了百官。据记载,启建立夏朝时,曾将行政事务分为庶政、军事、赋税、车马、历法等项,分别任命专职官员管理。到了商朝,则开始按照具体的职能设官定制,比如有行政事务官、宗教事务官和宫廷事务官等。总的来说,夏商时期的国家行政管理事务比较简单,仅具备一些官职而未普遍形成完备的行政机构。周朝时期的行政组织有了较大的发展,在王的左右设有太师、太傅、太保三公,他们主要负责中央政府的各项事务、各诸侯国和王室的事务以及对王畿的治理等事务。西周的中央行政机构共有卿士寮、太史寮和宫廷机关三部分。其中,卿士寮下设司徒、司马、司空三司,主管军政司法;太史寮下设太史、太卜、太祝三职,主管历法、祭祀、占卜、文化和教育;宫廷机构主要包括太宰及其下属的寺人、太仆、缀衣、虎贲、膳夫等机构与官职。太宰作为内务总管,可根据国王或王后的命令来处理王室的内部事务。不仅如此,周朝还初步建立了地方行政系统,实行分封采邑制,把基于分封而建立的诸侯国统称为"外服",相当于地方行政机关,而且周王直接统治的辖区范围内有国、野、乡、遂

① 所谓学习型组织,是指一种灵活、能不断适应变化、能不断自我学习和更新、充满创造活力、能持续开拓未来的组织。参见汪力斌、李小云:《人力资源开发的理论基础》,《中国人力资源开发》,2002 年第 2 期。

的行政区划。可见,周朝时的行政机构已经比较发达,分工也比较明确。春秋战国时期基本延续了夏商周时期的行政组织,但其宰相制与文武分职却为后来的组织建设奠定了基础。秦统一中国后,建立了专制主义中央集权的行政管理体制,皇帝集立法、行政、司法、军事四权于一身,同时又任命官吏具体管理国家事务。在中央,秦汉时期实行三公九卿制。三公的名称变化较多,有"丞相、太尉、御史大夫",亦有"司空、司马、司徒"之称,尤以丞相地位最高。三公之下设九卿,他们是中央九个政府部门的行政长官,具体负责各项行政工作。九卿之下还有相应的属官,各属官的职能独立。汉武帝后,相权有所削弱,三公九卿的地位也逐渐下降,国家行政管理权开始向宫廷转移,于内廷掌管皇帝诏令和奏章的"尚书"发挥着越来越大的作用。① 尚书台下设六曹,分别执掌行政事务。行政组织渐渐形成六部制的雏形。在地方,秦汉时期实行郡县两级体制,县以下的基层组织是乡、里、什、伍。汉末出现了州、郡、县三级地方行政建制。秦汉强化中央集权,最高权力集于皇帝一人之手,成为以后历朝的建制传统。魏晋南北朝时期,中央政府的组织形式逐渐演变为三省六部制。三省职责明确,尚书省是全国最高的行政机关,中书省负责决策,门下省负责审议朝廷政令。三省长官分别称为尚书令、中书令和门下侍中。三省当中,以尚书省地位最高,因为它是全国的行政核心,内设有吏、户、礼、兵、刑、工六部,每部各有四司,共二十四司,分工各有不同。

隋唐时期的中央政府行政组织除了三省六部外,还有九寺和五监。九寺与五监和六部没有直接隶属关系,都是尚书省的下级。在地方,有州、县两级,长官分别称为刺史和县令。宋元明清时期,中央行政组织基本上沿袭了六部二十四司的机构设置,但在职能作用及其权力关系上有了一些新变化。其间,三省制演变为一省制,继而废除相制,组成内阁。宋元时期的中书省逐渐成为最高行政机关,统辖六部。另外,设枢密院掌管军事,元代增设御史台掌管监察。明初,为解决君权与相权之争,罢丞相,废中书省,实行内阁制。中国历史上发挥过很大作用的丞相制和三省六部制至此结束。② 内阁作为明清时代皇帝的咨询和辅助机构,代替了原来的丞相和中书省。清雍正年间又增设军机处管理军务,皇帝通过军机处独揽军、政、财等权,此时的六部地位已降至一般的行政办事机构。③ 此外,清代还专设了宗人府管理皇族事务,位居内阁和六部之上,另有内务府掌管宫廷事务。在地方,宋朝有路、州、县三级。"路"是地方最高一级政权,以军政为主,兼理民政。元朝在地方行政组织方面有重大改革,那就是创立了行省制。行省最初是中书省的临时派出机构,后来演变为地方最高一级行政机构,总理全省政务。行省以下为路、州

① 钱穆:《中国历代政治得失》,生活·读书·新知三联书店2001年版,第4~9页。
② 钱穆:《中国历代政治得失》,生活·读书·新知三联书店2001年版,第92页。
③ 钱穆:《中国历代政治得失》,生活·读书·新知三联书店2001年版,第132页。

(府)、县三级。明朝的地方行政组织有省、府、县三级。清朝初期实行八旗制度,八旗集军事、行政、生产和地方事务于一身,后基本沿袭明制,有省、道、府、县四级。

(二)我国近现代行政组织

辛亥革命,中国人民推翻了封建帝制,进入了一个新的发展时期,其间,行政组织也数经更迭。南京临时政府的行政机构设置以适应形势需要为原则,实行总统垂直领导制。行政部门共分九部,即陆军部、海军部、外交部、司法部、财政部、内务部、教育部、实业部和交通部。1912 年 3 月,《中华民国临时约法》出台,改总统制为参议院下的内阁制。临时大总统作为国家元首,总揽政务,国务总理和各部总长组成国务会议,是实际的行政机关。1913 年,袁世凯上台后,把内阁制改为不受任何限制的"总统制"。后来,袁世凯又试图把总统制向帝制过渡。洪宪帝制失败后,中国政局动荡不安,军阀混战,行政组织也在帝制、总统制和内阁制之间来回变动。

南京国民政府时期的政治体制表面上是按照孙中山的五院制来构建的,实际上推行的却是蒋介石个人的专制独裁和国民党的一党专制。国民政府设主席(后称总统)一人,此人既是中华民国元首和国民政府委员会主席,又兼任陆、海、空军总司令。国民政府由立法、司法、行政、考试、监察五院组成。其中,行政院是最高行政机关,其下设有部、委员会、署等机构,分管各种事务。在地方,一般有省、县两级,在省县之间还有一级行政监察区。县以下有区、乡(镇)、保和甲等基层组织。

1949 年,中华人民共和国成立,中国行政组织的发展又进入了一个新的发展阶段。中央实行两级政府体制,即中央人民政府委员会和政务院。政务院下设政治法律、文化教育、财政经济三个委员会,分别指导政务院下属的 31 个部委的工作。单设人民监察委员会监察政府机关和公务人员的工作。政务院已初步形成按行业或产品来设置经济管理部门的组织管理模式。1954 年 9 月,《国务院组织法》决定取消中央人民政府委员会,改政务院为国务院,即中央人民政府,国务院作为最高权力机关的执行机关,行使最高行政管理权。同时,对原政务院的组织机构作了重大调整,决定撤销 4 个委员会,在国务院设置 8 个办公室(政法、文教、重工业、轻工业、财贸、交通、农林、对私改造)和 1 个秘书厅协助总理工作,实行分"口"管理。此外,还另设 20 个直属机构、35 个部委,共计 64 个工作部门。经过调整,国务院由职能机构、直属机构、办公机构三大块组成的组织结构基本上稳定了下来。解放初期,全国划分为东北、华北、西北、华东、中南、西南六大行政区,并建立大行政区人民政府委员会,代表中央人民政府行使领导所属省、市、县等地方政府的职权。地方行政组织也相应地有大区、省、县、乡四级。1952 年,大行政区人民委员会改为行政委员会,由一级政权变为中央人民政府的派出机关。1954 年《中华人民共和国宪法》的颁布进一步确定了地方行政组织共有省、县、乡三个层级。除“文化大革命”时期外，新中国成立以来，地方行政组织基本上没有大的变动。省是地方行政组织中的最高一级，与之同级的还有自治区、直辖市；与县同级的有自治县和县级市；与乡同级的有镇、民族乡和民族镇。另外，在省县之间，还有自治州、地级市和地区行政公署（地区是派出机关，不是一级政权）。20世纪八九十年代，我国出现了普遍的“地市合并”。因此，事实上我国地方政府有四个层级，即省、市（地级市）、县、乡。

二、西方行政组织的沿革

（一）奴隶制时期的行政组织

古埃及、古希腊和古罗马的行政组织在奴隶制时期分别是不同类型行政组织的典型。

古埃及早在公元前3000年左右就建立了高度集权的中央机构，国王是最高统治者，称为法老。法老既是一国之君，掌管着立法、行政、司法、军事、财政与祭祀大权，又被看作神的化身。法老之下设有宰相和大臣，协助法老处理事务。地方行政长官——州长是由法老任命的，拥有行政、司法、军事权，掌管一方土地。

古希腊是由许多政体各不相同的城邦国家组成的。雅典是这些城邦国家的典型代表，它采用奴隶主阶级的民主制，公民大会是国家最高权力机关，并设立四百人会议作为其常设机构。后来，改四百人会议为五百人会议，负责行政事务，并选举了负责军事的十将军委员会。另外，还有元老院，它是贵族会议，有权监督、干预公民大会的决议，有权审判执政官的渎职罪。陪审法庭的成员来自每个公民都有权参加的民众法庭。由此可知，雅典的行政组织已经具备了一定的民主行政特征。

古罗马采用的是贵族制，其中央机关由人民大会、元老院和高级长官组成。古罗马的人民大会是立法机关，但没有古希腊公民大会那样的权力。元老院是最高行政机关，它管理财政，参加对外问题的决策，并能任命军事长官。高级长官主要负责国家日常的行政活动，具体有独裁官、执政官、监察官、市政官和度支官。公元前1世纪，古罗马进入帝国时期，形成了绝对专制的元首制度。人民大会的权力进一步弱化，包括罗马市长在内的一些高级长官的选举转归元老院。渥大维将这种制度发挥到了极致，他一人独揽立法、行政、军事、司法和宗教大权；他控制的近卫军长官不仅指挥军队，而且领导行政机关和司法机关。直到公元1世纪的克劳狄王朝，这种局面才有所改观，相继设立了元首顾问会议、秘书处、司法部和财政部等机构，开始有了职能分工，主要的中央政府机构也基本形成。

(二)封建制时期的行政组织

公元476年,西罗马灭亡,西欧进入了约1300年的封建时期。由于历史条件的差异,各国的行政组织也异彩纷呈。这里仅以英国和法国为代表进行介绍。

英国有着悠久的历史,西方国家盛行的议会和内阁都发源于此。在11世纪中叶,英国已经建立了中央集权的封建国家。国王拥有税收、财政、立法及地方行政上的权力;由各大封建主和王权组成的大议会讨论国家大事;由高级大臣组成的御前会议执行行政机关和法院的职能。14世纪中叶,御前会议演化为上下两院。至此,英国的二元政治结构基本形成,议会既服务于国王又约束着国王。后来,国王为了强化王权,建立了枢密院。这一时期英国的地方行政组织也很有特色,由郡、百户区、村社三个层级组成。由于中央对地方的控制较弱,此时的英国地方政府基本上处于半自治状态,因此,英国被称为地方自治的发源地。

在12世纪以前,法国实行的是封建贵族君主政体。国王是名义上的最高领主,实际上各封建主却各自为政。行政组织建立在由宫廷到世袭领地的基础上,宫内大臣掌管国王办公机关的事务,各辖区的封建主也有自己的行政机关。到菲力四世时,法兰西实行等级君主制,即国王和由高级僧侣、世俗贵族和富裕市民组成的三级会议并存。但实际上,三级会议受国王的控制,国王的行政机关也由家臣机构变成了全国性的官僚机构。15世纪和16世纪的专制君主制时期,法国建立了高度集权的官僚制度。三级会议被解散,国王和其亲信组成的国务会议是最高的权力机关,下设各专门会议,具体负责全国的军事、外交、财政等事务。在地方也按集中的原则建立了地方行政组织,负责地方的司法、财政、警察和其他社会事务,其长官由国王钦点,至此,法国的中央集权化倾向初露端倪。

(三)资本主义时期的行政组织

从政府组织形式来看,资本主义时期行政组织的类型有:英国的内阁制、美国的总统制和法国的半总统制。"光荣革命"胜利以后,英国确立了议会制的君主立宪政体,英王成为"虚位元首",议会、内阁、法院分别掌握立法、行政和司法权。英国的中央行政组织主要由枢密院、内阁和政府各部组成。枢密院的地位越来越弱,内阁成为最高的行政机关,在国家的政治生活中履行行政、决策、立法和监督职能。英国的地方行政组织比较复杂,但20世纪以来,一般分为郡和区两级,有时也分为三级,即郡、区、教区或社区。地方政府主要承担的职能有管理交通、维护治安、治理环境、制定城乡规划、提供福利服务等。

美国是典型的总统制国家,总统既是国家元首又是最高行政首脑。美国的行政组织包括联邦政府机构、州政府机构和地方政府机构。其中,联邦政府机构包括总统府、内阁和行政部、独立管理机构。美国有 50 个州，每个州都由立法、行政、司法部门组成，而且州政府有权在本州范围内征税，有关社会福利、教育、医疗卫生等方面的事务由各州自主负责。州以下的政府为地方政府，一般分为郡和市，下设教区或镇，另外还设有特别区。

法国于 1946 年确立了内阁制，1958 年演变为兼有总统制与内阁制特点的半总统制。其中央行政组织由总统、总理和中央各部等行政机构组成。总理形式上是政府首脑，但总统实际上扮演着政府首脑的角色，是政府决策的中心，指导和监督政府的活动。总统府由秘书处、总统办公厅、私人秘书处和私人军事参谋部组成，总理府是总理的办事机构，设有总理办公厅和总秘书处两个重要机构。总理府下面还设有行政各部。法国的地方行政组织有大区、省和市镇三个层次。

本章思考题

1. 构成行政组织的基本要素有哪些？
2. 试分析行政组织相对于其他社会组织的特殊性。
3. 如何理解法约尔提出的“统一指挥”原则？
4. 简述“官僚制”行政组织形式的基本特征。
5. 行为科学组织理论相对于古典组织理论有哪些不同？

第二章

行政组织职能

行政组织的主要任务是什么？它在社会生活中的作用有哪些？这些都是行政组织职能要回答的问题。行政组织职能即政府职能，它反映了行政组织在国家政务管理活动中的基本方向、根本任务和主要作用。行政组织作为国家机器的重要组成部分，其基本职能取决于经济基础，又为巩固和完善经济基础服务。本章主要介绍行政组织职能的含义、构成、定位以及转变等方面的内容。

第一节　行政组织的职能及其构成

一、行政组织职能的含义和特点

（一）行政组织职能的含义

行政组织职能又称政府职能，是指国家行政机关在公共行政活动中所承担的职责和所具有的功能。行政组织职能主要涉及政府管什么、怎么管、发挥什么作用的问题，它是国家行政机关依法对国家职能的具体执行，并以实现政治统治和社会管理为己任。行政组织职能的配置在本源意义上来自社会的需求，即任何政府职能都必须以满足社会需求为目的；在直接意义上来自法律的明确规定，即任何政府职能的设定都必须有明确的法律依据。行政组织职能反映了公共行政活动的内容、实质与方向，是构建合理的公共行政组织的根本依据，也是实现公共行政运行机制科学化的基础条件。

（二）行政组织职能的特点

行政组织职能主要具有以下几个方面的特点：

1. 公共性。行政组织职能的范围仅限于国家和社会的公共事务,即对社会进行公共管理并提供公共服务和公共物品。凡是不属于国家和社会的公共事务,政府原则上不得介入。政府对公共事务的管理必须遵循国民待遇原则,即以普遍主义和一视同仁的精神对社会公共事务进行治理。不过,需要指出的是,随着社会的发展、科学技术与社会民主的进步、人类社会自组织力量的增强以及市场机制功能的扩散,政府管理社会公共事务的范围在不断发生变化。

2. 执行性。相对于国家权力机关的立法职能而言,行政组织职能具有明显的执行性。我国各级政府的公共行政活动必须贯彻执行党的路线方针政策,必须执行人民代表大会的决定和决议;同时,下级公共行政组织还必须贯彻执行上级公共行政组织及国务院的各项决定、命令和行政措施。

3. 法定性。行政组织职能的配置在本源上由社会需求来确定,但具体行政机关的职能必须根据宪法和有关法律的规定来确定,即行政组织职能依法确定。在我国,各级政府及其所属各个部门的职能设定与变更,必须依据组织法并通过法定程序确定。

4. 排他性。排他性又称行政组织职能的独有性。各级各类公共行政组织都有自己特定的职能,都必须在自己的职能范围内自主地实施管理活动,不能出现不同公共行政组织职权和职责的交叉和混淆。

5. 系统性。首先,公共行政体系是国家体系和社会体系的一个重要子系统,行政组织职能必须与国家职能和社会需求相适应;其次,国家公共行政的范围遍及国家和社会生活的各个方面与层次,公共行政系统内部各大小子系统之间的职能必须密切配合,构成一个完整的统一体,以确保行政组织职能的整体优化。

6. 动态性。行政组织职能并不是静止不变的。随着公共行政环境的变化和国家政治、经济、科技的发展,行政组织职能的范围、内容、主次关系和实现方式等也必然发生变化。因此,适应环境变化和社会发展的需要,需要及时调整和转变行政组织职能。

二、行政组织职能的构成

关于行政组织职能的构成,我们可以从基本职能、层级职能和运行职能的角度加以分析。

(一)基本职能

从公共行政的内容和范围上看,政府职能主要由政治、经济、文化、社会等职能构成。这些职能集中体现了政府在国家社会生活中的整体作用,反映了公共行政同经济基础及其他上层建筑的辩证关系。

1. 政治职能。政治职能主要是指保卫国家的独立和主权,保护公民的生命安全及各种合法权益，保护国家、集体和个人的财产不受侵犯，维护国家的政治秩序等方面的职能。具体包括：

(1)保卫国家的独立和主权。政府担负着维护国家主权独立和国家安全、抵御外来侵略、维护世界和平的重要任务。随着经济全球化进程的日益加快，国家主权面临着各种挑战，而意识形态领域的冲突也远未结束。在这种新的形势下，政府必须采取新的方式和手段，履行国家的防御职能。

(2)维护社会治安。在我国，各级人民公安和武装警察部队是保卫国家安全、维护社会秩序、履行人民民主专政职能的重要力量。它们的共同任务是打击犯罪、改造罪犯，维护正常的社会秩序、生产秩序和工作秩序，保护国家、集体和个人的财产及生命安全等。

(3)界定和保护产权。从市场经济的角度来看，界定和保护产权是政府的首要职责，也是保障市场机制有效运作的基本前提。西方国家的宪法明文规定私有财产神圣不可侵犯，国家机器中的警察、法庭、监狱、审计等司法执法机构也都严格保障个人所有权。

2. 经济职能。这是现代国家公共行政的基本职能之一。政府作为上层建筑的主要组成部分，必须以积极的手段推动社会生产力的发展。国内外对政府经济职能内容的界定分歧较大，就我国来说，一般包括以下几个方面的内容：

(1)宏观经济调控。其作用是保证总需求与总供给的平衡和国民经济总体结构的合理性，促使国民经济和社会发展形成良性循环。这是中央政府最主要的经济职能。

(2)区域性经济调节。在国家宏观经济调控政策的引导下，搞好区域性生产力布局，保证资源配置的有效性。

(3)国有资产管理。通过向国有企业派驻监事会主席和财务总监等手段，对国有资产进行管理，实现国有资产的保值和增值。

(4)微观管制。通过法律法规对微观经济主体的经营情况进行监控，防止消极行为的出现与泛滥，保障市场机制的健康运行。

(5)组织协调全国的力量办大事。即规划并组织实施国家的大型经济建设项目，如“两弹一星”项目以及长江三峡、西气东输、青藏铁路和南水北调等工程。

3. 文化职能。文化职能是指领导和组织精神文明建设的职能，包括进行思想政治工作，对科学、教育、文化等事业进行规划管理等，其根本目的是提高全民族的文化素质，铸造可以使国民自立于世界民族之林的强大精神支柱。

当前，各级政府的文化职能是：坚定文化自信，以马克思主义为指导，坚守中华文化立场，立足当代中国现实，以社会主义核心价值观引领文化建设，促进满足人民文化需求和增强人民精神力量相统一，提高社会文明程序，提升公共文化服务水平，健全现代文化产业体系。

4. 社会职能。即组织动员全社会的力量对社会公共生活领域进行管理的职能。它主要是通过专门机构，如民政部门、城乡建设、环境保护以及政府调控下的各种非营利组织等，对社会保障、福利救济等社会公益事业实施管理来实现。社会职能主要包括：制定社会保障的有关法律制度，完善社会保障体系，维护纳税人的合法权益；筹集、管理和发放社会保障基金；创办各种社会公益服务事业；大力开展对环境污染的治理，加强生态环境保护；促进出生人口性别平衡和优生优育；加强社区建设，提高人民群众和社会组织的自我服务和自我管理能力。

（二）层级职能

按照政府所辖行政区域在中央政府和各级地方政府之间进行划分配置的政府职能，称为政府的层级职能。层级职能的划分遵循“属地”原则，即政府的职能范围主要限于本行政区域内。政府的层级职能包括：

1. 中央政府专有职能。这种职能是指对全国性公共事务的管理，如国防、外交、货币发行、宏观调控、全国性基础设施建设等，与之相应的机构设置、人员编制、经费支付等也应由中央政府管理。

2. 地方政府专有职能。这种职能主要是指在维护国家利益和中央权威的前提下管理地方性公共事务，如对本地区经济社会发展实施区域调节与管理、举办地方公益事业、征收地方税赋等，与之相应的机构设置、人员编制、经费支付等均应由地方政府管理。

3. 中央政府与地方政府共有的职能。这种职能主要是指有些公共事务涉及国家整体利益，但由地方政府具体实施比较有效，则应由中央政府和地方政府共同承担。一般由中央政府制定全国统一的政策法规，由地方负责实施。与之相应的机构设置、人员编制、经费拨付等则由中央和地方分别管理。

（三）运行职能

依照公共行政过程划分的职能称为政府的运行职能，这是公共行政过程在管理和技术层面的具体体现。在这里，我们主要分析运行职能中的计划、组织和控制三种职能。

1. 计划职能。计划是公共行政的首要职能，它包括两个方面的含义：制定目标及实施方案；在具体的法律法规范围内，制定系统的工作程序。有效地履行计划职能可以使政府最大限度地减少各种消极因素的干扰，使公共行政朝着既定的正确方向运行。计划职能是其他职能实施的前提条件，从根本上决定了管理的总体职能。

2. 组织职能。这是指政府根据行政计划的各项目标要求，建立组织机构，配备相应人员，确立职位、职权、职责关系，将行政组织内部各要素组成有机整体，实现各种资源的最佳配合。政府履行组织职能的根本目的在于增强公共行政的整体性和凝聚性，提高管理效率。政府组织职能的主要内容包括：合理分解计划目标，确定实施步骤和方法；建立合理的行政组织体制，充分调动各个要素的积极性；建立快捷高效的行政指挥系统，做到政令统一、指挥有力；协调上下级政府、同级政府及部门与部门之间的行政关系，使之能够相互配合，实现既定的管理目标。

3. 控制职能。控制职能是指政府在调节行政行为，使之与既定目标相符过程中所发挥的作用。控制不是政府对既定要素的简单投入，而是对政策或目标执行程序中输入的调整。这类似于房间内的温度调节器，调温器本身不是热源或冷源，它只是起调节温度的作用。政府要有效地履行控制职能，应抓好以下几个环节的工作：确立控制标准，使之具有客观性、完整性、具体性和可操作性；获取偏差信息，把握偏差变化趋势；采取具体控制措施；对控制过程实施有效监督。

第二节 行政组织职能的定位

一、影响行政组织职能定位的因素

正如阿尔蒙德（Gabriel A. Almond）所说："体系是指各部分之间的某种相互依存以及体系同环境之间的某种界限。所谓相互依存，就是指在一个体系中，当某个组成部分的具体性质发生变化时，其他所有的组成部分以及整个体系都会受到影响。"①复杂结构体系的行政组织职能也同样受到多种因素的影响，这些因素有的来自行政组织职能体系内部各组成要素的变异，有的来自行政组织职能体系外部环境的变迁。影响因素及影响程度的不同，使古今中外的政府行政组织职能表现出巨大的差异性。

（一）政治因素——国家的阶级本质

政府所代表的国家的阶级本质决定了行政组织职能的性质和作用方向。阶级性是政府行政组织职能的本质属性。作为管理社会公共事务活动的反映，不论是从内容上来说，还是从形式上来说，行政组织职能都充分体现了统治阶级的意志。任何行政管理活动都服从于国家，服从于统治阶级，其性质由国家的性质所决定，并最终取决于该国的社会经济基础。

① 加布里埃尔·A. 阿尔蒙德，小 G. 宾厄姆·鲍威尔：《比较政治学：体系、过程和政策》，上海译文出版社 1987 年版，第 26 页。

资本主义国家是以生产资料的资本主义私有制为经济基础的,建立在资本主义私有制基础上的整个国家政权本质上是资产阶级专政。资本主义国家的行政管理活动本质上是为资产阶级统治服务的,体现了资产阶级的根本利益。因此,其行政组织职能也就自然而然地是为资产阶级的根本利益服务的,体现了资本主义国家的阶级性质。社会主义国家是以生产资料的社会主义公有制为主要经济基础的,建立在这一经济基础上的国家政权本质上是无产阶级专政或人民民主专政。社会主义国家的行政管理作为无产阶级专政或人民民主专政的国家政权的一种重要功能,必然要吸收广大人民群众共同参与,按照他们的意志来进行,体现他们的根本利益,必然是人民的行政管理。

(二)经济因素——社会经济发展水平

与社会经济发展水平呈正相关的社会公共事务的总量及其复杂程度直接制约着行政组织职能的范围和内容。社会经济发展水平是行政组织职能的基础,这是因为:一方面,社会经济的发展为行政组织职能的发挥提供了必要的物质条件;另一方面,社会经济发展水平的提高也为行政组织职能体系的优化创造了外部动力。社会经济的发展总是与社会分工的深化相伴始终的,集约化和产业化的现代大工业生产带动了社会生活的分化,从而使社会公共事务的总量和复杂程度大大增加。政府的行政管理活动必须与社会经济条件的变化相适应,作出适时的调整,这无疑将影响到行政组织职能体系范围和内容的变化。行政组织职能的变化主要涉及两个方向:一是纵向层次的多样化,社会经济的发展促进了社会生活层次的日益丰富,行政组织职能也将在层次上日益多样;二是横向范围的扩大化,社会经济发展水平的提升使社会生活需求的多样性成为可能,同时也使社会矛盾日益突出,从而导致行政组织职能在范围上不断扩大,在内容上的分类不断细化,以满足日益繁杂的社会需求。

(三)文化因素——特定的政治文化

一个国家特定的文化,尤其是政治文化也深刻地影响着行政组织职能。“对于人类学家和社会学家来说,文化意味着个人或群体的一整套生活方式,它是包括社会组织所有方面的最宽泛的范畴——政治、经济、宗教和其他。”[①]政治文化是社会和历史发展的产物,它涉及社会公众对政治生活的基本看法和精神气质,它不仅是一种生活方式,更重要的是培育了某种政治体制的心理基础。作为特定表现形式的政治文化,不仅成为政府组织体系的隐性制约因素,而且深刻地影响着行政组织职能。这种影响主要来自三个方面:首先,传统的政治意识将决定政府组织体系是采取分权的模式还是采取集权的模式,如在我国的传统文化中,强调对民族国家的认同感和“大一统”的政治意识,彰显中央政府

① 莱斯利·里普森:《政治学的重大问题——政治学导论》,华夏出版社 2001 年版,第 89 页。

在国家政治生活中的地位和作用,从而使中央集权式的行政组织体系得到广泛的文化认同。其次,习惯性的政治思维将制约行政组织职能体系与外部环境之间的关系,如几千年的封建统治使我国具有浓厚的“官本位”色彩,公众对政府在社会公共生活中的主导地位有着普遍的心理认同,在一定程度上为政府行政组织职能发挥的单向性培育了社会土壤。最后,长期形成的政治理念也成为左右行政组织职能体系的制约因素。以美国和日本为例,美国人注重个人自由,认为社会由个人组成,而日本人则深受中国儒家思想的影响,认为人首先是社会的动物,离开了社会,无所谓个人自由。美国的行政组织职能强调对个人自由的推崇,强调对民主意识的培养,而忽视公共空间的存在;日本的行政组织职能则强调对公共精神的培养,强调人与人之间的公共性,注重对公共空间的发掘。

尽管特定的政治文化对一个国家的行政组织职能具有深刻的影响,但并非是决定性的因素,政治文化对行政组织职能的影响毕竟是有限的,最终起决定性作用的还是该国的经济发展水平和政治体制。

(四)行政组织职能与行政环境的关系

行政环境是行政组织职能确立或转变的基本条件,要深刻理解行政组织职能与行政环境的关系,我们首先应明确行政环境的含义、特点和类型。

1. 行政环境的含义、特点和类型。

(1)行政环境的含义。公共行政环境是指直接或间接作用或影响公共行政主体及其活动过程、活动方式的外部要素的总和。这些外部要素既有物质的,如经济发展水平、物资设备等,也有精神的,如宗教信仰、风俗习惯等;既有社会的,如社区自治能力,也有自然的,如河流山川、沙漠平原等;既有国内环境,也有国外环境。它们共同构成了政府管理的外部环境,影响和制约着政府职能的确立与变革,并使其处于不断发展变化的动态过程之中。

(2)行政环境的特点。主要有:

第一,广泛性。公共行政环境是行政系统赖以存在和发展的外部要素的总和,凡是作用于行政系统的外部条件和要素,都属于公共行政环境的范畴。从地形分布、山川河流,到气候特征、自然资源;从人口数量、民族状况,到阶级状况、历史传统;从文化教育、科学技术,到社会制度、经济状况,乃至人际关系、道德水准等,很难在时间、空间和种类上为其划定一个不可移易的界限。

第二,复杂性。公共行政环境对公共行政的影响与作用不但是广泛的,而且是复杂的。构成公共行政环境的要素,有物质的也有精神的,有有形的也有无形的,有社会的也有自然的,有政治的也有经济的,有国内的也有国际的,这些要素之间构成了纵横交织的复杂关系。

第三,差异性。对行政主体来说,构成公共行政环境的要素没有一个是完全相同的。各个地区的自然环境千差万别,有的是山区,有的是平原,有的是丘陵;有的降雨量多,空气湿润,有的长年无雨,空气干燥。各个地区的经济状况、物质条件、风土人情以及文化传统也不尽相同。各种不同管理体制、管理模式的形成和发展正是这种差异性的具体体现。

第四,变异性。构成公共行政环境的一切外部要素都处于不断变化之中,社会在不断变迁,体制在不断变革,观念在不断更新。行政环境的变异直接或间接地影响着行政系统各个要素的变化与变革。

(3)行政环境的类型。从不同层次和不同角度可以对行政环境作不同的分类:以层次为标准,行政环境可分为宏观行政环境、中观行政环境和微观行政环境;以作用和影响为标准,行政环境可划分为积极环境和消极环境;以内容为标准,行政环境可划分为政治环境、经济环境、文化环境、社会环境、自然环境等;以国界为标准,行政环境可划分为国内环境和国际环境。事实上,各种类别之间也不是截然分开的,而是相互交叉、相互融合。通过分类,我们可以更清楚地了解行政环境的内容和特征,以便更好地适应环境、改造环境。

2. 行政环境决定并制约着行政组织职能。行政环境是行政组织职能确立或转变的基本条件,它决定、影响或制约着行政组织职能的目标、内容及履行方式。可以说,有什么样的行政环境,就必须有或必定有什么样的行政组织职能,即行政环境决定并制约着行政组织职能。

(1)行政组织职能要适应行政环境的性质。即行政组织职能首先要适应一国的政治和社会制度,建立与之相适应的行政体制。政府管理系统是上层建筑的重要组成部分,它建立在一定的经济基础之上,并受经济基础的制约。政府管理的根本性质和基本原则实际上是由一国的政治和社会制度决定的,行政组织职能的内容及履行方式也都要受到一国的政治和社会制度的制约。

(2)行政组织职能要适应行政环境的现状。行政环境包括政治、经济、文化、教育、社会、自然资源、技术手段等各种要素。这些要素的发展水平在不同的国家和地区存在很多差异。对行政组织职能不能简单做出先进与落后、好与坏的区分,唯有适应环境,才是最适宜的。

(3)行政组织职能要适应行政环境的发展方向。行政环境始终处于不断变化之中,行政组织职能的转变实质上是行政环境变化的具体反映。当然,行政组织职能与行政环境之间的适应和平衡往往只是相对的、暂时的。平衡、适应预示着新的不平衡、不适应,不平衡、不适应又预示着新的平衡、适应。社会变迁的影响会渗透到社会的各个角落和各个方面,迫使行政组织职能作出调整。如果对行政环境的变化缺少一定的预测能力,政府就会成为缺乏前瞻性的“近视”政府。

3. 行政组织职能的履行可以有效利用和改造行政环境。虽然行政环境决定并制约着行政组织职能,政府职能必须适应行政环境,但是行政组织职能适应行政环境并非是完全消极被动的,而是在适应行政环境的同时,能够能动地利用和改造行政环境。科学地界定行政组织职能并有效地加以履行,可以有组织地控制、利用和改造行政环境。公共行政不仅必须利用行政环境所提供的政治、经济、文化、技术、心理、资源等条件,而且必须通过对行政环境的再认识、再思考、再总结,主动自觉地调整和改变不符合公共行政要求的环境;同时,还要适当运用公共行政权限和干预方式有效地规范和约束消极的行政环境,使之沿着行政组织职能的积极方向发展。

二、不同时期行政组织职能的定位

(一)自由放任理论阶段

基于反对当时社会中的重商主义观点,亚当·斯密(Adam Smith)1776年写了《国富论》一书。所谓重商主义,是指政府的角色是广泛的和无孔不入的,换句话说,在社会中,政治支配着经济。根据亚当·斯密的理论,政府应大幅度弱化其角色。

亚当·斯密设想有一个相对于当时政府而言所扮演的角色更小的政府。其首要职责,即防卫职责,一直都是政府的一项职责,甚至也是政府得以存在的最主要原因。第二项职责,即建立法律制度,主要体现在两个方面:一方面是防卫职责在国内的延伸;另一方面则是一个社会须保护自己免受那些不遵守规则者之害。此外,政府还有一种市场角色,亚当·斯密所倡导的自由市场体系需要一套法律制度,以保障合同的实施并保护财产权,否则,市场将无法运行。第三项职责,即向社会提供某种商品的职责,相对要复杂得多。政府出于对整体社会利益的考虑,可向社会提供某种商品,但要设计出使任何受益者都愿意付费的方法则是难上加难。例如,道路和桥梁降低了运输费用而造福社会,但是征收道路通行费和过桥费的行政成本却并不经济。这些商品,也被称为"公共物品",由政府提供是最佳的。要准确区分哪些行为属于政府的第三项职责并非易事,亚当·斯密认为,教育至少是最基本的一类,我们现在称之为"基础设施"者也大都属于这种类型。

除了这些最低限度的职能外,亚当·斯密认为,政府的适当角色就是尽可能远离经济生活。"自由放任"一词意味着政府应禁止干预商业活动,这也是早期自由市场论者反复鼓吹的取得经济增长的最佳途径。市场竞争自身比政府干预能产生更好的整体结果。

这一理论的基础是推翻重商主义,认为政府应该仅作为市场的推进者,政府干预是不轻易采用的终极手段。亚当·斯密的理论时至今日仍持续产生着重要的影响,当前新古典主义和自由主义经济学家都将他的理论作为对其思想产生重大影响的理论来源。

（二）福利国家理论阶段

马克思及其他一些人曾于19世纪中叶指出资本主义内部所固有的矛盾将不可避免地导致对工人的剥削。到19世纪末，开始出现了广为人知的“福利国家”论，它通过重新确定国家对其公民福利所负有的责任来减轻过激的资本主义的某些危害。采取这样的政策无疑会为选举带来利益。从大的范围来说，福利措施的实施与公民权的拓展有关。当时社会上存在这样一种担忧，即公民权的扩大会使社会主义政党当选并实施激进的分配政策，这种担忧基本上最终还是未能转变为事实。但包括穷人在内的越来越多的人可以投票选举那些向其做出承诺的政党，它们大都对选民承诺，只要投它们的票，就可以帮助他们改善经济上的困窘。这种向公众做出承诺并提供服务成为政党间相互竞争的主要武器。自20世纪30年代凯恩斯主义出现以来，政府已可以在稳定社会和缓解社会问题等方面扮演重要的角色。

第二次世界大战以后，大多数欧洲国家都实施了更为详细、周到的福利政策，以便为其公民提供“从摇篮到墓地”的保障。它们提供广泛的失业救济、全民享有的医疗计划、教育资助以及为弱势群体提供社会扶助计划。随着社会主义理论的传播，为了保护消费者权益免受大公司侵害，欧洲许多地区的公共事业部门也迅速成长起来。

对普通民众而言，福利政策无疑具有其优越性。迫于选票的压力，西方政府已为所有阶层提供了广泛的受教育机会和医疗健康保障以及为退休者和失业者提供经济救援，所有这些都使政府规模和管辖范围在20世纪70年代至80年代初一直保持稳定增长。然而，人们对福利国家并非没有异议。首先就是整个财政问题，为了支持福利计划，必须谋得资金，这最终将导致对经济体系所生产出来的财富征收较多的赋税。其次，与上一点相关的是，这样一种政治计划须仰赖于广泛的政治支持，而在20世纪七八十年代，要获得这样的支持已不再像以前那样容易了。再次，福利国家赖以生存的政治和经济的理论基础已然落伍。在经济学领域，新古典主义流派开始占据统治地位并公然声称反对福利国家。新古典主义主张要回复到以亚当·斯密的理论为基础的更具活力的经济社会。

（三）新古典主义理论阶段

自20世纪70年代以来，政府已日益摆脱扮演了大半个世纪的、规模较大的、具有明显集体主义色彩的政府角色。在各级政府、政策顾问以及主要的官僚机构那里，新古典主义学说已占据了主导地位，有时它亦称为经济理性主义。该理论主要包括以下四个方面的内容：

第一，对个人理性的假设。个人被假设有“多多益善”的偏好，会理性地追求其目标,也被假设为自身经济利益的最佳决定者,为使其运用自身策略而实现其目标和利益,应尽可能地赋予个人充分的自由。他们有能力确定自己对特定商品或服务的需求量的多寡以及他们为此须付出多少代价。个人被看作有能力对成本和收益进行比较,估测边际效益,并有能力做出相应的反应。

第二,基于上述假设推演出的模式。基于上述假设,尤其是运用理性选择和博弈理论发展而来的工具,可以构建出较复杂的经验模式,运用到政治学中则被称为公共选择理论。

第三,市场力量的角色最大化。出自上述模型的经济理性主义包含了这样的观点:私人市场是有效的,并且是能够自我调节的,能够由市场提供的商品和服务就应该由市场提供。

第四,政府角色的最小化。政府对市场自我调节机制的干预从其本身来说是无效的。政府的干预应该最小化,这显然是市场力量最大化的必然结果。

三、不同体制下行政组织职能的定位

(一)计划经济体制下的行政组织职能——全能政府

全能政府模式同计划经济体制相联结、相适应,是随着计划经济体制的建立而逐步形成和不断完善的。这样一种职能模式决定了它在为经济基础服务时,有着同现代市场经济条件下的政府职能不同的特征。全能政府是政府行政权力全方位控制社会的一种行政模式,一方面,政府的强制力无处不在,另一方面,社会上的个人处于极端的被动和不自由状态,整个社会的活力无法被释放出来。①

这种全能政府具体表现在以下几个方面:首先是政府垄断了政治、经济、文化和社会生活等领域一切事务的决策权,然后通过指令性计划安排资源的使用和产品的生产与分配;其次是以平均主义原则协调社会成员间的利益关系,以社会成员经济地位的绝对平均作为社会整治的指导思想;最后是国家行政权力渗透到社会的各个领域,国家按照行政科层对社会进行全方位治理。全能政府模式在计划经济时期有着重要意义,对集中力量恢复和发展国民经济,建成独立自主的国民经济体系具有重要作用,适应了工业化初期赶超型经济增长战略对政治、经济管理体制和社会组织方式的需要。但是,这种国家与社会高度统一的全能政府管理模式使决策权高度集中于政府,政府管了很多不该管又管不好的社会事务,造成了政社不分、政府职能不清、国民经济比例关系失调、机构臃肿、效率低下、公平缺失、人的创造精神被抑制等弊端。全能政府的模式显然

① 王培军:《论社会转型期政府行政组织职能的构建——从全能政府向有限政府转变》,《湖北社会科学》,2005 年第 5 期。

不适应经济全球化、市场化和信息化的时代趋势，同时也与现代社会管理体制变革中的市场化、社会化、法治化发展取向相悖。随着市场经济体制的逐步建立和完善，全能政府模式最终难以维系，由全能政府走向有限政府并进而建立有效政府成为必然。

在传统的计划体制下，政府的行政权力和承担的职能过分膨胀，而这种全能政府的职能模式是在沿用革命战争年代政府职能模式的基础上发展起来的。全能政府的职能模式最典型的就是苏联模式和改革开放前的中国政府职能模式。

计划管理主要是在计划体制下，作为国民经济主体的各种企事业单位完全隶属于政府行政系统，由行政系统直接计划管理。在苏联表现为高度集中的计划经济体制，它是 20 世纪 30 年代斯大林执政时期在废除新经济政策后，实行工业化和集体化中形成和固定下来的，实际上是在当时的特殊历史条件下实施的一种传统经济模式，而当时大的时代背景——战争与革命似乎可以继续解释其合理性。苏联集中的计划经济体制的形成大体经历了三个时期、三种模式：1918~1920 年的战时共产主义；1921 ~ 1927 年的新经济政策；1928 ~ 1932 年的集权计划经济体制。这种经济发展模式的特征，一是基于产品经济观，实行以国家为核心的、高度集中的计划经济；二是形成超重型和消耗型的经济结构，在工农业、轻重工业、速度和效益、生产和消费等关系上长期失衡；三是实施粗放型和“数量赶超型”的经济战略，把在社会产品的数量上赶超资本主义国家作为国民经济发展的基本目标。这种经济发展模式曾在苏联 20 世纪 30 年代实行工业化和战后经济恢复中即使发挥积极作用时，也隐藏着很多矛盾和弊病。它忽视了物质利益和经济效益原则，使经济缺乏内在的动因和活力，不能长期调动广大人民群众劳动和创造的积极性；它造成经济结构的严重失衡，使国民经济比例长期失调，经济发展基础不稳；它实施的赶超战略造成了国民经济的消耗性质，使经济发展缺乏后劲。

改革开放前，我国社会经济制度最重要的特点就是政府对政治、经济、文化和社会生活领域一切事务的决策权进行包揽，进而形成了高度集权的总体性社会。自 1956 年社会主义三大改造完成之后，我国原来由“准计划”调节的企业和领域统统纳入了统一的政府指令性计划协调的框架之内，从而实现了社会经济活动的所有领域都实行行政协调的制度化与整齐化，高度集权的、完整的行政性协调模式随之建立起来，而建立在这种高度集权的计划体制下的全能型政府职能体系也完全形成。① 我国的经济体制模式在一定程度上受到了苏联模式的影响，国家经济生活所表现出的计划性充分说明计划体制已经成为经济生活

① 杨冠琼：《当代中国行政管理模式改革研究》，北京师范大学出版社 1999 年版，第 276~280 页。

的模式。例如,1955年6月国务院常务委员会批准的《中华人民共和国国家计划委员会暂行工作条例》规定:国家计划委员会是国务院在国民经济计划工作方面的职能机构,在国务院领导下负责审查国务院各部、各委员会和省、自治区、直辖市的国民经济计划草案,并向国务院提出审查意见;检查各部门、各地区的计划执行情况,并向国务院提出保证完成计划的各种措施的建议等。政府的微观管理主要表现为:为了完成计划指标,政府事无巨细地照顾基层生产单位,扶持其生产并直接参与各种社会生产组织的管理。随着各部门、各行业刚性计划的制订与对各基层生产单位如国有企业和公私合营企业实施指标管理,企业的整个生产经营活动都被纳入国家行政协调和指令的框架之内。

(二)市场经济体制下的行政组织职能——有限政府

有限政府是全能政府的对称,目前,理论界在其概念的内涵和外延上尚没有统一的界定标准,它在很大程度上是一种理念、一种原则,只不过它体现在具体的政治制度安排上则称为有限政府。概括而言,有限政府是指在权力、职能、规模和行为方式上都要受到法律明确规定和社会有效控制的政府。与全能政府不同,有限政府严格界定自己权力的范围,它不是什么事情都要管,眉毛胡子一把抓;它尽量避免干涉私人事务,充分尊重人的自由、权利,以人为本,尽量避免直接干预经济行为,充分尊重市场机制在资源配置中的基础作用。市场失灵要求政府干预经济,但政府过度干预会适得其反,因此,市场经济呼唤有限政府。新制度经济学认为,政府做什么远比它做的多和少重要得多。

具体而言,有限政府的内涵主要包括以下几个方面:

1.政府职能有限。政府的职能主要包括宏观调控、公共服务、市场监管、社会管理与环境保护。政府必须把不该管、管不了也管不好的领域剥离出去,把原本属于市场的权力还给市场,把社会可以自我管理的交还给社会,从而集中人力、财力、物力把该管的事管住管好,实现市场、社会和政府三者的职能均衡。

2.政府权力有限。随着社会文明的进步,公民的参与意识日渐增强,政治素质不断提高,人们按照自己的意志选出代表组成立宪机构,通过立宪机构和法定程序授权于政府。公民在授权政府的同时也保留了自己绝大部分权利,如自由从事经济活动的权利、获得公平对待的权利,以及自由从事创造活动的权利等。实际上,公民让渡给政府的权力极其有限,仅仅是仲裁纠纷、保护产权、维护秩序、促进公平的权力。

因此,政府权力是有边界的,政府在行政实践上要切实放权,把越位的权力重新归位,真正做到政企分开、政社分开而把自己有限的权力切实用好。为此,必须建立结构合理、配置科学、程序严密、制约有效的权力运行机制,从政府决策和执行等环节加强对政府权力的监督制约,以切实保证把人民所赋予的权力真正用来为人民谋福利。在当前行政环境下,政府权力的重点应转移到为公众提供公共物品和公共服务上来,这是我国建构有限政府的出发点所在。

3. 政府规模有限。衡量政府规模的指标主要有三个:一是财政指标,即政府财政支出占国民生产总值的比重;二是政府机构的数量;三是政府人员的数量。政府规模有限是指这三个指标都应当是合理的、受限的。一个“有限的政府”只能是机构简易、人员精干、办事高效、支出适度的“小政府”,而一个“全能的政府”必定是机构臃肿、人浮于事、不堪重负的大政府。

第三节　我国行政组织职能的转变

在这里,行政组织职能即指政府职能或行政职能,因而行政组织职能的转变也是指行政职能的转变。

一、行政组织职能转变的含义

行政职能(即行政组织职能,下同)的转变是指政府的行为方向和基本任务的转变,它包含以下几层意思:第一,行政职能的转变主要是行政的经济、文化、社会职能的转变;第二,行政职能的转变是行政职能结构的重心从一个职能转向另一个职能的过程,此时,其他职能并不消失;第三,行政职能转变是行政职能的内涵由简单转向复杂的过程;第四,行政职能转变是行政职能行使方式由政治性、行政性、直接性向经济性、法律性、间接性转变的过程;第五,行政职能转变是行政管理权限由“无限政府”向“有限政府”的转变过程;第六,行政职能的转变过程是行政能力提高的过程。总之,行政职能的转变过程是一个综合的、连续的、动态的过程。

二、行政组织职能转变是行政职能发展的普遍规律

行政职能是在政府和行政环境的互动过程中产生的,行政环境决定、制约和影响着行政职能。行政环境是政府行政组织在履行行政职能的过程中所依托的外部环境,通过特定的渠道,外部环境将有关的信息输入到行政职能体系中,行政职能体系据此对目标和行为方式作出相应的调整和变化,再输出到外部环境中,两者相互协调,共同促进,从而形成行政职能与外部环境之间的良性互动。因此,行政环境发展变化的普遍性决定了行政职能转变的普遍性。行政职能转变包括两个方面的内容,即行政职能外结构的转变和内结构的转变。行政职能外结构的转变意味着政府行政管理与其环境之间关系的重大调整,而行政职能内结构的转变只是行政职能体系内部的重新分解、转移和合并等。行政

职能外结构的转变必然导致其内结构的重建，而且也只有通过内结构的转变才能实现。

政府行政管理活动与外界环境之间有一个相互适应的过程，并在一定时期内达到均衡状态，在这种状态下，行政管理活动和行政职能体系相对稳定，不会发生大的变化。外部环境的变迁会导致政府行政组织所承受压力的变化，从而促使行政职能的转变。就形式而言，行政职能转变可分为结构性转变和非结构性转变。

行政职能的结构性转变包括两种情况：一是行政职能在较短的时间内从性质、内容到整个体系都发生了根本性的转变。这种转变是由于革命、战争等重大的社会变迁实现了政权的更替或社会的飞跃而达成的。例如，1949 年新民主主义革命的胜利使中国摆脱了半殖民地半封建的社会形态，政治体制和社会结构发生了翻天覆地的变化，政府的行政职能由原来的维护少数人的剥削统治转变为维护革命的胜利果实和大力发展落后的国民经济，以满足广大人民群众日益增长的物质生活和精神生活的需求。再如，第二次世界大战的爆发促使西方资本主义国家迅速调整政府的行政职能，以适应对外战争和战时经济的需要。二是在同一社会形态下，由于社会环境发生了重大变化（如政府更迭、工作重心的转移等），行政职能在范围、内容和作用方式上也都发生了相应变化。如罗斯福在担任美国总统后，为应对经济危机造成的国内社会、经济动荡，大力推行“罗斯福新政”，积极实行凯恩斯主义的经济发展模式，强调政府在国民经济中的干预作用，从而使政府的行政职能在范围、内容和作用方式上得到了空前的强化。再如 1978 年之后，我国大力推行改革开放政策，政府的工作重心由“以阶级斗争为纲”转变为“以经济建设为中心”，特别是有中国特色的社会主义市场经济体制的初步确立，使政府行政的政治职能逐渐弱化，而经济职能和社会职能的比重逐渐上升，依法治国方略的提出又进一步将政府行政职能的实现方式纳入法制化的轨道。

行政职能的非结构性转变是行政职能在运行过程中发生的内容上的局部调整以及组成要素结构上的较小变化。行政职能的运行过程并非是一成不变的，它总是随着外部环境的不断变化和政府阶段性任务的转变作出相应的调整，这种调整并不涉及行政职能的整体结构，仅仅是对内容进行的补充和对组成要素进行的适当整合。如我国政府在发展经济的过程中曾一度强调速度而忽视了质量，自 20 世纪 90 年代中期以来，政府经济职能的发挥已逐渐从一味注重发展速度调整到越来越注重质量的轨道上来，我国正大力贯彻创新、协调、绿色、开放、共享的新发展观念，不断优化经济结构，转变经济发展方式，推动经济更有效率、更加公平、更可持续地发展。行政职能的转变作为行政职能发展的必然趋势和普遍规律，是社会进步的必然要求，对处于社会转型期的国家来说，如何在经济和社会都不发达的情况下适时转变政府的行政职能，对维护社会的稳定和发展具有重要的现实意义。

三、我国行政组织职能转变的意义和依据

（一）我国行政组织职能转变的意义

我国的行政职能转变就是要通过对行政职能的重新界定，打破原有的条块分割状态，真正使不同部门各司其职，精简机构和降低行政管理的成本投入，转变工作作风，激发行政主体的主动性和创造性，变以往被动地发号施令为积极主动地适应社会变化的需要，为经济发展和社会进步服务。

改革开放以前，我国政府的行政职能是建立在高度集中的计划经济体制基础上的，无论是宏观经济还是微观经济，以及社会、文化生活，事无巨细，都由政府来决策和管理。转变行政职能就是要改变以往政府管得太多和管得太死的局面，按照市场经济体制的客观要求重新界定政府在公共生活领域中的地位和作用，减轻政府负担，提高政府行政管理活动的科学化和民主化水平，建立一套高效、廉洁、透明的行政职能体系。

首先，从现实出发，我国行政职能的转变有助于加强和改善政府对整个社会的管理，提高政府管理的整体效能。长期以来，我国的行政职能偏重于对社会公共事务的政治控制，强调通过政治手段和统一计划的方式来实现对整个社会的管理，进而大包大揽；管理手段落后僵化，管理效能低下，难以适应社会变革对政府管理活动提出的新要求。通过行政职能的转变，可以正确认识政府在社会生活中的作用，改变以往管理社会公共事务的模式和方法，改善政府行政组织与社会公众之间的关系，提高工作效率，重塑政府形象。

其次，我国行政职能的转变也有利于建立科学的行政组织体系，这是我国政府机构改革的关键。我国以往的行政职能建立在经验管理的基础之上，缺乏必要的科学性，这是与传统的行政组织体系分不开的。而我国历次政府机构改革的难点也在于政府行政职能界定的不确定性和模糊性。行政职能的转变就是要明确政府行政管理的界限，真正使政府成为一个负责任的政府，该管的管，不该管的不管，科学合理地划分政府的责权范围，并以此为基础建立科学规范的行政组织体系，推动我国政府机构改革稳步前进。

最后，我国行政职能的转变还有助于理顺政府管理体系内部的各种关系，克服官僚主义，增强政府管理的生机和活力。建立在计划经济体制基础上的行政职能体系容易导致条块分割和政出多门，诱发部门保护主义，不利于社会资源的有效分配与合理利用。同时，作为国家计划的制订者和实施者，政府无疑在社会公共生活中扮演了公共物品和服务垄断者的角色，从而在很大程度上滋生了政府机关的官僚作风，扼杀了政府在从事公共事务管理过程中的主观能动

性，使政府成为保守和缺乏创造力的代名词。行政职能的转变实质上是一个挖掘动力机制的过程，正如《改革政府》一书的作者认为的那样："一个商品或一项劳务的所有权并不那么重要，不管是公有的还是私有的；更为重要的是生产商品和提供劳务的市场或机构的内部动力机制。"①

（二）我国行政组织职能转变的依据

行政职能是历史发展的产物，同时也受到社会生产力发展水平的制约。我国的社会主义事业脱胎于半殖民地半封建的社会形态，工业化水平低，社会资源匮乏，尽管新中国成立多年来取得了令世人瞩目的建设成就，但由于基础差，底子薄，人口众多，再加上几次政治运动造成的巨大破坏，我国的社会生产力水平仍旧比较低下，社会和经济发展还比较落后，仍旧处于社会主义初级阶段。如果说社会主义初级阶段的论断是对我国社会发展阶段的正确定位的话，那么，建设具有中国特色的社会主义市场经济体制就是在正确定位的基础上对社会发展动力机制的重新构建。市场经济体制是现代工业文明演进的结果，它不仅需要雄厚的工业基础和高度发达的工业化水平，同时也需要一个高效、法治、公正的政府管理体制。

我国行政职能的结构性转变有着广泛的社会基础，它是以现阶段社会、经济、政治发展的客观现实为依据的。随着社会主要矛盾的转变，把推动国民经济快速、稳健的发展和维护社会稳定作为工作的重点。尽管在经济发展和社会进步的过程中，社会内部还会存在局部的冲突和矛盾，但和平与发展已成为当今社会的主流，国家经济实力的提高已成为世界各国共同追求的目标。同时，经济发展离不开社会的稳定和健康运转，政府通过社会职能建立和健全社会保障机制，满足人民群众的基本生活需要，培育公民的自我管理和自我约束能力，以维护社会的正常秩序便成为充分发挥经济职能的重要保障。与此相适应，行政职能体系的外结构也必将伴随着政府经济职能、文化职能、社会职能的全面提升而作出重大的调整。

我国行政组织职能的转变符合从计划经济体制向社会主义市场经济体制转变的要求。从计划经济体制向社会主义市场经济体制的转变不仅是一种经济体制的变革，更重要的是一种社会制度的变迁。市场经济体制是一种生活方式，它的内涵远比商品和交换丰富得多，它使平等、公正、公开的交易原则深深植根于社会肌体，不仅改变着个人的行为方式，也改变着政府行政组织的行为方式。从计划经济体制向社会主义市场经济体制的转变也是一个"公共领域的结构转型"过程，即"作为公共领域的基础，国家和社会的彻底分离，首先是指社

① 戴维·奥斯本、特德·盖布勒：《改革政府：企业精神如何改革着公营部门》，上海译文出版社1996年版，第36页。

会再生产和政治权力分离开来，它冲破了等级统治的桎梏，要求建立公共权力机关的管理方式"[①]。我国原有的计划经济体制以命令和指挥为特征，政府过多地干预经济生活和社会生活，甚至将个人生活也纳入政府管理的范围，而市场经济更多地强调自主选择，给个人以充分的生存空间。社会主义市场经济体制的初步确立使"小政府，大社会"的政府治理模式成为可能，政府的主要功能将越来越多地集中于对经济生活的宏观调控以及对市场外部环境的塑造，从而将部分职能从行政职能体系中剥离出来，交给社会来履行，真正将企业交还给市场，深化行政职能体系内结构的变革，简政放权，集中精力解决那些市场和企业不愿意或不能解决的问题。

我国行政组织职能的转变符合推进社会主义民主建设，实现行政管理民主化、法制化和现代化的需要。实现社会主义民主是我国政治发展的终极目标，而政治的民主化又离不开政府行政管理的民主化、法制化和现代化。随着我国经济实力的提升，人民群众文化素质和生活水平的不断提高，公民参与公共事务的热情日益高涨，参政议政的意识日益强烈，要求对政府的行政管理过程享有充分的知情权，更迫切地希望能够参与政府的管理活动。而行政管理的现代化又总是与行政管理的民主化并肩而行的，行政管理的民主化诉求就是要变以往垄断式的管理模式为参与式的管理模式，这就涉及政府工作作风的转变和适当的简政放权，做到公正、公开和透明，重新界定行政职能的范围和界限，认真听取广大人民群众的意见和建议，勇于接受社会公众的监督和评议，鼓励和吸收社会公众参与对社会公共事务的管理工作。"依法治国"对政府行政管理提出的要求是"依法行政"，这也是行政管理现代化的必然要求，行政管理的法制化不仅要求行政主体严格按照国家法律规范行事，还要求对行政职能进行明确的划分，分清不同的责、权、利，强化行政职能的法定程序，提高政府工作人员的法律意识，推动行政管理的良性发展。

四、我国行政组织职能转变的目标、内容和途径

当前，我国的改革和发展已经进入了新的历史阶段，必须适应新形势，加快转变行政职能，为推动政治体制和经济体制改革、促进经济发展、维护社会稳定创造有利的条件。

（一）我国行政组织职能转变的目标

我国行政职能转变的目标是：第一，按照社会主义市场经济体制的要求，转变行政职能，实现政企分开，把行政职能切实转变到宏观调控、公共服务、市场监管、社会管理和环境保护上来，把企业生产经营管理的权力切实交还给企业；

① 哈贝马斯：《公共领域的结构转型》，学林出版社 1999 年版，第 51 页。

第二,调整行政组织结构,强化宏观经济调控部门,调整和减少专业经济部门,适当调整社会服务部门,加强执法监督部门,培养和发展社会中介组织;第三,按照权责一致的原则,调整行政部门的职责权限,明确划分行政部门之间的职能分工,相同或相近的职能交由同一部门承担,克服多头管理、政出多门的弊端;第四,按照依法治国、依法行政的要求,加强行政职能体系的法制建设,实现行政职能运行的法制化。

(二)我国行政组织职能转变的内容

行政职能的转变是关系到我国行政机构改革成败的核心问题,具体来说,我国政府行政职能转变的主要内容有:

1. 根据市场经济发展的要求,进一步明确政府职能定位。市场经济是一种自由竞争经济,在新旧体制转轨的过程中,习惯于计划经济管理模式的政府在履行其职能方面经常出现"政府越位"、"政府错位"以及"政府缺位"的现象,这是与不能对政府职能给以明确的定位分不开的。政府职能的范围是以"公域"和"私域"的划分为前提的,这就要求我国政府改变以往那种无所不包、无所不能的传统管理模式,从全能政府向有限政府转变,由无限政府权力向有限政府权力转变。

第一,政府经济管理职能必须变直接的微观管理为间接的宏观调控,建立新型的政府和企业关系,在清晰界定产权的基础上,实现国有企业投资主体的多元化;第二,加强市场监管,使政府从对市场的直接干预者转变为市场规则的制定者以及规则执行的监督者,从侧重市场准入转向全面规范市场主体,维护正常的生产秩序,推进垄断行业改革,打破行业垄断,确立竞争机制;第三,加强政府的社会管理职能,处理好政府与社会之间的关系,在培育社会中介组织的同时,坚决做到政府部门与各种社会中介组织的彻底脱钩;第四,强化政府的公共服务职能,弱化权力意识,强化服务意识,加大基础设施建设的投入,为市场主体和社会主体作用的发挥创造良好的外部环境。

2. 按照权责一致的原则,继续理顺政府部门的职能分工。理顺政府部门的职能分工是实现行政职能转变的基础,也是避免职能交叉重叠和互相推诿、无人负责的有效途径。按照廉洁、勤政、务实、高效的方针,进一步精简机构,在横向上理顺部门之间的关系,明确分工;在纵向上调整好职能关系,切实解决权力下放的问题。在部门明确分工的基础上,明确人员岗位职责分工,防止多头行政和各自为政的现象。同时,必须加强行政机关组织法的建设,促进政府部门职能的法定化。建立相应的责任追究制度,明确各部门的职责分工,使其各司其职、各负其责,加强人民代表大会对行政机关行使职责和职权的监督。落实宪法、组织法、立法法中关于行政机关权限划分的规定,力求使不同层级政府及其部门之间权限界定清楚,分工明确。

3. 坚决依法行政,从严治政。党的十八届四中全会做出了关于全面推进依法治国若干重大问题的决定,而依法行政是依法治国的重要组成部分和关键所在,是实现行政职能转变的中心环节,也是发展社会主义市场经济的内在要求。大力提高行政立法的质量是依法行政的基础,为此,必须建立健全立法权限制度、立法程序制度、立法监督制度,做到科学立法、民主立法。公正执法和从严治政是依法行政的关键,其实质是依法治官、依法治权,要不断提高行政执法队伍的整体素质,加强教育和培训,提高政府工作人员的法律素养,强化法治观念,建设一支高素质的行政执法队伍。制定并实施严格的责任追究制度是依法行政和从严治政的有力保障,加强对行政权力的制约和监督,健全和完善内外部的监督机制,提高监督的效能,促进行政执法责任制的落实,加大立法和司法机关对行政立法和执法过程的监督力度,完善行政机关内部的级别监督和审计、财政等专项监督,并充分调动公民、社会团体和新闻媒体监督行政机关的积极性,使政府行政过程真正走上法制化的轨道。

4. 深化行政审批制度改革。行政审批是政府实施管理的一种手段,在我国计划经济时期曾经发挥过重要的作用。但是,随着改革的不断深入和市场经济体制的初步确立,带有强烈集权色彩的行政审批制度已经越来越不适应我国社会经济的发展。深化行政审批制度改革是适应社会主义市场经济发展的必然要求,是进一步转变政府职能的突破口和紧迫任务,也是加强廉政建设和反腐败斗争的一项根本性措施。首先要进一步减少行政审批项目,深化简政放权,审批事项应减尽减,确需审批的要简化流程和环节,并大力推行网上审批和服务,实现一网通办、异地可办。其次,科学界定行政审批权的法律依据,建立健全科学的审批程序,规范操作,简化程序,使审批程序制度化、法定化,并在此基础上实现公开审批。此外,还必须明确责任,建立相应的行政审批责任制度和监督制度,对违法审批、越权审批等都要追究相应的法律责任,在必不可少的行政审批项目中,加强监督检查,建立与社会主义市场经济体制相适应的、结构合理、管理科学、程序严密、制约有效的行政审批制度。

5. 加快政府管理的信息化建设。信息技术的飞速发展对政府行政职能的履行提出了新的要求,我国也在政府信息化方面进行了不懈的努力,并取得了重要的进展,但由于我国的电子政务起步较晚,政府信息化基础薄弱,政府信息资源开发利用的相关技术能力不足,网络等基础设施还比较落后,从而影响了政府与社会公众之间的互动效果。必须意识到,以网络为基础的电子政务不仅提高了政府管理的科技含量,也改变了传统的政府行为模式,网络以其无缝隙状态加速了各种信息的流动,带动了政府管理方式和工作方式的变革,有助于提高政府公共服务的质量和效率,促进政府与社会的良性互动,进而提高了行政管理的效能。因此,加快政府管理的信息化建设是十分必要。

（三）我国行政组织职能转变的途径

"……评价一个政府的好坏，应该根据它对人们的行动，根据它对事情所采取的行动，根据它怎样训练公民，以及如何对待公民，根据它倾向于促使人们进步或是使人民堕落，以及他为人民和依靠人民所做工作的好坏。"①近代以来，有关政府行政职能的争论从来就没有停息过，无论是从理性主义的角度抑或是从经验主义的角度来看，行政职能从传统形态向现代形态的转变始终是一个长期的历史过程，不可能一蹴而就，尤其是对处于转型期的国家来说，行政职能的转变除了要受到政治体制和经济体制变革进程的影响之外，固有的传统文化、公民意识、社会环境所共同组成的强大惯性力量同样制约着行政职能的转变。因此，从历史和现实出发，在维护社会稳定的前提下，我国行政职能的转变应该走由点到面、由表及里的渐进式改革道路。

1. 继续发展和完善社会主义市场经济体制。经济基础决定和制约着上层建筑，作为上层建筑重要组成部分的行政职能体系也必将受到经济因素的制约。社会主义市场经济体制的初步确立为我国政府行政职能的转变创造了有利的条件，也促使行政职能体系发生了深刻的变化。同样，由于我国市场经济体制还不够发达和健全，难以为转变行政职能提供充分条件，从而限制了行政职能转变的进程。发展和完善社会主义市场经济体制就是要真正使市场在资源配置中起决定性作用，进一步激发市场主体活力，推动资源配置依据市场规则、市场价格、市场竞争实现效益最大化和效率最优化，为行政职能的转变创造有利的外部条件。

2. 进一步推动政治体制改革。政治体制改革的成败是行政职能转变的关键。政治体制改革是适应市场经济发展的要求，建设社会主义民主国家，实现我国政治发展的根本途径。行政职能体系是我国政治体制发展的必然结果，是与政治体制的现状相适应的，政治体制改革的深入发展无疑将为行政职能的转变创造内在动力机制，离开政治体制改革，行政职能的转变将仅仅浮于表面，难以真正实现行政职能核心的变革。

3. 进一步实现政企分开。政企不分成为长期阻碍我国行政职能转变的"瓶颈"，不仅严重制约着国有企业的生存和发展，同时也成为我国行政机构臃肿、管理权限混乱等弊病的症结所在。政企分开要实现国有企业的产权变革，建立现代企业制度，完善公司治理结构，健全市场化经营机制，使国有企业真正成为"独立经营、自负盈亏、自我发展、自我约束"的经济实体。

4. 培育社会公众的自我管理意识。行政职能的转变离不开社会公众的支持，而社会公众自我管理意识的增强又成为转变行政职能必不可少的外部条

① 约翰·密尔：《代议制政府》，商务印书馆 1997 年版，第 29 页。

件。人民生活水平和社会文明程度的不断提高为社会公众实现自我管理提供了有利条件，而政府的正确引导对于社会公众真正实现“自治”又必不可少。社会公众自我管理意识的培育离不开组织上与制度上的支持和保障，通过积极推进基层村民自治和社区居民自治，保护自治组织的合法权益，充分发挥人民群众自我管理和自我约束的主动性和积极性，使社会公众真正成为社会公共生活的主人。另外，加快实施政社分开，推进社会组织明确权责、依法自治、发挥作用，适合由社会组织提供的公共服务和解决的事项交由社会组织承担。

本章思考题

1. 简述行政组织基本职能的构成。
2. 影响行政组织职能定位的因素有哪些？
3. 你是如何理解“有限政府”的？
4. 试分析行政组织职能转变的含义。
5. 简述我国行政组织职能转变的途径。

第三章

行政组织结构

行政组织是行政管理的物质基础,行政管理的有效实施依赖于科学合理的行政组织结构。行政组织结构取决于国家的政治、经济、文化、自然环境等因素和历史条件,关系到行政组织职能的实现和行政效率的提高。研究分析行政组织结构的目的在于,适应政府机构改革的需要,搞好行政组织的设计和规划,逐步建立一个适合我国国情、符合现代化管理要求的,功能齐全、结构合理、运转协调、灵活有效的行政管理体系。本章的内容主要分为四个部分,其中,第一节介绍行政组织结构的概念、影响行政组织结构形态的因素等;第二节介绍行政组织体制的基本类型;第三节介绍行政组织的设计;第四节介绍行政组织间的关系。

第一节　行政组织结构概述

一、行政组织结构的概念与意义

(一)行政组织结构的含义

就生物学名词而言,"结构"是指一个生物体的各种要素科学的特定安排。组织结构即组织各部门及各层级之间所建立的一种相互关系的模式。行政组织结构即为行政组织各构成要素间的排列组合形态。其中,职位、职能、人员分布等形成了行政组织的主要构成要素,没有这些要素作为基础,行政组织结构就成了无源之水、无本之木。构成要素与排列组合方式共同构成了行政组织结构,构成要素相似,但组合方式不同,也会形成不同形式的组织。

（二）行政组织结构的意义

行政组织结构的根本意义在于：有效地达成行政组织目标，稳定人员情绪，调动人员的积极性，保持组织的良好沟通关系。从传统组织理论时期到现代组织研究时期，研究者都把组织结构分析作为一个重要的研究领域。在实践活动中，一个结构设置科学合理、运转灵活有效的行政组织是组织任务得以完成的基本保证。很多组织问题，如机构臃肿重叠、权责不明、效率低下等，在很大程度上都与不合理的组织结构有密切关系，是组织结构失调的反映。所以，行政组织结构的完善对改变不合理的机构设置、权限划分与人员配置，改善公共行政管理的流程，提高行政组织的功能及效率具有极为重要的意义。

二、影响行政组织结构形态的因素

从纵向上来看，行政组织可划分为不同的层级，这些层级彼此之间存在领导与被领导的关系；从横向上来看，行政组织可划分为不同的职能部门，这些部门是相互合作与协调的平等关系。影响行政组织结构的主要因素可以分类为管理层次和管理幅度、纵向分工以及横向分工三个大的方面。

（一）管理层次和管理幅度

管理层次和管理幅度是我们研究行政组织的两个重要概念。管理层次是指行政组织内部纵向划分的等级数。一般而言，行政组织具有三个层次，即高层、中层和基层。高层侧重于决策，基层侧重于执行，中层则起承上启下的作用。管理幅度是指一个上级直接管理的下级的数目。一般来说，在其他条件不变的情况下，从成本角度来看，管理幅度越大，组织越有效率，但是，管理幅度的增加也不是无止境的，当管理幅度过大，员工的绩效会因为缺乏管理者的指导和支持而受到影响。美国管理协会曾对 140 家管理良好的组织进行调查，结果显示，主要领导人的直接下属为 24 人以内。

有许多因素会影响管理幅度合适的数量，这些因素包括管理者本身的能力、下属的素质与能力以及工作的性质等。我们把管理幅度较小、管理层次较多的组织结构称为塔形结构；而把管理幅度较大，管理层次较少的组织结构称为扁平化结构。需要指出的是，扁平化结构是当前的发展趋势之一，而塔形结构一直都是政府和企业的主要结构形式。随着组织外部环境的快速变化，其过长的指挥链形成了决策障碍，使组织处于不利地位。于是，增大管理幅度，减少管理层次，降低运行成本，加快决策速度，增强组织的灵活性，接近服务对象，实现组织结构扁平化，就成为增强组织效率的必然选择。同时，为了配合组织结构扁平化，许多组织都把人力资源管理作为一项重要任务，因为训练有素的员工是在组织结构扁平化条件下保持组织绩效的关键。

（二）行政组织的纵向分工

行政组织的上下层级之间存在领导与被领导的关系，这种排列组合的方式称为“行政组织的纵向分工”，也称为“行政组织结构的层级化”。根据实际安排，行政组织的纵向分工分为：行政组织的宏观纵向分工和行政组织的微观纵向分工。

1. 行政组织的宏观纵向分工。行政组织的宏观纵向分工是指不同层次政府之间的分工。分工是人类文明进步的一个标志。行政组织所管辖的范围，在地域上，遍布全国；在内容上，涉及社会所有的领域。政府为了有效地发挥行政组织的功能，首先要将国家所辖地域分成许多块，由不同层级的行政组织进行管理。这就是行政组织的纵向分工，即以层级制为基础的垂直分工。不同层级的地方政府自有国家以来就存在，现在世界上除了极少数人口少、地域面积小的国家没有设地方政府外，其余的国家均设有地方政府，即便是目前仅有 3 万多人的圣马力诺共和国，也设有地方政府。

宏观纵向分工具有以下特点：层次愈高，管辖地域范围愈广，但组织的数量愈少，如各国最高行政组织，即中央行政机关，只能有一个；层次愈低，管辖的地域范围愈窄，但组织的数量愈多，如我国最基层的政府是乡镇政府，其数量就达 3 万多个。低层级的行政组织管辖的区域在高一层级行政组织所管辖的地域范围之内，所以这个低层级的行政组织就归高一层级的行政组织领导，它们之间是垂直的领导关系。由于行政组织数量的多少与层级的高低成反比例，层级愈低，行政组织数量越多；层次愈高，行政组织的数量越少，乃至最高层级的行政组织只有一个。

2. 行政组织的微观纵向分工。行政组织的微观纵向分工是指各级政府或各个部门内部层级的分工。微观纵向分工的原因是：各级政府或各个部门承担本辖区范围内或本部门的行政任务，为完成任务、达到目标，就必须将任务、目标加以层层分解，直至落实到每一个职位。例如：中央政府内部依职能分工，设有部、司（局）、处，三至四个层级。省级政府内设有厅、处（科），二至三个层级。

微观纵向分工的特点是：它们之间的分工关系是以职能的隶属关系为准，如财政部、商务部的职能皆属于中央政府总职能范围之内。正因为如此，它们之间形成了领导与被领导的关系，负责子系统的职能单位属负责总系统的职能单位领导。

3. 行政组织纵向分工的职责分配关系。行政组织的垂直分工是依据行政管理的范围产生的。管理的范围愈大，则层次愈高；管理的范围愈小，则层次愈低。由此决定了它们之间的权责分配关系是：

（1）最高层次的行政组织为决策层。它的着眼点在空间上是，在时间上是中长期的预测、规划；负责行政总目标、总方针、总政策的制定，把握整个行政系统的大政方针；负责直接归属最高层管理的社会事务，领导整个行政系统的活动，它需要全心全意地关注行政组织如何满足社会的需要。就其所处的环境而言，它是完全开放的，在开放的视野下研究其自身的行政决策。

(2)中层的行政组织为协调指挥层。它负责执行最高层行政组织的方针、政策、计划，并将上级的指示与本地区的实际情况结合起来，制定本层级管辖范围内的工作目标和计划；负责协调、指挥下级行政管理活动；负责直接归属中层行政组织管理的社会事务。它的主要任务在一定意义上说是协调：将上级的指示与本地区的情况进行协调；将本行政组织和下级行政组织之间的行动进行协调。这一层级的行政组织处于半开放、半封闭的状态。第一个协调要求开放，要求本地区行政组织的活动充分满足本地区外部环境对行政组织的要求；第二个协调要求封闭，使本级行政组织及其所辖系统保持一个有机的整体来行动。

(3)基层行政组织为技术操作层。在负责执行上级指示、完成行政目标上与中层相同，但主要是负责技术性操作的责任，而不是负责制定本层级的工作目标和计划，不负责协调指挥工作。所以，这一层级的工作重心是如何采用可操作的先进技术和方法去完成任务，其完成的任务必作用于社会，为开放型；用什么样的技术和方法去完成纯属行政组织的内部问题，为封闭型。

4. 行政组织纵向分工的优缺点。行政组织纵向分工主要有以下优点：①分层负责，使各级政府在各自管辖地域范围内能做到事权集中、统一指挥；②行动迅速，能及时根据本地情况做出决策，就地组织实施，并有利于就近监督和控制；③能发挥各个层级行政组织的积极性和创造性，根据本地实际情况主动开展工作；④各层级行政首长负责全面管理工作，有利于培养全面的行政管理人才。

但层级制也有缺点，具体有：①各层级行政首长管辖事务过多，责重事繁，难以事事精通；②容易形成地方的块块分割，不利于各地经济和文化的交流与发展；③容易产生地方主义的倾向，不利于中央对地方的宏观控制。

(三)行政组织的横向分工

1. 行政组织横向分工的含义及其必要性。现代行政管理的特征是既高度分工，又高度综合。任何一个国家的行政组织为完成各种行政任务，在纵向分工构成层级化的基础上，必须进一步进行科学的横向分工，以适应分门别类地处理行政事务的需要。这种横向分工构成了行政组织的横向结构，即行政组织的部门化。

(1)行政组织横向分工的含义。行政组织的横向分工就是行政组织的部门分工。横向分工有宏观与微观之分。宏观的横向分工是指一级政府内的部门划分，微观的横向分工则是指一个部门内部的各个机构和职位的划分两个方面。如中央政府有部、委、办；省政府有厅、局、委、办，在每个厅、局、委内又有各个处、室，而在各个处、室内又有各个职位的划分。

(2)行政组织横向分工的必要性。首先，行政组织的横向分工是适应行政管理有效性的需要。由于任何一个层级的行政组织所负责管理的本辖区内的社会公共事务都是多种多样的，因此，有必要在各个层级按照业务性质的异同设置平行的不同部门。如省政府这一级必须下设负责工业、农业等工作的部门，以便有效地管理好各项业务，否则，不设下属的各职能部门，是无法把全省各行各业管理好的。其次，行政组织的横向分工是适应行政管理专业化、技术化的需要。由于科学技术的进步和社会分工的发展，使社会各项业务的专业性、技术性日益增强，政府要对其进行有效的管理，必须使政府工作人员熟悉这些专业技术知识。为此，必须使政府职能分部化，使政府各个工作人员通过分部化的机构设置，熟悉这些专业知识，以适应社会日益专业化的需要。最后，行政组织的横向分工是适应行政管理程序化的需要。为使行政组织、决策、执行、监督、信息反馈等职能专门化、程序化，也必须设置相应的行政部门，保证在部门分工的基础上使行政组织的成员精通自己的业务活动，从而达到提高行政组织效率的目的。

概言之，行政组织的横向分工是为了使行政组织分门别类地管理好社会的各项事务，管理好自身的运行程序，提高行政组织的效率，更有效地促进社会的发展。

2. 行政组织横向分工的种类。一般有下列四种：按行政业务性质分工、按行政管理程序分工、按行政管理对象分工和按地区分工。

(1)按行政业务性质分工。按行政业务性质分工是指按行政管理业务性质的异同来组成行政组织单位。例如，财政、外交等均为不同的业务，以此为基础设置不同的单位。依据行政业务性质的异同划分行政部门是行政组织平行分部化的基本方式，行政组织中绝大多数部门皆是按业务性质的不同而设置的。

按行政业务性质进行分工的优点有：符合行政分工专业化的原则；每个部门只负责某一项业务工作，有利于行政人员熟悉本专业工作，以提高行政效率；同一性质的业务由同一个单位管理，使行政组织易于统一同一性质的行政业务的方针、政策和法规，不至于出现政出多门的混乱状态，体现事权一致，便于协调。

按行政业务性质进行分部化也有缺点：如果业务事权过于集中，容易形成条条分割，不利于不同性质业务之间的协调，不利于行政组织总体目标的实现；如果分工过细，易造成部门林立，不符合经济节约原则，更不利于部门之间的合作与协调；有些业务性质混淆不清，不易作出明确的划分，故难以完全科学地根据业务性质的异同设置行政组织。

(2)按行政管理程序分工。行政管理过程有咨询、决策、执行、信息反馈、监督等环节,根据这些程序划分为行政咨询部门、领导决策部门、执行部门、信息部门和监督部门等,每个部门在管理过程中各自发挥其功能作用,使行政管理功能齐全,管理过程井然有序。例如,各级政府的政策研究室就是各级政府的咨询部门;统计局就是信息部门,负责向行政组织及公众提供统计的有关信息;监察部门也是按行政管理程序设置,负责监督所有的行政管理事务。

按行政管理程序进行分部化有其优点:第一,按程序分工,有利于掌握本项工作的专业技术知识;第二,从事该项工作采用同样的技术设备和工作程序,有利于节省人力、物力、财力;第三,使行政管理中的重要程序有专门机构去完成,有利于提高行政管理的整体效能。

但按行政管理程序进行分部化也有其缺点:第一,工作人员易产生重技术、轻政策,重手段、轻目的的倾向;第二,只能对那些有较大独立性的程序才可以设置部门,而多数工作程序无法独立出来,如每项相同性质的业务都有它自己的程序,我们不可能依据这些程序都设立独立的部门。

(3)按行政管理对象分工。这一分工方式最常见的是政府经济行业方面的管理部门,如机械工业部、轻工业部等,均是按对象类别实行分部管理;再如,退役军人事务部专门负责军队转业干部、复员干部、退休干部、退役士兵的移交安置工作和自主择业退役军人服务管理、待遇保障工作,也属于这种分工方式。

按行政管理对象进行分工有其优点:第一,有助于行政工作的专业化,使政府在这一方面的工作上做到统筹考虑、政令统一。第二,使政府能够从各个角度来满足其管理对象的需要,有利于提高行政效率。第三,使行政关系简化,群众对该部门的工作职责一目了然,易于沟通政民关系。

但这种分工方式也有缺点:第一,随着政府管理具体对象的日益增多,部门林立,不利于机构精简;第二,以管理对象为基础设置部门,容易忽视甚至割裂管理对象之间的相互联系,可能产生综合性的工作无人管理的现象。尤其是政府经济管理工作以产品划分部门会割断不同产品之间的生产与社会化的联系,阻碍生产力的发展。第三,容易造成行业的本位主义。考虑问题易从管理对象所处行业利益出发,有碍于整体的利益,不利于国民经济按比例协调发展。第四,往往与按业务性质划分的部门发生重叠、交叉,如国务院侨务办公室(简称侨务办)负责处理有关归侨的一切问题,包括房地产问题、投资经营企业问题、就业问题等,这些事务又分别归有关业务部门管理,这样就可能出现侨务办与这些业务部门互相推卸责任的情况,降低了工作效率。因此,按此种方式划分部门要特别慎重,不是特别重要的对象不可独立设立部门。

(4)按地区分工。按地区分部化,从不同层级来看,是纵向分工;从同一层级来看,各个地方行政组织之间的关系属于平行的地区横向分工,这是宏观的地区分部化。微观的地区分部化是指中央政府各个部门在地方设派出机关,这里只分析宏观的地区分工。在同一个层级,按地区设置行政组织的基础是行政区划。行政区域的划分是否科学合理直接关系到行政组织地区分部化是否科学合理。行政区划是否科学合理,要从以下三个方面加以衡量:

第一,要有利于各民族的安定团结。划分行政区域首先要考虑居民共同的风俗习惯、地方语言和地方心理。一个地方的居民之所以能形成这些共同点,是由于共同的地理环境和长期的历史发展所致,并使之自然地联结成一个有机的整体,这是行政区划的客观基础。如果人们在行政区划中人为地将这个作为有机整体的地方一分为二,或将作为不同的两个有机体的地方合二为一,都可能破坏当地居民的安定团结,破坏当地的经济、文化乃至整个社会的健康发展。在这里,还要特别注意尊重各个不同民族的传统习惯。一个国家常常不只包括一个民族,而每个民族都有各自的传统习惯,并且居住也比较集中。行政区划尽可能以他们的集居点为基础来划分,在这个基础上建立的地方政府有利于充分发挥民族的自主性、积极性和创造性,有利于各民族的平等和团结。

第二,要有利于国家政权的统一和巩固。行政组织地区分部化的目的是使地方政府能分担中央政府的负担,而又不致使中央政府失去对地方政府的控制。为此,要特别注意高层级地方政府所辖的区域不能过大,否则,易导致地方政府的权力过高,削弱中央政府对全国的宏观控制能力,不利于国家政权的统一和巩固。

第三,要有利于调动地方政府的积极性,充分发挥地方政府的作用。为此,各级地方政府所管辖的区域要与各级地方政府的职责相一致,使其有充分的空间条件行使其职能,并能使各地有条件相对独立地发展地方经济、文化、教育事业。这里,要注意的问题是行政区域不能划得过小。区域太小,人力、物力、财力乃至自然资源必然少,无力做任何大事,这又势必将地方上大的建设事业落到中央政府的头上,不利于中央用主要精力控制宏观,同时也使地方政府的积极性不能得到充分的发挥。

按地区进行分部化有其优点:第一,便于各地方政府因地制宜地制定政策,以适应各地不同的需要,避免事事请示汇报,消耗时日,影响工作。第二,便于一个地区各项工作的协调和互相配合,为发展地方经济、文化而协调努力。第三,能分担上级政府的工作,使上级政府集中精力抓大政方针,有利于国家的统一和民族的团结。

按地区进行分部化也有其缺点,主要体现在:第一,形成区划的客观因素比较抽象,不易具体掌握,因此,在划分行政区域时,不可能准确地照顾到各个居民点的共同要求和不同要求,容易造成各地区之间经济与文化的心理矛盾。第二,各地区的行政组织易产生地方主义观念,妨碍国家的民族整体团结和事业整体发展。

3. 行政组织横向分工的优缺点。行政组织横向分工的优点有:①职能不同,分工管理,使行政组织成员能在"专"的基础上精通业务;②从上到下形成"条条",在对同一业务工作进行统一的管理中,易形成统一的方针政策,有利于各项社会事务有秩序地健康发展;③各个部门分工负责,使各个层级的行政首长能集中精力考虑全局的大问题。行政组织横向分工的缺点有:①易形成各个职能部门的条条分割,各个不同业务部门之间难以相互沟通与协调;②自上而下各部门形成的条条伸向各个基层,不利于地方层级的行政组织因地制宜地贯彻上级的政策,抑制了地方行政组织的积极性。

第二节 行政组织体制的基本类型

行政组织体制是指行政组织各层级、各部门之间行政关系的法制形态,它的核心问题是行政权力的分配,即行政权力名义和实际的归属及运用。[①] 从不同的角度,可以对行政组织体制作不同的分类。

一、集权制、分权制与均权制

从中央组织与地方组织、总机构与分支机构间权力划分的趋向上,可区分出集权制、分权制与均权制三种行政组织体制。

(一)集权制

中央组织或总机构对地方组织或分支机构有完全指挥监督的权力,地方组织或分支机构完全听命于中央组织或总机构的体制,就是集权制。集权制下,中央或总机构有主要的决策、指挥、监督和控制的权力。法国是典型的集权制国家。集权制形成的原因主要有:①民族历史传统使然;②权力心理作用,中央组织或总机构希望握住权力不放;③政府职能的扩大,为增进效率,加强一致性的要求;④形势环境发生了改变,大规模事业不得不采取集权措施;⑤为易于网罗专门人才、充实技术设备而把权力转移至中央或总机构;⑥科技的发达以及交通和通信的进步,使管理幅度较之前有所扩大,即使集权也不会产生无效管制。

在集权制下,上级的命令能得到较好的贯彻,组织内的行为标准趋于一致,可以做到统筹兼顾。在中央或总机构的统一指挥下,需要时比较容易集中力量,同时也能使下级组织或机构获得均衡发展。但是,集权制的弊端也显而易见:行政措施只顾整体,忽视了因地制宜的需要;地方组织和下级机构一切奉命行事,态度被动消极,工作效率难以提高,且公文上下往返费时较多,容易贻误时机;集权制下的组织多呈头重脚轻形态,稳定性较差;集权制使权力大多集中

① 张国庆:《公共行政学》(第3版),北京大学出版社2007年版,第177页。

于中央组织或总机构,容易导致上层的专横独断甚至是个人独裁。

(二)分权制

与集权制不同,分权制下地方组织或分支机构有更大的权力,地方组织或分支机构对其管辖地区范围内的事宜有自主决定权,不需听命于中央组织或总机构,中央组织或总机构也不加干预。分权制的基本特征是:地方组织或分支机构受中央组织或总机构控制较小,在行政业务上具有较大独立性,其地方、单位事务可完全根据自身需要实施管理。美国是实施分权制的国家之一。分权制的形成主要是基于对集权制弊端的深恶痛绝。

分权制具有可能防止中央或上级的专横、适应地方或下级的特殊需要、激发地方或下级的工作积极性等优点,这些优点如得到正确发挥,会提高效率、促进发展。不过,如果分权过度,也会产生一些不良后果。譬如,影响基本政策的统一性,诱发地方主义和本位主义,导致地方畸形发展,加深地域和单位间的差距等。

(三)均权制

均权制是指中央组织或总机构与地方组织或分支机构的权力保持平衡,既不偏于集权,也不偏于分权的一种组织体制。均权制界于集权与分权之间,就事权的性质进行合理的划分。孙中山先生曾经说过,政治中有两个力量:一个是自由的力量,一个是维持秩序的力量,均权制可以平衡这两个方面的力量。均权制下,权力的划分应以不损害地方组织和分支机构的积极性和不妨碍中央组织的宏观控制为原则。采用均权体制,前述集权制与分权制的缺点将逐渐消除。只是均权制实施起来比较困难,主要难点在于如何做到"均权"。对繁杂的行政管理事务,哪些划归中央组织或总机构,哪些划归地方组织或分支机构,以及它们各自管辖至什么程度才算均权,并没有一个明确的尺度。就政府组织体制而言,还没有发现有代表性的国家。在一般性的公共组织或企业组织中,均权制的理想也许更容易实现。

二、首长制、委员会制与混合制

根据组织法定的最高决策权的归属,行政组织体制又被分为首长制、委员会制与混合制。

(一)首长制

首长制又称"一长制"或"独任制",是指组织的法定最高决策权由首长一人执掌的组织体制。首长拥有最终决定权,一人决定一切重要措施,其他领导人员只有建议权,无决定权。美国是实行首长制的国家。林肯总统曾召集七个部长开会讨论一项政策,结果七名部长皆反对总统的意见,最后总统宣布:七人反对,一人赞成,赞成者胜利。首长制下,事权集中于首长一人,最高决策责任也在首长一人,可以做到指挥灵活、行动迅速,有利于行政组织增进效率。但由于首长独揽大权,决策极易受首长个人的学识、经验和能力的制约,如果对问题的考虑欠周详,决策失败在所难免,而且由于无人牵制,营私舞弊并不罕见,再加上长期热衷于把持权力,有时也会使首长走上独裁、专横之路。

(二)委员会制

委员会制又称合议制,是指组织的法定最高决策权由两个以上人员组成的集体或委员会执掌的一种组织体制。委员会制的基本特征是组织的最终决策是由两个以上、总数为单数的、地位平等的委员组成的委员会作出,组织的最高决策权属于全体委员,一切均由委员会按照"少数服从多数"的原则集体讨论决定。委员会体制下不可能出现以少胜多的结果。瑞士是典型的委员会制国家。瑞士联邦最高行政机关为行政委员会,行政委员会由议会选出的七名委员组成,并从中选出主席、副主席各一人,其职权与其他委员完全平等,主席、副主席及各委员各掌管一个部,最重要的政务取决于议会,次要者取决于行政委员会,这是典型的委员会制。

委员会制可以克服首长制的某些缺点:①能集思广益,采纳各方意见,避免决策由于个人原因而出现失误;②在彼此的监督之下,营私舞弊不易出现,独裁专横也更不可能;③体现了民主精神,符合民主原则。但是由于事权不专一,责任不明确,力量不集中,行动迟缓,影响效率,委员之间易形成相互倾轧与排挤。

(三)混合制

混合制又称委员首长并立制,是指行政组织的事权一部分由委员会集体讨论决定,另一部分由行政首长个人决定的一种行政组织体制。其基本特征是:行政组织中既设有合议制的委员会,也设有专门的行政首长。重大问题的决策权由委员会集体讨论决定,具体问题的决策权由行政首长个人行使。理论上讲,混合制兼有首长制与委员会制的优点,可是,如果运用不当,仍将产生首长制与委员会制的弊端。另外,混合制中首长的个人素质也可能影响混合制或趋向于首长制,或趋向于委员会制。

首长制、委员会制和混合制三种体制并无绝对的优劣,应视情况灵活运用,不可偏执于某一种。行政管理学的奠基人之一怀特曾言:执行与指挥的事应采用首长制,制定政策法令宜采用委员会制,因为集体的智慧高于个人的智慧。

三、层级制和职能制

根据行政组织构成单位的功能与性质的差异,行政组织体制可以分为层级制与职能制。这种分类方式反映了行政组织业务性质及管辖领域上的分工。

(一)层级制

层级制又称分级制,是指一个行政组织的事权按照纵向上的隶属关系,交由层层节制的各层次部门或单位处理与行使,且所管辖的事权在性质上是完整的、在领域上是部分的。一般来说,在层级制下,越是基层的行政组织,其管辖范围越小。层级制的优点是层级节制,指挥统一,行动迅速,事权集中,责任明确。其缺点是组织首长管辖事务过多,易于专断草率;层级节制过严,难以调动部属的主动精神。

(二)职能制

职能制又称分职制,是指一个行政组织的事权按照横向的水平分工交由若干平行的部门或单位分别处理与行使,且每一部门或单位所管辖的事权在性质上是部分的、在领域上是完整的。职能制的优点是适应专业分工精神,便于对所管辖业务作出详尽的规划和组织实施。其缺点是易形成本位主义,只重视自己管辖的业务而忽略了整体性;各单位间业务的协调较为困难,且易造成人力和时间的浪费。

部门分工是职能制的要义,指挥统一是层级制的精神。在现代政府管理中,职能制与层级制是相辅相成、相互依存的。现代国家政府的行政组织一般都实行两者结合的所谓的"职级综合制",即以层级制为基础,在每一层级进行职能分工。我国也是实行层级制与职能制相结合的双重体制。

四、完整制和分离制

根据行政组织中同一层级各部门所受的指挥与控制关系的差异,行政组织体制可以分为完整制和分离制。这种分类方式反映了行政组织内部行政隶属关系的不同。

(一)完整制

完整制又称一元统属制,是指行政组织中同一层级的各个部门完全受同一行政机关或行政首长领导、指挥和监督的行政组织体制(比如,一个地方的所有行政职能部门均归当地政府领导,实行属地管理)。完整制使下级行政机构或单位能统一指挥,权责明确,也使下级行政机构或单位所属的各部门便于合作,但权力过分集中,易导致权力中心的扩张,易形成地方或单位的本位主义,不利于中央政府及其业务主管部门对全国的宏观控制,不利于统一政策的落实。

(二)分离制

分离制又称多元制领导的行政组织体制,是指同一层级各个部门隶属两个或两个以上的行政机关或行政首长领导的行政组织体制。我国许多行政组织实行的就是分离制的行政组织体制,即"双重领导"或"双重负责"制。分离制既有利于上级政策的贯彻落实，也有利于下级行政组织因地制宜地实施管理，但易导致多头指挥、政出多门、政令冲突，使下级无所适从。

第三节　行政组织设计

一、行政组织设计的概念与原则

（一）行政组织设计的概念

行政组织的发展有一个自然形成的历史。在历史上一个很长的时期，行政组织都是在社会需要的压力下被动地生成新的部门和机构，被动地生长出新的职能和新的结构形式。由于政府管理社会事务的增加，才造成政府行政组织结构的复杂性。也就是说，行政组织的发展遵循着这样一个逻辑，首先是由于社会中存在对政府的某些需要，政府对这些要求的回应就变成了政府职能的一些新的内容。而一种新的政府职能的出现，必然会要求有新的行政机构和部门来承担这种职能，即使不设立新的机构或部门，那些承担新的政府职能的原有机构和部门也会发生重大的变化。对行政组织的这种发展过程，我们认为是由于社会压力而推动的自然发展过程。

现代政府的发展越来越表明，行政组织的发展进程已经走出了自然发展的历史阶段，成为一个自觉设计的过程。政府机构的设置、政府规模的控制以及行政组织结构形式的安排，都可以看作自觉设计的结果。这是因为，现代政府在谋求社会发展的努力中，总是积极地回应社会需求，而且往往是在社会需求尚未明确化的条件下就自觉地发现那些应当或将要由政府承担的职能，并通过行政组织建设承担起相应的职能，进而实现推动整个社会发展的目标。

所谓行政组织的设计，就是政府或国家权力机构依据一定的理论和原则对行政组织结构及其功能进行规划和确立的过程，它是通过对行政组织的各个要素进行合理配置和协调各个机构、部门之间的职能，以达到提高组织效率的目的。几乎所有的现代国家都在国家的权力机构中或在政府中设立了专门的机构来从事行政组织的设计工作，比如，我国各级政府中的编制部门就是专门从事行政组织设计工作的部门。许多国家也通过专门的行政组织法律把行政组织设计活动以及行政组织设计的结果固定下来。

行政组织设计属于行政管理的一项重要内容，对政府职能的发挥和政府运行的状况都有极其重要的影响，特别是关系到政府的长远发展。所以，几乎所有的行政组织理论都特别重视对行政组织设计问题的研究，认为行政组织设计应当有计划、有领导、有步骤地进行，而且在行政组织的设计过程中，应当对各种各样影响行政组织存在和发展的因素予以充分的重视。

（二）行政组织设计的原则

行政组织设计是一项非常复杂和细致的工作，其设计过程需要遵循一定的原则。

1. 职能目标原则。设计行政组织，首先应考虑职能目标，职能目标是组织存在的基础。任何一个国家都是根据社会宏观环境和微观环境来建立相应的政府组织机构，履行有关的职能，以便对社会公共事务进行有效管理。每一个具体的行政组织都必须有明确的目标。职能目标的形成是人们有意设计的结果。只有合理划分职能结构，明确行政目标，才能建立科学合理的行政组织。那么，如何才能使职能目标与组织结构相统一呢？我们认为，应该做到以下几点：第一，随着社会的发展，政府职能也会发生较大的变化，有的职能会扩大，有的职能会萎缩，这就要求政府必须增加或减少相应的机构。比如，我国在1992年开始实行社会主义市场经济体制后，对经济的管理从微观过渡到宏观，国务院撤并了一部分微观经济管理部门，只保留宏观经济管理权。第二，政府组织机构必须随着管理权限的转移而变迁，并根据职能目标来划分层次，配置权力，确立合理的集权度。第三，当新的社会公共事务出现时，政府必须及时做出反应，设立相应的工作部门。比如，对克隆技术运用的管理、对虚拟空间的治理，都需要政府及时作出决定。第四，对一些临时事务，政府可以考虑设置临时机构去管理。临时机构的特点是比较灵活，方便快捷，效率高。但一定要注意，临时机构重在“临时性”，不能变成常设机构，完成任务后应立即撤销。

2. 完整统一原则。我们所说的完整统一，是指一个国家各层级和各部门的组织有机地形成一个完整统一的行政体系。任何一个国家或地区都只能有一个政府，而且只有这个政府才能行使行政权，整个行政系统必须由它统一领导和指挥。具体说来，应做到如下几点：第一，政府职能要完整统一。政府管理的范围很宽，所以，在设计行政组织结构时应考虑到这种宽泛性，尽量做到事有人管，责任明确，避免有些事务没人管，或者有些事务谁都管。简单地说，就是不能留下“权力真空”或造成“政出多门”。另外，政府各部门和各层级之间的职能也必须统一，避免出现职能脱节的现象。第二，行政目标要完整统一。政府系统也可看作一个目标系统，这些目标要形成一个完整统一的体系。在分解行政组织的整体目标时要保持完整，不能遗漏；行政组织各机构、各部门的子目标要与行政组织的整体目标一致，统一在整体目标之下；短期目标要为长期目标服务。第三，机构设置要完整统一。任何行政组织都是政府整体的一部分，设置机构时应考虑到设置是否齐全，功能是否完备；行政组织之间要明确隶属和制约关系以及下级对上级的服从关系；机构设置的名称和级别也要大体上统一，不能自立门户，随意升级。第四，领导指挥要完整统一。行政组织是行政管理的主体，各部门只有密切配合，才能提高效率。在行政管理的活动中，任何一个下级都只能接受一个上级的指挥,不能多头领导;下级一般只能向直接上级请示工作,不能越级,上级一般也不能越级指挥,但可越级检查工作。这样就形成了一个指挥的垂直系统,命令统一,领导统一,指挥统一。

3. 精简高效原则。我国宪法规定:一切国家机关实行精简的原则,这是设计行政组织时必须遵循的一项原则。精简,不是越少越好,而是在保证实现政府职能前提下的最少。行政组织只有精简,才能实现高效廉洁的目标。具体要求是:第一,行政机构要精简。目前,许多国家都存在行政效率低下、行政经费开支过大的现象。究其原因,机构林立、部门过多是造成这种现象的"罪魁祸首",因此,应进一步深化大部门体制改革,裁减、撤销、合并一些可有可无的机构,把一些性质相同的工作交给同一部门处理。为了减轻行政机构的负担,要鼓励公民参与,还要有意识地将一些政府管理职能交给社会团体或中介组织承担。第二,行政人员要精干。首先,要完善编制立法,严格定编定员。机构臃肿必然会产生人浮于事的现象。有的人没事做,有的事没人做,互相推诿扯皮、闹矛盾,无谓地消耗人力、物力,造成"吃饭财政"。其次,要不断提高工作人员的素质和能力,在公务员的入口和平时考核上标准要严格,鼓励公务员进修和培训,并不断采用新的办公手段与技术,造就一支与信息社会相匹配的高效、廉洁的公务员队伍。第三,办事程序要精简。深化放管服改革,实行政府权责清单制度,不断优化政府行政流程。

4. 法制原则。现代社会是法制社会,行政组织的职能、机构、人员更要依法配置。法制原则要求:第一,必须根据宪法、政府组织法以及有关的编制规定进行机构的设置、撤销、合并或其他调整;第二,必须有相关的法律具体规定各机构的职能权限;第三,必须依照法定程序进行行政组织的设计,要严格执行审批手续;第四,必须依法审定编制,并配合财政预算等手段,保证行政编制的严肃性,避免部门林立、机构臃肿。

5. 职、权、责一致原则。行政组织是一个权责体系,各部门、各单位、各岗位的工作内容、职务、责任、权限必须有明确的规定,以便有章可循。任何行政组织及其行政人员都必须贯彻执行职、权、责一致原则。具体要求有:第一,权责一致,要依法规定各个行政组织的职责范围、相应的权限与责任(包括对上对下的责任),建立并完善权责一致的行政体系;要消除并避免有责无权或有权无责的现象。第二,明确每一个行政人员的职务、职权和职责,做到事事有人负责,人人各司其职,各尽其责,功过分明;分清领导与被领导、正职与副职、决策与执行、领导与秘书的职责关系。第三,建立严格的监督、考核、奖惩和升降等制度,对每个行政组织和行政人员的行政行为和行使职权的情况,必须进行监督和考核,厉行奖惩。第四,权责一致的落实要求行政领导者把管人和管事的权力统一起来。一个行政领导者既然要对本职工作承担责任,就要有一定的用人权限，只有这样，才能做到事权相宜、量才用人、适才适用。第五，按照能级原则，职位、职务应由具备相应能力的人员担任，并且一个人只能负责一方面的工作，不能事事挂帅，以免牵扯过多的精力而事事都做不好。

6. 人本原则。行政组织的核心动力是人的积极性和创造性，为此，组织设计必须体现人本原则。在体现组织设计完整性、统一性的同时，应当根据组织任务、职能性质、技术含量的不同，以及人员的受教育水平和素质的不同，相应采取项目型结构和矩阵型结构等组织类型，这类扁平结构的设计所具有的人本精神有利于人对自身价值实现的追求，有利于通过授权来鼓励组织成员积极性和创造性的发挥。

这里所说的“以人为本”，就是要依靠高素质有能力的人，充分调动他们的积极性与创造性。人才是治国之本、治事之本，切忌重事不重人、重物不重人。具体操作时应注意：敢于和善于授权；鼓励竞争，能者优先；善于利用非正式组织，满足人们的各种正当要求；鼓励公务员参与管理，充分发挥每一个人的潜能，满足其自我实现的需要。行政组织的设置，职、权、责的划分，规章制度的制定，监督考核制度的建立，都是围绕调动人的积极性和创造性来进行的。

二、行政组织设计的要素

（一）组织设计的过程要素

无论是创建还是重新调整一个组织的结构，通常都会涉及一系列基本步骤，这便产生了组织设计的过程要素：分工、部门化、指挥链、集权与分权以及协调。

1. 分工。斯密提出了分工的概念，并指出劳动分工最大的优点是将工作划分为简单独立的小块，有专人分别负责，使整体生产力可以呈几何指数增长。今天，分工已经不限于劳动，几乎所有的组织管理工作都可细分，并已被“工作专门化”所取代。工作专门化实际上就是将一项任务细分为若干步骤，每个步骤都由一个单独的个人或单位来完成，这样，每个人都可能成为某项工作的专家，从而使效率得到提高。但是，分工不是无止境的，工作专门化在提高人们工作效率的同时也带来了许多负面影响。长年累月的重复工作会使人对工作厌烦，造成旷工、离职以及效率下降等现象。

2. 部门化。所谓部门化，就是指管理者将工作分工确定之后，决定将哪些工作归于“类似”单元，从而使共同的任务得以协调。一般来说，有五种方式可以进行部门化。一是职能部门化，即依据所履行的职能来组合工作，其优势是可以将拥有相同专业知识和技能的人组合在一起，有助于提高效率，同时便于领域内的协调；其不利之处主要是各职能部门之间缺乏沟通，缺乏对组织整体目标的认识和理解。二是产品部门化，即依据组织所提供的产品和服务种类来组合工作,如会计师事务所设立的税务、管理咨询、审计等部门。其优势是促进特定产品或服务的专业化管理,更加贴近顾客,管理者可以成为行业管理专家;其不利之处主要是职能的重复设置会导致资源浪费,同时,各部门也缺乏对整体目标的认识。三是地区部门化,即按照地理位置进行工作组合,如证监会下设的大区证管部门。其优势是能更加有效地处理特定区域所产生的问题;其不利之处是职能重复,与其他部门隔离。四是过程部门化,即依据工作服务流程来组合工作。五是顾客部门化,即依据共同的顾客来组合工作,如银行中的个人理财部、商业信贷部、大客户部等。其优势是能满足顾客的需要和处理相关的问题;其不足之处是职能重复配置,缺乏对整体目标的认识。

大型组织一般是由上述五种部门化方法中的几种或全部组合起来的。部门化的发展趋势使顾客部门化越来越得到重视,因为它能使组织更好地理解顾客需求并作出迅速的回应,同时,跨职能团队成为部门化的另一个发展趋势。关于跨职能团队,我们在后面还会予以介绍。

3. 指挥链。指挥链是指从组织高层到组织基层的一条职权线,它是一个谁向谁汇报和负责的流程图。一旦工作划分、部门成立、管理幅度确定,管理者就可以确定指挥链了。指挥链使员工能够明确遇到问题向谁请示,出了问题对谁负责。指挥链的形成离不开职权、职责和统一指挥原则,但是随着时代的发展,这些观念正在发生变化。随着信息技术的不断发展和对下属授权的不断加大,指挥链的重要性正在下降,因为下属获取信息的速度几乎和高层一样快,甚至不通过指挥链就可以与外界进行沟通,并且随着新型组织结构设计的引入,统一指挥原则也在某种程度上受到了挑战。

4. 集权与分权。有些组织所有的决策都由高层制定,基层只负责执行,这样的组织就是集权化组织;相反,有些组织尽可能地将决策权力下放给一线的管理者,这样的组织就是分权化组织。集权与分权是相对的概念,它取决于下属参与重要决策的程度。至于是集权有效还是分权有效,主要取决于组织本身的工作特征、下属的能力、面临的外部环境等多种因素。

向下授予更多的决策权是当今管理的一个发展趋势。在面临复杂多变的外部环境时,要增加组织的灵活性和应变能力,就应该把更多的决策权授予一线管理者,因为一线管理者通常比高层对问题及其解决办法有更具体的认识,宜于快速采取行动。

5. 协调。所谓协调,就是指为了实现组织目标而对各部门的工作进行统筹的过程。分工完成、部门设立及指挥链形成以后,部门就可以运转了。但部门都有追求自身利益的动机,往往忽视组织目标的实现,所以,协调机制的建立是确保组织目标实现必不可少的环节。协调的程度取决于工作的性质和各部门员工的依赖程度,如果一项工作需要不同部门的配合才能完成,则需要高度协调;相反,如果一项工作不需要其他部门的大力配合也可以完成,那么,减少部门之间的协调有助于提高工作效率。协调的关键是沟通,指挥链和规章程序是进行日常协调的主要机制。如今"走动式管理"开始流行,它主要是指高层管理者经常深入第一线倾听意见、随意交谈、了解运作情况,与基层进行面对面沟通的一种协调机制。由于公共部门面临的环境越来越复杂,许多问题的解决需要各部门的合作,因此,协调成为追求高绩效目标组织的必然选择。解决协调问题除了上述方法以外,建立跨边界的角色和减少协调的需要也是可行的选择。建立跨边界的角色就是在各部门之间设立一个永久性的联络者,以了解部门的需要、责任和关注重点,并起到沟通作用。减少协调需要是最后的办法,如果上述措施都不足以应付,最佳策略就是减少协调的需要。这可以通过两种方法来实现,一是为部门准备充足的资源,二是建立独立的工作单位,使之无须依靠其他部门的配合就能完成工作。

(二)组织设计的决策要素

组织结构的设计会因为组织的性质和目标的差异而有所不同,大多数的高层管理者都会根据组织的使命来构建合适的组织模式。合理的组织结构设计主要取决于四个要素:战略、规模、技术与环境。

1. 战略。战略决定组织的发展方向,组织结构应该有利于战略的实施,而不是阻碍战略的实施。比如,一个公共组织,其任务要求是对社会问题作出快速响应,组织结构就不能采用传统僵化的层级模式,而应该采取灵活弹性的模式。

2. 规模。一般来说,规模越大的组织越倾向于有更高程度的专门化、部门化和集权化,更多的规则和规定,更为复杂的结构,更多的管理层次等。当然,这种倾向不是无止境的,100 人的组织与 1 000 人的组织可能有显著的结构差异,而 100 人的组织与 1 000 人的组织的结构差异,和 100 人的组织与 1 500 人的组织的结构差异,两者的程度可能是差不多的。

3. 技术。组织结构在一定程度上还受到组织所采用技术的影响。采用传统技术的组织更倾向于采取传统的科层制组织结构,而采用新型技术手段的组织则更倾向于采取更为灵活的组织结构。比如,采用传统手段进行信息沟通和信息传递的组织与采用网络手段进行信息沟通的组织,其结构就会有很大不同。

4. 环境。组织要适应环境的变化与发展。如果一个组织的外部环境稳定,组织会更加倾向于采用传统的组织结构;如果组织的外部环境是多变的、处于急剧变化的状态,组织结构则需要更加灵活。

三、行政组织设计的类型

(一)传统组织设计

为了设计出一个组织结构来支持组织有效地实现目标,对企业组织来说,管理者可能会依据组织的成长阶段选择不同的组织结构形式。比如，在企业初建时通常会选择简单的组织结构，实行集权化管理；随着企业规模的不断扩大，结构会趋向于专门化和正规化，设立更多的规则、部门和层次，组织结构会逐渐演变成具有官僚体制特征的组织，实行职能型结构或事业部型结构。

而对公共部门来说，科层官僚制的组织结构一直是传统管理学家所推崇的。韦伯、泰勒、古立克和厄威克（Lyndall Ulrwick）等学者都积极倡导这种结构，他们相信，最有效的组织应该等级分明，并依靠个人对组织的责任感和一套合理的规章制度来指导组织成员的行为。韦伯认为，官僚体制是一种有效的管理体制，因为它建立起一套决策规则，有明确的指挥链，依据能力和经验而不是个人的好恶提拔人才，容易进行业绩评估和奖罚。在当时的政府行政体制中，这些研究和组织设计方法是具有开创性的。

（二）现代组织设计

传统的科层制结构设计已经越来越不能适应急剧变化的外部环境。为了造就更加灵活的组织结构，使组织能够对顾客、职员和利益相关者作出更好的响应，管理学者正在寻求各种创造性的方法来构建和安排组织中的工作。这里，我们主要介绍组织设计中的现代观点。

1. 团队型组织。基于团队的结构是现代组织的一种类型，由于它可以高效率地完成组织的使命，使组织更加灵活，反应更加迅速，团队型组织受到公共部门和私人部门共同的青睐。所谓团队，是指一小群具有互补技能的人组成的任务小组，他们有共同的绩效目标和工作方式，并对其所负责领域的所有工作活动和结果负责。这种组织不存在从高层到基层的指挥链，团队员工以他们认为最好的方式来开展工作。这里，对员工的授权很关键，因为通过授权将责任赋予第一线，能使组织具有更快的响应能力。

跨职能团队是团队的典型代表，成员来自不同部门，具有不同的专业背景和技能，通过共同合作解决面临的问题，成员通常仍向原职能部门汇报，当然，也向团队领导者报告。现实中，团队是广泛存在的，比如工作组、评估小组、质量小组、规划小组，甚至委员会也可以看作团队的一种。团队既可以是临时性的，如解决特定问题的现场办公小组、应对危机事件的联合工作小组等；也可以是永久性的，如“一条龙服务”“一站式服务”等联合办公的团队，它们提供办理各类许可证明的服务，使组织具有更高的工作效率。

团队有多种类型，学者们用球类运动来说明不同类型团队组织中成员的相互作用和沟通。棒球队模式的团队是一个分散的、基于各自专长的组织，球员在一个团队中，但他们比赛时并不作为一个团队采取行动，许多研发中心或外科手术小组就属于此类。比如，在外科手术中，麻醉师、外科医生、护士各有分工和固定位置，不可替代，他们在各自的领域被强化训练，通过共同合作来完成手术任务。足球队模式是一种集权式团队组织,教练是绝对权威,队员虽然也有各自分工和专业背景,但必须合作协调并贯彻教练意图,交响乐团和急救队是这种模式的典型代表。篮球队模式则是一种小规模的快速反应的团队,队员虽然有相对的分工,但其位置要视情况不断交替。由于这种团队的集体效应要大于个体之和,是最强的团队类型,尤其适合快速发展的信息时代。

在一些大型组织中,团队组织通常与职能型等结构结合,使组织获得行政效率的同时也能拥有灵活性。这种组织的主要优点是既保持了职能型结构的优势,又消除了部门障碍,成员相互了解和协调,便于问题的快速解决。

2. 矩阵和项目型组织。矩阵组织是指从各职能部门中抽调有关人员,分派他们在一个或多个由项目经理领导的项目小组中工作的一种组织结构。矩阵组织与团队组织有很多相近之处,不同的是,矩阵组织是针对某个特定项目而言的,一般有实施计划,要进行时间、进度或成本控制,以完成特定的工作任务。当机构进行的是大量的标准化服务时,一般不采用此结构;当工作针对的是某个特定的项目,并有相应的控制指标的时候,可以采用矩阵组织来完成,项目结束后,组织即行解散,成员回到以前单位,所以,这是一种流动型组织。

矩阵型组织的主要优点是:可以高效率地完成某个具有限制条件的特定项目;其不足之处在于:项目小组的成员要接受原单位和项目组的双重领导,有双重指挥链。要使项目有效运行,项目经理应该与职能部门领导经常沟通和协调,以解决员工的问题。

项目型组织是更"新"的一种组织形式,在这种结构中,员工随着项目的完成持续地从一个项目小组变换到另一个小组。与矩阵结构不同的是,项目型组织结构中没有职能部门,项目结束后,成员不是回到原先部门,而是带着经验、技巧、能力直接进入下一个项目。这是一种更加灵活和弹性化的组织,避免了双重领导和行动缓慢等不利因素。项目管理者的角色更像导师和教练,他们服务于项目团队,帮助消除壁垒,确保资源的有效供给。

3. 内部自治单位。这是一种独立的分权化的组织结构,每一个单位都有自己的服务对象和特定的业务,并对自己的行为结果负责。一些大型组织通常拥有多个业务或事业部门,就可以采取这种内部自治单位的结构设计。与集权控制或资源集中分配的事业部组织不同的是,这些内部单位是完全自治的。

4. 无边界组织。无边界组织是现代组织的另一种形式,它是指组织横向、纵向和外部的边界不受某种预先设定的结构限制的一种结构设计。横向边界是由分工与专业化造成的,其优点是有助于专业技能的发展与完善,不足之处是职能部门之间协调、沟通较困难。纵向边界是将员工划分为不同层级而形成的,在形成指挥链和等级制的同时,也给员工的工作积极性带来了负面影响。外部边界是组织与顾客、供应者和其他利益相关者相隔离而形成的,组织在追求自身发展的同时，会忽视与组织相关的利益群体的发展和进步，最终会给组织自身的发展带来不利影响。

为了克服边界带来的障碍，造就更加灵活的组织结构，无边界组织可以采用跨职能的团队以及基于工作流程而不是基于职能部门的工作设计来减少横向边界的不良影响；运用跨层级的团队和参与决策等手段来减少纵向边界的不良影响，使组织结构更加扁平化；通过战略联盟减少与供应商之间的隔阂，通过价值链管理减少与顾客的分离，使组织因外部边界所造成的隔离与障碍逐渐消除，保持组织的灵活性和适应性。

5. 网络型组织。网络型组织是伴随着社会分工日趋细化和信息技术的发展而出现的，这种组织一般由核心层和外围层构成，核心层与外围层确立了一种合同关系，核心层可以将一些工作业务外包给外围层来完成。[①] 比如，对于没有自己工厂的耐克公司，其所要做的就是由经理小组创设一个关系网络，与独立的设计者、制造商、代理销售商等联系，按照合同执行相应职能。欧盟、北大西洋公约组织以及一些社区或区域性具有自愿或协作性的组织也是网络型组织结构。

这种组织结构的优点是：具有极大的灵活性和弹性，可以对迅速变化的外部环境作出及时响应；组织结构比较松散，有利于各部门的合作，能较好地发挥人财物的作用，一般都具有较高的效率。其缺点是：组织的协调任务比较大，可控性较差。

四、行政组织设计的方式

（一）自上而下的设计

自上而下的设计又叫演绎的方式，通常有四个步骤：第一，明确组织目标；第二，由目标决定计划与配置单位；第三，计划实施与职位配置；第四，职权责任及沟通渠道的设计。

1. 明确组织目标。目标是组织及其成员行为的导向坐标，是组织聚合力的内在资源。组织目标为组织及其成员提供了奋斗的方向，并激发了人们的奋斗精神。目标的功用包括：第一，促进组织结构和权责体系合理化。以目标为导向设立机构和分配权责有利于减少和避免权责不清、机构重叠、人浮于事、互相推诿、互相扯皮等现象，从而各司其职，提高效率。第二，建立公平和客观的考核标准。组织目标尤其是具体的工作目标可以作为考核的客观和公平的对照标准，有助于克服考核方面的主观臆断、笼统含糊、亲疏相向的现象，为组织稳定和形成公正舆论环境创造条件。第三，增强组织的协调能力和整合能力。明

① 杨宝宏、杜红平：《管理学原理》，科学出版社 2006 年版，第 227 页。

确和相互配合的目标系统有助于各个行政单位和人员进行工作定位,确定相对位置,使每个单位和每个人都知道自己应该干什么和如何去干、何时去干、与谁一起干,这样有利于提高整体协调能力,发挥总体功能。第四,激发组织成员的工作热情和合作意识。目标是使不同的人走到一起并合作奋斗的聚合点地。合理的、适度的、健康的、切实可行的工作目标将成为组织成员自我引导和自我控制的准绳,因为完成工作目标意味着自我成就和得到工作肯定。

此外,目标是一个系统。从时间序列上看,目标系统可以分为长期、中期、近期目标;从空间序列上看,目标系统可以分为整体、部分、个人目标;从价值标准上看,目标系统可以分为社会、组织、团体目标;从性质上看,目标系统可以分为综合、技术、心理目标等。

2. 由目标决定计划与配置单位。明确了目标,接下来就是要有达到目标的计划,而工作计划的实施必须要由执行计划的具体单位组织。

工作计划也称为工作方案,它介于目标与具体实施工作之间。目标是高层次的,计划是居于中间层次的,而实施工作则属于基本层次。工作计划的内容是围绕目标预先设计的各种必要行动,包括工作的名称、进度的管理管制、工作质量和数量的规定、人员经费的安排等。计划内容因情况而易简有别。配置单位往往以工作计划为主要依据。性质不同的计划最好分设不同的单位来管;计划涉及的区域不同或程序有别,也宜分别设置不同单位来负责。但是,在工作内容简单且工作量比较小的情况下,可以将不同性质的计划交给一个单位合并执行。

组织根据工作计划的性质也会有必要划分层次,这一般出现在人数已经超出首长所能顾及的范围时。面对这种情况,在首长下面就要增加一个甚至几个管理层次。但是,层次增加对信息沟通和工作效率会有明显的影响,往往是层次数量与效率和信息保真度成反比。所以,扩大分层负责的范围、建立有效的信息管理系统等都是在增加管理层次时必须采取的手段。

3. 计划实施与职位配置。计划实施是目标计划的落实环节。而计划实施需要人员,所以就要有具体职位的确定。在这里,首先需要明确工作任务,然后是确定职位。工作任务包括所处理事务或项目的名称以及何时何处由何人用何种方法按照什么标准来做。工作任务是具体的活动,是通过组织的工作人员的行为体现的。一个工作计划所包含的工作任务在量的方面或质的方面可能有所侧重,执行工作任务所需要的条件也会有所区别。

工作职位是指与工作任务直接相关的工作岗位。工作任务的执行是由在具体岗位上的具体人来完成的,任务的性质决定了人员岗位数量和人员要求与选择。为了使人员岗位和工作任务组合合理有效,应当注意的原则是:相同性质的工作任务应当组合为一个单位,以便根据专业选用专业人员;程度相当的工作尽可能组合为一个单位，以便选用资格水平相当的人员；使职位保持适当工作量，以避免产生冗员闲人。

4. 职权责任及沟通的设计。以上只是根据目标、计划和任务从静态方面考虑组织结构，此外，还有必要从动态的角度，即权责区分和信息沟通方面入手考虑组织设计。

(1)权责区分。组织内上至首长下至员工的职位，不可或缺的是要规定其处理工作的权责，以便增进工作效率，减少业务处理成本，避免争功诿过。授予的权责通常有三种情形：只有建议权；只有审核修正权；对工作的处理决定权。权责形式不同会影响组织的集权、分权以及上下级管制的程度和组织形式。所谓分层负责、授权管理，就是主张尽量赋予下级管理者真正的处理决定权，对一线和基层工作人员赋予独立的职权与责任，从而提高工作效率和调动组织成员的积极性。

(2)信息沟通。组织内上下级之间和平行单位之间的信息沟通途径，或者是沿着指挥监督系统运行，或者是通过多种渠道运行。前者属于封闭型，且对组织成员的个性有压抑效果；后者是开放型的，更有利于组织成员之间人际关系的和谐和工作人员士气的提高，最终对组织效率起到促进作用。

(二)自下而上的设计

自下而上的设计又叫归纳的方式，其步骤是：第一，确定工作任务并组合职位；第二，归类职位组合单位；第三，划分组织内部层次。

1. 确定工作任务并组合职位。工作任务出自工作计划，工作计划来自组织目标，但工作任务也可以根据其他情况确定，比如，根据组织成员的经验和应当处理的当前和今后的事项，或者参照同类组织的工作安排等，并可以依据所有工作的性质、技术复杂程度、工作多少等因素来分析和确定相应职位的资格。职位组合与职位配置的区别是，职位配置是先有单位，而后将同一单位根据具体工作任务配置以职位；而职位组合是先把组织内各种工作任务搞清楚，根据工作任务确定工作职位，而后再分门别类和根据管理幅度将职位归并为单位。

2. 归类职位组合单位。在确定工作任务和组合职位单位的基础上，应当依据一些基本要求来组合形成单位。第一，性质接近或相同的职位要尽量组合为同一单位，这样便于对人员素质和资格的掌握以及人员的选用。第二，目的相同的职位尽量组合为同一单位，这样做不仅有利于管理者对单位的统一领导，而且有利于组织成员的合作与团结。第三，工作程序前后关联的职位尽量组合为同一单位，这样安排有利于工作环节的协调和控制，增进整体工作效率。第四，服务对象相同和管辖区域相同的职位尽量组合为同一单位，这样便于接纳和吸收顾客的意见，以改进服务工作，增进服务的有效性。第五，要注意管理幅度。一个单位的职位到底需要多少？是多一些好还是少一些好？如何才有利于管理和所从事的工作？这些的确是影响组织效率的重要问题。要想做到合理化，必须用管理幅度来调整。

3. 划分组织内部层次。单位组合完成以后，就要划分组织内部层次并在每个层次设置主管人员或首长。如果单位的管理范围过大，管理事务过于繁重，无法由一个单一首长直接完成，就需要在首长之下增加次级层次，通过分割切块来缩小管理幅度，由新设的此一级管理者在上级首长领导下分别管辖原来的事务。

第四节　行政组织间关系

一、行政组织间关系的概念与主要类型

（一）行政组织间关系的概念

行政组织间关系主要表现为政府间关系，本书对行政组织间关系的论述主要从政府间关系的角度出发来加以考察。政府间关系即中央政府与各级地方政府之间纵横交错的网络关系，它既包括纵向的中央政府与地方政府、各级地方政府之间的关系，也包括同级地方政府之间以及不存在行政隶属关系的非同级地方政府之间的关系。[①] 政府间关系又称政府间行政，在所有国家特别是联邦制国家中，它是现代公共行政领域中日益受到关注的一个重要问题。从宏观上看，政府间关系构成了一个社会的管理与资源配置的网络体系，这种关系协调得怎样直接关系到整个社会的稳定与协调发展。从微观上看，政府间关系是社会主要利益关系的直接反映，处理好国内政府间关系是实现社会利益平衡、保证最大多数利益得到合理实现的关键。从广义上讲，政府间关系主要体现为：立法关系、行政关系和司法关系。本书主要分析政府间的行政关系，因而这里的“政府”是狭义的政府。

（二）行政组织间关系的主要类型

行政组织间的关系主要分为中央政府与地方政府间的关系以及地方政府间的关系。

1. 中央政府与地方政府间的关系。就政府层面的行政组织而言，政府间关系的中轴是中央政府与地方政府之间的关系（简称“中央与地方的关系”）。在任何一个国家，中央与地方的关系都将直接决定整个国内政府间关系的基本格局。因为中央与地方的关系决定着地方政府在整个国家机构体系中的地位、权力范围和活动方式，从而也就决定了地方政府体系内部各级政府之间的关系，决定了地方政府之间的关系。

① 陈振明：《公共管理学》，中国人民大学出版社 2005 年版，第 75 页。

从法律和制度的形式来看，中央与地方的关系主要体现为权力关系与职能关系。这两重关系一般均由各国的宪法明确确定。在地方分权制国家，中央与地方的权力关系与职能关系比较一致，也就是说，中央与地方各自承担的职能与各自拥有的权力是统一的，这是因为，在地方分权制国家，州、自治省或加盟共和国与联邦政财分权，各自所承担的职能是以各自所拥有的权力而定的。例如，美国是联邦制国家，在中央与地方的权限划分上属于地方分权制类型。美国宪法第10条修正案规定："凡宪法所未授予联邦或未禁止各州行使的权力，皆由各州或人民保留。"据此，美国中央与地方的权力划分，联邦中央的权力采取列举式，即美国宪法明确规定联邦中央所应具有的权力；而各州的权力，除少数列举的条款外，主要采取保留式。此外，联邦宪法明确规定了禁止双方使用的权力，如规定联邦中央未经州的同意，不得改变州的疆界；未经有关州的同意，不得剥夺州在参议院的平等权利等，以保护州的权益。又如，规定州不得缔结条约、发行纸币等，以保证联邦的统一和联邦中央的最高地位。这样，按照美国宪法的分权原则，美国联邦中央和各州分别拥有所谓的"专有权力"，即在某一领域只能由一方行使的权力。如外交是联邦中央的专有权力，对州以下地方政府的监督和管理州内的工商业是州的专有权力。这些"专有权力"的划分同时形成了联邦和州的"专有职能"的划分，两者是统一的。此外，联邦中央和州在某些方面还有共同行使的权力，即所谓"共有权力"，如征税、举办公共福利等。这样，宪法明确框出了联邦中央和州的权力范围，双方都只能在规定的范围内行使各自的职能。与美国一样，尽管英国是单一制国家，但英国实行地方自治，所以，地方政府的权力范围也是明文规定的。英国法律规定，在法律规定的范围内，地方政府可以自由行使职权，并通过委员会对各项事务进行管理，中央政府不得干涉。

和实行地方分权制国家不同，在中央集权制国家，地方政府的权力是由中央政府让予的，所以，不管怎么样，中央政府都有最终决定权。在这些国家，宪法也明确规定了中央与地方的职权范围，但应看到，这种职权范围的规定所确定的只是中央与地方的职能关系，并没有确定中央与地方的权力关系。中央与地方的实际权力关系是由中央政府决定的。这样，中央与地方之间的职能关系与权力关系是很难获得统一的。例如，法国宪法虽然规定地方"由选举产生省的地方议会自由地进行管理"，省议会是省的自治机构，但省议会的主要职权只限于表决省的预算和负责税收，制定市政规划，管理省内公路网，开展保健和教育事业，发展文化娱乐活动，治理环境污染等。省内重大问题要根据中央政府命令处理，中央有权否决省议会的任何决议。因此，省级政府虽然有各项管理社会的职能，但这些职能能否得到很好地实现并不完全取决于省级政府本身，还取决于中央政府是否给予足够的权力（自主权）

和支持。虽然1981年法国国民议会通过了《权力下放法案》,给地方政府更大的自主权,但由于法国依然实行中央集权制,所以这种状况依然存在。中国的情形与法国十分相似。

中央与地方之间的权力关系和职能关系的差异导致了中央与地方关系模式的多样性。但不同模式的实质却是共同的。一般来说,在任何国家,中央政府是国家利益的代表者,而地方政府则是地方利益的代表者。中央与地方关系实质上就是国家利益与地方利益的关系。无论中央与地方关系的形式如何,其实质都是如此。从阶级观点来看,国家利益是一个国家的统治阶级的根本利益或共同利益,而地方利益则是一个地方的特殊利益。从国家结构的角度看,国家利益是一个国家的整体利益,而地方利益则是一个国家的局部利益。因此,无论从哪个角度讲,中央与地方关系都是一个矛盾体。它一方面是国家的根本利益与特殊利益的矛盾,另一方面又是国家的整体利益与地方的局部利益的矛盾。这个矛盾体是客观存在的,如何协调好矛盾体内部双方的关系就成了各国社会、政治和经济发展的关键。实际上,在统一的多民族国家,中央与地方的关系也是民族关系的一种表现和反映,在这些国家,处理好中央与地方关系还直接关系到国家的统一与民族的团结。

2. 地方政府间的关系。地方政府间的关系包括纵向的地方各级政府间的关系和横向的各个地方政府间的关系。世界上绝大多数国家出于行政的需要,都将自己的国土划分为有层次的管理区域,即行政区域,并相应地设立行政组织,即地方政府。除个别小国的地方政府只有一个层次外,各国地方政府的层次至少有两级,最多有四级以上的,但以二、三、四级居多数。地方政府层次的多少通常与一个国家的大小、人口的多少相适应。面积小、人口少的国家通常设有二级地方政府,面积大、人口多的国家通常设三级或四级地方政府。从总体上讲,各级地方政府可以归为三类:①对辖区内居民承担直接服务与管理的基层行政单位;②直接接受中央政府监督、领导的地方最高行政单位;③介于上述两者之间的中间层次地方行政单位。后两种行政单位对辖区与居民的管理和服务主要通过基层或下一级行政单位来实现。

各级地方政府间形成的纵向关系的模式和格局在很大程度上受制于中央与地方的关系。如果在中央与地方关系上实行地方分权制,那么,地方各级政府间主要存在法律上的指导关系,权力上的领导与制约关系比较弱。其主要原因是,各级地方政府的权力不是上级政府让予的,而是由法律规定赋予的。在英国,各级地方政府(包括地方议会)都是自治的、独立的,它们之间的关系不是等级关系或从属关系。在美国,虽然州宪法规定州政府有权审核下级政府的财政收支,有权纠正或制止下级政府失当的行政管理活动,但是州宪法也明确规定:下级政府可独立地行使法定的管理权力;州政府可派人视察下级政府的工作,但无权直接控制下级政府。州以下的各级地方政府的权力不是来自州政府,而是来源于州议会制定的法律。这些地方政府是具有法人地位的政府单位,可独立地行使法定的权力。然而,在实行中央集权制的中央与地方关系下,正如最高一级地方政府权力来自中央政府一样,地方各级政府的权力也都源自上一级政府,因而,上级地方政府与下级地方政府之间的关系就是一种领导与被领导、制约与被制约的关系。

例如,我国2015年8月29日第十二届全国人民代表大会常务委员会第十六次会议修改通过的《中华人民共和国地方各级人民代表大会和地方各级人民政府组织法》第59条明确规定:县级以上地方各级人民政府行使的职权包括:执行本级人民代表大会及其常务委员会的决议,以及上级国家行政机关的决定和命令,规定行政措施,发布决定和命令;领导所属各工作部门和下级人民政府的工作;办理上级国家行政机关交办的其他事项;等等。这些内容充分表明,我国地方政府间的纵向关系完全是下级隶属或服从上级的关系。

地方政府间的横向关系既体现为地方政府间平行的横向关系,即同级地方政府间的关系;也体现为地方政府间斜交的横向关系,即不同级、不同地区的地方政府间的关系。[①] 地方政府间的横向关系无论是平行的,还是斜交的,由于它们之间不存在指导与被指导的关系,更不存在领导与被领导的关系,因此它们之间的关系比较自由,更多地体现为交流与合作的关系。如果说纵向的地方政府间的关系主要具有政治与行政意义的话,那么,横向的地方政府间的关系则主要具有经济意义。第二次世界大战后,世界各国普遍兴起以地方政府为组织者和协调者的各种形式的区域经济开发和区域经济合作。对具有自治权的地方政府来说,这种区域经济开发与合作活动的开展是自主安排、自主进行的。但在中央集权制国家,这项工作主要由中央政府促成,当然,地方政府在其中也起到了重要的推动作用,因为无论如何,这直接关系到地方的切身利益。可以预见,在未来的发展中,地方政府间的横向关系在我国将会变得越来越密切、越来越重要。

横向关系的发展将直接影响纵向关系的发展,因为随着横向关系的发展,地方政府的经济利益越来越明确,经济利益的要求也越来越突出,这就必然使地方政府产生要求改善纵向关系的政治要求和行政冲动,其目标自然是扩大地方自主权,提高地方政府的地位。这种趋势在单一制的集权国家中表现得尤为明显。

二、我国行政组织间的关系

(一)上下级行政组织间的关系

我国上下级地方政府间是一种"条条与块块"的关系。所谓"条条",是指

① 林尚立:《国内政府间关系》,浙江人民出版社1998年版,第24页。

不同层级的地方政府之间上下贯通的职能部门或机构；所谓“块块”，是指由每一级地方政府内部按照管理内容划分的不同部门或机构所组成的整体。“条条”管理强调的是政令的上下一致与畅通；“块块”管理强调的则是一级政府的独立与完整以及政府内部各部门之间的协调与配合。“条条”与“块块”的结合是中国地方政府关系的一大特征。

“条条”关系有以下三种情况：①专业关系。由各级政府的组成部门与上下对口的部门组成的专业性“条条”。②垂直关系。即有关机构或部门的人员、业务范围及工资福利均归上级部门主管，其所处地区的政府只有协管权力，其党群关系归地方政府直接管理，有的连党群关系也归上级主管部门管理，地方政府基本无权过问其工作。③上下级关系。即上下级政府之间形成的“条条”关系。

上述“条条”关系与地方各级政府的“块块”结合起来，形成了错综复杂的条块关系，出现了不少矛盾：首先，由于“条条”与“块块”之间很难平衡，双方矛盾带来的结果不是“条条专政”就是“块块分割”，这就使政府间关系不停地在这两极之间摇摆。其次，在条块矛盾的冲击下，其结果往往是或高度集中，或部门分散，或地区分散。1979年后，中国实行的以“简政放权”为基本思路的行政改革是以财政管理体制为突破口，改革的结果是地方政府获得了一定的财政自主权，并开始调整地方政府管理体系。

（二）同级行政组织间的关系

同级行政组织间的关系实质上是地方政府间平行的横向关系，主要是指各级地方政府内部各部门间的关系和不同地区同一层级互不隶属的地方政府间关系。此外，地方政府间的横向关系还包括斜向的地方政府关系，即不同层级的不同地区的地方政府间的关系。前面已提到，同级地方政府之间不存在指导与被指导关系，更不存在领导与被领导关系，因此，同级地方政府间关系比较自由、宽松，从理性的角度来看，应该更多地体现出沟通与交流、合作与协调的关系。

新中国成立以后，中央政府更多地关注协调中央与地方的关系，在行政体制上实行的是“条条专政”的管理模式，使地方政府之间和地方政府各部门之间的关系被严重阻隔，这种阻隔主要体现在两个方面：首先，政府部门间关系被直接阻隔。这种被阻隔的关系不仅存在于中央政府的各部门之间，而且存在于地方政府的各部门之间，其根本原因在于地方政府中的绝大多数职能部门是与中央各部门对口设立的。而地方政府内部门间关系的阻隔又使地方政府缺乏进行横向联系的能力。其次，地方政府间关系被阻隔。“条条专政”意味着注重“条条”管理，排挤地方政府管理，于是，地方政府管理地位被削弱，不仅地方政府间合作与协调的基础被削弱，而且地方政府间合作与协调的价值意义也被冲淡,这又使地方政府缺乏进行横向联系的动力。

改革开放以后,特别是放权让利政策的实施,中国"条条专政"的状况逐步得到改善,极大地促进了地方政府内部各部门间的协调和整合,也极大地促进了各地区政府间的横向合作。但这种合作往往是以经济为媒介的。原因在于:首先,放权让利政策的推行使地方政府日益成为相对独立的利益主体,具有推动地方经济发展的强大动力。为了本地经济的发展,为了给本地企业创造良好的发展环境,充分利用各种资源,地方政府往往会主动推动资源的有效配置过程。其次,国有企业各种自主权的获得使企业日益成为市场经济的竞争主体,为了增强自身的竞争力,拓宽市场,企业会自发冲破行政界限,寻求更广泛的合作。再次,中国改革开放催生的非国有企业的发展也日益活跃了地方经济,地区性经济联系变得日益紧密,旧的行政边界很难成为各地经济联系与经济发展的界限,这就必然要求地方政府之间加强合作和交流。正是由于不同地区之间的经济协作和经济流通,大大缓解了传统体制下地方政府间横向阻隔的局面,使地方政府间的横向关系日益紧密和活跃。

我国地方政府间横向关系的发展正呈现出由冷变热,由单一向多样性变迁的趋势,其根本动力是区域经济的发展。总的趋势是:随着地区经济联系的日益紧密,各地政府间关系将在自愿原则下更加密切,其主要内容是协调合作、互通有无、公平竞争、共同发展。地区政府间的横向联系将形成内容丰富的经济合作关系网络。

本章思考题

1. 试分析行政组织纵向分工的优缺点。

2. 请分别对首长制、委员会制和混合制三种不同类型的行政组织体制进行评析。

3. 行政组织的设计过程应遵循哪些原则?

4. 试分析网络型组织的含义及优缺点。

5. 简述我国上下级行政组织间"条条关系"的不同情况。

第四章

行政领导

行政管理活动的开展离不开行政领导的作用。在行政管理活动中，行政领导居于核心、主导地位，在很重要的意义上影响着国家行政职能的实现程度。本章主要介绍行政领导的含义、特点、作用和类型；行政领导权力的结构；行政领导制度以及行政领导者的素质结构等内容。

第一节　行政领导概述

一、行政领导的含义与特点

领导是通过一定的方式指引和影响个体、群体或组织实现预期目标的活动过程，是人类社会中自古就有的一种最普遍和不可缺少的现象。

领导活动的出现几乎与人类社会的历史一样古老，并伴随着人类社会的发展而不断发展。马克思认为，领导是人类社会群体活动的必然产物，因为“一切规模较大的直接社会劳动或共同劳动，都或多或少地需要指挥，以协调个人的活动，并执行生产总体的运动——不同于这一总体的独立器官的运动——所产生的各种一般职能。一个单独的提琴手是自己指挥自己，一个乐队就需要一个乐队指挥。”①这种集合起来的群体活动需要进行一定的指挥和协调，以调整人与人之间的关系，处理人与自然之间的关系，这就产生了人类最初的领导活动。伴随着人类社会的进步与发展，人类群体活动的领域和范围越来越大，社会组

---

①《马克思恩格斯全集》(第23卷)，人民出版社1972年版，第367页。

织更加复杂,需要协调和管理的事务越来越多,这就导致了领导活动逐渐专门化与职能化,逐步形成了专门行使领导职能的社会角色及专门从事领导活动的社会职业。例如,氏族部落的首领人物以及国家出现后政府组织中的各级各类官职。人类进入到工业社会以后,社会分工更为精细,面临的诸种事务更为纷繁复杂,领导的角色和功能变得更为突出。

(一)领导的含义

领导(leadership)一词在英文中是带领、引导的意思,引申为指挥。在西方管理学著作中,表述了许多关于"领导"的定义。例如:领导是一种统治形式,其下属或多或少地愿意接受另一个人的指挥和控制;领导是对一个组织起来的集体为确定目标和实现目标所进行的活动施加影响的过程;领导是促使一位下属按照所要求的方式活动的过程;领导即有效的影响。对领导的定义众说纷纭,"有多少人试图对领导进行定义就有多少种定义"①。巴纳德·巴斯(Bernard M. Bass)在其《领导学手册:理论、研究和管理应用》一书中将领导的定义分为如下几类:①作为群体过程核心的领导。这种定义倾向于将领导看成一个群体变化、活动和过程的核心。②作为个性与影响的领导。这一定义强调领导者的个性决定了他们在被领导者心目中的地位。③作为诱导别人顺从的艺术的领导。这一定义认为,领导是领导者将其意志强加给那些被领导者,从而诱使被领导者顺从、尊重和进行合作。④作为影响的领导。这一定义强调领导者通过施加正向影响与追随者形成一种双向关系。⑤作为行动或者行为的领导。这一定义倾向于将领导看成一系列的行动或行为,这些行为包括加强工作人员的关系,表扬或者批评群体成员,对他们的福利或者情感的关怀。⑥作为一种劝说的领导。⑦作为一种权力关系的领导。这一定义源于政治学。马基雅维利、韦伯以及很多政治理论家都认为权力是领导的基础,他们一般通过对群体成员中不同的权力关系的定义来界定领导。⑧作为实现目标的工具的领导。这一定义认为,领导是实现群体目的、满足群体需要的工具。⑨作为一种互动而产生影响的领导。这一定义强调领导是群体活动的结果,是一种相互激励的过程,通过这种激励,使不同的个体可以为共同的目标奋斗。⑩作为多个要素结合的领导。这一定义认为,领导是多种因素的组合。领导活动是多种因素相互作用的结果。

综上所述,可以这样来理解领导的含义:领导是领导者为实现组织目标,在既定的环境条件下,通过示范、说服、命令等手段,带领组织成员和组织在一定条件下实现所期望目标的行为过程。

---

① Bernard M. Bass & Ralph M. Stogdill, *Handbook of Leadership: Theory, Research, and Managerial Application*, New York: Free Press, 1990. p. 11~30.

（二）领导的特点

领导是在既定的环境条件下，领导者和被领导者共同活动的过程，因此，形成领导活动必须具有领导者、被领导者及环境三个要素。领导活动的特点主要有：第一，领导行为或过程中一定包含领导者和被领导者的行为，否则就不能称其为领导。第二，领导行为是一个动态过程，要受到领导者、被领导者和环境因素的制约，领导行为是由这三个因素组成的复合函数，用公式表示就是：领导行为$=f$（领导者，被领导者，环境）。第三，领导行为的目的是指引和影响被领导者实现组织的目标。

（三）行政领导的含义

领导活动涉及社会活动的各个领域，而作为国家权力的执行者——行政机关不可避免地也要涉及相关的领导活动。诚如西蒙所说，"管理就是决策"，对主要进行决策活动的领导者来说，行政领导活动贯穿于整个行政管理的各个层次、各个方面以及全过程的始终。行政领导在整个国家管理活动中处于极为重要的地位，是整个国家机器正常运转的核心部分，行政机关的决策及其实施都直接影响到国家各项事业的发展，关系到国家的前途和命运。

对行政领导的含义，我国行政学界存在几种不同的视角。一种是从心理学的角度对行政领导进行解释，其代表人物是我国著名行政学者张金鉴。他认为，行政领导就是机关的各级主管适应部属的心理和需要，运用思想沟通、人格感召、智能表现及管理措施，使之踊跃热烈地共赴事功，以协助一致的努力，有效地完成机关的使命与任务。① 另一种是从政治与行政二分的角度来解读行政领导，其代表人物是我国著名行政学者张永桃。他认为，领导可以按照不同的领域进行分类，如政治领导、行政领导等。行政领导就是国家各级行政机关的行政领导者依法行使国家行政权力，组织和管理行政事务，进行决策、指挥、组织、控制、检查、监督等行政活动。② 还有一种是从"事实—逻辑—价值"的分析框架来解读行政领导，其代表人物是我国著名行政学者毛寿龙。他认为，行政领导是指国家行政机关及其领导者依法行使国家权力，通过决策、指挥、协调、监督、控制等方式引导和影响所属组织成员，同心协力完成行政目标的活动。③

以上对行政领导的诸种定义的共同点在于：三种定义都体现了行政领导的动态性和过程性，但是这三种定义都忽略了行政领导者行使行政职权时的外部环境因素。因此，我们认为，行政领导是在既定的环境条件下，国家行政组织中的领导者依法行使国家行政权力，通过示范、命令、说服等方式，带领和引导行政组织及其成员，实现所期望的目标的活动过程。

① 参见张金鉴：《行政学新论》，（台北）三民书局股份有限公司 1984 年版，第 428 页。

② 参见张永桃：《行政管理学》，高等教育出版社 2003 年版，第 110 页。

③ 参见毛寿龙：《公共行政学》，九州出版社 2003 年版，第 276 页。

行政领导概念的要点如下：

第一,行政领导是一个由领导者、被领导者及环境三项基本要素组成的有机系统。在这一有机系统中,领导者(包括个人和集体)在社会组织中担负着统领、指引和决策的职能,处于主导地位;被领导者(包括个人和组织)是实现组织目标的基本力量,在领导活动中居于主体地位;领导环境包括自然环境和社会环境两个基本方面,是领导者和被领导者共同作用的客观对象,领导者和被领导者既在一定的环境中活动,同时也只有正确利用客观环境,才能实现组织的目标。这三项要素缺一不可,它们相互结合、相互作用,共同构成了有效的领导活动系统。

第二,行政领导是一个动态的行为过程。行政领导的三要素构成了两对基本矛盾:领导者和被领导者的矛盾;领导活动主体与领导活动客体的矛盾。领导者的"投入"(指挥和引导的影响力)要通过被领导者的行为"产出"才能发挥作用。客观环境规定着领导者与被领导者的活动范围,影响着两者活动的目标与方向。可以说,行政领导就是领导者、被领导者及其环境的一个函数,用公式表示就是:行政领导=f(领导者,被领导者,环境)。

第三,行政领导是高层次的社会管理活动。行政领导是领导者通过影响、指挥、协调和控制等行为,率领被领导者实现组织目标的过程。这说明,领导具有管理的性质,但比较而言,领导更侧重决策活动和对人与事的统御,而管理则偏重通过执行政策和组织力量来实现组织目标。

(四)行政领导的特点

1. 权威性。这种权威性集中体现为行政领导者发出的指令,被领导者必须执行。行政领导的权威性来自三个方面。第一,行政领导是国家组织活动中的重要组成部分,它体现的是国家意志,维护的是国家利益;第二,行政领导的权力是由国家权力机关或上级行政机关依法定程序授予的,并且任何行政领导活动和行政领导行为都是行政组织系统的指挥核心发出的,它具有统领和管辖的权威;第三,在依法行政的今天,任何具体的行政领导活动都以一定的法律、法规等规范性文件为依据,都是依法展开的,因而具有强制性,非执行不可。

2. 综合性。行政领导的综合性主要表现在以下三个方面。第一,行政领导的内容具有综合性。行政领导基本活动的内容根据领导层级的不同而有所区别,但从整体上看,它包括对国防、外交等国家事务的管理;对人员编制、经费、工作程序、行政改革等机关内部事务的管理;对社会政治、经济、文化等众多社会事务的管理。第二,行政领导的方法具有综合性。行政领导方法综合有创造性思维的方法、调查研究的方法、预测的方法、系统的方法、群众路线的方法、行政命令的方法等多层次、多环节的方法。第三,行政领导者的知识具有综合性。行政领导是政治领导和业务领导的中间环节,兼有政治领导和业务领导的特征,因此,行政领导者应掌握更广泛的多方面的综合知识,既应是业务上的专才,又应是政治上的通才,只有这样,才能真正完成行政领导所应肩负的责任。

3. 动态性。行政领导是一个历史范畴。行政领导随行政环境的变化而变化,行政领导在不同的社会制度、不同的国家,甚至在一个国家的不同历史时期都具有不同的领导内容、不同的领导方式、不同的领导体制等;行政领导的动态性还表现为,行政领导主体是动态的,当前大多数国家的行政领导者都是依据本国法律法规、遵循法定程序产生的,同时,法律还对行政领导者担任领导职务的时间进行了规定。

4. 服务性。这是我国行政领导独有的特征。社会主义国家的一切权力属于人民。行政领导及其活动就是为了实现国家的意志和为人民服务。服务是社会主义国家行政领导的根本宗旨。中国共产党历来强调领导就是服务。马克思早就有"公仆"说,毛泽东也有"服务"观。从领导活动的目的来看,社会主义的行政领导不是为了统治,而是为了服务于人民大众;从手段上看,社会主义的行政领导不只是依靠领导权力的性质,而且是依靠领导者的知识才能服务于社会大众;从对象上看,社会主义的行政领导一要为人民服务,二要为党的基本路线服务,党的基本路线要求各级行政机关及其领导者贯彻执行。

二、行政领导的类型

按照不同的分类标准,可以对行政领导作不同的划分。

(一)正式领导与非正式领导

根据领导的权威基础,可以分为正式领导与非正式领导。

1. 正式领导。即领导者拥有组织机构中的正式职位、权力和地位。正式领导的主要功能是指挥、带领及引导群众完成组织的目标,如确定目标与使命;建立组织机构;制定工作程序;授权下属分担部分任务;对下属实施奖惩;控制组织的内部联系;沟通组织上下的意见,代表组织机构对外交涉等。因此,正式领导又称为工作领导。

虽然正式领导的权威和功能是行政组织赋予的,但能实现到何种程度则取决于领导者的能力以及组织成员对其的信任度和支持度。

2. 非正式领导。即那些组织并未赋予其权力和地位,但由于其个人的条件,如知识、经验丰富,能力、技术出众,或者善于关心他人,令人钦佩,因而他们在组织中具有一种实际的影响力,在某种意义上也成为一种领导者。非正式领导的主要功能是满足组织中某些局部的、特殊的需要,如为组织提供情报资料或咨询,进行决策分析;借助个人的威望协调正式领导与下属的矛盾、正式领导成员间的矛盾以及组织成员间的矛盾;勇于为他人承担责任,帮助他人排忧解难,引导他人进行人生价值的判断;等等。因此,非正式领导又称为情绪领导。

虽然非正式领导的权威和功能不是组织赋予的，但鉴于其对组织有一种实际的影响力，因而应对其引起高度的重视。

（二）高层领导、中层领导与基层领导

依据每个领导者在社会组织结构中所处层级的不同，可以分为高层领导、中层领导与基层领导。

1. 高层领导。高层领导即组织内的最高领导人，其职能主要是进行大政方针的决策，决断带有全面性的问题。

2. 中层领导。中层领导即组织内的中级领导人，其职能主要是贯彻执行方针政策，作出工作部署，进行组织协调。

3. 基层领导。基层领导即组织内的下级领导人，其主要职能是组织日常的群众活动，处理事务性、技术性的问题。

（三）一般权限的行政领导和专门权限的行政领导

根据职权和业务性质，行政领导可分为一般权限的行政领导和专门权限的行政领导。

1. 一般权限的行政领导。一般权限的行政领导是指国家各级政府的领导活动。这种行政领导权力由宪法规定，在其管辖的行政区域内，由行政领导者负责统一领导各职能部门的工作，对行政管理的目标、规范、人事任免、奖惩、监督及公务员制度的实施拥有决策权、指挥权和控制权。这种行政领导具有综合性和全面性。

2. 专门权限的行政领导。专门权限的行政领导是指在一级政府机关领导下的职能部门的领导活动，其领导权力由有关法律和行政法规来规定，其领导机关在中央是国务院的各部门，在地方是地方政府所属的各单位，如省教育厅、市财政局等。这种行政领导活动具有专门性、业务性和局部性的特点，其领导权力的行使者具有专门的知识和技能。

三、行政领导的作用

行政领导是整个政府管理活动的核心，也是行政活动的指挥中心。行政领导的作用主要体现在以下几个方面。

（一）导向作用

行政领导具有“统领”“引导”的整体功能。现代行政管理的高效率和高质量强化了行政领导的作用，特别是行政领导的决策作用。行政领导的首要作用是决策、决断，是为各项政府管理事务定位。政府的定位确立之后，整个政府管理系统的运行就有了共同的方向和目标，政府各级工作人员就易于形成合力。

（二）指挥作用

行政领导是行政管理活动的核心，是行政管理过程中的关键环节。无论是公

共需求的识别,决策问题的界定,还是公共行政活动的指挥和运作,社会和公共组织矛盾和冲突的化解、利益和意见的整合,以及公共行政活动意志的统一和行动的协调,人员的发动和激励,行政管理目标的实现和行政绩效的提高等,都依赖于行政领导以及行政领导活动的高效能。可以说,没有行政领导就没有行政管理。

(三)组织作用

行政管理体制是一种复杂的协作性体制,需要许多人共同围绕行政目标而行动。只有使成百上千的人的意志服从于统一的意志,才能保证行政管理活动的协调和统一。这就需要行政领导的统一意志和统一组织,通过行政领导的组织作用聚合组织力量,理顺行政机构内外的各种关系,顺畅地实现组织目标。

第二节　行政领导权力

行政领导是通过对部属加以引导和施加一定的影响来实现组织目标的行政管理活动。行政领导行为之所以能被部属所接受,其内在原因,或者说行政领导的合法性基础,就是行政领导权力。任何领导者要实施领导,必须具备一定的领导权力,即组织赋予他实施领导活动的一种支配力。

一、行政领导权力的含义

要了解行政领导权力的来源,首先需要了解权力的内涵。权力,是一种影响他人行为的能力。权力可以产生于组织,也可能是来自领导者自身的人格感召力,不管是哪种类型的权力,都是领导者实现群体目标的手段。行政领导权力作为领导权力的一种,不但具备领导权力的一般特征,而且兼具权力的公共性特征,是政府实现公共利益的主要手段,是政府运行的必要条件,是正常进行公共行政管理的推动力,是规范行政组织行为的控制力,是开展行政管理活动的组织力。总之,行政领导权力具有其他任何力量都不能与之相比的影响力。

对于什么是行政领导权力,行政管理学界存在不同的观点。总的来说,有如下几类①:

1. 行政领导权力就是决策权。持此观点的著名公共政策学者拉斯维尔(Harold D. Lasswell)在其《权力与社会》一书中指出,领导权力就是决策权。在领导的过程中,离不开行使决策权。为了处理各种相关的问题和事务,科学、合理、适宜地做出决策对行政领导者至关重要。正是从这个意义上讲,没有决策权,就无所谓领导权。

2. 行政领导权力是一种行政能力。马克斯·韦伯从社会学的角度对权力

① 参见齐明山:《行政学导论》,中国人民大学出版社 2001 年版,第 130~131 页。

下了这样一个定义:权力是指一个人或几个人所拥有的机会,这些机会是他们通过集体行为,甚至是在他人反对的情况下,实现自己意志的可能性,是一个人或一些人不管其他人多反对甚至反抗而实现自己意志的能力。政治学家摩根索(Hans J. Morgenthau)则认为,行政领导权力是指领导者对其他人的思想和行为施加影响和进行控制的能力。

3. 行政领导权力是一种关系。《简明不列颠百科全书》对权力的解释是一个人或许多人的行为使另一个人或其他许多人的行为发生改变而产生的一种关系。行政领导权力即行政领导者使下属行为发生改变而产生的一种关系。

4. 行政领导权力是一种支配力量。持这种观点的学者把领导权力看做起控制作用和强制作用的支配力量。马里顿在《民主与权威》一书中指出,领导权力就是支配主体影响那个支配客体的支配力量。

综上所述,行政领导权力就是指行政领导者在行政管理活动中,利用其合法地位,以不同的激励和制约方式,引导下属同心协力达成行政目标的影响力。

行政领导权力概念的要点如下:

第一,行政领导权力是有法律保障的,人们对行政领导的服从是对领导者合法权力的服从,而不是对领导者个人的服从,更不是人身依附。

第二,行政领导权力的行使必须符合宪法和相关法律以及党的政策和各种法规制度,违背者必然受到惩罚。

第三,行政领导者只是在其职权范围内行使权力,在与公共行政管理没有关系的社会活动中不能行使。

二、行政领导权力的构成

(一)经典理论对行政领导权力来源的论述

美国行政学者赫伯特 A. 西蒙认为,行政领导权力的来源有四个方面:信任的权威、认同的权威、制裁的权威以及合法的权威。

学者佛云奇(French)和瑞芬(Raven)提出了行政领导权力的五种来源,这种分类法一经提出就迅速为许多观察家所接受并作为实际分类的基础。他们将行政领导权力的来源分为如下五类:①专家权,这种权力是建立在 B 认识到 A 拥有某种与众不同的专长与技能的基础之上;②参考权,这种权力是建立在 B 对 A 的认同或者崇拜的基础之上;③奖酬权,这种权力是建立在 A 有能力为 B 提供报酬的基础之上;④强制权,这种权力是建立在一个人感觉到如果他不服从命令可能会受到惩罚的基础之上;⑤合法性权力,这种权力建立在某种内化和自觉的基础之上。

学者亨肯(Henkin)和斯库瑞斯曼对以上学者的研究进行了扩充,并对行政

领导权力进行了严格的区分,如表4-1所示①:

表4-1　行政领导权力的五种来源

1. 专家权	• 能够给下属带来很好的技术建议; • 能够给下属分享其经验或者对下属进行培训; • 能够给下属提供与工作相关的建议; • 能够给下属提供所需要的技术知识
2. 参考权	• 下属能够感到自己的价值; • 下属能够感到自己被赞许; • 下属能够感到自己从人格上被接受; • 下属感到自己很重要
3. 奖酬权	• 能够增加下属的工资水平; • 能够影响下属是否增加工资; • 能够给下属带来额外的利益; • 能够影响下属的升迁
4. 强制权	• 能够给下属安排他不喜欢的工作; • 能够给下属的工作带来困难; • 能够使工作环境不愉快; • 能够使下属感到工作没有意义
5. 合法权	• 能够使下属感到他自己有必要服从; • 能够使下属感到他自己应该完成工作任务; • 能够使下属感到他自己有责任履行义务; • 能够使下属感到他自己需要完成这些任务

(二)行政领导权力的组成要素

从领导学原理来看,领导者的权力可分为两种类型:一是职位权力,二是人格权力。所谓职位权力,是指领导者依靠法定的职位而获得的权力,又称为正式权力。人格权力则建立在个人魅力、知识、才能、资历等要素的基础之上,它使被领导者自愿服从和主动追随,又称为非正式权力或个人权力。

行政领导权力由正式权力与非正式权力两部分构成:

1. 正式权力。正式权力包括法定权、强制权和奖赏权。

(1)法定权。法定权是指因为一个人占据了行政组织中的正式职位而拥有的权力。法定权是合法的职位派生的,这种权力包括行政组织成员对职位权威的接受和认可,因此,法定权不仅来源于特定的职位,也来源于人们的认可。

(2)强制权。强制权是通过威胁或惩罚迫使人们服从的权力。因此,强制权是建立在惧怕基础上的。一个人如果不服从就可能产生消极的后果,出于对

① Bernard M. & Ralph M. Stogdill, *Handbook of Leadership: Theory, Research, and Managerial Application*, New York: Free Press, 1990. p. 222~223.

这种后果的惧怕,这个人就对强制性权力做出了反应。行政领导权力背后的支持力量是国家机器及其暴力工具。

(3)奖赏权。奖赏权是与强制权相反的一种权力。奖赏权就是领导者决定提供还是取消奖赏的权力。当人们服从于一个人的愿望或指示是因为这种服从能给他们带来益处时,那些能给人们带来他们所期望的报酬的人就拥有了权力。

2.非正式权力。非正式权力包括专家权和感召力。

(1)专家权。专家权来源于专长、技能和知识。由于世界的发展日益取决于技术的发展,专门的知识技能也就成为权力的主要来源之一。可以说,谁掌握了知识和专长,谁就拥有了影响他人的权力。

(2)感召力。感召力的基础是对拥有理想的资源或个人特质的人的认同,这种权力的产生一般基于以下三种原因:①领导者的个人魅力;②辉煌的经历或特殊的人际关系背景和血缘关系背景;③领导者与被影响者之间融洽的感情。

第三节 行政领导制度

行政组织和经济、军事、文化组织一样,其管理和运行离不开一定的领导制度。领导制度对组织系统的正常运转具有十分重要的意义,从根本上说,它决定着组织系统内部的指挥、决策、协调、控制、沟通、监督、执行等各种过程的效率和效果。行政组织有机体的存在和发展需要有科学的领导制度做保证。

一、行政领导制度概述

(一)行政领导制度的概念

行政领导制度是随着历史的发展而不断变化的。不同时期的行政领导制度与该时期经济、政治、科技和社会发展水平密切相关。不同的学者分别从静态和动态两个角度对行政领导制度进行了界定:

1.静态说。持这种观点的学者认为,行政领导制度是行政组织中诸种领导要素构成的一种静态结构。这种结构包括行政领导职能、行政领导组织结构、行政领导机构设置、行政领导程序、行政领导方式、行政领导者的产生方式以及行政领导者的权力责任等。①

2.动态说。持这种观点的学者认为,行政领导制度是指政府行政系统中为实现行政领导职能而设置的组织结构安排及其权力配置与运行形式。它包括

① 参见齐明山:《行政学导论》,中国人民大学出版社 2001 年版,第 67 页。

如下几个基本要素：政府行政领导（领导层、领导职位）的职能；政府行政领导者的产生和变动方法；政府行政领导的组织结构安排及其相互关系；政府行政领导者的职责、权利及其相互关系；政府行政领导程序、技术与方法等。①

无论是静态说还是动态说，都只是论述了行政领导制度的一个侧面。实际上，行政领导制度最大的作用在于促进行政目标的实现，保证领导任务的完成。从某种意义上说，领导制度是领导者自身的延长，领导者的力量表现为领导制度的力量。因此，任何有效的领导都必须首先建立起反应灵敏、动作准确、运转自如的领导制度。总结上述观点，我们认为，行政领导制度是指行政组织为履行领导职能和完成领导任务而建立的制度体系，它的核心内容在于用制度化的形式规定行政组织系统内的领导权限、领导机构、领导关系及领导活动方式。

（二）行政领导制度的重要性

行政领导制度的重要性主要体现在以下几个方面：

1. 科学的行政领导制度能够克服官僚主义，清除腐败现象，提高行政效率。科学的行政领导制度能够明确划分各级行政领导人员的职权范围，层层建立行政责任制，提高行政领导活动的开放程度，完善监督机制和制约机制，这是克服官僚主义、消除腐败、加强廉政建设的重要制度保证。

2. 科学的行政领导制度能够提高政府生产力。科学的行政领导制度能够调动各级各类行政机关工作人员的积极性和创造性，能够使工作人员充分发挥他们的智慧和才能，形成高度的责任心和使命感，提高行政组织的凝聚力和创造力，改善公共政策的执行力度，从而达到提高政府生产力的目的。

3. 科学的行政领导制度能够使整个行政活动规范化和制度化。行政领导制度在国家管理活动中处于支配地位，它是社会生活的组织、指挥、计划、协调、控制的枢纽。领导制度可以使领导行为制度化、规范化、秩序化，不因领导人的变更而变更，不因领导人的看法和注意力的改变而改变，因为领导制度具有根本性、全局性、稳定性和长期性的特点。有了科学的领导制度，就可以限制领导者的主观随意性，从而促进整个行政活动的规范化和制度化。

4. 科学的行政领导制度是行政管理法制化和民主化的保证。对行政组织来说，行政领导制度从制度上规定了领导机构与其他执行机构、参谋机构、监督机构和信息反馈机构之间的领导关系和权责关系，从而保证了行政权力的合理划分、组织机构的科学设置、行政程序的流畅运行及各种关系的协调运转，这也为行政管理法制化提供了必要条件。同时，现代社会日益要求政府行政管理活动的民主、公开和公正。民主行政是大势所趋，是不以人们主观意志为转移的客观要求，行政领导制度的科学化将为民主行政提供保证。

---

① 施雪华：《现代西方行政领导制度的特征及其启示》，《社会科学》，2006 年第 3 期。

5. 科学的行政领导制度可以培养和造就现代行政领导人才。这不仅是因为科学的行政领导制度有助于选拔优秀的行政领导人才,而且因为科学的行政领导制度所包含的种种领导行为规范本身对行政领导人的素质提出了更高的要求,民主监督和鼓励竞争又强化了行政领导人员的优胜劣汰。

二、我国的行政领导制度

与西方国家行政领导制度不同的是,我国实行的是具有社会主义特色的行政首长负责制。行政首长负责制是相对于委员会制而言的,是民主集中制和集体领导与个人分工负责制相结合制度的一种具体形式,具体是指重大事务在集体讨论的基础上由行政首长定夺,日常的具体行政事务由行政首长决定,行政首长独立承担行政责任的一种行政领导制度。①

那么,相对于西方国家的行政领导制度,我国的行政首长负责制具有哪些特点呢?

(一)我国的行政首长负责制是全面的负责制

全面的负责制有两层含义:

第一,全国所有的国家行政机关都采用行政首长负责制。我国《宪法》《国务院组织法》《地方各级人民代表大会和地方各级人民政府组织法》都明确规定,我国实行首长负责制。国务院实行总理负责制;国务院各部、各委员会实行部长、主任负责制;地方各级人民政府实行省长、市长、县长、区长、乡长、镇长负责制,他们分别主持地方各级人民政府的工作,召集和主持本级人民政府的全体会议和常务会议。在这一点上,我国的行政首长负责制显然是不同于西方国家的首长制的。美国在联邦行政管理上采用首长负责制,但是具体到各州的行政领导制度则很不相同,各州内部的县、市也可以完全不一样。单就"市"这个行政单位来看,有的采用"强市长制",有的采用"弱市长制"。"强市长制"中市长的权力大致类似于首长制,"弱市长制"中市长的权力比较弱,议会处于优势地位,市议会通过所属的委员会对市行政实行一定的指挥和监督。英国地方实行行政首长负责制并不意味着行政首长可以独断专行或者滥用职权,行政机关或行政部门的重大问题要由某种行政会议来决定。在有些自治地方(郡、区、社区),由选民选举议员组成议会,再由议会产生各种委员会,如教育、治安、农业、卫生委员会指挥地方事务的执行。

第二,行政首长除了行使国家宪法、法律规定的行政职权外,还要执行权力机关决定的其他非行政管理事务,并承担执行的责任。行政机关是权力机关的执行机关,由权力机关产生并向它负责,行政机关处于从属于国家权力机关的

---

① 夏书章:《行政管理学》(第3版),中山大学出版社2003年版,第112页。

地位。它们之间存在职权、职能的差异,但这不同于三权分立国家的议会与政府之间的立法与行政职能划分。从严格意义上说,我国行政机关的行政职权是国家权力机关根据“分工原则”授权行使的,其权力来源仍然是权力机关,所以,它还要执行国家权力机关决定交付执行的事项。如全国人民代表大会授权国务院从事一些立法工作,从职权上来看,这些立法工作属于权力机关的立法职能,但是一经由国务院行使,那么,行政首长同样要负执行责任,这与严格遵循权力划分的西方国家首长制是不一样的。如美国总统必须遵守法定权限,行使宪法规定的行政权,任何越权行为都是违宪的,即使议会授权从事某些工作,也不能逾越行政权的范围,否则就会面临司法机关的“违宪审查”。

(二)我国的行政首长负责制带有合议制的色彩

我国《宪法》规定,国务院实行总理负责制,地方各级人民政府实行首长负责制,同时,《宪法》还规定了与首长负责制相结合的“两会制度”。《国务院组织法》第4条规定:“国务院工作中的重大问题,必须经过国务院常务会议或者国务院全体会议讨论决定。”在地方各级人民政府,原来的《地方各级人民代表大会和地方各级人民政府组织法》并没有规定两会制度,1986年12月,第六届全国人民代表大会第十八次会议以修正案的方式专门增加了第54条规定:县以上地方各级人民政府工作中的重大问题,须经政府常务会议或全体会议讨论决定。行政首长在上述两会中拥有最后的决策权,但这种决策权是建立在集体合议的基础之上的。

第四节 行政领导者的素质结构

前面已经指出,行政领导是一种活动过程,其主体是担负着一定领导职责的行政领导者,行政领导者素质的高低将直接影响行政领导活动的成败。行政领导者具有不同的类型(如高层领导、中层领导和低层领导之间的区分),对不同类型行政领导者的素质,事实上也有不同的要求,在这里,我们不准备对这一点作进一步的分析和探讨,仅从一般意义上来分析行政领导者的素质结构。所谓素质结构,是指由多种不同的素质构成的一个有机体系。我们对行政领导者素质结构的分析,实际上就是对行政领导者所应具备素质的分析。

法约尔认为,管理者应具备以下几个方面的素质[①]:①身体——健康、体力旺盛、敏捷;②智力——理解和学习的能力、判断力、精力充沛、头脑灵活;③道德——有毅力、坚强、勇于负责任、有首创精神、忠诚、有自知之明、自尊;④一般文化——具有不限于从事职能范围的各方面知识;⑤专业知识——技术,或商

① 法约尔:《工业管理与一般管理》,中国社会科学出版社1982年版,第7页。

业,或财务,或管理等专业职能知识;⑥经验——从业务实践中获得知识,这是人们自己从行动中汲取的教训的记忆。

我们将行政领导者所应具备的素质概括为思想政治素质、文化素质、身心素质、能力素质等,下面将对这些素质依次进行分析。

一、思想政治素质

思想政治素质属于价值观念的范畴,行政领导者的思想政治素质具体可以分为两个大的方面:一是道德修养,二是政治信仰。这两个方面具有密切的内在联系,道德修养是政治信仰的基础,政治信仰是在道德修养的基础上所达到的更高的境界。

要做一名合格的行政领导者,首先要做一个有道德、有修养的人。良好的道德修养应该说是对任何一个人的最基本要求,更不用说是对行使公共权力的行政领导者了。如果一个行政领导者的品位低下、格调不高、动机不纯,那么,他是不可能为增进公众利益而倾注心力的,其行为也很容易背离公众的期望,并最终给公众的利益造成种种不应该有的损失,这样的行政领导者连自己都领导不好,又如何去领导他人呢?给予这样的行政领导者的权力越大,他对社会造成的危害就越大,对自身造成的危害事实上也越大。另外,行政领导者由于工作的原因,掌握了一定的公共权力,受到的外部关注较多,受到的外部诱惑也较多,当行政领导者的道德修养稍有放松,这些诱惑就会像病毒一样侵入他们的心灵,从而诱使他们做出这样或那样不合法、不合理的行为。可见,没有高尚的道德修养,行政领导者有时连自己都保护不了,又怎能在工作和事业上取得进展呢?

作为一个行政领导者,在道德修养方面,一是要严格要求自己,要有不断完善自我的意识,要自尊、自重、自信、自强,而不可放纵自己的思想与言行;二是要具有奉献精神,对他人要有爱心,对弱者要有同情心,对工作要有责任心,要具有利用自己的才智与精力为社会服务的强烈愿望与意识。

除了要具备高尚的道德修养之外,行政领导者还要具有科学、坚定的政治信仰,这里的“科学”意味着符合广大人民群众的意愿和利益、顺应历史发展的潮流,这里的“坚定”意味着始终不渝、毫不动摇。政治信仰之所以重要,是因为它决定了行政领导者所具有的政治立场和所坚持的政治方向。唯有科学的政治信仰,才能使行政领导者具有正确的政治立场和把握住正确的政治方向;唯有坚定的政治信仰,才能使行政领导者在政治立场和政治方向上坚定不移。政治立场和政治方向的错误是实质性的错误,在政治立场和方向发生错误的情况下,行政领导者只能对社会和公众的利益产生破坏性的作用;政治立场和政治方向的不坚定对行政领导者是一种致命的弱点,这一弱点往往使行政领导者在关键时刻难以作出正确的选择。因此,科学、坚定的政治信仰对行政领导者而言是至关重要的。为了获取这种素质,行政领导者一是要通过理论学习等途径来不断加强对科学政治信仰的理性认识;二是要通过实践使这种政治信仰得以不断巩固,使之真正深入内心,成为自觉,形成政治定力。

二、文化素质

知书才能达礼,格物才能致知。对从事任何一种职业的人员来讲,文化素质都是重要的。行政领导者发挥着指挥、引导与带动的作用,文化素质对其而言更是不可或缺的。随着时代的发展和社会的进步,知识的重要性将越来越突出,因为人们所面临的问题越来越复杂,不掌握必要的知识,就无法找到解决问题的答案和开启智慧之门的钥匙。一些行政领导者在处理问题时喜欢跟着感觉走,在进行决策时习惯"拍脑袋",结果很容易使判断不准、措施不力,相应地,他们的领导水平也就只能在低层次徘徊。

行政领导者需要掌握的文化知识包括方方面面,有些知识可以帮助领导者陶冶性情,有些知识可以帮助领导者改善思维,有些知识可以帮助领导者解决业务上的难题。总之,掌握知识和提高文化素质可以使行政领导者更好地认识和理解现实,从而能够采取更加适宜的行为,并且在工作中也能够逐步变得游刃有余。

提高文化素质要靠学习,要靠学习中的用心领悟。学习的方式可以分为两种,一是从书本中学习,二是从社会和实践中学习。这两种学习的方式都很重要,行政领导者应将两者互为补充、有机结合,从而尽可能地提高学习的效益。此外,学习并不局限于学校,当今社会强调终身学习,学习是不受时间与地点限制的,也不应该受到这种限制,因为知识在不断进步,行政领导者所面临的具体问题也在不断变化,而一旦放慢了学习的节奏,行政领导者就很容易陷于知识上的落后。在学习上,不存在一劳永逸的事情,学习是一个长期不懈的过程,文化素质的提高也是一个需要持续努力的过程。从这个意义上讲,行政领导者的知识存量固然是重要的,但行政领导者学习的意识与学习的能力则更加重要。党的十九大报告提出了领导干部的"八种本领",其中排在第一位的就是学习本领。

三、身心素质

健康是人们进行学习和工作的基础。健康不仅包括身体或生理的健康,也包括心理的健康,两者构成了一个有机的统一体。身体健康影响到心理健康,心理健康也影响到身体健康,一个人应努力使自己的身体与心理都能达到并保持和谐、健康的状态。良好身心素质的表现就是身心的健全与健康,比如,精力充沛、乐观自信、从容大度、社会适应能力强等。

行政领导者肩负着繁重的工作任务，承担着巨大的工作压力，需要面对和处理种种复杂的例外事项、紧急事件和突发事件。假如行政领导者没有良好的身心素质做基础，很可能在压力面前挺不住，在关键时刻垮下来。而具备了良好的健康状况，就能够更加从容地面对工作中的各种压力与难题。

为了具备一个良好的身心素质，行政领导者就要善于储蓄和维护自己的健康。一是要培养健康的生活方式和良好的生活习惯，二是要尽量避免各种消极因素对自己身心健康的不必要侵害。健康对任何一个人都是十分宝贵的财富，对行政领导者同样是一种非常重要的资源，行政领导者开展工作需要这样一种资源支持，因此，行政领导者不仅不能无端地浪费这种资源，而且要努力充实扩展这种资源，从而使这种资源在工作中发挥更大的支持作用。

当然，对健康的维护并不意味着逃避工作中的压力与责任，对健康的维护是为了更好地工作，另外，工作的开展也并非一定要以损害健康为代价。

四、能力素质

笼统地说，“能力”是一个十分宽泛的概念，它包含了相当丰富的内容，前面提到的学习能力就是其中的一个方面。在此我们不准备对能力作过于笼统的理解，我们所指的行政领导者的能力，是行政领导者对外部环境的影响力与作用力。外部环境包括行政领导者自身之外的其他人或事物。如果一个行政领导者不能对外部环境起到应有的影响作用，该解决的问题解决不了，该完成的任务不能完成，那么，这种情况就是行政领导者缺乏能力的表现。这样的行政领导者也可能具备丰富的知识，但他们的知识并没有在实际工作中发挥应有的作用，或者说，他们的知识并没有转化为能力。

行政领导者的能力从何而来？首先，能力要以行政领导者所具备的其他各种素质为基础。若有的素质不具备，行政领导者就无法对外部环境产生应有的影响力与作用力，比如，一个行政领导者尽管具有高深的理论知识，但他观念保守、勇气不足，那么，这个行政领导者是难以开创工作中的新局面的。因此，道德和知识等都不等同于能力，它们可以转化为能力，而这种转化的实现又要以其他素质的具备为前提。其次，能力的展现离不开行政领导者对其所具备素质的有效运用，没有被有效运用的素质便形同于不存在。行政领导者不仅要善于运用自身某些方面的素质，而且要善于发挥自身各方面素质的综合作用。

由以上分析可知，能力素质在行政领导者的素质结构中具有自身的特殊性。它可以说是行政领导者其他各方面素质的综合展现，其他任何一个方面素质的欠缺都会制约能力素质的提高。管理学中有一个著名的“木桶原理”，即木桶盛水的容量不是取决于最长的那块木板，而是取决于最短的那块木板。这一原理对我们理解行政领导者的能力素质也具有重要的启示意义，能力素质在不少情况下也是取决于最为薄弱的素质环节。因此，行政领导者要提高自身的能力素质，就必须有意识地加强自身薄弱的素质环节，使各项素质能够得到协调发展。另外，能力素质是行政领导者在对自身各方面素质的综合运用中得以体现的，因此，行政领导者其他方面素质的提高并不意味着能力素质的自然提高，只有行政领导者能够更有效、更充分地运用自身素质去开展工作、作用于外部环境时，才能判断出行政领导者的能力素质得到了切实提高。

本章思考题

1. 行政领导的特点有哪些？
2. 简述行政领导的作用。
3. 简述行政领导权力的构成。
4. 试分析我国行政首长负责制的特点。
5. 你认为行政领导者应具备哪些素质？

第五章

人事行政

人事行政是国家行政机关对国家行政人员进行的人事管理活动。人事行政的目标在于谋求人与事之间的科学配合,并通过调整人与人之间、人与事之间的关系,使行政人员在工作中持续、充分地发挥其主动性、积极性和创造性,从而提高行政效率,完成行政任务,实现行政职能。从这个意义上看,人事行政不仅是一种制度,而且是通过诸种人事管理手段,将人事管理制度付诸实施以实现行政目标的活动过程。在人事行政管理过程中,人事行政管理机构是执行人事政策的主要部门,是人事行政管理活动顺利开展的基础。人事行政管理在运行过程中可分为三部分,即:以人事行政管理机构为基点,将整个流程分为人事行政的进口管理、人事行政的在职管理和人事行政的出口管理。本章主要介绍人事行政的含义、作用和范围;人事行政管理机构;人事行政运行过程等内容。

第一节 人事行政概述

人事行政是国家行政管理过程的重要组成部分,它直接影响着行政管理的质量和效率以及政府职能与目标的实现。

一、人事行政的含义

由于研究视角的不同,不同学者对人事行政的定义也存在不同的见解,一些具有代表性的观点如下:

美国行政学家魏劳毕(W. F. Willoughby)认为,人事行政是指用以选举并保持最具效能的公务员为政府办理公务时所需要的各种程序和方法,以及对他人所施行的有效管理与指导的制度。

西蒙等人认为,从广义上说,一切行政都是人事行政,因为行政所研讨的就是人的关系与行为,但一般所说的人事行政乃是指狭义的行政,即组织中工作人员的选用、升迁、调转、降免、退休、训练、薪资、卫生及福利等事宜。

奈格鲁认为,人事行政是新进人员的选拔与原有人员的使用的一种艺术,因而可以使机关人员工作的质与量达到最高的境界。

我国台湾学者张金鉴认为,人事行政就是一个团体或机关为完成既定使命,对其工作人员作最确切、最有效的选拔、使用、养育、维护时所需要的有关指示方法与实施,其目的在于使"人尽其才",即人的内在潜能的最大发挥与利用,使"事竟其功",即以最经济的手段获得最大的效果。

我国台湾学者张润书认为,人事行政是政府机关为推行其工作,对其所需用的人员所作的选拔、任用、培养与管理的一套完整的制度。也就是,研究如何使机关达到"求才、用才、育才与留才的目的"的一种复杂的学问。

我国著名行政学家夏书章教授指出:"人事行政是以国家行政人员或公务员为主要对象的一系列管理理论、法规、制度、政策、措施的总和,是国家行政机关对其工作人员依法管理的一系列活动。"①

概括而言,人事行政是指政府为了达成其职责,通过一定的人事机关及相应的制度、法规、手段等,对其所任用的国家工作人员的甄选、录用、培训、考核、奖惩、退职退休等一系列环节进行管理的活动过程。

具体来说,"人事行政"这一概念包含如下要点:

第一,人事行政是政府对其所任用的工作人员进行的各种管理活动,人事行政的范围限于政府系统内部。

第二,人事行政的内容涵盖了甄选、录用、培训、考核、奖惩、退职退休等管理活动,主要体现为政府人事机构通过相应的人事行政制度,对政府人事问题所做的人事进口管理、在职管理及出口管理等活动。

第三,人事行政的目的在于实现行政人员与行政事务的最优结合,使人尽其才,才尽其用,保证国家工作人员队伍的优化、稳定、廉洁和高效,以便更好地行使国家行政权力,提高行政管理的质量和效率,实现政府职能和目标。

二、人事行政的作用

人事行政是国家政府制度的重要内容,也是国家行政管理的重要组成部分,它在国家管理与社会经济、政治发展中占有特别重要的地位,起着举足轻重

---

① 夏书章:《行政管理学》(第3版),中山大学出版社2003年版,第78页。

的作用，具体体现在以下几个方面。

(一)人事行政是巩固国家政权、保持政治稳定的必要条件

人事行政作为国家政治制度的重要方面，对整个国家的政治发展和政权建设起着十分重要的作用。人事行政的一个重要目标是实现政治稳定，也就是保持国家政治生活的正常、有序进行。科学的人事行政制度能保证政府工作的连续性和正常化，不因领导人的更替或突发事件的发生而影响"行政机器"的运转。这既是政治稳定的一个重要标志，也是影响政治稳定的一个重要因素。西方发达国家日益健全的文官制度对这些国家政治统治秩序的相对稳定起到了十分显著的作用。一些发展中国家经常发生政治动乱，政权极不稳定，虽有许多复杂的社会历史原因，但与这些国家人事管理制度上的落后、混乱状况也有很大关系。

(二)人事行政是提高行政管理质量和效率的关键因素

所有的行政管理活动以及行政管理过程的各个环节都要通过人去组织进行。公务员的素质与行为对政府管理的质量与效率的提高具有关键作用，甚至决定着政府管理的成败。科学的人事行政管理能在全社会范围内选拔人才、培养人才、合理使用人才，造就一支高素质的国家公务员队伍，并能充分调动和发挥他们的积极性、主动性与创造性，从而能最有效地提高行政效率，实现政府的管理目标。当今世界，科学技术突飞猛进，经济全球化趋势加快发展，政府管理职能也随之日益复杂化，政府管理工作面临着许多新情况和新挑战，对政府管理人员各方面的要求也越来越高。在这种行政环境下，为保证整个政府行政系统的有效运作，更需要有一支精干的、高素质的专业化国家公务员队伍去驾驭这架复杂的、多功能的"行政机器"，而这一事关政府管理成败的大事，只有通过科学的人事行政管理才能达成。

(三)人事行政是推进政治民主化进程的强大动力

人事行政的发展与完善为政治民主化的实现开辟了有效途径。按照我国《公务员法》对考录制度的规定，国家公务员实行公开考试、竞争择优的进入机制，每个公民都有权利报考公务员，经过公开、平等、竞争、择优的录用考试，一部分优秀人才进入公务员队伍，直接参与政府管理工作。随着人事制度改革的不断深化，普通公民经过法定程序进入政府机关将成为经常的、普遍的政治现象，这是政治民主化的重要体现，也是社会主义民主政治的必然要求。

(四)人事行政是加强人才开发、促进国际竞争的重要保证

人事管理的实质就是人才管理，其目的在于发现人才、培养人才和合理地使用人才。当今世界各国之间的竞争是综合国力的竞争，其实质是科学技术、管理与人力资源的竞争。哪个国家高度重视人才资源的开发和利用，哪个国家

就会在国际竞争中处于领先地位。因此,充分开发利用一切人才资源就成为我国在国际竞争中立于不败之地的根本保证。

三、人事行政的范围和内容

由于人事关系本身的复杂性和现代人事行政所面临任务的多样性,再加上现代人事行政所使用的方法日趋综合化,使人事行政所涉及的范围十分广泛,内容极为丰富。西方学者认为,人事行政大体包括以下十个方面的内容:人事行政原理;公务职务终身制;公务员训练;官职分等及其标准化;公务员选用;公务员提升与惩戒;特殊问题;人事行政组织;公务员团体;退休制度。我国台湾学者认为,人事行政的范围与内容有以下八项①:人事行政机关及其运作;公务员的甄拔和补充;公务员分级和定薪;公务员考绩和升迁;公务员纪律和惩戒;公务员退休和抚恤;公务员训练和教育;公务员的义务和权利。上述这些对人事行政的范围与内容的看法显然侧重于人事行政过程及其实际操作,把人事行政过程的各个主要环节一一列为人事行政的具体内容,同时,把人事行政原理、人事行政组织及其管理也纳入人事行政的范围之中,这些认识具有一定代表性。

总体而言,人事行政应涵盖"进、管、出"三个层面的内容,而这三个层面形成了一个人事行政管理的流程。

我国2018年修订的《中华人民共和国公务员法》(以下简称《公务员法》)以及50多套单项配套法规以国家公务员的"进、管、出"为重点,几乎涵盖了国家公务员管理的全部内容。

(一)进口管理

进口管理是人事行政的第一个环节。这一环节涉及的内容主要有公务员录用与职位分类。国家公务员是特定的公职人员,有着特别严格的素质要求,因而进入环节的基本要求是"严把入口关"。国家人事行政管理机关通过一定的制度和程序,对符合国家公务员素质要求并适合从事行政管理的人员,根据国家行政机关的工作要求择优录用。

(二)在职管理

在职管理是对已经进入国家公务员队伍的全体人员进行的系统管理,包括考核、奖惩、培训、职务升降、职务任免、交流与回避、工资保险福利等各项管理活动。这个管理环节的主要特点有:一是系统性。为保障国家行政活动的正常开展,提高行政效能,必须对在职公务员实行全面、系统、严格的管理,使各项管理工作既相对独立又紧密联系。二是制度性。人事行政的主要制度有职位分

① 转引自张永桃:《行政管理学》,高等教育出版社2003年版,第155页。

类制度、考核制度、职务升降制度、培训制度、工资制度等。三是标准化。这是同制度化管理相联系的一个特点。实行制度化管理就要有相应的客观标准,以便制度的有效实施。

(三) 出口管理

出口管理是依据一定的制度或规定,针对国家公务员退出公务员队伍所进行的管理,是公务员管理的最后环节。这一环节的基本要求是畅通。公务员退出渠道大体上有三种类型:一是正常退休;二是辞职和调离;三是辞退或开除。

第二节 人事行政管理机构

一、人事行政管理机构的含义

人事行政管理机构是指主管或办理政府人事行政业务的机构。我国自唐宋起,至元、明、清历代王朝中都设置了吏部,即封建国家专门建立的主管官吏考铨任用的人事行政机构。在西方国家中,随着公务员制度的确立,现代意义上的人事行政管理也开始出现。1855 年,英国为了对专业化的文官考试业务实施机构管理,保证文官考试任用的公正性和权威性,成立了专管文官考试录用的文官委员会,这是现代意义上第一个独立的、职能化的人事行政管理机构。1883 年,美国也效法英国成立了专门负责政府人事行政的管理机构——文官委员会。此后,在法、德、日等国家中,在其各自公务员制度形成的初期,也相继在政府中设立了专门的人事行政管理机构来管理公务员。

二、国外人事行政管理机构

按人事行政管理机构与国家行政机关的关系来划分,各国人事行政管理机构的组织形式有以下三种。

(一) 部外制管理机构

部外制又称独立制,是指人事行政管理机构建立在行政系统之外,独立行使人事管理权,人事管理不受政党和行政首长的干涉。

采用部外制的国家主要有美国和日本。美国的联邦官员管理机构包括人事管理总署、功绩制保护委员会和联邦劳工关系局。人事管理总署是联邦政府管理行政人员的中心机构,直接对总统负责,其主要职责是制定有关行政人员管理的政策并制订和实施人事计划,办理联邦行政人员的任用、考核、培训、晋升、退休等事项,可见,人事管理总署主要的功能是决策和管理。功绩制保护委员会是向总统和国会报告行政人员工作的独立机构,其主要任务是受理政府各部门和行政人员的申诉,审查有关行政人员的规章制度是否符合法律和功绩制原则,并有权作出裁决,因此,功绩制保护委员会的功能在于监督和仲裁。联邦劳工关系局的职责主要是负责联邦集体谈判法的执行,解决雇员同政府的争议,因此,联邦劳工关系局的功能表现为协调和咨询。日本的人事主管机构是人事院,它相对于内阁保持独立,其职责除制定并执行相关政策外,还兼负监督和仲裁的责任。

这种人事行政机构处于超然地位,人事行政不受政党政治的干涉,使行政管理摆脱政党分肥制的影响,同时也免于行政首长直接干涉人事安排。部外制的优点是对政府系统的人事管理有系统而统一的考虑,有较长远的战略目标和规划,能够制定综合性的人事政策和人事规划。因为人事行政机构在政府之外,态度超然中立,不会卷入行政系统内部的派系之争,能够公平、公正地处理人事事务。但是,也正因为人事行政机构在行政系统之外,因此,对行政系统的人事工作缺乏深入而全面的了解,人事行政管理有时脱离实际情况。人事程序比较复杂、烦琐且效率较低,并且人事行政机构作为独立的工作机构,缺乏必要的监督,它使行政首长在用人上缺乏必要的权力,用人和治事不能很好地统一起来。

(二)部内制管理机构

部内制是指人事行政机构设在行政系统之内,各级各类的行政部门自主地掌握人事管理权,政府设置专门职能机构负责制定人事政策,协调各个部门的人力资源管理。实行部内制的国家主要有法国、原联邦德国和瑞士等。这种人事行政机构能够深入细致地了解人事工作的实际情况,制定的各种管理制度和政策符合行政管理需要。行政首长有较大的用人权,用人和治事容易统一起来。人事行政程序简单,效率高。但是,这种组织机构是在行政首长的领导之下,是官僚制组织结构下的一个组织部门,人事行政往往成为例行公事,容易因循守旧,缺乏推动变革的动力;人事行政工作往往要受到行政首长的干预,有时必须按长官意志进行人事安排。

(三)折中制管理机构

英国是实行折中制的典型国家。中央人事机构分为独立的两部分,一部分是设在中央政府之外的文官委员会,另一部分是设在中央政府之内的文官部,各自独立地行使职权。这是一种部外制与部内制相结合的人事行政管理机构。文官委员会负责文官资格审定,超越党派之争,独立地行使考试和考绩权;秉承法制精神,客观地考核和选拔文官。其他的人事行政工作由文官部行使。折中制集中了部外制和部内制的优点,既统一了官员录用的标准,又避免了政党和行政首长的干扰,便于客观、公正地选拔人才。此外,人事行政管理的具体工作在部内进行,便于人事行政同行政机关的实际密切结合,做到了用人和治事的统一。但是,折中制管理机构工作程序繁多,协调和管理分离,效率较低。

三、我国人事行政管理机构

（一）我国人事行政管理机构体系

在第十一届全国人民代表大会第一次会议（2008 年 3 月召开）通过新的国务院机构改革方案之前，中央人民政府的人事行政管理机构是人事部（从 1988 年七届全国人民代表大会第一次会议开始组建），它是主管人事工作和推行人事制度改革的国务院组成部门。其职能是：综合管理专业技术人员和国家公务员，承办国务院负责监管的国有大型企业领导人员的任免事宜，承办国务院向国有重点企业派出稽查特派员的管理工作，促进专业技术人员、国家公务员和企业经营管理人员三支队伍建设。人事部在内设的十一个职能司中专设了公务员管理司。在第十一届全国人民代表大会第一次会议通过新的国务院机构改革方案之后，中央人民政府的人事行政管理机构有所调整，在整合人事部、劳动和社会保障部职责的基础上，新组建了人力资源和社会保障部，同时组建了国家公务员局，由人力资源和社会保障部管理。省级以下县级以上人民政府对应地设置了人事部门，对本地区的国家公务员进行综合管理，并负责指导监督同级政府各部门和下级政府对国家公务员进行管理，从而形成了我国从上而下、纵横交错的人事行政管理组织体系。

（二）我国人事行政管理机构沿革

在我国，人事行政的管理机构主要是依据干部人事管理体制而设置的。在革命战争年代和新中国成立初期，我国的干部（包括在政府部门中工作的干部），除了军队系统实行单独管理以外，其余的都是由党中央和各级党委组织部门统一管理。新中国成立以来，人事行政的管理机构随着历史条件的不同发生过多次较大的变动，其具体演变如下：

政务院人事局（1949—1950 年）：政务院人事局作为政务院的直属机构，协助中央组织部管理政府机关的干部工作。

中央人事部（1950—1954 年）：中央决定将政务院人事局和政法委、财委、文教委、内务部五家人事机构合并，成立统一的中央人民政府人事部。这是我国政府系统中第一个部级的人事行政管理机构，受政务院领导，负责综合管理全国政府机关的人事工作。这一时期，政府人事管理权相对集中，权限范围也较大。

国务院人事局（1954—1959 年）：这是为了适应干部管理体制改变后的新情况和贯彻一届全国人民代表大会一次会议通过的《国务院组织法》的规定而对中央人事部作出的调整，国务院人事局的业务范围比原政务院人事部的业务范围大大缩小。

内务部政府机关人事局（1959—1969 年）：这是根据二届全国人民代表大

会常委会第四次会议关于精简机构的决定作出的机构调整,原国务院人事局的全部业务由内务部政府机关人事局承担负责。“文化大革命”期间,内务部撤销,有关人事行政方面的管理工作移交中共中央组织部办理。

民政部政府机关人事局(1978—1980年):粉碎“四人帮”后,全国各方面工作进行了调整,逐渐趋于正规化,设立了民政部政府机关人事局,负责政府人事行政工作。

国家人事局(1980—1982年):1980年,国务院决定将民政部政府机关人事局与国务院军队转业干部安置工作办公室合并,成立国家人事局,直属国务院,负责综合管理政府系统的人事工作。

劳动人事部(1982—1988年):根据第五届全国人民代表大会第四次会议精神,本着重叠的机构撤销、业务相同的机构合并的原则,将国家劳动总局、人事局、国家编委和国务院科技干部局合并,于1982年5月成立劳动人事部。这时的劳动人事部业务范围很广,权限比以往其他时期都大。

人事部(1988—2008年):为了适应中国共产党十三大提出的进行政治体制改革的形势需要,加快建立国家公务员制度,加强政府人事工作,七届全国人民代表大会一次会议通过了建立人事部的决议。人事部的建立是改革政府机构、建立国家公务员制度的重要步骤,同时也标志着我国的人事行政体制和人事行政的管理机构逐步完善。

人力资源和社会保障部(2008年至今):2008年3月,第十一届全国人民代表大会第一次会议审议通过了《国务院机构改革方案》,由此开始了新一轮的机构改革,也是改革开放以来的第六次政府机构改革。这一次机构改革着眼于探索实行职能有机统一的大部门体制①,组建了新的人力资源和社会保障部,将人事部、劳动和社会保障部的职责整合归入该部,同时组建了国家公务员局,由人力资源和社会保障部管理。

第三节 人事行政运行过程

一、人事行政的进口管理

人事行政的进口管理主要包括人事分类和国家公务员录用。

---

① 大部门体制即为大部制,按照业内专家的提法,是指为推进政府事务综合管理与协调,按政府综合管理职能合并政府部门,组成超级大部的政府组织体制。其特点是扩大一个部所管理的业务范围,把多种内容有联系的事务交由一个部管辖,从而最大限度地避免政府职能交叉、政出多门、多头管理,提高行政效率,降低行政成本。

(一)人事分类

国家行政人员分类是现代人事行政的基础。分类是管理的前提,只有按照一定的标准进行分类,才能实行有效的管理。人事分类是指按照一定的标准,将国家行政部门的公务人员或职位通过划分、归类和设立等级进行管理。分类一般按照工作性质、责任轻重、资历条件及工作环境等标准进行。人事分类的对象是行政部门中的官员或职位。以人为对象进行分类所形成的是品位分类,以职位为对象进行分类所形成的是职位分类,这是两种基本的人事分类模式。

1. 品位分类。① 品位分类是以人为对象的分类,它强调依据公务员个人所具备的条件(如资历、学历等)和身份(如地位、薪金等)等要素划分为不同的等级类别。品位分类主张以人为中心,遵循"因人择事"的原则,要求公务员一旦被授予一定级别后,不管做任何事或调何处,均可享受该级别待遇。品位分类着眼于人,尤其是着眼于人的官阶,它代表等级、地位和资历等。品位分类考虑的是人的外在因素:学历——受教育的程度;资历——人的经验;职位——人的任职情况。所以,品位分类制度是指以人的职务高低、资历深浅和获得报酬的多少为标准进行分类的制度。

2. 职位分类。职位是指符合一定资格的人担任的工作职务和责任。职位分类就是把职位按照工作性质、难易程度、责任大小以及所需资格条件进行评价,划分不同的类别和等级,并以此作为人事行政的依据。

(1)职位分类产生的背景。职位分类最早产生于美国,是为适应现代社会发展的需要而运用于政府的一种人事管理的手段。1883 年,美国建立了现代文官制度。建立文官制度的目的主要是解决政党分肥制度给美国社会带来的腐败现象和政治动荡,科学系统地管理文官并未受到关注这一问题。1900 年,美国联邦政府文官数量膨胀到数万人,分布在全国各地区、各行政部门、各类特设机构,这些人员又分属各种管理方式不同的系统,公务人员中"同工不同酬"的现象普遍存在,文官管理方面的问题日趋严重。1908 年,美国芝加哥市政府首次采用职位分类制。1923 年,美国国会通过了政府制定的第一个联邦职位分类法案,职位分类被正式应用于政府人事管理。职位分类后来被许多西方发达国家所仿效,被认为是现代政府部门人事管理比较理想的分类制度。②

(2)职位分类的框架。职位分类是由横向的职系划分和纵向的等级排列构成的分类框架。公务员的职位分类可以描述为这样一种过程,即把政府中各种公务职位,按工作性质和业务种类的不同,从横向上划分为若干职系、职组和职门,再按工作责任、难易程度和所需资格的不同,在纵向上划分为若干职级和职

① 参见李和中:《21 世纪国家公务员制度》,武汉大学出版社 2006 年版,第 201~202 页。
② 沈亚平:《公共行政学》,天津大学出版社 2005 年版,第 90 页。

等,使每一个职位都能在纵向分类和横向分类交叉构成的职位分类结构体系中找到自己的位置,从而实现对公务员科学、系统、专业化的管理。

①横向划分。职位分类的横向划分涉及职系、职组、职门三种概念。

职系是横向最细的划分单位,是指根据工作的业务性质,把业务性质相同的所有职位归并集合,一个职系就是一种专门职业,如打字员职系、造价工程师职系。

职组,即工作性质相近的若干职系的汇集,如机械工程师职系、造价工程师职系和土木工程师职系集合到一起构成工程师职组。

职门,即工作性质大致接近的若干职组的集合,这是职位分类横向最粗的划分单位。不同职门的职位其工作性质完全不同,如行政事务职门、专业技术事务职门。

②纵向划分。职位分类的纵向划分包括职级和职等两个概念。

职级是指在同一个职系中,按照工作的难易程度、责任轻重及所需要资格条件等,把职位划分为不同的职级。如造价工程师分为一级造价工程师、二级造价工程师、三级造价工程师等。

职等是指把不同职系中工作性质不同或主要任务不同但工作难易程度、责任轻重、工作所需要的资格条件相同的职级归纳为职等。同一职等的所有职位薪金报酬相同。职等的设立是为了比较不同职系之间职位的情况。如三级看护和一级内科医生虽属于不同的职系和职级,但工作责任及难易程度相同,因此同属于一个职等,领取相同的工资。

(3)职位分类的程序。公务员职位分类的具体过程一般都是由职位调查、职系区分、职位评价、制定职级规范和职位归级五个环节构成。

①职位调查。职位调查就是对政府现有职位的有关情况作详细了解,从中提炼出相对该职位来说是必要的条件和因素,并对职位进行系统的概括和说明的过程。职位调查包括两类信息。一类是有关职位本身的信息,包括:工作任务和责任;完成工作的方式方法;完成工作的动机;适用的原材料;工具和设备;工作的原则、规律、程序和工作环境。另一类是职位所需资格的信息,包括熟练完成工作所需要的知识水平、技术和能力。一般人们以“7W”来把以上信息概括为who(何人)、what(何事)、why(为何)、when(何时)、where(何地)、whom(为何人)、how(何法)。职位调查收集资料的方法主要有面谈法、问卷法、直接观察法和工作日志法,根据工作的特点决定采用某种方法,或几种方法综合运用。

②职系区分。职系区分是在职位调查的基础上,按照工作性质的不同,将职位划分为若干类别的阶段。职系的区分是由粗到细的划分过程。职系区分一般可以分三步完成。第一步是先划分出若干职门,即把工作性质大致相近的职位列为同一职门。第二步,在每一职门中,按照工作性质相近的标准划分为

若干职组。如把专业技术类分为医疗职组、工程职组、化学职组等。最后,在每一职组中把工作性质充分相似的职位再划分为若干职系。如把医疗职组划分为内科医生职系、外科医生职系、护士职系等。职系的区分要与社会各种职业的专业分工相配合,并同政府各种业务的专业发展相适应,区分过细或过粗均不适宜。职系区分完后,还要制定职系说明书。

③职位评价。职位评价就是按照工作难易程度、责任轻重、所需资格等因素,对各职系的职位进行纵向的职级、职等的划分。这一过程包括两个步骤:一是职位定级,在各职系内按各职位的工作难易程度、责任大小、资格条件划出不同的职级;二是职位定等,在不同的职系之间进行比较,把工作繁简难易、责任轻重及所需资格条件相当的职级归为同一职等。职等的划分使工作性质差异较大的职位有了可比性,由此可制定出公平的工资标准。职位评价的关键是把每一职位的全部内容尽可能科学地量化表述出来,以进行评价比较,因此,职位评价中对职位相对价值的分等排序需要一定的技术手段,常用的职位评价方法有排列法、分等法、评分法和因素比较法。

④编制职级规范。职级规范又叫职位说明书,是对某一职位作出的标准化和尽可能定量化说明的描述性书面文件。职级规范的内容主要包括职位名称、职级编号、职级定义、职级特征、工作举例、任职的最低资格等。制定职级规范的目的主要是指出各职位的工作内容和特性,明确每一职位的职级和职等,以便对每个职位进行科学化的管理。

⑤职位归级。职位归级是指依据一定程序,将各个职位根据职系说明书确定所属职系,再根据职级规范确定所属职级、职等的过程,也就是职位对号的过程。此时,职位分类已经完成,职位上的公务人员可根据其所归职级领取薪酬。

3. 品位分类与职位分类的比较。品位分类和职位分类是两种基本的分类制度,其作用都是保证人事行政的高效运转,但无论是分类标准还是表现形式,都明显不同、各具特色。

(1)品位分类与职位分类的区别。具体如下:

①分类标准不同。品位分类是以“人”为中心,依据的标准是人员的资历、学历、身份、背景等主体因素,因此,品位分类是人在事先;职位分类以“事”为中心,依据的标准是工作的性质、责任轻重、难易程度,人的资格条件位居其次,可见,职位分类是事在人先。

②分类的程序不同。品位分类的程序是按先纵后横进行的,也就是先确定等级,后实施分类;职位分类是先横后纵的过程,先横向划分职门、职组、职系,然后再纵向划分职级、职等。

③考核晋升的标准不同。品位分类下的考核、晋升以人员的资历、学历和工作贡献为标准;职位分类下的考核、晋升依据职位说明书的明确规定并考察

实际工作的业绩,因此,职位分类执行的是严格的功绩制。

④人才成长模式不同。品位分类不注重人员某方面的专业知识和技能,强调人员的综合管理能力,人员的交流调配和晋升受专业和以往工作性质的限制较少,通道宽泛,利于培养“通才”;职位分类注重职位要求的特殊知识和技能,人员的交流调配和晋升只能在同一职系内进行,不允许跨职系流动和升迁,因此,职位分类注重“专才”。

⑤官与职之间的关系不同。品位分类制中,职位和等级可以分开,等级代表人固有的身份,可以随人走,等级和职位不强求一致;而职位分类中,等级和职位相重合,二者不能分离,等级不可随人走。

⑥薪酬依据不同。品位分类中,人员的薪酬取决于官等,而不取决于职位,同样职位的官员可能官等不同,同样官等的官员也可能职位不同,因此存在同工不同酬或同酬不同工的现象。职位分类严格实行以职位定薪酬的规则,追求同工同酬。

(2)品位分类和职位分类评价。品位分类和职位分类各有优缺点,具体如下:

品位分类的长处是:①分类的线条较粗,没有严格的程序要求,方法简单,易操作,结构富于弹性;②流动性强,适应性强,有利于培养“通才”;③注重学历,有利于吸引高学历的优秀人才。品位分类的缺陷是:①强调人在事先,容易出现因人设岗、机构臃肿、职责不清的现象;②分类不规范,人事管理的主观随意性大,不利于严格科学的管理;③过于注重人员的学历和背景,不利于学历低、能力强的人脱颖而出;④以官等定薪酬,导致同工不同酬,不利于对人员的激励。

职位分类的长处是:①建立在职位调查的基础上,职位的岗位责任、绩效标准规范为人事行政的各项工作提供了客观依据;②官等、职位、薪酬相重合,利于同工同酬;③严格的规范限制了人事管理中的主观随意性。职位分类的缺陷是:①工程浩繁,程序复杂,成本高;②整套体系过于量化,导致刻板和缺乏弹性;③人才受专业的局限性大,发展通道狭窄;④对责任较大、综合性强,需要高度发挥人员主动性和创造性的职位不适合,因此不利于“通才”的成长。

4.人事分类制度的发展趋势。人事分类制度是管理科学理论发展的产物,并且随着管理科学理论的发展而发展。最初的职位分类是在科学管理理论基础上产生的,它强调以“事”为中心,随着行为科学不断渗入管理科学理论,“人”的因素日益受到重视。特别是生态行政学时代,既强调行政系统的整体性,以“事”为中心,又强调行政系统的开放性和反馈性,重视“人”的存在,以“人”为本,重视“人”的积极性的发挥。

西方发达国家随着由工业经济社会转向知识经济社会,与工业经济社会相适应的公务员制度(文官制度)已不适应知识经济社会的发展,因此,改革传统的公务员制度便成为必要,相应地,人事分类制度也将进一步完善,其突出表现就是,职位分类与品位分类因素相互融合。职位分类与品位分类的有机结合体现了人事分类制度的发展趋势。①

最早实行传统职位分类的美国、最早实行传统品位分类的英国以及其他一些发达国家都注意到了这两种分类制度的优劣。因此,两国都根据实际需要作了一些必要的改革,主要是在职位分类的某些环节引入了某些品位分类的方法,或者在保持品位分类的长处的同时,吸收了职位分类的一些因素,目的是取长补短,实现优势互补,以建立适合自己国家特点的人事分类制度。例如,美国在1978年文官制度改革时,规定高级文官不受职位分类法的限制,并实行"人走等随"的体制,以充分发挥其特长,体现应有的灵活性;中级文官的职位分类结构也逐渐趋于简化,使之富有弹性。英国在1968年进行的文官制度改革中,就在品位分类的基础上引进了以职类和职组为基础的新的分类方法。

(二)国家公务员录用

公务员的录用是国家公务员制度的重要内容,也是国家公务员制度的基础。通过考试录用国家公务员是公务员管理工作中的第一个环节,也是比较关键的环节。能否把好"入口"关,直接关系到能否公正地选拔高素质的人才,关系到能否形成优化、精干、廉洁、高效、稳定的国家公务员队伍,关系到国家行政职能能否有效地实现。因此,凡进入国家公务员队伍、担任相应职位的人员,都必须按照公开、平等、竞争的原则,经过严格的考试,择优录用。

1. 国家公务员录用的基本概念。国家公务员录用在不同社会制度的国家有着不同的含义和要求。即使在我国,它也与传统的干部录用制度有着明显的区别。因此,弄清国家公务员录用的含义,严格执行科学的国家公务员录用流程,具有重要的现实意义。

国家公务员的录用是指国家行政机关依照有关法律法规的规定,采用公开考试、严格考核的办法,按照德才兼备的标准,从符合法定资格条件的公民中择优录用担任主任科员以下非领导职务的公务员的过程。

根据我国《公务员法》的规定,国家公务员录用要具备以下四个要素:

(1)录用对象。特指录用担任一级主任科员以下及其他职级层次的人员。

(2)录用方式。录用主要采用公开考试、严格考核的办法,按照德才兼备的标准,择优录用。公开考试是指报考的资格条件,考试的时间、地点和办法等都要公之于众;严格考核是指对考试合格的进行政治思想、道德品质、工作能力等方面的考核;德才兼备标准是指报考人员的政治态度、道德品质和遵纪守法的

① 参见徐理明:《国家公务员制度》,高等教育出版社1999年版,第27页。

情况以及业务、技术和管理能力等。据此,从符合录用条件的人员中择优予以录用。

(3)录用程序。我国《公务员法》明确规定了国家公务员录用的基本程序,这是录用国家公务员的重要法律依据,必须严格依照这一法律的规定办事,切实做到有法必依、执法必严、违法必究。

(4)录用机关。中央机关及其直属机构公务员的录用,由中央公务员主管部门负责组织。地方各级机关公务员的录用,由省级公务员主管部门负责组织,必要时省级公务员主管部门可以授权设区的市级公务员主管部门组织。

2. 国家公务员录用的原则。国家公务员录用的原则是开展公务员录用工作必须遵循的基本规则。录用国家公务员,必须贯彻公开、平等、竞争、德才兼备的原则。

(1)公开原则。公开原则是指录用公务员应面向社会,公开招考。招考公务员消息和录用条件应通过多种形式和渠道向社会公布,考试程序要公开,考试名次要公布于众,报考者的成绩应通知本人。若报考者对考试得分或录用环节有疑问要求复核时,要准予复核。这样既能动员社会上各种人才积极参加录用考试,使招考工作在更广的范围内选拔人才,确保录用的高质量;又能增加用人制度的透明度,便于公开监督,杜绝用人上的不正之风。

(2)平等原则。平等原则是承认每位公民在担任公职方面享有平等的权利与机遇。这里所说的平等是指每位公民报考国家公务员的法律地位平等,即不因民族、宗教信仰、性别、年龄、出身、婚姻等情况的差异而受到不平等的待遇。既不能因上述原因受到歧视,也不能因上述原因享受特权。如果受到不平等待遇,有权要求法律保护。

(3)竞争原则。竞争原则是指公务员的录用按照考试成绩排列名次,并考核本人的政治思想与道德品质,鉴别优劣,择优录用。选择优秀人才为政府提供高效的服务是公务员考试制度的基本目的。要得到优秀人才,必须求助于竞争,这样做符合选拔人才的规律,便于最大限度地挖掘人才。

(4)德才兼备原则。在公务员录用过程中,对报考者既要用德的标准衡量,又要用才的标准衡量,两者必须同时具备,不可偏废。在考试考核中,既要评价报考者的文化知识和业务能力,又要考核其政治思想、道德品质等方面的情况,双项符合规定标准才算德才兼备。

3. 国家公务员录用的程序。国家公务员的录用应按照以下程序进行:

(1)招考。第一步是发布招考公告,通常由主管部门通过报纸、广播、电视等媒体向社会公告。报考公告应当载明招考的职位、名额、报考资格条件、报考需要提交的申请材料以及其他报考须知事项。第二步是对报考人员进行资格审查,审查的内容包括国籍、政治条件、年龄、身体条件及教育程度等。

(2)考试。对资格审查合格的人员进行公开考试,考试分笔试和面试。考试内容根据公务员应当具备的具备的基本能力和不同职位类别、不同层级机关分别设置。

(3)录用。录用分为录用考核和录用审批两个阶段。首先,专门的录用考核小组对笔试、面试、体检合格者进行政治思想、道德品质、工作能力等方面的考核,然后根据考核结果拟定录用人员名单报主管部门批准,经过审批的人员再经过一年的试用期后,合格者被正式任用为公务员。

二、人事行政的在职管理

人事行政的在职管理主要包括:公务员的任免;公务员的交流;公务员的回避;公务员的工资、保险、福利;公务员的培训;公务员的职务晋升;公务员的考核以及公务员的奖惩。

(一)公务员的任免

我国公务员领导职务实行选任制、委任制和聘任制。公务员职级实行委任制和聘任制。领导成员职务按照国家规定实行任期制。选任制公务员在选举结果生效时即任当选职务;任期届满不再连任或者任期内辞职、被罢免、被撤职的,其所任职务即终止。委任制公务员试用期满经考核合格,职务、职级发生变化,以及其他情形需要任免职务、职级的,应当按照管理权限和规定的程序任免。职务任免是合理任用公务员的关键。任免得当能够使公务员人尽其才,事竟其功,充分发挥公务员的主动性和创造性,而且也使行政机关关系融洽,气氛和谐,形成良好的组织文化。反之,如果任免不当,则会压制公务员才能的发挥,降低人才使用的效率,同时也易导致组织中派系林立,人际关系紧张,直接影响到行政机关的行政效率。

1. 公务员职务任免的特点。具体如下:

(1)职务任免要由法定的任免机关在法定的任免权限内进行。一般而言,任免权在行政机关内部,即使实行部外制的美国,人事管理总署和功绩制保护委员会虽可以向各行政机关提供考试合格人选名单和任免建议,但任免权仍由各行政机关行使,保证了行政首长的用人权。

(2)公务员的任职和免职必须符合法定条件。我国国家公务员的任职条件规定:第一,新录用公务员试用期满经考核合格的;第二,通过调任、公开选拔等方式进入公务员队伍的;第三,晋升或者降低职务的;第四,转任、挂职锻炼的;第五,免职后需要新任职务的;第六,其他原因需要任职的。免职条件的规定如下:第一,晋升职务后需要免去原任职务的;第二,降低职务的;第三,转任的;第四,辞职或者调出机关的;第五,非组织选派,离职学习期限超过一年的;第六,退休的;第七,其他原因需要免职的。

2. 公务员职务任免的程序。任免程序是指任免实施过程必须完成的规定步骤。国家公务员的职务任免必须严格按照任免程序进行,是否严格按照任免程序进行职务任免关系到国家公务员任用工作的质量。在职务任免中,任免程序可以起到"过滤器"和"安全阀"的作用。严格执行任免程序,既可以避免草率行事,防止任免工作中的失误和不正之风,也是依法任免的重要体现,有利于维护国家公务员任免工作的权威性和法制性,有利于提高国家公务员任免工作的规范化、科学化水平。

(1)任职程序。我国于2008年2月发布的《公务员职务任免与职务升降规定(试行)》指出,公务员任职一般按照下列程序进行:按照有关规定提出拟任职人选;根据职位要求对拟任职人选进行考察或者了解;按照干部管理权限集体讨论决定;按照规定履行任职手续。

(2)免职程序。我国的《公务员职务任免与职务升降规定(试行)》指出,公务员免职按照下列程序进行:提出免职建议;对免职事由进行审核;按照干部管理权限集体讨论决定;按照规定履行免职手续。

(二)公务员的交流

国家公务员的交流是指国家行政机关根据工作需要或照顾公务员的个人愿望,通过调任、转任等多种形式,将所属的公务员在行政机关内部进行调动,或者将其调出行政机关任职,以及将行政机关以外的工作人员调入行政机关担任公务员职务的一种人事管理活动。公务员交流有利于公务员开阔视野、丰富阅历、更新知识、提高水平;有利于用人和治事的统一,提高工作质量和工作效率;有利于部门间的信息交流、经验交流、加强联系与合作;有利于打破长期任职形成的"关系网"。

各国的人事行政管理制度中都有推动公务员内部交流或内外交流的规定。有的允许在行政系统内流动,有的允许跨系统流动,但允许跨系统流动的国家较少,并且限制较多,程序比较严格。

我国国家公务员交流的方式包括调任、转任。调任是指国家行政机关根据工作需要,从行政系统以外的企事业单位、人民团体和群众团体中选工作人员到国家行政机关担任领导职务或者四级调研员以上及其其他相当层次的职级。转任是指公务员因工作需要或其他正当理由,在国家行政机关内部跨地区、跨部门的调动,或在同一部门中的不同职位之间进行转换任职的人事交流活动。转任是在国家行政系统内部的平级流动,不涉及公务员身份的变更和职务的升降。

(三)公务员的回避

公务员回避是指国家行政机关中,为了防止公务员利用职务之便为亲朋好友徇私舞弊而对其任职和执行公务等做出的事前限制性措施。

国外回避制度主要包括亲属回避、政党回避和同学回避。其中,亲属关系的范围各国所指不同,主要有血亲、夫妻、姻亲、拟制亲等几种亲属关系。我国《公务员法》规定的属于回避范围的亲属关系包括夫妻关系、直系血亲关系、三代以内旁系血亲关系以及近姻亲关系。《公务员法》明确规定,有上述亲属关系的,不得在同一机关担任双方直接隶属于同一领导人员的职务或者有直接上下级领导关系的职务,也不得在其中一方担任领导职务的机关从事组织、人事、纪检、监察、审计和财务工作。这种回避形式属于任职回避。此外,《公务员法》还对公务回避、地域回避作了明确规定,公务回避是指公务员在执行某项公务时,所受理或处理的事件涉及本人或者与本人有上述亲属关系人员的利害关系的,必须回避;地域回避是对公务员任职地区的限制,公务员担任乡级机关、县级机关、设区的市级机关及其有关部门主要领导职务的,应当按照有关规定实行地域回避。

(四)公务员的工资、保险、福利

公务员的工资、保险、福利是维持公务员生存和满足安全需要的主要保障。

1. 工资。工资是指政府机关以货币形式支付给公务员的劳动报酬。工资是对公务员在工作过程中付出的脑力劳动(知识、能力、技能)、体力劳动和时间、精力的补偿,同时也起到了稳定公务员队伍、吸引人才、提高素质的作用。

公务员工资制度的确立一般应坚持如下原则:第一,平衡比较原则,即国家在确定公务员的工资时,应注意与企业工资水平的比较平衡;第二,同工同酬原则,即在确定公务员的工资时,对担任相同职务和工作的人员,应在工资上给予相同的待遇,不得因家庭出身、性别、种族、宗教信仰等不同而遭受不平等的待遇;第三,定期增资原则,即政府定期增加公务员的工资,激励公务员提高工作效率,以保证公务员高质量完成工作;第四,物价补偿原则,即政府根据物价的上涨,相应增加公务员的工资,使工资增长率高于或等于物价上涨指数,以保证公务员的实际生活水平不因物价上涨而降低。

不同国家对公务员工资的构成部分有不同的规定。我国《公务员法》规定,公务员工资包括基本工资、津贴、补贴和奖金,公务员按照国家规定享受地区附加津贴、艰苦边远地区津贴、岗位津贴等;公务员按照国家规定享受住房、医疗等补贴、补助;公务员在定期考核中被确定为优秀、称职的,按照国家规定享受年终奖金。公务员的工资水平应与国民经济发展相协调,与社会进步相适应

2. 保险。公务员保险是指国家对因年老、疾病、伤残、生育、失业等原因,暂时或永久丧失劳动能力的公务员给予物质帮助的一种保障。公务员保险制度的建立和实施对保障公务员的基本生活、解除他们的后顾之忧、调动他们的工作积极性,促进经济的发展和维护社会的稳定等,都具有重要的作用。主要的保险项目有养老保险、医疗保险、伤残保险、生育保险、失业保险等。

3. 福利。公务员福利是指国家为改善和提高公务员的物质文化生活水平，或者解决公务员的特殊需要，在工资和保险之外建立的一系列福利措施。公务员福利不同于保险，保险的目的在于解决公务员的基本生活保障问题，福利则是使公务员的生活水平有所提高；保险一般由国家立法强制实施，福利则是由行政机关自主实施；保险待遇的享受是以特定条件的产生为基础，而福利则无特定条件。公务员福利的内容主要有：各种生活补贴、带薪休假、各种生活福利设施和优惠服务等。公务员福利制度有利于改善公务人员的工作生活条件，促进身心健康，使他们能专心工作并提高工作的质量和效率。

（五）公务员的培训

培训是指国家行政机关有计划地组织国家公务员到有关培训机构进行政治理论、文化知识、科学技术、操作技能等方面的训练。培训是人事行政中的重要内容，参加培训既是公务员的权利，也是公务员的义务。一些实行公务员制度的国家都十分重视公务员的培训。

1. 公务员培训的原则。公务员培训应坚持理论联系实际、学用一致、按需施教、讲求实效等原则。理论联系实际是指行政管理理论的讲授要同各国的现实相适应，并且在讲授方法上注意实践环节。例如，在加拿大联邦政府公务员的培训教学中，实践环节占培训时间的60%。学用一致是指公务员培训的目标要具体、明确，切实结合公务员实际工作的需要，提高解决实际问题的能力，避免培训和使用脱节，造成人力、物力、财力的浪费。按需施教原则是指公务员培训的内容取决于不同时期经济社会发展的需要和各级各类公务员岗位职责的要求。讲求实效原则是指公务员培训不是流于形式，而应重视实际效果，因此要有周密的计划、严格的质量评估及科学的成本效益核算等制度，以保证培训的质量。

2. 公务员培训的类型。公务员的培训依据培训对象和培训目的的不同，可分为初任培训、在职培训、晋升培训（也可称为任职培训）和专门业务培训等类型。

初任培训是针对新录用但尚未正式任职的公务员进行的培训，也叫入门培训。初任培训的形式主要有两种：一种是让新录用人员在有经验的公务员的指导下，直接通过工作实践学习知识，了解工作内容、工作程序和工作的方法与技术；另一种是让公务员接受由行政机关组织的基本知识和技能的培训。

在职培训针对的是有一定工作经验的公务员的培训，培训的目的是使公务员更新知识，学习和掌握新技能，以适应经济社会发展的需要和各级各类公务员岗位职责的要求。

晋升培训是指对准备晋升一定领导职务的公务员，按照职务所要求的理论、政策水平、组织能力和业务素质给予相应的培训，使之能够胜任更高级领导职位的工作。一些国家注重把晋升培训与晋升挂钩,规定晋升培训考试不合格者不能晋升职务。

专门业务培训的目的性较强,仅就某项专门性业务工作或临时性工作进行培训,如人口普查业务培训、计划生育业务培训等。

随着现代人事行政的发展,特别是人力资源管理理念的引进,公务员的培训不再限于以往的模式,而是增加了公共人力资源开发的重要内容。一些国家相继颁布有关公务员职业培训的法令,以法律的形式将培训制度化,并在人事行政的主管机构设立专门主管培训的部门。如今,公务员培训出现了新的趋势,即公务员培训由一次性向终身教育发展,由单一类型人才的培养模式向通才和专才相结合的人才培养模式发展,由单一行政学院培训向以各级行政学院为主,专业部门的公务员培训组织和高等院校培训相结合的公务员培训体系发展。

(六)公务员的职务晋升

公务员的职务晋升制度是激励公务员的一种手段,也是保证行政机关职得其人的主要方式。各国职务晋升制度一般都对公务员晋升的原则、条件、标准、方式、程序等做出了详细的规定。

1. 公务员职务晋升的原则。职务晋升一般遵循公平原则、功绩原则、逐级晋升原则。公平原则是指晋升机会对所有公务员一视同仁,晋升的标准和条件对所有公务员要求一致,公务员不因身份、背景、地位、资历而享有晋升的特权。功绩原则是指将公务员工作的业务能力、知识水平、技能所反映出来的实际工作业绩作为晋升的主要依据,这不仅是公平原则的要求,也是政府职位得到具有真才实学人才的保证。逐级晋升原则是指公务员的职务晋升应当按照其职务等级系列,从较低的职务依次晋升到较高级职务。之所以实行逐级晋升,是因为公务员行政能力的提高需要时间和经验的积累,因此,除特殊情况,一般不得越级晋升。例如,英国规定公务员每四到六年晋升一级,日本也限定公务员每四年晋升一次。我国的《公务员职务任免与职务升降规定(试行)》指出,公务员晋升职务,应当逐级晋升,特别优秀的公务员或者工作特殊需要的,可以破格或者越级晋升职务。各个国家对公务员晋升的具体条件限定不同,但总的来看大致有三项,即个人能力、资历和工作业绩。英国低级公务员的晋升注重资历,中高级公务员的晋升偏重业绩。美国例行性晋升注重年资,负责职位的晋升强调工作业绩。但更多的国家是将三方面全面考察,综合衡量,使选拔的人才能更好地适应职位的要求。

2. 公务员职务晋升的方式。公务员职务晋升的方式有多种,包括委任晋升、考试晋升、招聘晋升和自荐晋升等。委任晋升是指行政首长或有人事任命权限的机关通过委任的办法直接任命,提升公务员职位。考试晋升是指公务员必须通过统一的竞争考试获得晋升的方式。招聘晋升是指公务员通过行政机关的公开招聘而获得晋升职务机会的晋升方式。自荐晋升是指公务员可以自己向政府部门申请,经专门选拔委员会审定批准,到空缺职位任职的方式。

职务晋升的方式还可依据晋升的标准分为功绩晋升、年资晋升和混合晋升,也可根据来源分为内升晋升和外补晋升。总之,几种方式各有所长,各个国家可根据本国的制度背景和文化价值选择不同的方式,或者综合运用各种晋升方式,以达到人才成长途径的多元化和晋升制度的科学化。

3. 公务员职务晋升的程序。公务员晋升的程序是指国家公务员职务晋升时必须经过的工作步骤和工作次序,它是由若干法定环节组成的晋升实施过程。我国《公务员法》规定,公务员晋升领导职务,按照下列程序办理:动议;民主推荐;确定考察对象,组织考察;按照管理权限讨论决定;履行任职手续。公务员职级应当逐级晋升,根据个人德才表现、工作实绩和任职资历,参考民主推荐或者民主测评结果确定人选,经公示后,按照管理权限审批。

(七)公务员的考核

公务员考核是国家行政机关依据法定的管理权限,对所属公务员的德、能、勤、绩进行的阶段性考察与评价的人事行政行为。考核的结果可以作为职务晋升、奖惩、工资晋级、培训等的客观依据。

公务员考核内容的确定关系到考核结果是否全面、准确。现代人事行政的考核体系是以公务员的个人品质为基础,并以公务员行为过程和行为结果并重考核。也就是说,考察公务员在工作表现中反映出来的个人道德品质和工作态度,并注重工作实绩。英美等国家一般将考核分为考勤和考绩两个方面。考勤主要考查公务员的勤勉程度和工作态度,考查公务员是否按国家规定的时间上下班,详细记载每个公务员的上班、休息、下班时间,由主管长官或其代理人负责。另外,办公纪律也是考查的范围,如规定办公时间禁止看报、聊天、会客、写信等。有的国家政府机关还要求公务员把每天处理的事务内容详细记载、报告。考核的重点在考绩,即工作成绩,这项考核也是综合性的。例如,英国要求公务员填写《年度考核报告》,其中,包含工作知识、人格性情、判断力、责任力、创造力、可靠性、机敏适应性、监督能力、热心情形、行为道德十项内容。美国《工作考绩法》包括工作数量、工作质量、工作适应能力三项因素。日本《勤务评定的基本标准》主要包括工作项目、所需知识、技能和经验、工作进度、工作质量、工作效率等内容。我国则全面考核公务员的德、能、勤、绩、廉,重点考核工作实绩。考核等次是公务员考核结果的标记,各个国家的等次划分不同。英国的考核结果分为五等,即甚为良好、特别优异、满意、普通、不良。法国和日本也是五等划分。美国的考核分为三等,即特别优异、满意、不满意。我国《公务员法》将考核结果分为优秀、称职、基本称职和不称职四等。不论五等划分还是三等或四等的划分，都各有利弊，无论采取哪一种划分形式，都要兼顾考核的激励效果与考核结果的准确、适度、协调，以充分发挥考核的功效。①

各国公务员的考核程序虽不相同，但大体包括以下五个方面：一是制定考绩标准。在考核年度开始时，各级主管领导人员应对所属国家公务员的考绩制定工作标准。在制定过程中一般需要与国家公务员协商和征求意见。二是考评。主管领导人员除平时对所属国家公务员的工作情况随时注意并考核外，于考核年度终了时，还要在规定的表格上作考绩的考评，并送请上级主管复评，必要时还需要与被考核人商谈。三是审议。国家公务员考绩经主管领导人员考评以后，送考绩委员会（各国的名称各不相同）审议，有的还须经过委员会审议。四是核定。考绩最终均由机关首长核定，经核定的考绩，除不合格者或者需要惩处者以外，必须以书面形式通知被考核人。五是申诉。被考核人在接到考绩通知后，如有不服，可于规定期限内向原机关或向人事主管机关提出申诉。

考核的方法关系到考核的客观与公正，为了避免考核人员的主观臆断，各国都在探索更为科学、量化的技术手段，在具体组织实施方面也向主体多元化发展。如美国由直接主管任考核员，负责长官任复核员，主管长官在评定考绩等级时，先与被考核者本人商谈，交换意见，然后作出初评，送负责长官复核，复核后送考绩委员会审定。被考核者如对考核结果不服，可向考绩委员会申诉。总之，考核在实行公务员制度的国家发挥着越来越重要的作用，对考核本身的研究也成为人事行政发展的重点与难点所在。

（八）公务员的奖惩

公务员的奖励与惩戒是政府对公务员行为的调控机制，它可以通过激励公务员对责任、成就和荣誉的追求来调动公务员工作的积极性，也可以利用惩戒制度对公务员予以否定，抑制公务员的不良行为，从而规范其行为，保证组织的正常运行。公务员的奖惩主要包括奖励与惩戒。

1. 公务员的奖励。奖励是国家行政机关对工作成绩显著的公务员给予精神上或物质上的嘉奖。奖励是对公务员的直接激励，在奖励优秀者的同时，奖励本身的示范效应也可以激发其他公务员的工作热情。

公务员的奖励不是随意性行为，奖励的条件、种类、审批程序都由有关的法律法规严格规定，并且奖励决定具有确定性，非经法定程序，任何组织和个人不得变更。

（1）奖励的种类。各国奖励的种类多种多样，归纳起来大致有三种。第一，精神奖励，如口头表扬、书面嘉奖、记功、授予荣誉称号或奖章、勋章等多种形式。公务员荣誉的获得可以满足其自尊感、成就感、责任感等精神方面的需求。

① 参见沈亚平：《公共行政学》，天津大学出版社 2005 年版，第 158 页。

第二,物质奖励,即以给予获奖者奖金、奖品或工资晋级等形式表彰优秀公务员。有的国家还以享受特别休假或免费旅游等方式的奖励,使公务员获得物质上的满足,从而激发其更努力地工作。第三,晋升奖励,即对优秀公务员予以职位晋升,不仅满足公务员对荣誉、成就、责任和地位的追求,同时,职位提升还意味着薪金和待遇的提高,因此,晋升奖励起到了精神奖励和物质奖励的双重作用。

(2)奖励程序。我国于2008年1月发布的《公务员奖励规定(试行)》指出,给予公务员、公务员集体奖励一般按下列程序进行:由所在机关(部门)在征求群众意见的基础上,提出奖励建议;按照规定的奖励审批权限上报;审核机关(部门)审核后,在一定范围内公示七个工作日(如涉及国家秘密不宜公示的,经审批机关同意可不予公示);审批机关批准,并予以公布。

2. 公务员的惩戒。公务员的惩戒是对公务员违反纪律的惩罚,它是一种消极的行为调控手段。惩戒的目的在于教育违纪者本人,警示他人要遵守法纪,维护法纪的严明。公务员受惩戒的前提是犯有违法乱纪行为,这些行为可以是作为的,如以权谋私、滥用职权或对抗上级决定和命令等行为;也可以是不作为的,如玩忽职守,应该履行但不履行法定义务等行为,但是这些行为都未构成犯罪。如果公务员违法违纪达到一定程度,构成犯罪,就要追究其法律责任,这属于司法惩戒的范围。公务员惩戒的种类各国规定不同,一般有警告、训诫、减薪、取消晋升机会、降职、降级、调职、撤职、强制退休、停止领取退休金等处分。我国《公务员法》将惩戒的种类分为:警告、记过、记大过、降级、撤职、开除。

公务员惩戒的有权机关是受惩戒者所在的部门或主管行政首长或专门性行政惩戒机关。一般比较轻微的行政处分由受惩戒者所在的部门执行,较严重的行政处分由专门设立的公务员惩戒审议机关执行。一些国家还建立了公务员权利救济制度,不服惩戒决定的公务员可以向有关机关申诉,有关机关对处分是否得当进行调查、审理和裁决,在这一过程中,被惩罚者有权陈述自己的理由和意见,提供证据,经过调查审理认为处分不当的,要撤销处分。

三、人事行政的出口管理

公务员的出口管理包括辞职、辞退和退休,这是解除公务员与国家之间行政职务关系的三种方式,是人事行政新陈代谢机能的体现,是保证国家行政机关新老交替的重要措施。

(一)公务员的辞职

辞职是公务员本人主动申请经任免机关或主管部门批准,辞去公务员的职务,解除与国家行政机关之间的行政职务关系的行为。辞职是公务员个人的主动行为,是法律赋予公务员自由择业的权利。因此,国外公务员法规定,只要本人主动提出申请，一般应予以批准。辞职必须经过一定的法律程序。公务员本人申请后须经任免机关审核同意才可辞职，并且其与行政机关的关系随之解除。我国《公务员法》对辞职作了限制性规定，公务员有下列情形之一的，不得辞去公职：未满国家规定的最低服务年限的；在涉及国家秘密等特殊职位任职或者离开上述职位不满国家规定的脱密期限的；重要公务尚未处理完毕，且须由本人继续处理的；正在接受审计、纪律审查，或者涉嫌犯罪，司法程序尚未终结的；法律、行政法规规定的其他不得辞去公职的情形。辞职的公务员享有受保障的权利，如公务员辞职后能享受相应的保险，重新任职后工龄可连续计算等。但是，由于公务员职业的特殊性，许多国家对公务员辞职后的就业都有一些限制。我国规定，公务员辞去公职或者退休的，原系领导成员的公务员在离职三年内，其他公务员在离职两年内，不得到与原工作业务直接相关的企业或者其他营利性组织任职，不得从事与原工作业务直接相关的营利性活动。

（二）公务员的辞退

辞退是国家行政机关按照法律规定，通过一定的法律程序，解除与不称职公务员工作关系的行为。辞退不同于辞职，辞退是行政机关的用人权力，是行政机关的主动行为。行政机关行使此项权力时必须有法定事由，非因法定事由，公务员不得被辞退。辞退的条件一般包括：公务员工作能力差，不能胜任本职工作；因单位调整、定员变动或预算减少而减少编制员额，公务员不服从合理安排；公务员不忠于职守等。之所以规定辞退公务员的条件，是为了防止辞退制度被滥用，侵害公务员的合法权利。公务员的辞退程序也有严格的规定，首先要在核准事实的基础上，经集体讨论决定，由所在单位发出辞退预告，使被辞退者有所准备，然后征得相关组织和人员的意见，最后书面通知被辞退者，并说明理由。

（三）公务员的退休

退休是指公务员达到法定年龄和年限或丧失工作能力，按照法定程序，离开工作岗位并享受相关待遇的制度。退休的条件是公务员退休所应达到的基本要求，不同国家对此规定有所不同，归纳起来大致有三种情形：①公务员同时达到法定的年龄和工作年限；②公务员的退休年龄和参加社会保险年限同时符合规定；③依据身体和精神状况决定是否退休。退休的种类可分为两种：一种是具备法定的退休条件，主动申请的，为“自愿退休”；另一种是具备法定的最高退休年龄，由政府命令其退休的，为“强制退休”。强制退休的年龄有的国家规定为 65 岁，有的规定为 60 岁以下，自愿退休的年龄低于强制退休的年龄。对强制退休的年龄，我国规定，男性年满 60 周岁，女性年满 55 周岁需要退休。关于自愿退休，我国《公务员法》规定，公务员符合下列条件之一的，本人自愿提出申请，经任免机关批准，可以提前退休：①工作年限满三十年的；②距国家规定的退休年龄不足五年，且工作年限满二十年的；③符合国家规定的可以提前退休的其他情形的。

退休制度为公务员退休后的生活提供了保障，起到了稳定公务员队伍的作用，同时也有利于废除领导干部职务终身制，使行政机关能够吸纳新人，增强公务员队伍的活力，促进行政效率的提高。

本章思考题

1. 简述人事行政在国家管理与社会经济、政治发展中的作用。
2. 人事行政主要包括哪些内容？
3. 请对部外制人事行政管理机构作出评价。
4. 试描述职位分类的程序。
5. 简述人事行政的在职管理所涵盖的主要内容。

第六章

行政决策、实施与监督

行政决策、实施与监督均为重要的行政管理活动，其中，行政决策界定了行政实施的内容和行政监督的对象；行政实施则将行政决策的内容付诸实施，保证行政决策目标的实现；行政监督对行政决策和行政实施过程进行督促，从而将行政决策和行政实施活动纳入法制化的运行轨道。本章我们将分别对行政决策、行政实施和行政监督的相关内容进行分析和阐述。

第一节　行政决策

决策是人类特有的一种能力，人们在进行某种活动之前，都要先进行一番思考，确定活动目的，设定实现目标的各种途径，通过比较分析的方式选择其中最为有效的方案，这样一种有意识地进行思考和计算的行为就可以视为决策活动的本质。

人类实践活动的丰富性决定了人类决策类型的多样性。行政决策作为众多决策中的一种，一方面，在决策的构成因素及各环节上与其他决策有许多共性；另一方面，行政决策又有区别于其他决策方式的特殊性。

一、行政决策的内涵

行政决策属于政府管理决策的一种，它是政府有效履行职能的重要手段。对政府组织来说，发展经济、保护环境以及消除贫困等是政府机构担负的重要使命，也是其存在和发展的合法性基础，在政府预算有限和公众期望值高的双重压力之下，政府组织需要通过精心计算和理性比较的方式作出科学合理的决策选择。因此,行政决策是指国家行政机关及其工作人员在履行行政职能的过程中,为了有效地管理国家政务和社会公共事务,根据客观情况和条件,经过分析、比较和选择,确定行动方案的过程。

一般而言,行政决策既具有决策的一般性特点,又具有自己鲜明的特征。决策的共性特征主要表现为:

第一,目的性。决策活动的开展是建立在资源消耗基础之上的,在资源有限的条件下,决策不可能漫无目的地进行,决策活动要以问题或需求的明确性为前提,这样才能保证决策质量。

第二,选择性。决策活动是人类的一种理性计算活动,某种决策方案的实施意味着对其他方案的放弃,这就要求经过权衡和比较,从各种不同的行动方案中选择最优或令人满意的行动方案。

第三,过程性。完整的决策活动需要经过信息搜集、目标确定、方案设计以及方案选择等一系列环节,任何决策都不可能瞬间完成,看似简单的"现场拍板"或"当机立断"也是决策者决策经验积累和充分准备的结果。

除了上述决策的共性特征以外,作为组织决策的一种,行政决策还具有自己的鲜明个性特征,具体表现在以下几个方面:

第一,行政决策的主体是国家行政机关及其工作人员。行政决策的主体是享有国家行政权力、管理社会公共事务的国家行政机关及掌握决策权的行政领导者。实践中,一些经过授权或委托承担一定行政管理职能的机构也可以称为行政决策的主体。

第二,行政决策的范围涵盖了政府职能范围内的国家事务和社会公共事务。行政决策的内容非常广泛,涉及整个国家和社会的公共事务。无论是各种方针政策的制定、行政体制的改革,还是劳动就业、社会保障、医疗卫生等,都属于行政决策的范围。

第三,行政决策具有强制性。行政决策是以国家权力为后盾,具有强制力和普遍约束力。它不仅对行政组织内部成员有约束力,而且对各级行政组织管辖范围内的其他组织,如企事业单位和个人都有普遍约束力。

第四,行政决策的目标是公共利益。公共权力部门做出决策,其目的是维护社会公正、协调公众利益、确保社会稳定发展。如果偏离了公共利益,行政决策可能变为某些个人、团体、阶层谋取私利的工具。因此,对公共利益的强调必须贯穿整个行政决策过程。

二、行政决策的类型

行政决策的类型很多,根据不同的分类标准与方式,可以划分出多种不同类型的决策。

（一）战略决策和策略决策

按照决策影响范围的不同，可以将行政决策划分为战略决策和策略决策。战略决策一般涉及时间比较长、范围比较广、性质比较重大的全局性问题，如国家经济社会发展的规划。策略决策是为了保证战略决策实现而对局部工作采取的决策。策略决策主要考虑如何调动本部门的资源，以实现战略目标。

（二）高层决策、中层决策和基层决策

按照决策主体在公共权力部门中地位的不同，可以将行政决策分为高层决策、中层决策和基层决策。这种分类可分为两个序列，一是从宏观的角度来看，分为中央决策、地方决策和基层决策。中央决策是国务院及其各部委依据法定权限，针对全国范围内具有战略意义的或其他只适宜中央统一处理的问题进行的决策；地方决策是省级和县市级政府依法定权限就本行政区内的行政事务进行的决策；基层决策是乡镇政府为管理本行政区内的行政工作作出的决策。二是从微观的角度来看，可以将某一行政机关内部的决策分为领导层决策、管理层决策和技术层决策。领导层决策要解决的是全局性和与外界环境有密切关系的重大问题；管理层决策是管理机构针对任务安排、工作协调、监督控制等问题作出的决策；技术层决策是为了解决具体工作问题进行的决策。

（三）初始决策和追踪决策

按照决策起点的不同，可以将行政决策分为初始决策与追踪决策。初始决策是指以对组织内外环境的某种认识为基础，对从事某种活动或从事该种活动的方案进行的初次选择。追踪决策则是在初始决策的基础上进行的，是由于环境的变化或组织对环境特点的认识发生了变化引起的，它是对组织活动方向、内容或方式的重新调整。组织中的大部分决策都属追踪决策。与初始决策相比，追踪决策具有如下特征：①回溯分析。即对初始决策的形成机制与环境进行客观分析，列出须改变决策的原因。②非零起点。随着初始决策的实施，组织已经消耗了一定的人、财、物资源，环境状况因此发生了变化。③双重优化。追踪决策所选的方案不仅优于初始决策，而且要在能够改善初始决策实施效果的各种可行方案中选择最优或最满意者。

（四）确定型决策、风险型决策和不确定型决策

按照决策方案面临条件的不同，可以将行政决策分为确定型决策、风险型决策和不确定型决策。确定型决策是指各种可供选择方案的条件都是已知的和肯定的，而且各种方案未来的预期结果也是非常明确的，在这类决策中，只要比较各个不同方案的结果，就可以选出最优方案。一般可以运用数学模型、利用计算机进行决策。

风险型决策的各种备选方案都存在两种以上的自然状态，不能肯定哪种自然状态会发生，但可以测定各种自然状态发生的概率。对这种决策，决策者无

法肯定判断未来的情况，无论选择哪个方案，都有一定的风险。这是企业经营中大量碰到的决策问题。例如，建设新工厂的投资决策、新产品开发决策、企业兼并决策等。风险决策的特点是：①决策存在多个可行方案，每个目标都是经济性的，可以用货币来计量。②方案的收益或损失（包括直接损失或机会损失）可以根据项目的生产能力和市场预测资料比较准确地进行估计。③未来环境可能出现多种自然状态。④各种自然状态发生的概率可以根据历史资料或经验进行判断。⑤决策标准是使期望净收益达到最大或期望损失减至最小。

不确定型决策是指各种备选方案都存在两种以上可能出现的自然状态，而且不能确定每种自然状态出现的概率的决策。在这种决策中，存在许多不可控的因素，决策者不能肯定每个方案的执行后果，主要凭个人的直觉、经验和判断进行决策。

（五）程序化决策和非程序化决策

按照决策目标性质的不同，可以将行政决策分为程序化决策和非程序化决策。程序化决策是对重复出现的、有一定常规可循的问题的决策。非程序化决策是对偶然发生或首次出现的、没有现成规范和原则可循的问题的决策。非程序化决策一般复杂性更高、难度更大，领导者应将主要精力集中在非程序化决策上，泰勒提出的组织管理中的“例外原则”便说明了这一点。[①]

三、行政决策的模式

作为一种实践活动，行政决策离不开决策理论的指导，需要遵循一定的决策程序和方式，这些决策理论要么是对决策过程的客观描述，提出决策过程的基本特征，要么是从规范的角度规定决策的具体步骤和方式。现有的各种决策模式都具有一定的优势和不足，没有哪一种模式能够占据主导地位，彼此之间是补充而不是替代关系。

（一）理性决策模式

理性决策模式（Rational Decision-Making Model）是从规范性的角度来看待问题，主要建立在古典经济学基础之上。古典经济学认为，“经济人”具有完全理性，不仅知道全部的行动方案，而且了解各种行动方案的结果，从而依据效用最大化原则选择最优方案。理性决策模式具有以下六个方面的特点[②]：①决策者面临一个既定的决策问题；②理性的决策者首先澄清他的目的、价值或目标，然后在头脑中将这些东西进行排列或用其他方法加以组织；③列出所有可能达到其目的的重要决策备选方案；④审查每一项决策备选方案会产生的所有重要

① 参见本书第一章第二节。
② 林德布罗姆：《决策过程》，上海译文出版社 1988 年版，第 20 页。

后果;⑤将每一项决策备选方案的后果与目的进行比较;⑥选出其后果与目的最为相称的决策备选方案。

理性决策模式看起来能够满足理性的个人对效用最大化的追求,然而,理性决策模式面临的现实问题限制了该决策模式的应用范围。

第一个现实问题是信息。崇尚完全理性的理性决策模式要求决策者不仅能够掌握关于决策的所有信息,而且还应具有足够的能力去有效加工和处理这些信息,这种要求实际上超越了决策者个人的能力,决策者既难以掌握所有的相关信息,又难以保证在信息的处理上不发生任何偏差。此外,决策者还面临着决策时机和决策成本方面的约束,决策者面对的往往是急需解决的问题,需要用有限的决策成本尽可能快地解决问题,这些都决定了决策者只能追求"满意"而不是"最优"的决策方案。

第二个现实问题是价值评判。清晰的目标成为理性决策模式的应用前提,但是在决策主体多元化的环境下,谁的价值观应该成为决策目标选择的标准、如何选择和评判决策目标就成为理性决策模式所无法回避的问题。事实上,对行政决策而言,决策过程的冲突和妥协决定了很少有决策目标能够以明确和具体的形式出现,与其说行政决策是围绕清晰的目标展开,还不如说决策目标的含糊不清本身就是行政决策的常态更为贴切。

理性决策模式看似完美的决策过程事实上并不能真实有效地描述现实世界,这就决定了必须有更为有效的决策模式来为行政决策提供指导。理性决策模式对完全理性和最优决策目标的倡导受到了赫伯特·西蒙的强烈抨击。在西蒙看来,决策者在有限的时间内无法掌握决策所要求的全部信息,而且决策者处理信息的能力也是有限的,无法对决策问题的判断和决策方案的评价作出最佳选择。因此,西蒙认为,行政决策者应该是"有限理性"而非"完全理性",在决策过程中,行政决策者应该追求"满意"而非"最优"的行政决策目标。在此基础上,西蒙提出了以有限理性和满意原则为基础的有限理性决策模式。

(二)渐进决策模式

针对理性决策模式在现实解释力上的不足,美国著名的政治学家和政策科学家查尔斯·E. 林德布罗姆(Charles E. Lindblom)提出了著名的渐进决策模式(Incremental Decision-Making Model)。他认为,现实世界很少与理性决策模式的描述相吻合,为了选择最佳决策而筋疲力尽地去追求极限通常是得不偿失的,在实际上也是不可能达到的。[①] 在渐进决策模式看来,决策者应该:①只考虑与现状渐进(即稍微)有差别的目标;②限制每种方案预测结果的数量;③在目标、目的与方案之间进行调整;④在获取新信息的过程中,不断重新阐述问题

① 林德布罗姆:《决策过程》,上海译文出版社 1988 年版,第 37 页。

以及相应的目的、目标和方案；⑤用一系列步骤来分析评价方案，以便随时不断修正选择，而不是在行动之前的某一点就作出选择；⑥不断地治理现存社会问题，而不是在一个时点上完全解决问题；⑦与社会中的多个团体分担分析、评价的责任。

渐进决策模式主要适用于稳定的决策环境，在这种环境中，决策问题往往具有前后衔接的特点，决策者对决策方案的小修小补能够在一定程度上弥补其决策能力的不足。但是，社会环境不可能永远是风平浪静，以前的决策方案也不能一直作为后续决策的依据，一旦决策者面临动荡不安的决策环境，以前的决策经验就不能提供有效的帮助。与理性决策模式相似，渐进决策模式的缺陷也可以归为两类：

第一，信息。"满意"和"补救"的决策原则可能会使决策者安于现状，沉迷于局部方案的调整而不愿意对决策方案进行彻底变革，即使条件具备也是如此。在满意程度、备选方案的数量、调整的程度等内容上，渐进决策模式并没有为决策者提供明确的指导，只能依靠决策者的主观把握。这样一种决策模式也许是对许多决策的有用描述，却不能为行政官员设计决策过程提供有力的指导。①

第二，价值。渐进决策模式来源于美国多元主义的政治传统，林德布罗姆认为，决策主体的多元化并不代表决策价值观的分散性和冲突性，价值观的相似性使对决策方案的渐进调整成为可能。然而，价值观的相似性并不意味着决策主体之间利益的趋同性，决策主体之间的利益存在差异，决策主体的首要目标是对自身利益的争取和维护。决策主体之间彼此掌握的资源以及有待满足的利益需求决定了决策方案的调整幅度。一旦决策者之间的力量对比悬殊，则激进的改革方案就有可能取代注重按部就班的渐进方案。

（三）综合扫描决策模式

由于传统理性决策模式和渐进决策模式都有缺陷，在决策制定过程中都受到一定程度的限制，因此，人们试图寻找一种既能克服传统理性决策模式和渐进决策模式的缺点，同时又能综合它们各自优点的综合性决策模式。美国社会学家和政治学家阿米泰·埃特奥尼（Amitai Etzioni）提出的综合扫描决策模式（Mixed-Scanning Decision-Making Model）便是这种尝试和努力的一个重要成果。

1. 埃特奥尼对传统理性决策模式和渐进决策模式的批判。他认为：①传统的理性决策模式对决策的要求过于理想化，以致超出了决策者认识问题和解决

① 詹姆斯·W. 费斯勒，唐纳德·F. 凯特尔：《行政过程的政治》，中国人民大学出版社 2002 年版，第 263 页。

问题的能力，完全理性决策是不可能的。②渐进决策只是反映了社会中势力最强大而且有组织的那部分人的利益，而处于社会下层、政治上又无组织的那部分人的利益并没有被考虑进去。此外，由于渐进决策只把注意力集中在短期目标上，只是改变现行决策的某些方面，因而往往忽视基本的社会变革，对那些重大的、带有根本性的决策，渐进决策就无能为力了。

2. 综合扫描决策模式的基本内容。综合扫描决策模式既要解决理性决策模式在实际应用中存在的困难，同时又要尽力补救渐进决策模式的缺陷，使这两种模式互相结合、相互补充，从而增加作出最佳决策的可能性。所以，综合扫描决策模式首先运用渐进决策模式来分析一般性的决策要素，然后在此基础上运用理性决策模式来分析根本性的决策要素，这样既可以避免忽略基本的决策目标，同时也可以保证对最重要的问题作深入的科学分析。综合扫描决策模式既考虑了根本性决策问题，又考虑了渐进决策的需要，渐进决策模式限制根本性决策所要求的具体范围，从而降低了理性决策模式的非现实性程度，同时理性决策模式是在长期的观点上探索方案，克服了渐进决策模式的保守性。①

综合扫描决策模式是在吸取理性决策模式和渐进决策模式优点的基础上创立的一种决策模式。虽然这种决策模式较为充分地考虑了理性决策模式和渐进决策模式各自的优劣，但是如何将这两种决策模式更有效地综合起来，使综合扫描决策模式具有更强的操作性，这一点埃特奥尼并没有详细说明。

四、行政决策体制

作为一种组织性活动，行政决策是一个包括搜集信息、确定目标、设计和评价方案以及选择方案等活动在内的多阶段、群策群力的合作过程，不同的政府机构和人员在决策过程中承担着不同的决策任务。如何把这些机构和人员有机地组织起来，使其相互之间分工合作，推动行政决策过程的顺利进行，这就是构建行政决策体制所要解决的问题。

行政决策实际上是一种注重分工与协作的管理活动，不同的机构和人员在决策过程中处于不同的地位，履行不同的职责，同时又相互协调和相互制约。不同行政决策机构和人员的这种分工与协作关系就构成了行政决策体制。行政决策权力在不同政府机构和人员之间的配置以及相应主体在决策中所具体承担的职责就成为构建行政决策体制的核心内容。

现代行政决策体制主要的构成系统有如下三个。

（一）行政决策中枢系统

在行政决策过程中，需要有特定的机构和人员对决策的顺利进行承担组

① 吴锡泓、金荣枰：《政策学的主要理论》，复旦大学出版社 2005 年版，第 226 页。

织、指挥和协调的职责,确定决策的目标和内容,对最终的方案"拍板定案"以及对决策的不良后果承担责任,这些工作主要通过行政决策中枢系统来完成。行政决策中枢系统也称行政决策中心或政府首脑机关,它是由具有行政决策权的行政领导者组成该行政机关或行政部门最有权威的领导核心,处于最高领导、指挥地位,并承担行政决策全部责任的系统。中枢系统是行政决策体制的核心,其他构成系统都是在中枢系统的领导下活动并为它服务的。

行政决策中枢系统的主要任务包括:

1. 确定决策问题、目标体系和研究课题。通过组织调查研究,把握具体实际情况,分析研究,抓住关键,预测未来,确定决策问题和目标体系。这是决策方向的确定,也是中枢系统首要的任务。

2. 组织有关机构和人员拟定若干备选方案。无论是组织内部行政机构的人员还是委托外部咨询机构研制可行性方案,中枢系统应放手发动群众献计献策,尤其应充分发挥咨询机构的作用。

3. 选择决策方案。从咨询系统提供的备选方案中进行选优。首先要根据决策问题、目标和环境情况确定选优的价值标准和选择方法;然后组织有关专家学者共同辨别、比较、平衡,并切实做好可行性分析论证;最后参考专家论证意见作出决断,确定一个较满意的方案。这是中枢系统最关键的职责。

4. 指挥、检查、监督决策方案的实施和组织对某些决策方案进行局部试点。根据试点或实施中反馈的信息再组织修正决策方案,有时有必要组织根本性修正。

行政决策中枢系统由领导层组成,并配以少量具体工作人员。例如,我国中央政府的行政决策中枢系统由总理、副总理、国务委员、各部部长、各委员会主任、审计长、秘书长组成。行政决策中枢系统通常采用集体决策或个人决策方式。集体决策方式是中枢系统集体以会议、投票、举手表决等形式,以少数服从多数的原则作出最后决定,并对决策实施后果集体负责,这是较常见的方式。此外,现代行政决策中枢系统中仍存在个人决策方式,即最后决策由首长个人作出,故也称单一首长决断方式。两种决断方式各有利弊,在现代行政决策体制下,可根据决策问题的具体情况、各国行政领导制度情况等来选用。美国总统运用的是个人决断方式。我国1982年《宪法》明确规定改委员会集体决断制为行政首长负责制。

(二)行政决策咨询系统

行政决策咨询系统也称思想库、智囊团、智库,是指由多学科专家、学者组成的专门从事广泛智力开发、协助决策中枢系统进行正确决策的辅助性机构。

现代行政咨询机构很多,可以从多角度进行分类。按不同的决策层次划分,行政组织内的咨询机构有国家级和地方级(如省、市、县)两种;按咨询机构与决策机构关系的疏密程度划分,有主从紧密型(即隶属于政府的综合咨询机构和隶属于各级党委和政府部门具有行政职能的政策研究机构)、主从松散型(即接受党政部门指导的兼职专家集团,如专家顾问委员会、科协系统的学会等)、自主开发型(即同交办咨询研究课题的决策部门不是主从关系,其研究工作靠自主开发,实行有偿服务的机构)。

行政咨询机构最常见的分类是按照与行政部门(或执政党)有无隶属关系而划分为官方咨询机构与非官方咨询机构。官方咨询机构是直接隶属于行政部门(或执政党)并具有一定行政职能的机构,如美国政府系统内部建立的白宫办公厅、总统的办事机构;我国政府机构下设的政策研究室、调研室、发展研究中心等。这类官方咨询机构的优点是:了解决策领导者之所急;容易获得与公共政策相关的信息;研究成果易被采纳。其缺点在于:易受决策领导者的思想影响,自主性、独立性较少;受政府面临现实问题压力的影响。非官方咨询机构是不直接隶属于行政部门(或执政党)的咨询机构,包括半官方咨询机构(如高校、研究院所,通过项目获得政府研究经费,但服务对象较广)和民间咨询机构(由私人或民间团体创立,其经费来源于企业、公司、私人或基金会,实行有偿服务),如美国兰德公司、布鲁金斯学会等,它们不隶属行政系统,是非官方咨询机构,但与政府、利益集团等政治权力有千丝万缕的联系,其研究多为政府决策提供服务。

就行政决策中枢系统和咨询系统的关系而言,存在专家指导论和专家建议论两种不同的观点。前者认为,随着咨询系统的发展和职业化,咨询系统将掌握更多的决策权力,决策中枢系统只拥有象征性的批准权。而后者则认为,咨询系统只是决策中枢系统加强自身权力的工具。事实表明,这两种观点都不能完全反映决策中枢系统和咨询系统之间的关系,两者关系构建的关键是要把握好一个"度",处理好"谋"与"断"的关系。①

(三)行政决策信息系统

就行政决策而言,信息可以看作行政决策的生命源,信息的多少和好坏最终都对行政决策的质量有着至关重要的影响,因而需要有专门的机构和人员来从事决策信息的收集、分析、加工、储存和传递工作,这就构成了行政决策信息系统。

行政决策信息系统是依据行政管理系统的层次性特点建立的。根据行政学原理和我国行政组织结构的实际,我国行政组织是通过纵向划分层级(层级节制)和横向划分部门(分部化)进行管理的。政府的层级结构决定了各级政府处于全局或局部的地位,在管理国家事务方面有宏观和微观之分。管理层次不

① 参见威廉·N.邓恩:《公共政策分析导论》(第2版),中国人民大学出版社2002年版,第57页。

同,所需信息也就不同,各级政府所需信息的层次性决定了行政信息网络的层次性。政府层级越高,所要求的信息层级也就越高,行政决策信息系统的层级也越高。目前,我国行政决策信息系统可分为四个层次,即国务院信息系统、省级政府信息系统、市级政府信息系统和县级政府信息系统。

行政决策信息系统一般具有六种功能①:①确定行政信息需要。即了解行政决策需要什么内容和形态的信息、谁需要、什么时候需要、由什么渠道传递等。②输入信息。要开辟广阔的信息渠道,多角度、全方位地搜集信息,扩充信息流。③信息加工。用科学方法将原始信息筛选、验证、分析、分类编目,提炼摘要。经过去粗取精、去伪存真、由此及彼、由表及里的加工过程,使信息具有可靠性和可用性。④信息输出。运用各种形式和工具,将加工后的信息按事先审查了解的利用者的需求,适时分送给信息利用者。⑤贮存信息。通过多种信息载体贮存有用的信息。⑥对信息系统的管理。为保证信息系统持续正常地运转,要对组织机构、人员、人—机系统等实行全面协调管理。

五、行政决策科学化和民主化水平的提高

(一)影响行政决策科学化和民主化的主要因素

行政决策是以实现公共利益为目标,如医疗、教育和住房等与社会公众利益密切相关的问题都属于行政决策需要考虑的范畴,行政决策质量的高低对有效满足公众期望和构建政府合法性基础有着重要意义。然而,作为一种组织活动过程,从信息收集到方案选择的一系列行政决策环节都会受到政府机构内部和外部因素的干扰,无形中影响了行政决策的有效达成及实施。

1. 信息干扰。对行政决策而言,信息可以看作行政决策的生命线,行政决策者缺乏高质量的信息将无法作出有效的决策,然而,信息的收集、加工和传递要耗费大量的成本,这就决定了行政决策所依赖的信息只能以“满意”为指导原则。即使这样,信息在政府机构内部的流动仍然摆脱不了政府机构层级结构的影响。在自下而上的信息传递过程中,信息发送者出于自身利益的考虑会有选择地向决策者传递决策信息,经过层层压缩和编造,决策者接收到的信息可能早就面目全非了。往好处想,这种做法只是破坏了信息流通;往坏处想,则是完全阻滞了一些即将产生的问题所显露出来的初期征兆。②

2. 环境的不确定性。行政决策是以既定的公共问题为出发点,在此基础上,依据所确定的目标在众多的备选方案中选出最优方案,这样一种决策过程要求决策者具备关于问题产生以及决策实施效果等方面较完备的知识。然而,

① 参见许文惠等:《行政决策学》,中国人民大学出版社 1992 年版,第 106 页。

② 参见詹姆斯·W. 费斯勒,唐纳德·F. 凯特尔:《行政过程的政治》,中国人民大学出版社 2002 年版,第 276 页。

社会发展的动态性和复杂性决定了决策者最初的构想往往不能完全转化为实际效果,决策者面临着环境的不确定性——缺乏有关过去、现在、将来或假想事件过程的确切知识——决定了决策者在决策过程中将困难重重。

3. 决策成本。行政决策通常需要投入大量的时间、资金和精力进行讨价还价、利益权衡以及方案抉择,这些资源的耗费就构成了决策成本的重要组成部分。政府机构拥有的有限资金、人员和时间决定了那些决策成本过高、对决策者价值不大的问题通常很难进入决策者的视野,或者决策者通过模糊决策的方式将决策责任转嫁给其他人,无论哪一种情况,都有可能使决策过程偏离公共利益的轨道,使亟待解决的公共问题很难被提上决策者的议事日程。

4. 外部的公众压力。公共利益的实现虽然是行政决策的首要目标,但是,何谓公共利益?谁的公共利益?什么是可以实现的公共利益?这样一系列的问题都取决于行政决策者的价值判断和利益追求。那些与决策者利益紧密相连或者最能获得社会公众支持的决策方案通常最容易以"公共利益"的名义出现在公众面前,也最能够获得决策者的精心呵护。对决策者而言,如何在广大社会公众和特定的利益团体之间寻求平衡也是一项艰难的任务,每一个行政决策者都需要为决策赢得政治支持,但赢取支持的方式又会产生诸多重大问题。①

除了上述四种因素,决策者的素质、决策时机等因素也对决策质量有着重要影响。

(二)提高行政决策科学化和民主化水平的途径

行政决策直接关系到政府行政管理的效率,关系到公民、社会组织及国家的利益。因此,对行政决策的民主化和科学化问题的研究正逐渐成为行政管理学研究的重要内容之一。

1. 提高行政决策的科学化水平。行政决策的科学化是指行政决策应当按照行政管理活动的客观规律办事,严格遵循科学的决策理论、决策程序、决策原则和决策方法来进行。

(1)明确指导思想。行政组织及其工作人员进行决策的最终目的是实现公共利益。公共利益是一定地域的社会共同体的共同利益,表现为一定情景下共同体普遍成员的共同实际需求。在行政决策过程中,政府享有宪法和法律赋予的权力和资源,同时也负有实现公共利益的不可推卸的责任。自身性质和宪法法律赋予的职能、职责和权力要求政府在行政决策过程中必须解决好代表谁的利益、为谁决策和决策有利于哪些人的问题。要忠实履行职责,真正落实"执政

---

① 参见詹姆斯·W. 费斯勒,唐纳德·F. 凯特尔:《行政过程的政治》,中国人民大学出版社 2002 年版,第 252 页。

为民”,就必须坚持公共利益的立场,准确把握决策内容的方向。各级政府都要根据多数社会公众的利益需求选择决策内容,制定决策方案,努力做到权为民所用,情为民所系,利为民所谋。为此,要深入实际、深入基层、深入群众,通过调查研究全面了解民情民意,准确掌握多数群众的利益诉求,形成和确定反映多数群众意愿的决策内容,以科学的决策推动正确合理的公共选择和集体行为,促进公共利益的最终实现。

(2)优化决策议题。行政管理活动要协调和处理的公共事务是一个复杂的系统,行政决策研究也必须有系统观念。选择决策议题时,要准确把握决策内容在整个社会系统中的位置,并认真分析决策方案实施的制约因素,还要科学评估决策方案对各社会群体利益的影响及其能否有效协调不同利益群体的关系,更好地体现公共行政对公共利益的追求。这些问题都应当在选择和确定行政决策议题时认真考虑清楚,一定要防止和避免把客观联系的各类问题人为地分割开,在决策过程中不顾议题本身的制约因素和影响作用,孤立片面地就问题谈问题。

(3)完善决策方案。提高行政决策科学化水平,必须保证决策内容的科学性,而要做到这一点,除了要把握好决策方向、选准决策议题外,还要注意提高每一个决策方案的质量,否则,再好的决策方向和议题都会失去意义。质量不高的方案会加大决策的难度和风险,甚至给公共行政造成重大损失。因此,要以准确性为目标不断完善决策方案。

2. 提高行政决策的民主化水平。行政决策的民主化是指决策者在制定行政决策的过程中应充分发挥民主,充分听取公众和咨询系统专家的意见。

(1)保障公众参与决策的权利。公众参与决策既是决策科学化的保障,也是决策民主化的体现,为此,需要不断地增加公众实际参与决策的机会。在这方面,我国现行法律已有明文规定,为公众参与政府决策提供了法律依据。比如,我国现阶段实行的决策听证和公示制度就是公众参与决策的一种有效方式。

(2)充分发挥专家在决策论证中的作用。从我国目前的实际情况出发,现阶段必须大力加强各类智库的建设,建立比较全面的专家数据库,发挥专业咨询机构在行政决策中的作用,为科学民主决策献计献策。与此同时,我们还要充分利用现有智库的专家力量,加大培养决策咨询人才的力度,构建学有所长、业务精湛的专业人才队伍。

(3)提高行政机关作为决策中枢系统的能力和水平。国家行政机关是行政决策的主体和最终决定者,在决策过程中居于主导地位。行政机关工作人员的能力和水平对科学民主决策的实行具有极其关键的影响。为此,首先要提高决策者的素质,使决策者在知识水平、道德素质、决策理念和决策能力等方面形成合理的素质组合。其次,在组织结构方面,按照决策权力的合理分配原则,在上下级决策机构和不同决策部门之间合理划分决策权限,明确决策权归属。最后,在运行规则方面,严格规范决策过程,实现决策程序制度化、决策论证民主化和决策方法现代化。

第二节　行政实施

行政决策完成之后,就需要将其付诸实施。所谓行政实施,就是政府机构及其工作人员等相关主体围绕既定决策方案的落实所采取的指挥、沟通、协调和控制等活动的总称。

一、行政指挥

(一)行政指挥的含义和作用

行政指挥是指指挥主体按照既定的目标和计划,命令、指导、调度和推动下属从事某项活动,以实现组织目标的行为或活动过程。

在决策和计划的实施过程中,行政指挥的作用主要表现在以下两个方面:第一,行政指挥是推动决策和计划得以实施的强大动力。决策和计划的实施一般不会自动进行,需要人为地加以推动,行政指挥就是这样一种能够推动决策和计划得以顺利实施的强大动力。没有行政指挥的推动,决策和计划的实施很可能停滞不前。行政指挥之所以能够成为这样一种推动力量,一是因为行政指挥督促着实施活动的推进,二是因为行政指挥为实施活动的推进提供了必要的指导。第二,行政指挥有助于保障实施活动的方向性与统一性。决策和计划的实施主体一般是多元的,涉及的任务一般也是多方面的。如果多元的实施主体不能朝着同一个方向努力,各自的实施行为互不关联甚至彼此冲突,那么,实施活动的效果必然是要大打折扣的。因此,保障实施活动的方向性与统一性是必要的,而统一的行政指挥则适应并在很大程度上满足了这种需要。

(二)行政指挥的原则

行政指挥一般需要遵循以下原则进行:

1. 统一指挥原则。法约尔提出的"管理的十四条原则"其中之一就是统一指挥原则,对这一条原则,我们在前面已有所介绍。应该说,凡是存在指挥的地方,就需要统一,因为指挥的主体不同于协商的主体,协商的主体是多元的,而指挥的主体只能是一元的,多个指挥主体并存容易使下属不知所措,导致指挥的混乱和无序,以致使指挥的结果比没有指挥的结果还要坏。

2. 明确指挥原则。首先,指挥的目的要明确。行政指挥要着眼于解决特定的问题,不能漫无目的地随意发号施令,否则会干扰下属的正常工作、影响下属工作的主动性与积极性,同时也会破坏指挥主体在下属心目中的形象与威信。其次,指挥的内容要明确。行政指挥的用语要恰当、准确,不可让人产生歧义,也不能模棱两可、含糊不清,否则只能让下属产生理解上的混乱,执行起来容易出现似是而非。

3. 适时指挥原则。行政指挥的主体在发号施令、部署调度、督促指导时,应能抓住有利时机,恰到好处,提高指挥的有效性。

4. 灵活指挥原则。指挥的主体在行政指挥的过程中不应墨守成规、刻板行事,而应能因地、因时制宜,随机应变,灵活地调度人力和物力,灵活地变换行动的方式方法和战略战术。

(三)行政指挥的方式

行政指挥的方式一般包括口头指挥、书面指挥和会议指挥。

1. 口头指挥。口头指挥是指用口头语言进行的指挥,它具有简单、明了、及时、方便等特点,要求指挥者掌握语言艺术,同时被指挥者也应当有一定的语言修养,有较强的语言理解能力和语言转换能力。随着科学的发展与管理手段的进步,口头指挥已不局限于面对面的交谈,电话指挥等逐步占有了重要的位置。

2. 书面指挥。书面指挥是指利用各种行政公文形式进行的指挥,这种方式适用范围广泛且不受时间、地域以及行政指挥层次的影响。另外,书面指挥可以使责任明确、信息准确,并能保留较长的时间,便于核查。运用书面指挥要注意规范性与严肃性,规范性就是要按照国家行政机关公文的规范形式进行指挥,严肃性则是要严格控制书面指挥的质量与数量,防止文牍主义。

3. 会议指挥。会议指挥是指运用各种会议的形式进行的指挥,它是一种传统且常用的指挥方式。然而,会议指挥也是一种耗费人力、物力、财力和时间较多的指挥方式。要有效地运用会议进行指挥,必须注意会议的类型、会议的准备以及会议的组织技巧,防止会议过多、过长,以提高会议的质量和效率。

二、行政沟通

(一)行政沟通的意义与作用

行政沟通是指在行政管理活动中,行政组织之间、行政人员之间以及行政组织与行政人员之间所发生的信息上的传递、交流与联系。沟通应当是双向的,信息发出后,只有接受者做出了反应,才能构成一个完整的沟通过程。沟通在行政活动中起着不可低估的作用,这种作用主要表现为:信息交流是行政领导者作决策的先决条件;信息传递是行政领导者进行指挥的必经之路,是行政决策实施的信号灯;信息联系是协调好行政组织内部、外部以至各个部门、各个人的重要工具;信息反馈是检查实施情况、评价政策后果的主要依据。此外,沟通也是行政人员参与行政的重要手段,有效的沟通可以保证行政管理活动中的统一指挥、统一行动,并能增强行政组织对外部环境的应变能力,从而实现高效率的管理。如果行政机关的沟通渠道不畅,特别行政领导者不注意把信息传递工作做好,往往会使人们缺乏了解,互相埋怨、猜疑,小道消息满天飞,思想混乱,一盘散沙。这样,行政管理活动就很难顺利进行。

(二)有效沟通的原则

任何沟通都是“双方”之间的一种交流和联络。要获得有用的信息,沟通就必须具有有效性。所谓有效的沟通,是指发出的信息与对方收到的信息在内容上能达到相互一致或基本上相接近。① 可以说,只有使信息接收者最终形成了正确的理解,才能说这次沟通是有效的,因此,实现有效沟通需要遵循以下原则:

1. 准确性原则。只有信息沟通所用的语言和传递方式能被接收者所理解,沟通才有效、有价值。沟通的目的是要使发送者传递的信息能被接受者明确接受、准确理解,这就要求发送者有较强的语言或文字表达能力,并熟悉下级、同级和上级所用的语言,这样才能克服沟通过程中的各种障碍,对表达不当、解释错误、传递错误的各种信息予以澄清。

2. 完整性原则。在行政沟通中,无论是对信息的发送者而言还是对信息的接收者而言,都应注重信息的完整性。不完整的信息难以产生良好的沟通效果,甚至会造成沟通双方的误解,以致影响行政工作的正常开展。

3. 及时性原则。在沟通过程中,无论是上级向下沟通信息,还是下级向上沟通信息,或者平级之间横向沟通信息,除注意完整、准确地传达信息外,还要注重信息的时效性。这样可以使沟通双方及时了解彼此的工作动态,从而更好地实现工作中的相互支持与配合。

(三)行政沟通的类型

行政实施活动中的沟通大致有两种不同的划分方法。根据沟通线路的结构,可划分为正式沟通和非正式沟通;根据沟通的方向,可划分为下行、上行和水平的沟通。

1. 正式沟通与非正式沟通。根据行政沟通线路结构的不同,可以将沟通分为正式沟通与非正式沟通。

(1)正式沟通。正式沟通是指通过正式的组织程序,依照组织结构进行的信息沟通,它是沟通的一种主要形式。正式沟通的优点是:沟通效果较好且具有较强的约束力;其缺点在于:沟通速度较慢,发生突发性事件时易导致信息的滞后。

(2)非正式沟通。非正式沟通是通过正式规章制度和正式组织程序以外的

① 王凤彬、李东:《管理学》(第2版),中国人民大学出版社2003年版,第205页。

各种渠道进行的沟通。非正式沟通的特点是:信息传递的媒介和路线均未经过事先安排,具有很强的随意性和自发性。非正式沟通的优点在于:可以帮助行政组织及其人员全面、及时地掌握情报、信息;其主要缺点在于:信息容易失真。行政组织及其人员在运用非正式沟通时,对传递的信息要进行过滤,并进行全面分析。

2. 下行沟通、上行沟通与平行沟通。根据行政沟通方向的不同,可以将沟通分为下行沟通、上行沟通与平行沟通。

(1)下行沟通。即自上而下的沟通,是沿着组织的指挥链从上级到下级进行的信息沟通。行政领导者通过下行沟通传递信息,使下级明确行政目标,向下级下达有关工作方面的指示,提供关于组织程序和行动的情况,提醒有关部门和工作人员对任务及其他关系的了解等。

(2)上行沟通。即自下而上的沟通,是沿着组织的指挥链从下级到上级进行的信息沟通,其目的在于实现下情上传,使下级的工作情况、意见和建议等及时有效地反映到上级那里。上级根据下级传递的信息,便可对下级作进一步的指导,以顺利完成行政任务。

(3)平行沟通。即横向的沟通,是组织内部同一层次人员之间的沟通。这种沟通主要是为了促成不同系统(部门、单位)之间的协调配合和相互了解。平行沟通一般进行业务性质的信息传递,主要采取协商、合作的方式来解决问题。

三、行政协调

行政协调是调整行政管理系统内部和外部各个方面的关系,明确职、责、权范围,使各部门、各方面紧密合作、相互配合、和谐运转,发挥整体行政功能,实现行政目标的行为。简单地说,协调就是控制个人或机构的活动或决定,使大家能步调一致地追求已经确定的共同目标和目的。

(一)行政协调的作用

协调在行政管理活动中具有重要地位,它可以防止各自为政现象,加强行政组织内部的向心力,增强行政组织与外部环境的适应力,从而顺利地完成行政任务。

具体来讲,行政协调的作用主要表现在以下几个方面①:①使各行政部门和行政人员之间在工作上密切配合,和谐一致,避免内耗和互相冲突,从而达到政通人和;②消除各部门在人力、物力、财力和时间上的浪费,避免工作重复,增进效率;③将分散的力量集中起来,使每个单位和每个人的努力成为集体努力,单独的行动成为合作的行动,以做到"众人拾柴火焰高";④使每个部门职责分明,

---

① 张国庆:《行政管理学概论》(第2版),北京大学出版社2000年版,第316页。

每个工作人员恪尽职责，便于行政管理活动的有序化进行。

（二）行政协调的内容

现代行政组织已经走向机构人性化、功能多样化、结构复杂化和分工细致化，这就要求必须协同一致，步调整齐。大体来讲，行政协调的主要内容有以下几个方面：

1. 资源协调。为了有效地完成组织目标，行政组织需要对自己所能够管辖的人力、物力和财力进行统筹安排，既要保证主要的组织力量集中于主要的组织工作上，又要保证整个行政组织的协调发展。

2. 任务协调。行政组织在实际运行过程中面临着常态管理与非常态管理两种情况。常态管理更多地涉及规律性的管理活动，而非常态管理则往往涉及一些突发性事件。无论是常态管理还是非常态管理，行政组织都需要对其面临的任务进行配置与协调。特别是当组织面临诸如外界环境的变迁、内部机构推诿扯皮等问题时，这些问题反映出原定工作任务需要发生变化，因而需要进行新的工作任务协调。

3. 人际关系协调。在行政组织的实际运行过程中，时常发生某些人际关系间的矛盾，如上下级之间的冲突、同事之间的摩擦、非正式组织与正式组织间的矛盾等。这些冲突、摩擦和矛盾处理不好会严重干扰行政组织运行的秩序和效率，因此也需要进行协调，以实现思想和目标上的一致性。

4. 信息协调。行政组织的实际运行过程也是行政信息的收集、处理与传递过程。获取充分、准确和可靠的信息是保证行政效率的基础性条件。因此，需要加强信息沟通的协调工作，保持信息上下沟通、平行沟通的良好状态。

（三）行政协调的方法

一般来说，行政协调的主要方法有：

第一，通过目标和政策达到协调一致，使人人行动都以此为依据和指针；

第二，通过权力分配获得协调一致，使各级主管明确权责范围，消除事权冲突；

第三，通过任务分工获得协调一致，分工合作，环节相扣，避免重复和遗漏；

第四，通过命令、调解、仲裁等方式达到协调一致，辨明是非，明确责任，消除误会；

第五，通过公告、会议、宣传报道等方式达到协调一致；

第六，通过专门的工作委员会达到协调一致。

四、行政控制

（一）行政控制的含义

行政控制是指控制人员按照特定标准衡量决策和计划的实施情况，纠正实施中的偏差，以确保决策和计划实施目标得以实现的活动或过程。

行政控制是行政实施过程中一个重要的环节，其目的在于指出决策和计划实施过程中的缺点与错误，以便加以纠正和防止重犯，所以，行政控制对行政管理活动的正常开展和目标的达成，对行政工作方向的准确性、提高行政工作的效益与效率等，都起着重要的保障作用。

（二）行政控制的过程

行政控制过程一般包括确定标准、衡量成效和纠正偏差三个步骤。

1. 确定标准。确定控制标准是进行行政控制的首要步骤。标准是检验决策和计划实施情况的依据，没有这个依据，行政控制就无从谈起。所谓控制标准，实质上就是控制人员对行政实施所期望的一种状态，由于决策和计划的实施涉及多方面的内容，因而控制标准是多维度的，比如，关于资源投入数量的控制标准、效益产出情况的控制标准、时间进度情况的控制标准，等等。这些不同维度的控制标准之间在作用和意义上是有区别的，有的处于关键地位，有的则处于相对次要的地位。当不同维度上的控制标准发生了冲突时，应以处于关键地位的控制标准为主。

2. 衡量成效。衡量成效就是对决策和计划实施的情况进行具体测定，其中一个基础性工作就是收集相关的信息和数据。在数据的收集中，一是要保证数据的客观性，二是要保证数据的完整性与全面性，这样才能对决策和计划的实施情况作出尽可能切合实际的测量。明确了决策和计划实施的成效之后，就要将这种成效与已经确立的控制标准进行对比，以明确两者之间的偏差状况。

3. 纠正偏差。在前面两个步骤的基础上，如果发现了偏差的存在，就要对这种偏差予以及时纠正或处理。纠正偏差，首先要明确偏差产生的原因，然后要根据原因采取有针对性的措施，以消除偏差产生的根源，从而保证决策和计划的实施沿着正确的轨道顺利进行。

（三）行政控制的类型

根据行政控制实施的时间，可将行政控制划分为预先控制、过程控制和事后控制。

1. 预先控制。预先控制的目的在于预防偏差的出现，它强调为决策和计划的顺利实施做好充分的准备和创造积极的条件。比如，任何方案与计划的实施都需要投入一定的人力、物力与财力，预先控制则要使所需投入的这些资源在数量和质量上合乎标准；否则，资源的投入数量与质量得不到保障，决策与计划的实施就很容易受到阻滞，预期的目标也很可能落空。

2. 过程控制。过程控制是在决策与计划的实施过程中所进行的控制，它注重及时发现实施过程中所出现的各种偏差并采取有效的措施来纠正偏差。过程控制也具有明显的预防作用，只不过它所预防的并不是过程中的偏差，而是最终结果的偏差。过程控制之所以能预防结果的偏差，是因为过程影响着结果，过程中的偏差会导致结果的偏差；纠正和消除过程中的偏差则减少了结果出现偏差的可能。因此，结果是重要的，过程也是重要的，要避免决策和计划的实施结果出现偏差，就应充分重视过程控制的作用。

3. 事后控制。事后控制又称为成果控制，它是在决策和计划实施活动完成之后进行的控制，所衡量的是最终结果是否存在偏差。这种控制由于发生在实施活动的完成之后，因而并不会对既有的实施后果产生实质性的影响，但它却为未来实施活动的顺利进行提供了有益的指导和借鉴。与预先控制和过程控制不尽相同，事后控制主要不是为了保证现行决策的圆满执行，而是为了下一个环节工作的顺利开展。

第三节　行政监督

行政管理过程也是行政权力的行使过程。行政权力具有的强制性、扩张性以及执行性等特点，使权力的行使有可能脱离正常的轨道，成为权力行使者为个人私利服务的工具。为了保证行政权力的行使始终以公共利益为依归，消除个人私利对行政权力的影响，就需要建立一个全方位的行政监督体系。

一、行政监督的内涵

监督，《辞海》里解释为督察、督促，英文 supervision 的字面含义是由上面监视或在上的视察。作为一种古老的国家管理手段，监督活动是随着国家的出现而产生的，成为统治者保证国家机器顺利运转的有效部件。行政监督经历了萌芽、产生、发展和完善的过程，才表现出比较完备的监督体系形态，并在某种程度上反映了国家民主性质和民主程度的演变。行政监督可以看作依据法律法规对行政机关及其工作人员履行职责和执行法律的情况所进行的限制、检查、督促和制裁，其目的是保证行政机关及其工作人员行使行政权力的目标、过程及结果的合法合理，提高行政管理的效率。行政监督按照监督主体的不同，可以分为狭义和广义的行政监督：前者主要是指行政机关内部进行的一种监督活动，以保证决策目标的实现；后者的监督主体除了国家行政机关以外，还包括其他国家机关、社会团体、政党以及公民个人等。广义的行政监督实际上是作为政治制度的一项监督机制而存在的，它是建立在权力的不同分工或者国家制度分权基础上的一种机能，完整的行政监督活动可以包括获取监督对象的信息、监督主体对监督事项提出建议以及惩治监督对象的不法行为三个环节。我们在此谈论的行政监督是一种广义的行政监督，可以从行政监督主体、行政监督对象和行政监督内容三个方面来理解行政监督。

1. 行政监督的主体。行政监督的主体具有多元性,包括国家机关和非国家机关。国家机关作为行政监督的主体,包括权力机关、司法机关、行政机关及其内部的专门行政监督机构。以国家机关为主体实施的行政监督是国家性行政监督,这类行政监督的主体和对象都是国家机关,具有法律约束力,能够产生相应的法律后果,如撤销行政行为、处罚违法违纪的公务员等。非国家机关作为行政监督的主体,包括政党、社会组织、新闻舆论机构和公民个人等,国家机关以外的主体实施的监督活动可以看作非国家性的监督。非国家机关作为监督主体不能对监督对象做出直接产生法律效力的监督行为,只能通过一定的方式引起有监督权的国家权力机关注意,使之采取能产生法律效力的措施。总体而言,不同的行政监督主体享有不同的监督权,产生不同的监督效果,从而构成了一个相互补充、相互协调以及纵横交错的监督网络。

2. 行政监督的对象。并不是行政机关及其工作人员的所有行为都可以看作行政监督的对象,只有各级国家行政机关及其工作人员履行职责以及执行法律的活动才属于行政监督的范畴。

3. 行政监督的内容。行政监督的主要目的在于保障行政管理在既定的法律法规的范围内进行,及时发现和纠正行政管理过程中的违法乱纪现象,提高行政管理的效率和质量。行政监督的内容主要包括三个方面:其一是对行政机关行政决策活动的监督。行政机关并不是纯粹被动地执行立法机关制定的各项法律法规,法律法规的模糊性和抽象性赋予了行政机关很大的自由裁量权和决策空间。为了保证行政机关制定的行政决策、出台的行政法规以及采取的各种决策行为符合宪法和法律的要求,行政机关的决策活动必须纳入行政监督的范围。其二是对行政机关行政实施活动的监督。立法机关出台的各种法律法规的意图能否有效实现在很大程度上取决于行政机关的执行效力及其对法律法规的遵守情况,为了减少法律法规的执行偏差,抑制和纠正行政机关及其工作人员以权谋私的不法行为,行政机关及其工作人员的行政实施过程也应该受到严密的监督。其三是对行政机关工作人员偷懒和卸责行为的监督。行政管理活动属于一种团队合作活动,行政管理效率的提高有赖于全体行政机关工作人员的共同努力,行政机关对法律法规的遵守并不能排除某些行政机关工作人员的偷懒和卸责行为,这种偷懒和卸责动机会使行政机关工作人员采取不适当的行政管理方式和手段,从而影响行政管理效率的实现。因此,行政机关工作人员的努力程度也应该受到各类行政监督主体的检查和督促,以消除他们“搭便车”的行为和偷懒的侥幸心理。

二、行政监督制度构建的理论基础

行政权力是国家行政机关及其工作人员行使的一种带有强制性的约束他

人行为的能力,权力行使的目的在于代表和维护社会公众的公共利益。这种具有公共性质的权力来源于社会公众共同意愿的表达,但具体的权力总是由具体的个人去执行的,执行权力的个人便由此成了掌权者。如果掌权者将个人意志和利益凌驾于社会公众和组织利益之上,就可能背离权力的行使宗旨;而如果对权力的扭曲行使无制约机制进行控制,政府专制、权力腐败等有违公意的现象都有可能发生。因此,权力必须受到制约成为任何一个民主国家行政权力运作的基本规则。

(一)对人性恶进行控制的需要

行政监督终究是对行使权力的行政管理者的监督,如果行政管理者都是大公无私、胸怀天下大众的品德高尚者,那么,监督制度就没有存在的必要了,正如"人人都是天使,政府就没有必要存在"一样。在关于人性恶的判断上,古今中外都不乏理论和制度构建。我国古代的荀子和韩非子等思想家都是"人性恶"的支持者。荀子就认为,"人之性恶,其善者,伪也。"韩非子认为,要巩固君主的统治,就必须实行法治,设置监督,要掌握驾驭臣下的"法"和"术","术"的基本含义就是一种监督手段。西方思想家大多崇尚"人性恶"的观点,以此作为制度设计的前提,从而提出了分权和制衡的治国理念。亚里士多德(Aristoteles)就是从"人性恶"的角度出发,提出了权力监督和制约的观点。在他看来,人是有感情的,它不仅是理性动物,而且是兽性动物,"人间的争端或城邦的内讧并不能完全归因于财富的失调"①。为了防止人与人之间的争斗以及人类恶性的膨胀,亚里士多德进而提出了相互制约的解决办法,即"人与人之间互相依仗而又互相限制,谁都不得任性行事,这在实际上对各人都属有利"②。因此,他认为,公民除有选举执政者的权利外,还有监督执政者的权利,即在执政人员任期届满时,由公民审查执政者的政绩。亚里士多德由"人性恶"阐述的权力制约思想实际上可以看作近代分权学说的思想源泉。孟德斯鸠、汉密尔顿(Alexander Hamilton)等西方近代思想家继续传承了亚里士多德等关于人性恶的观点,并由此提出了关于西方资产阶级国家制度设计的构想。孟德斯鸠认为,"政治自由只在宽和的政府里存在,不过,它并不是经常存在于政治宽和的国家,它只有在那样的国家的权力不被滥用的时候才存在,但是一切有权力的人都容易滥用权力,这是万古不易的经验"③。正是出于保障公民政治自由和防范权力腐败的目的,孟德斯鸠提出了三权分立的政治制度设计构想。在他看来,"从事物的性质来说,要防止滥用权力,就必须以权力制约权力"④。美国的开国元勋汉密尔顿则直接运用"人性恶"的思想构建美国的联邦体制。汉密尔顿认为,一个国家的

①② 亚里士多德:《政治学》,商务印书馆 1965 年版,第 70、139 页。
③④ 孟德斯鸠:《论法的精神》(上),商务印书馆 1961 年版,第 154 页。

统治者和被统治者都不是天使而是人,而"人是自私的",每个人都有自己的野心和私利,一旦这样的人执掌了政府的统治权,就需要采取有效的制约措施,除了主要依靠人民对政府的控制之外,还需要有辅助性的预防措施。汉密尔顿的观点实际上被以布坎南等为代表的公共选择学派进一步发展。公共选择理论认为,人的好恶并不随着所担任的社会角色的转变而变化,追求个人效用最大化永远是个人的理性选择,当这样的理性选择运用到政府权力的行使过程中时,如果不加以有效的约束和引导,则国家和社会将因此而承受灾难性的后果。

中外学者关于"人性恶"的判断表明,我们每个人并不是完美的个体,只要有机会,我们每个人都会利用种种手段来谋求自己的利益,甚至以损害他人的利益为代价。鉴于这一点,我们任何时候都不能将国家的有效治理和公共利益的实现简单地寄托在政府官员良好的道德品质基础之上,为了防止掌握权力的政府官员滥用权力,损害公共利益,我们就有必要建立起有效的监督体制,将政府权力的行使纳入法制化的轨道。

(二)权力制衡的需要

公共权力是伴随着国家的产生而出现的,一旦出现,公共权力就成为凌驾于各种社会力量之上的强制性力量。按照社会契约论的观点,公共权力的产生来自社会公众的授权,社会公众与公共权力的行使者之间是一种委托—代理(principal-agent)关系,权力行使的最终目的是解决公共问题,提供和维护公共利益。但是,公共权力天然地具有扩张性和腐败性,"有权力的人们使用权力一直到遇有界限的地方才休止""绝对的权力导致绝对的腐败",这些言论都精辟地描述了公共权力的性质。权力扩展和腐败的本质属性与具有私利的权力行使者相结合就产生了如何约束和控制权力行使者的问题。作为社会公众的代理人,公共权力行使者实际上具有两种利益取向,一种是实现委托人的利益,另一种则是追求自身的利益,权力行使者对公共权力的获取和行使并不是以放弃自身利益需求为前提的。只有当公共权力行使者的利益与社会公众利益发生冲突的时候,权力行使者将有动机和条件来谋取自身利益,公共权力因此而发生变异,成为一种"私权力"。当权力的运行脱离了社会公众期望的方向时,就需要有一种外部力量来纠正和引导公共权力的行使,这种外部力量就需要依托行政监督制度的设计,依靠社会公众参与公共行政管理,对政府工作实施监督。杰斐逊(Thomas Jefferson)认为:"任何政府如果单纯托付给人民的统治者,就一定蜕化。所以,只有人民本身才是政府的唯一可靠的保护人。"[①]社会公众对公共权力行使者的监督和约束有助于提高公共权力行使者尊重社会公众权利,维护公共利益的可能性和积极性,这样才能使社会

① 转引自叶皓:《西方国家权力制约论》,中国社会科学出版社2004年版,第54页。

上多数人的意志和利益贯彻到行政管理过程中,进而保证国家的民主性质。

(三)适应行政管理事务复杂化的需要

在现代社会,社会经济关系空前复杂,社会公共事务激增,国家的管理对象广泛而复杂。为了提高行政管理的效率,推动经济社会更好和更快的发展,政府需要广泛参与和干预社会公共事务的管理,使行政管理体制更加趋向于统一和集权,西方国家行政权力向立法权和司法权的渗透就是社会公共事务日趋复杂化所提出的要求;与此同时,社会公众的民主意识和独立意识日趋加强,需要拥有较广阔的参政议政空间。这两种社会发展趋势显然是矛盾的,而化解这种现实矛盾就需要借助监督制度的构建。一方面,政府可以主要充当社会裁判和监督者的角色,充分发挥社会公众和社会组织处理社会公共事务的能力,为他们的自主管理和自我发展创造条件;另一方面,行政管理事务的复杂化以及行政职能的扩张使仅依靠立法权和司法权难以有效驾驭行政权力的行使,只有调动整个社会的力量,才能有效控制行政权力,将行政权力的行使维系在宪法和法律的框架内。

三、行政监督的类型

行政监督从不同的角度可以被划分为不同的类型,比较典型的分类方式如下所述。

(一)国家性监督和非国家性监督

按照行政监督性质的不同,可分为国家性监督和非国家性监督。国家性监督主要是指以国家机关为主体实施的、具有法律强制性效果的监督,它包括立法机关、司法机关对行政机关的监督以及行政机关内部的监督。国家性监督的主体和对象都是国家机关,是依据法律规定行使监督职权,并遵循一定的监督程序,其监督的法律后果具有强制性,能够依据法律法规对被监督者的不法行为直接采取强制性制裁措施。非国家性监督是相对于国家性监督而言的,主要是指国家机关以外的各种社会力量和社会组织对行政机关实施的监督。这种类型的监督主体是社会公众或非国家机关的社会组织,它的监督对象是行政机关及其工作人员,这种监督方式不具备强制性的监督后果,监督主体通常不能直接对被监督者的不法行为采取具有法律效力的措施,只能建议相应的国家机关根据监督主体反映的监督信息采取相应的惩罚和制裁措施。

(二)自上而下的监督和自下而上的监督

按照行政监督程序的不同,可分为自上而下的监督和自下而上的监督。自上而下的监督主要是指立法机关、司法机关对行政机关的监督,行政机关内部上级机关对下级机关的监督,中央政府对地方政府的监督等。监督的主要目的就是保证法律、法规、政策、指示和计划等的贯彻执行,以促进政令的畅通和集中统一的领导。自下而上的监督主要是指社会公众和社会组织对行政机关及其工作人员工作表现的监督以及下级机关对上级机关的监督。这种监督方式能够有效地节约国家机关的监督成本,使立法机关和司法机关等国家性监督主体的监督行为更有针对性,及时通过社会公众和社会组织的投诉、申诉以及抱怨等途径掌握行政机关及其工作人员的违规行为,并采取有效的制裁措施。

(三)事前监督、事中监督与事后监督

按照实施行政监督时间的不同,可分为事前监督、事中监督和事后监督。行政监督贯穿于行政活动的全过程,实践中不可能将整个监督划分为几个阶段。但从实施监督的时间来看,行政监督包括事前监督、事中监督和事后监督三种形式。事前监督是指行政机关对某项活动或行为在被监督对象实施之前,依照行政法规进行的监督,例如,上级行政机关对下级行政机关人事安排在变更之前实施的审查。事中监督是行政机关对已在实施过程中的行为或活动,根据行政法规进行的监督。事后监督是指行政机关对业已结束的行为、活动或事项,依照行政法规进行的监督,例如,上级行政机关对下级行政机关的决策实施结果进行的检查和督促。

(四)合法性监督和合理性监督

按照行政监督内容的不同,可分为合法性监督和合理性监督。合法性监督是指对国家行政机关及其工作人员行政行为的合法性进行监督。合法性监督主要包括两方面的内容:一是对国家行政机关颁布的行政法规、发布的行政命令、作出的行政决定以及采取的行政措施等行为是否符合国家宪法和法律进行监督;二是对国家行政机关及其工作人员的行政执法活动是否符合国家宪法、法律、行政法规和地方法规以及行政决定和命令等进行监督。合法性监督的目的在于杜绝可能发生的违法行为,揭露和纠正已经发生的违法行为,确保依法行政原则的贯彻实施。合理性监督是指对行政机关及其工作人员是否恰当地运用自由裁量权进行监督,所考虑的范围包括行政行为是否符合立法目的、是否符合行政管理的基本原则等方面。

四、行政监督的体系

行政监督体系是由各种监督制度或监督子系统构成的纵横交错的监督网络系统。各种子系统都有自身的监督对象、监督范围和监督方式等,监督子系统之间的互相协调和配合对整个行政监督体系的有效运转和控制行政机构及其工作人员的行为有着至关重要的作用。有研究表明,提高监督的效率和加大惩罚力度是遏制行政权力的腐败以及打击行政机关的各种违法乱纪行为的关键措施,当现有的法律法规针对行政机关及其工作人员的违法乱纪行为规定的惩罚力度薄弱时,提高行政监督的效力、保障行政监督体系的畅通运转就显得更为必要了。完整的行政监督体系包括立法监督、行政监督、司法监督、政党监督、社会监督等子系统。

（一）立法监督子系统

立法监督子系统是指国家立法机关对国家行政机关及其工作人员实施的一种监督制度。立法机关在西方国家是分权制衡制度的重要组成部分，在我国，立法机关即全国人民代表大会，它是我国最高权力机关，其他国家机关由全国人民代表大会产生，受其监督。在西方国家，立法监督职权的大小因各国政体的不同以及立法机关法律地位的不同而有所差异。一般说来，议会制共和国的议会监督权大于总统制共和国的议会监督权；总统制共和国的议会监督权又大于君主制国家的议会监督权。尽管监督权有大小，但是它们监督的内容基本上无多大差别，不外乎是对政府的财政监督、人事监督、行政监督、外交和军务监督等。

西方国家立法机关的监督方式依据各国政治制度的不同而有所差异。议会制国家普遍采用倒阁、不信任案以及质询等监督手段，而在总统制国家的立法监督中，这些监督手段实质上并不存在。总统制国家的议会或国会普遍使用听证会和弹劾等监督方式。

我国人民代表大会的监督对象是指由宪法规定的，由全国人民代表大会及其常委会产生，并向全国人民代表大会及其常委会负责的国家机关及国家机关组成人员，行政机关及其组成人员只是国家权力机关监督的对象之一。人民代表大会对国家行政机关的监督主要包括法律监督和工作监督两个方面：法律监督主要是指检查和督促宪法和法律在行政机关的实施；工作监督则是指对行政机关及其组成人员的工作表现进行监督，一般采取包括听取和审查政府工作报告、组织人民代表视察和检查政府工作、罢免或撤销行政机关组成人员的职务、组织特定问题的调查委员会以及开展质询或询问等在内的监督方式。

（二）行政监督子系统

行政监督子系统是指行政机关对自己的机构及其工作人员的工作行为实施的监督。行政监督主要由一般监督和专门监督构成。一般监督主要是指行政机关之间的相互监督，主要包括上级机关对下级机关的监督、上级行政机关各职能部门对下级行政机关各职能部门的对口监督、各级行政首长对其所属工作人员的监督、平行部门之间的相互监督以及下级行政机关对上级行政机关的监督等。专门监督主要是指国家行政机关内部成立专门机构依法实施的监督，如审计监督（审核检查国家行政机关及企事业单位的财政财务收支活动、经济效益和遵纪守法情况）。

需要说明的是，2018 年之前我国设置有专门的行政监察机关（属行政机构的组成部分之一），2010 年 6 月 25 日第十一届全国人民代表大会常务委员会第十五次会议修订通过的《中华人民共和国行政监察法》规定:“监督机关是人民政府行使监察职能的机关,依照本法对国家行政机关及其公务员和国家行政机关任命的其他人员实施监察。”2018 年 3 月 20 日,第十三届全国人民代表大会一次会议表决通过了《中华人民共和国监察法》,《中华人民共和国行政监察法》同时废止。《中华人民共和国监察法》规定:“各级监察委员会是行使国家监察职能的专责机关,依照本法对所有行使公权力的公职人员进行监察,调查职务违法和职务犯罪,开展廉政建设和反腐败工作,维护宪法和法律的尊严。”中华人民共和国国家监察委员会是最高监察机关,由全国人民代表大会产生,对全国人民代表大会及其常务委员会负责,并接受其监督。地方各级监察委员会由本级人民代表大会产生,对本级人民代表大会及其常务委员会和上一级监察委员会负责,并接受其监督。监察委员会实行的监督对行政机关而言是一种外部监督。

(三)司法监督子系统

司法监督主要是指由国家司法机关对行政机关及其工作人员的行政管理活动实施的监督,一般所说的司法机关主要指法院,而广义的司法机关还包括检察机关,它们所行使的职权是司法权。前者代表国家进行审判,后者为追究法律责任和刑事责任而提起公诉。大陆法系国家没有独立的检察机关,检察院附属在法院系统内或由司法行政部门领导。英美法系国家则设有相对独立的检察机关。当今世界各国几乎都有对政府行为进行司法监督的制度,但并无完全相同的制度名称。

依据“三权分立”原则,西方国家的司法机关作为一种地位独立的政权机关,被赋予了维护国家法制的重要职责。社会中各种违法行为,无论来自公民或法人的违法,还是来自国家机关的违法;无论是立法机关的违法,还是行政机关的违法;司法机关都有权进行处理和制裁,以维护法律的尊严。通过司法手段和司法程序监督和限制政府的行政管理活动是司法机关的一项重要工作,同时也是行政监督的一种重要方式。西方国家的司法监督主要包括违宪审查和行政诉讼制度。违宪审查是对政府颁布的行政法规或行政措施进行审查,以判断其是否违反宪法的活动,各国的违宪审查主要包括附带性违宪审查、预防性违宪审查以及控诉性违宪审查三种形式。行政诉讼监督是指具有行政案件审判权的司法机关通过对行政案件的审理对行政机关及其工作人员实施的一种监督。国外行政诉讼机构大致分为三类:设立专门的行政法院;由普通法院管辖行政案件;设立行政裁判所来解决一定范围内的行政争议。

我国的司法监督主要由检察监督和行政诉讼监督组成,人民检察院是实施检察监督的机关,其监督内容包括侦查监督、审判监督和执行监督等方面。人民法院则通过审理行政案件,审理行政活动的合法性,审理行政人员的违法、失职、渎职和侵权行为来履行对行政机关及其工作人员的监督职责。

(四)政党监督子系统

随着政党在国家政治活动中日益起着决定性的作用,它们在监督领域中的作用也日益显著。通过对国家机构的有效监控来实现自身的目的和纲领已成为政党活动主要的甚至是唯一的指向。在西方国家,政党制度是与普选制和议会制联系在一起的两党制或多党制,或是由两个主要政党轮流执政,或是由两个以上的政党结盟执掌国家政权。由于政党总是力争控制立法机关的多数来促使立法机关将党的意志上升为国家的意志,从而左右政局,因此,各政党为在议会选举中获胜而不遗余力,甚至不择手段。在西方国家,政党虽然不是国家权力系统的组成部分,但已经成为国家监督活动中最重要的监督主体之一。

西方国家的政党监督主要表现为执政党的自我监督和在野党的监督。

执政党的自我监督主要是通过议会党团的监督来实现的。所谓议会党团,是指议会中同一政党或政党联盟的议员组成的党派组织,它是各政党或政党联盟在议会中的最高权力机构。议会党团的主要功能是把本党或联盟党的议员联合成一个整体,了解本党议员的动态,协调他们的立场和行动,决定在议会立法及有关活动中应采取的态度和如何投票等事宜,以贯彻本党的纲领、路线和政策,维护本党的利益。同时,党团是政党组织同政府和议会之间联系的纽带。内阁或政府的预算计划、重大决策和政策的出台都是通过本党的议会党团向其他党团吹风,寻求他们的支持。

西方国家的在野党是指没有执政、未分享国家最高行政大权的政党,简单地说,就是一切进入了议会但未参加政府的政党。它们在议会里通过种种途径和形式对执政党及其政府发挥制约作用,它们作用的大小和表现在实行不同体制的国家里是有差别的。与执政党的自我监督相比,在野党更多地是采取选举监督的方式。选举制度是西方国家政党夺取政权的唯一合法形式,也是政党之间相互监督、政党对政府进行监督的重要手段。各在野党为达到上台执政的目的,都极力鼓吹、宣传和美化自己的施政纲领,揭露执政党的短处。除了选举监督以外,长期以来,英国形成了这样的惯例,即在下议院中的次多数党是法定的反对党,它拥有为其他在野党所没有的若干特权,其中之一就是可以按现任内阁的编制组成一个预备执政的影子内阁,其政党领袖任"内阁首相",其他资深议员担任阁员和各部大臣,它的任务是在执政党政府一旦辞职下台时,顺利上台接替执政。"影子内阁"各部的负责人针对内阁各个方面的问题,对口地进行研究、评论和批判,并作为各个部门的发言人向社会广为宣传。这对执政党政府所起的监督和牵制作用远比一般性的监督要深刻得多。此外,西方国家的在野党还可以通过自己创办的刊物,通过发动舆论攻势的方式来向社会揭露政府的"时弊",抨击政府的政策,批评政府的错误,进而达到监督政府的目的。

与西方国家的政党制度不同,我国并不存在执政党和在野党之分,中国共产党作为执政党的领导地位和作用是历史地形成的,并且在《宪法》中有明确规定,我国的民主党派是作为参政党参与国家政权行使的。执政党的内涵在我国要比西方更为丰富:一是它不仅表现为掌握国家最高行政大权,而且表现为对国家最高权力机关以及其他国家机关的领导;二是它不仅对中央一级权力机关实施领导,而且对地方国家机关也发挥着领导作用;三是对整个国家社会、经济、文化生活的各方面都负有组织、指挥、引导的责任。中国共产党通过经常性地检查和了解,确保各级行政机关能够有效贯彻执行党所制定的路线、方针和政策。中国共产党对各级行政机关的监督是分层次进行的,包括党的各级委员会的监督、党的基层组织的监督和党的各级纪律检查委员会的监督以及行政机关的党员实行的监督。就政党制度而言,我国实行的是中国共产党领导下的多党合作和政治协商制度,中国共产党与各民主党派是“长期共存,互相监督,肝胆相照,荣辱与共”的关系,各民主党派对国家行政机关的监督是我国政党监督的重要组成部分。各民主党派参与行政监督的途径有:通过政治协商会议、情况通报会等形式参政议政,讨论国家的大政方针,对重要的人事安排和重大问题向行政机关提出建议;在各级人民代表大会中占有一定比例,可以通过立法程序和立法活动实施对行政机关的监督;在中央至地方的各级行政机关、司法机关担任一定的领导职务,直接参与行政机关的管理和监督;通过对中国共产党及其路线、方针和政策的监督而间接地对行政机关实施监督。

(五)社会监督子系统

社会监督主要是指社会各界,即社会团体、新闻媒体和公民等利用自己的影响力对行政机关及其工作人员进行的监督。社会监督的主体同时又是行政管理的对象,社会监督的主体可以行使批评权、建议权、控告权、申诉权等,但没有直接的处置权,这种监督并没有给行政机关及其工作人员带来强制性的制裁或惩罚效果。社会监督子系统主要包括以下几方面:

1. 社会团体监督。社会团体是某一行业、职业、阶层或地域内的多数人为了某种非政权性共同利益而依法自愿形成并能在法律范围内独立活动的社会组织。社会团体以其所具有的整体性、组织性和影响力,比公民个人能够更有力量地向政府施加影响,在维护自身利益的同时担负起监督政府的职能。

社会团体监督在西方国家主要表现为利益集团监督的形式。利益集团是指基于集体利益的一致性、持共同态度、为了共同目的致力于影响政府决策而行动的社会组织。利益集团在西方政治中的出现,既是公民参政的重要形式,同时它对政府权力也构成了新的有效的平衡和制约。利益集团参与政治过程并对政党、政府机构进行监督是民主政治的一大特点。利益集团对行政机关的监督主要包括:①通过游说或直接推选代表参加竞选的方式影响议会的立法活动,借助议会的力量对政府决策施加影响。②直接监督行政机关的执行活动,当自身利益受到行政机关执法行动的影响时,及时向议会汇报和反映,以争取议会对行政机关执法行动的干预,阻挠不利于集团利益决策的实施。③游行示威,组织公开的宣传、请愿、游行、示威、抗议等活动,向行政机关及其工作人员反映自己的意见和要求。④司法诉讼,即通过司法诉讼来达到保护集团利益的政治目的,此外,还可通过影响法官的任命来维护自己的利益。

我国的社会团体监督主要是指工会、共青团和妇联的监督。它们作为以某一阶层、某一性别为特征的社会团体,代表和实现一定阶层和一定团体的利益,并通过特定利益的维护和宣传来实现自身的价值。我国的社会团体监督主要包括两种情况:一是按照中国共产党的领导渠道介入政治监督,通过向同级党委和上级领导反映问题和意见,达到参与和监督的目的。二是利用组织机构活跃的优势,独立或与其他团体合作开展多种多样有特色的监督活动。

2. 新闻舆论监督。新闻舆论监督是指通过报纸、广播、电视、网络等为代表的传播媒介,对行政机关及其工作人员实施的监督活动。新闻舆论监督在西方被视为最经济、最有效的社会监督手段。由于法制化程度较高,西方国家的新闻舆论监督也被称为除立法、行政和司法以外的"第四种权力"。新闻舆论监督的主要方式包括:①在记者招待会或新闻发布会上直接提问。②电视台辟出大量时间转播有关部门对政治丑闻的调查、审判以及听证会等。③调查报道。新闻界获知政府某项丑闻后,自行调查一旦取得实证,则通过报纸、广播、电视等大众传播媒介进行公开报道。④政治评论。政治评论是新闻界对政府的内外政策进行分析、讨论甚至批评的一种重要方式。⑤民意调查。新闻界通过调查了解公众对某项政治问题的态度并把结果公布,形成对政府的监督。

3. 公民监督。公民对国家机关特别是对行政机关及其公务员的监督是各类监督中的重要形式之一,世界大多数国家都将公民对行政机关及其公务员的监督权利载入宪法之中,成为重要的宪法权利。公民监督的途径包括:实现公务活动的公开化,发挥听证制度的功效,满足权利救济的需要,创造公民监督的组织化、社会化条件,实行法律职业监督制度等。

五、行政监督的程序

行政监督的过程寓于行政管理的全过程,主要包括如下几个相互衔接的环节。

(一)确立行政监督标准

行政监督标准是衡量行政管理活动是否正确、是否偏离轨道的尺度。这个标准是以法律为依据,遵循行政管理活动的客观规律,结合具体监督对象的情况、监督范围以及监督的目的和方式等来确立的。只有首先确立了行政监督标准，才能正确、有效地实施行政监督。

（二）调查了解

在确立监督标准以后，行政监督要坚持以事实为依据的原则，为此，必须对监督对象的行政管理活动进行全面、及时、扎扎实实的调查研究，掌握必需的第一手材料，取得最能说明问题的准确情报，这是作出正确评价的前提条件。

（三）比较评价

在实施行政监督过程中，行政监督主体要对业已收集到的、来自各方面的情报，特别是对监督对象行政管理活动偏离行政决策的信息和违法活动的信息，按照已经确立的标准进行客观的比较，对行政管理活动出现的偏差和失误作出恰当的评价，为纠偏提供坚实的依据。

（四）纠正偏差

通过对各类信息的详细分析，行政监督主体可以发现和评价监督对象行政管理活动中出现的偏差和失误，其目的在于及时采取措施，纠正偏差或失误，以避免或减少错误的行政管理活动所造成的损害，因此，纠偏过程是行政监督全过程中最关键的环节，是监督主体最主要的任务。

（五）总结经验

在纠偏任务完成之后，行政监督即进入了总结经验的环节。总结经验的目的在于引导监督对象总结经验教训，查找造成偏差或失误的原因，在今后的工作中引以为戒，防止出现类似的失误。

六、行政监督的加强

（一）我国行政监督存在的问题

我国行政监督的主体和形式是多种多样的，但在实际运作过程中，许多监督主体和形式的作用并未充分发挥出来，主要表现在以下几个方面：

1. 权力机关监督的实际效力受限。我国各级人民代表大会是国家权力机关，其监督职能应该最具权威性和强制性，但由于种种原因，目前权力机关监督的实际效力比较小。从总体上来看，我国国家权力机关的监督作用并没有完全发挥作用。

2. 民主党派的行政监督作用尚未充分发挥。民主党派对行政机关及其工作人员的监督不具有法律约束力，民主党派对政府监督作用发挥得好坏往往取决于政府首脑的开明程度。一些地方政府首脑民主作风好，善于听取不同意见，这些地方民主党派的监督作用就发挥得好些，反之则差一些。

3. 公民监督的实际效力小。我国《宪法》规定，中华人民共和国的一切权力属于人民。人民依照宪法和法律规定，通过各种途径和形式管理国家事务、管理经济和文化事业、管理社会事务。但由于我国在历史上是一个中央集权制的国家,加之政府办事制度不健全、办事程序不透明、群众和社会监督渠道不畅,因此,公民的监督作用难以发挥较大的作用。

(二)加强我国行政监督的途径

加强行政监督对提高政府行政效率、促进政府机关廉政勤政建设具有重要意义。为有效地解决我国行政监督运行过程中存在的问题,提高行政监督的效能,需要从以下几个方面着手:

1. 建立健全监督体系的协调机制。从系统论的角度来看,只有使隶属于各系统的监督主体互相配合、协调一致、形成合力,才能充分发挥行政监督的整体功能,取得良好的监督效果。建立综合协调机构,更好地加强各监督主体的整合。这种协调可包括两个方面:一是对监督主体的目标进行协调。在行政监督实践中,各监督主体尽管都有各自的具体工作目标,但具体目标不能背离统一的总目标,而是要与之相协调。行政监督系统的目标既有稳定性,又有变动性。变动性主要体现在目标内容的增减、重点目标的转移等方面。一旦目标的内容和重点发生了变化,就应当对各监督主体的具体目标加以调整,使其与变化了的总目标相协调。二是对监督主体的监督过程进行协调。目前,我国行政监督主体较多,而且大都有其相对独立的责任范围,因此,应特别重视对其监督过程的协调,使在监督过程或在有些案件受理、调查、移送、处理等方面能互通情况、协调关系、互相配合,形成有机整体,从而使整个行政监督系统更加有序地运行,发挥整体效能。①

2. 健全以权力约束权力的行政监督制约机制。就我国当前的行政监督工作而言,健全以权力约束权力的行政监督制约机制,除了加强行政机关内部监督之外,还应注重外部监督,具体可从以下两个方面入手:

(1)强化人民代表大会监督制约机制。我国《宪法》规定,人民代表大会是我国的权力机关,人民代表大会及其常务委员会行使对国家行政机关及其工作人员的监督职能。人民代表大会的监督是在本行政区域内代表国家和人民行使的最高形式的监督,它是以人民做后盾,以国家强制力做保证的国家权力监督。因此,强化人民代表大会监督机制是制约行政权力、防止权力腐败的重要途径,是发展社会主义民主政治、推行依法治国方略、将公共权力的运作纳入民主与法治轨道的必然要求,也是完善行政监督机制的重要保障。实践中,强化监督制约机制应采取如下措施:一是健全人民代表大会组织机构;二是提高人民代表大会代表的素质和监督能力。近年来,随着改革实践的深入,国家立法的范围日益扩大,人民代表大会监督工作的内容也日益丰富和深化,这就要求

① 陈奇星:《行政监督论》,上海人民出版社 2001 年版,第 157 页。

人民代表具有相应的素质和监督能力,否则就难以切实做到履行宪法赋予的监督职责。为提高人民代表的素质和监督能力,可通过培训或举办法制讲座和专题等方式,让人民代表熟悉有关监督的法律法规,了解监督的形式、程序和方法;引入公开竞争机制,选举人民代表,强化他们的责任感和使命感。

(2)完善群众监督机制。在我国行政监督体系中,人民群众的监督是国家行政机关外部监督的主要形式。目前,群众监督的功能尚未得到充分发挥。为此,需要进一步完善群众监督机制。首先是强化群众监督的法律保障。通过制定专门法律,确立群众监督的法律地位;明确群众监督的权限、形式和程序以及监督的责任和奖惩,尤其是要抓紧建立群众监督的法律保障机制,依法保护群众举报、申诉和控告等监督行为,使其尽快纳入法制化、制度化的轨道。其次,应从以下几个方面进一步完善群众监督的途径:一是完善信访举报的体系和网络,拓宽监督渠道,保证言路畅通,举报有门。二是健全保护和保密制度,切实保护群众的举报行为,要慎重对待群众的来信来访,严禁将举报材料和举报人的有关情况透露或转给被举报单位和被举报人,违者严肃处理;对打击报复举报人,要发现一件,查处一件,构成犯罪的要依法追究其刑事责任。三是健全举报奖励和反馈机制,鼓励群众举报违法违纪行为,举报准确的要给予奖励,按照举报线索挖出大案要案的,要给予重奖;同时,对查处案件的结果要及时反馈给举报人,以取信于民。

3. 加强行政监督法律制度建设。对此,总体上要从行政监督立法实体与程序方面着手:

(1)加强监督立法。通过制定有关监督法律、法规,从法律上具体规范和明确各监督主体的地位、职责、权限以及监督活动的范围、方式和程序等,建立监督主体之间以及监督主体与客体之间的责任、利益、权利、义务相统一和相协调的关系,形成一个全方位、多层次、强有力的行政监督体系网络。一方面,要加快行政监督立法进程,抓紧研究制定一系列专门的法律、法规,如监督法、行政监督程序法、反贪污贿赂法、公职人员财产申报法、新闻法、公民举报法、政务公开法等。尤其是需要加快制定一部监督法,对监督主体的职责和权限、监督的对象和范围、监督的方式和手段、监督者与被监督者的义务和权利等作出明确规定。另一方面,应尽快修订已有的行政监督法律、法规和制度。根据社会主义市场经济条件下出现的新情况和新问题,对已经颁布的有关行政监督与廉政建设方面的法律、法规和制度进行修订和完善,使之更具有操作性、可行性和有效性。

(2)完善监督程序。确保监督活动有法可依,加强执法监督,促使监督法律、法规落到实处。随着法制改革进程的推进,法律程序的价值已越来越为人们所认识。对监督工作的制度化而言,监督程序的建立健全也是其重要基石。

强化行政监督制约机制应注重通过立法措施来完善各项监督制度的程序规范，监督程序立法要有预见性和超前性，要将监督过程中一切现实和可能的因素包容进去，使其有相当的容量。同时，在监督程序之间要注重整体效应，不同监督形式之间的不同程序应当相互呼应，协调统一，从而达到互补、严密的目的，以确保监督法律、制度运作的规范化和高效率，增强监督工作的可操作性。

本章思考题

1. 请对渐进决策模式进行简要评价。
2. 影响行政决策科学化和民主化的因素主要有哪些？
3. 在行政沟通中应遵循哪些原则？
4. 简述行政监督体系的构成。
5. 试述加强我国行政监督的途径。

第七章

公共政策

政府的行政管理活动与公共政策有着密切的关系,因为政府的任何经济社会管理目标都需要借助一定的公共政策来实现。可以说,政府对公共事务管理的过程在一定意义上就是公共政策的制定及实施过程。因此,在整个行政管理学说中,公共政策理论占有极为重要的地位。

自从人类社会产生了管理公共事物的需要,就出现了公共政策和公共政策方面的研究,有关公共政策的思想可谓源远流长。在漫长的人类文明史中,人们积累了大量治国理政的经验,其中不乏有关公共政策的宝贵理论。然而,古代社会的人们还远没有将公共政策研究上升到科学的高度,主要是停留在经验层面,公共政策的科学化是近代以来的事。1951 年,美国学者拉纳(Daniel Lerner)和拉斯韦尔(Harold D. Lasswell)出版了《政策科学:范围和方法的新进展》一书,标志着现代政策科学的诞生。政策科学形成以后,在近几十年内取得了长足的发展,无论是国外的政策科学研究还是国内的政策科学研究,都产生了一大批优秀的研究成果,不断丰富和发展着政策科学理论。本章将在吸收既有理论成果的基础上,分四节对公共政策的有关内容进行分析和阐述:第一节阐述公共政策的含义、特征和分类,这一节也将涉及本章基本的理论前提;第二节阐述公共政策的制定,主要包括对公共政策制定步骤的分析;第三节阐述公共政策的执行,包括对政策执行的含义、作用和过程的分析,也包括对政策执行的影响因素的分析以及对政策有效执行的保障措施的探讨;第四节阐述公共政策的评估、调整和终结。

第一节　公共政策概述

一、公共政策的含义

公共政策不同于一般的决策，两者最大的区别在于“公共”二字。公共政策是政府或其他具有公共权威的组织做出的，它建立在公共权力、公共资源、公共利益的基础之上，而决策可以是私人决策，也可以是公共决策，决策并不一定与公共组织发生联系，也不一定建立在公共权力、公共资源和公共利益的基础之上。此外，即便决策具有一定的公共性，它也未必是公共政策，因为公共决策可以局限于一个组织的内部发挥作用，它的公共性也就仅限于组织内部，而公共政策主要是对外发挥作用的，与“政权”和公共权威有着内在联系。实质上，“政策”本身就体现出了公共的性质，离开政权和公共权威也就谈不上政策，政策和公共政策具有相同的含义。之所以要在政策之前加上“公共”二字，是为了更明确地强调政策的公共性，实际上政策本身就隐含了公共的意义。

（一）不同学者对公共政策的界定

关于公共政策或政策的含义，不同的学者由于研究角度等方面的差异，对公共政策含义的具体界定也有所区别，下面列举几位有代表性的学者对公共政策的定义：

伍德罗·威尔逊（Woodrow Wilson）认为，公共政策是由政治家即具有立法权者制定的、由行政人员执行的法律和法规。①

美国著名政治学家托马斯·R. 戴伊（Thomas R. Dye）在《理解公共政策》一书中认为，“公共政策就是政府选择要做的或者不要做的事情”②。

美籍加拿大学者戴维·伊斯顿（David Easton）认为，公共政策是“对全社会利益所作的权威性分配”③。

美国公共决策学者詹姆斯·E. 安德森（James E. Anderson）在《公共决策》（*Public Policy-Making*）一书中指出，“公共政策是一个有目的的活动过程，而这些活动是由一个或一批行为者为处理某一问题或有关事务采取的”④。

我国学者张金马教授认为，政策是执政党和政府采取的用以规范、引导有关机构团体和个人的行为准则和行动指南。⑤

---

① 转引自伍启元：《公共政策》，（香港）商务印书馆 1989 年版，第 4 页。

② 托马斯·R. 戴伊：《理解公共政策》（第 11 版，影印版），北京大学出版社 2006 年版，第 1 页。

③ 戴维·伊斯顿：《政治生活的系统分析》，华夏出版社 1999 年版，第 28 页。

④ 詹姆斯·E. 安德森：《公共决策》，华夏出版社 1990 年版，第 4 页。

⑤ 张金马：《公共政策分析：概念·过程·方法》，人民出版社 2004 年版，第 42 页。

我国学者陈庆云教授认为，公共政策是政府依据特定时期的目标，通过对社会中各种利益进行选择与整合，在追求有效增进与公平分配社会利益的过程中所制定的行为准则。①

我国学者陈振明教授认为，政策是国家机关、政党及其他政治团体在特定时期为实现或服务于一定社会政治、经济、文化目标所采取的政治行为或规定的行为准则，它是一系列谋略、法令、措施、办法、方法、条例等的总称。②

以上定义大多是基于某个侧重点对公共政策进行的界定，从不同的角度反映了公共政策所具有的内在特征，有助于我们全面深入地理解公共政策的内涵。

（二）从行政工具的角度对公共政策的界定

为了更好地理解"公共政策"概念，我们在借鉴以上关于公共政策定义的基础上，从行政工具的角度将"公共政策"进一步做出如下阐释。

1. 公共政策与政府有着密切的关联。在政策运行过程中，政府的地位和作用是毋庸置疑的，同时需要指出的是，政策运行过程中不仅存在政府的作用，其他主体的作用往往也是重要的。比如，公众的参与作用对政策制定的科学性与政策执行的有效性是不容忽视的；再如，政策议程的设置与政策方案的设计离不开智库的咨政建言作用。对其他主体在政策运行过程中的作用，我们在后文还会分析。

2. 公共政策的功能在于实现对社会利益的创造、增进、分配与协调。戴维·伊斯顿认为，公共政策是政府对全社会的价值所作的权威性分配。这里的"全社会的价值"可理解为社会利益，即社会财富等能够满足公众需要的客体。我们认为，公共政策的功能不仅局限于对社会利益的分配，还包括对社会利益的创造。陈庆云教授对公共政策所给出的定义也体现了这一观点。概括来讲，公共政策的功能主要表现为两个方面：一是对社会利益的创造和增进，二是对社会利益的分配与协调。

需要指出的是，由于公共政策对社会利益的创造、增进、分配与协调着眼于公众需要的满足，因此，我们可以明确地讲，公共政策服务于公共利益而不是私人利益。公共政策的两种功能是密切相关、不可截然分开的。一方面，创造和增进社会利益是分配与协调社会利益的基础，没有社会财富的增长和积累，就难以实现令人满意的社会财富分配结果。另一方面，社会利益的分配与协调又为社会利益的创造和增进提供了条件，比如，合理的社会财富分配结果有利于促进社会财富的持续增长，而不合理的社会财富分配结果最终会形成对社会财

① 陈庆云：《公共政策分析》，北京大学出版社 2006 年版，第 10 页。
② 陈振明：《政策科学》，中国人民大学出版社 1998 年版，第 59 页。

富持续增长的阻碍。不仅如此,在一些情况下,社会利益的分配与协调本身就是创造和增进社会利益的重要方式。

另外,不少学者还指出,公共政策具有导向性功能、约束性功能、激励性功能、象征性功能等。所谓导向性功能,主要是指公共政策对社会发展方向的引导以及对经济社会发展的优先目标的设定;所谓约束性功能,主要是指公共政策对目标群体[①]行为的限制和规范,对目标群体行为空间的设定;所谓激励性功能,主要是指公共政策对目标群体行为的诱导,这一般是通过利益机制来实现的;所谓象征性功能,主要是指公共政策对政府所持立场和态度的表达。我们认为,以上功能的确是为公共政策所具备的,但它们实质上还是服务于政府对社会利益的创造、增进、分配与协调,因此,这些功能相对而言还不能称为根本性功能。公共政策根本性的功能则在于实现对社会利益的创造、增进、分配与协调,这也是公共政策所要实现的理想状态。

3. 公共政策是一种手段和工具。政府开展行政管理活动需要借助一定的工具,这种工具就是行政工具。行政工具不仅包括公共政策,也包括行政方法和行政技术,但公共政策却不能不说是政府用于实现行政目标最为重要的一种工具。这种工具不仅具有方法和技术方面的因素,而且与政府意图、行政目标、行政事项与行政环境有着紧密的联系,以至公共政策已经超出了工具性的意义,具有更多价值性的内涵;行政方法和行政技术则具有更纯粹的工具意义,它们并不包括政府意图、行政目标和行政事项等方面的因素。[②]

4. 对公共政策的含义,要从静态和动态两个角度来理解。就静态意义而言,公共政策是政府用于创造、增进、分配或协调社会利益的一种工具,这种工具即表现为某种政策方案。就动态意义而言,公共政策表现为一个运行过程,安德森就是在动态意义上来界定公共政策的。政策运行过程包括工具的创设(政策制定)、工具的运用(政策执行)、工具的评价(政策评估)、工具的优化(政策调整)以及工具使命的结束(政策终结)等多个环节。[③] 其中,工具使命的结束是指不需要任何工具再发挥作用[④],相应地,政策终结也是指对作为动态意义上的公共政策的终结,即对政策运行过程的终结(政策终结标志着政策运行过程的结束),而政策制定、政策执行与政策调整中的"政策"主要是指静态意义上

① 目标群体是指政策发生影响和作用的对象(包括个人和群体),也可称为政策对象。

② 对公共政策与行政方法、行政技术三者之间的关系,我们在第八章的第一节还会进一步进行分析。

③ 对政策运行过程的环节划分,下一节将作专门的论述。

④ 另外,工具使命的结束并不意味着工具使命的完成,工具使命的完成是指预期的理想状态已经实现,它是工具使命结束的一种原因,工具使命的结束还有另一原因,即预期的理想状态根本不可能实现。对此,本章第四节将作具体分析。

的公共政策。另外,由于政策运行过程包括政策的调整,因此,在政策运行过程中,作为静态意义上的公共政策可能会发生变化,也就是说,在同一个政策运行过程中,政府所采用的政策方案是可以发生变化的。

二、公共政策的特征

(一)政治性与公共性

公共政策是在国家政权机关的主导下制定和执行的,而国家是阶级统治的工具,正如恩格斯所讲,"由于国家是从统治阶级对立的需要中产生的,同时又是在这些阶级的冲突中产生的,所以,它照例是最强大的、在经济上占统治地位的阶级的国家,这个阶级借助于国家而在政治上也成功地成为占统治地位的阶级,因而获得了镇压和剥削被压迫阶级的新手段"①。因此,公共政策要有助于统治阶级地位的维护和巩固;要有助于国家政治目标的达成和实现,而不能有违一个国家大的政治方向。同时,尽管国家是阶级统治的工具,政府具有典型的阶级性,但任何时期或任何社会形态的政府又都是作为整个社会和公众的代表者而出现的,也只有当政府的权力具有公共性的外衣后,它才会真正获得合法性的地位,否则,政府就缺乏汲取社会资源和管制社会公众的理由和依据。事实上,无论是剥削阶级占统治地位的国家还是无产阶级占统治地位的国家,其政府都具有不同程度的社会管理和公共服务职能,"政治统治到处都是以执行某种社会职能为基础,而且政治统治只有在它执行了这种社会职能时才能持续下去"②。政府和政府权力的公共性体现到政策上就是政策的公共性,政府将通过公共政策实现具有公共性的目标。政策的政治性和公共性是不可分割的,公共性从来都不是没有缘由的,它总是要体现国家与政府的政治方向、政治目标和政治利益,而政治性脱离了公共性也是不足以维持的,公共性为政治性的存在和实现提供了条件。由于政治性和公共性的这种紧密联系,两者在现实中是相辅相成、相互促进的,并且两者能够高度地结合起来。在我国漫长的历史发展过程中,只有到了社会主义时期,才实现了这种政治性与公共性的高度结合,因为政府的根本宗旨是为人民服务,人民群众对美好生活的向往就是政府的奋斗目标,政府真正成为广大人民群众利益的代表者、维护者和发展者,公共利益被真正置于政治的高度。

(二)价值性与工具性

公共政策的制定和执行总是在一定价值观念的指导下进行的,公共政策不可

①《马克思恩格斯选集》(第4卷),人民出版社1972年版,第168页。

②《马克思恩格斯选集》(第3卷),人民出版社1972年版,第219页。

能是中立的,它鲜明地体现了自身的利益倾向,各项公共政策都表明了自身的立场和主张,从而具有深刻的价值性。此外,公共政策又是价值性与工具性的统一,公共政策所拥护和倡导的利益能否实现还取决于政策是否具有工具意义的合理性,即能否通过政策的执行实现预期的理想状态。假如政策不具有工具意义的合理性,即便政策意图再好,终归还是无济于事,因为通向政策理想状态[①]的路径是错误的。

(三)目的性与过程性

公共政策之所以有存在的必要,是因为人们所期望的理想状态没有实现,需要运用公共政策来缩小现实状态和理想状态之间的差距。现实中的政策尽管各式各样,但都具有显著的目的性,公共政策的目的便指向了人们预期的理想状态。公共政策的一系列环节都要围绕一定的目的,比如,为了实现一定的目的而制定和执行公共政策,根据目的的实现情况来评估和检验政策制定的科学性与政策执行的有效性等。根据公共政策的定义,我们知道政策的目的就是对社会利益的创造、增进、分配与协调,从另一个角度来讲则是履行政府的行政职能和实现政府的行政责任。政策目的确定后,这种目的的实现需要一个渐进的过程,因为从政策问题的发现到政策理想状态的实现,其间要经历一系列复杂的环节,并且这些环节还会出现循环往复的情况。[②] 因此,对公共政策不能一味地从静态的角度去理解,还要从动态和过程的角度去理解。

(四)公平性与效率性

公平与效率的关系是人们一直在争论的话题,至今也未达成一致性的认识。认识的不统一与人们对公平与效率的不同理解有着很大的关系。我们认为,公平主要是指一个人的贡献与其所获利益相一致、相匹配,同时人们的基本权利又能得到保障;效率则是指要在激发人们创造活力的基础上,最大限度地促进社会利益的创造和增进。基于这种认识,可以将公平与效率的关系表述如下:一方面,公平与效率之间存在一定的替代关系,在一些情况下要公平多一点就不得不效率少一点,而要效率多一点,则不得不公平少一点,因为公平与效率作为两个不同的目标,在一定的时空范围内人们往往是难以同时兼顾的。这意味着人们对公平的追求并不会自动导致效率的实现,对效率的追求也不会自动导致公平的实现,人们在对公平和效率的追求中往往会面临矛盾和困惑。另一方面,公平与效率之间又存在相互促进的关系,公平不是平均,平均主义容易挫伤人们的积极性,公平感能够激发人们的创造活力,不仅如此,公平要求人们的基本权利能够得到保障,从而使人们因切实感受

---

① 公共政策要实现的理想状态被称为政策理想状态。

② 对此,我们在后文将作具体分析。

到自身在社会中的价值而产生奋发的动力;同时,效率的提高也可以使公平在更高的水平和层次上得以实现,在低效率的基础上是无法实现高度公平的。这意味着效率不可能距离公平太远,公平也不可能距离效率太远;效率的实现要以公平作为保障,公平的实现又要以效率作为基础。因此,同时兼顾公平和效率虽有难度,却又十分必要。那么,对公共政策而言,如何做到公平与效率的兼顾呢?我们认为,单项的公共政策难以同时实现公平与效率的目标,正如单一的税种不能同时体现公平性与效率性一样,但一个由不同的单项政策构成的公共政策体系则可以实现公平性与效率性的统一,当然,这也是就更大的时空范围而言的。为了实现公平性与效率性的统一,就要求各单项政策之间进行合理配套,例如,政府不仅要注重经济政策的制定与执行,而且要注重社会政策的制定与执行。

(五)强制性与合法性

公共政策的制定与执行要以国家政权和公共权威为后盾,否则政策本身就不具有基本的合法性。一项公共政策要面临在长期利益与短期利益之间的选择,要面临在整体利益与局部利益之间的选择,也要面临在不同群体利益之间的选择。既然有所选择,不同人或群体的利益就不会通过该项公共政策而得到均等的增进。正如经济学家张宇燕所说:"同一制度对不同的人意味着不同的事情,在同一制度下不同的人或人群所获得的往往是各异的东西。"①于是,利益相对受损者就可能在心理上和行为上对政策形成一定的抵制。为了保障公共政策的顺利实施和政策目标的顺利实现,公共政策必须具有强制性。强制性又要以合法性为基础,特别是在当今全面推进依法治国的背景下,不具有法律合法性的政策,其强制性也是不稳固的。合法性还包括社会合法性,也就是说,公共政策的合法性也建立在社会公众接受和认同的基础上,只有得到了公众的接受和认同,公共政策的强制性才会更好地发挥效力。

三、公共政策的分类

政府需要处理的公共事务是繁杂的,为了适应履行不同职能的要求,政府制定和执行的政策也是多样的。为了更清晰地认识现实中的公共政策,就产生了对公共政策进行分类的必要。对任何事物进行分类都要以一定的标准为依据,标准不同,所形成的分类也不相同。依据不同的标准和角度,可以对公共政策进行不同的分类,下面介绍几种比较重要的分类方法。

① 转引自王健君:《需要合理博弈的利益集团",《瞭望新闻周刊》,2007 年第 12 期。

（一）总政策、基本政策和具体政策

依据政策层次的不同，公共政策可分为总政策（元政策）、基本政策和具体政策。

总政策在政策体系中位于最高层次，是关于怎样制定政策的政策，为其他层次的政策提供指导和基本依据，它决定了社会发展的基本方向，其他各层次的政策都不能脱离总政策规定的方向和轨道。比如，实现中华民族伟大复兴的中国梦即可看作我国的总政策。基本政策连接着总政策与具体政策，它是在社会生活的某个领域、某个部门或某个方面起主导作用的实质性政策。一方面，基本政策从属于总政策，是总政策的具体化；另一方面，基本政策又是制定各项具体政策的依据和原则，是指导本领域、本部门或本方面工作的全局性政策。比如，科教兴国战略、人才强国战略、创新驱动发展战略、乡村振兴战略、区域协调发展战略、可持续发展战略、军民融合发展战略等，均可看作我国的基本政策。具体政策位于政策体系的最低层次，它是为了贯彻、实施基本政策而制定的具体行动准则，是基本政策的具体化，政策的执行直接体现为具体政策的执行。本章所说的公共政策主要是指具体政策。

（二）政治政策、经济政策和社会政策

依据政策内容和作用领域的不同，公共政策可分为政治政策、经济政策和社会政策。

政治政策着眼于政治问题的处理，用于分配政治权力、协调政治关系、保持政治秩序的稳定。比如，“一国两制”政策就是一项政治政策，推动协商民主广泛、多层、制度化发展也是一项政治政策。经济政策着眼于经济问题的处理，用于经济形势的调控、经济利益关系的协调等。比如，财政政策（包括税收政策、财政支出政策等）、货币政策和公债政策等，都属于经济政策的范畴。社会政策着眼于社会问题的处理，用于协调社会关系、保障公众的基本权利，促进幼有所育、学有所教、劳有所得、病有所医、老有所养、住有所居、弱有所扶，让全体人民在共建共享发展中有更多获得感。

（三）分配性政策、调节性政策、自我调节性政策和再分配性政策

依据政策协调社会方式的不同，公共政策可分为分配性政策、调节性政策、自我调节性政策和再分配性政策。

这是由美国政治学家西奥多·J. 罗威（Theodore J. Lowi）等人提出的政策分类方法。分配性政策（distributive policy）是指将服务或利益分配给社会中的特定部分——个人、团体、公司和社区。分配性政策的受益者可能是少数人（即将利益分配给特定的少数人），也可能是大多数人，但可以肯定的是，分配性政策只会产生得利者。比如，政府对一些非营利组织的税收减免政策就属于一种分配性政策。调节性政策（regulatory policy）是指对个体或群体行为强加某种约束或限制，从而缩减被调节者行动的空间。比如，交通规制政策等就属于调节

性政策。自我调节性政策(self-regulatory policy)涉及的也是对人们行为的限制与控制,在这一点上,它与调节性政策有共同之处,但与调节性政策不同的是,自我调节性政策通常是被调节者寻求和支持的,作为其保护或者促进自身利益的一种手段。比如,有关执业资格认证的政策就属于一种自我调节性政策。再分配性政策(redistributive policy)是指政府在各阶层或团体中有意识地进行收入、财产或权利的转移性分配,比如累进的个人所得税政策以及转移支付(transfer payment)政策等。

(四)管制型政策、诱导型政策和混合型政策

依据政策发挥作用方式的不同,公共政策可分为管制型政策、诱导型政策和混合型政策。

管制型政策充分体现了政府的权力和权威,它明确地要求或禁止某种行为,无论目标群体(即被管制对象)是否愿意,都必须严格按照政策的规定行事。在管制型政策面前,目标群体是无可选择的,其行为是被动的。诱导型政策主要是指通过一定的措施对目标群体的利益和动机产生影响,从而促使目标群体自觉作出某种行为的一类政策。在诱导型政策面前,目标群体既可能选择政府所期望的行为,也可能选择政府期望之外的行为,其具有一定的自主性,这体现出了诱导型政策的非强制性特征,同时又使诱导型政策的效果具有一定的不确定性。现实中还有一些政策兼有管制与诱导两种成分,被称为混合型政策。比如,对于一项治理环境污染的政策,其中可能既包括命令、处罚等方面的管制性措施,又包括价格、税收、信贷、补贴、保险等方面的诱导性措施。

第二节 公共政策的制定

就动态意义而言,公共政策是一个运行过程。对这个运行过程的阶段或环节的划分,不少学者都提出了自己的观点和见解。拉斯韦尔将政策运行过程分成七个阶段:情报、提议、规定、合法化、应用、终止、评估。① 莱斯特(James P. Lester)和斯图尔特(Joseph Stewart, Jr.)将政策过程划分为六个阶段:议程设置、政策形成、政策执行、政策评估、政策变迁与政策终结。② 美国的政策分析专家威廉·N. 邓恩(William N. Dunn)则将政策过程划分为议程建立、政策形成、政策采纳、政策执行、政策评估等五个阶段。③ 这种划分方法与托马斯·戴伊

① 胡宁生:《现代公共政策学》,中央编译出版社 2007 年版,第 186 页。

② 参见 James P. Lester, Joseph Stewart, Jr:《公共政策导论》(第 2 版,影印版),中国人民大学出版社 2004 年版,第 5~8 页。

③ 威廉·N. 邓恩:《公共政策分析导论》(第 2 版),中国人民大学出版社 2002 年版,第 14 页。

(Thomas R. Dye)的主张基本一致,戴伊将政策过程划分为六个阶段:问题界定、议程设置、政策形成、政策合法化、政策执行与政策评估。[①] 不同学者对政策运行过程的划分有所不同,对某些政策阶段具体含义的理解也有所不同,但共同之处在于:他们都主张以过程性的观点来理解公共政策。

综合不同学者的观点,我们将公共政策的过程划分为如下环节:政策制定、政策执行、政策评估、政策调整与政策终结。从行政工具的角度来看,政策制定是工具的创设,政策执行是工具的运用,政策评估是工具的评价,政策调整是工具的优化,政策终结是工具使命的结束。对以上环节的划分,我们在上一节对公共政策所给出的定义中已明显地体现出来。一个完整的政策运行过程是从政策制定开始到政策终结结束,在政策终结之前,各个环节之间可能会发生循环。

政策调整与终结是政策评估引致的结果,政策评估是政策调整或终结的前提和基础,这种关联性使我们可以将政策评估、政策调整与政策终结放在一节进行介绍。因此,本章将分三节对政策运行过程中的一系列环节进行介绍。首先介绍政策的制定,然后介绍政策的执行,最后介绍政策的评估、调整与终结。本节首先阐述政策制定方面的内容,政策制定环节包括问题界定、目标设定、方案设计、方案评估和方案选择五个步骤。

一、政策问题界定与政策目标设定

(一)政策问题的含义及特点

政策的制定和执行是因存在一定的需应对的现实问题,政策因一定的解决问题的需要而存在,问题界定是整个政策运行过程的起点,也是政策制定和形成的前提。

要明确政策问题的含义,必须理解问题、公共问题、政策问题三者之间的关系。从问题到公共问题再到政策问题,外延不断缩小,内涵不断扩大。问题包括公共问题,公共问题又包括政策问题,也就是说,公共问题必须是问题,政策问题必须是公共问题,但问题并不必然是公共问题,公共问题也并不必然是政策问题。

一般来说,当现实状态与理想状态(或者标准)产生了差距(gap)时,人们便可以感知到问题的存在,因为这种差距使人们产生了一种需求得不到满足的紧张感。我们认为,现实状态与理想状态之间的差距只是问题的表象,仅仅认识了问题的表象是远远不够的,关键是要抓住问题的实质。那么,什么是问题的实质呢?问题的实质是隐藏在表象背后的事物,它揭示了问题之所以会成为问

---

① 托马斯·R.戴伊:《理解公共政策》(第11版,影印版),北京大学出版社2006年版,第32页。

题的根本原因。对问题的界定，不仅要认识它的表象，更要明确它的实质，仅仅认识到了问题的表象很难说已经界定了一个问题。

所谓公共问题，是指社会成员在公共生活中共同受其广泛影响，具有影响的非排他性与不可分性、与公共利益密切相关的那些公共性社会问题。[①] 但是，公共问题并不必然成为政策问题，只有当公共问题进入政府的议事日程而为公共政策所要加以解决时，它才成了政策问题。现实中的公共问题是错综复杂、层出不穷的，因为只要存在人类的公共生活、公共空间和公共需求，就存在公共问题，只是公共问题会随着时间的推移和时代的变迁显现出不同的内容和特征而已。然而，社会资源却是稀缺的，政府拥有的资源也是有限的，有限的资源并不能解决所有的公共问题，那些不具有优先性或政府尚无能力解决的公共问题便不能进入政府的议事日程而难以成为政策问题。[②] 因此，政策问题是进入政府议程的公共问题，它的表象是政策现实状态（现实的状况）与政策理想状态（期望的和理想的状况）之间的差距，其实质是这种差距产生的根本原因。在这里，政府议程属于政策议程的一种类型，关于政策议程，我们还要在下面的内容中专门介绍。

政策问题具有以下特点：①主观性。对问题的表象，相对来讲，人们易取得一致性的认识；对问题的实质，不同的人则由于利益、立场、价值观、识见等的差异，往往会产生不同的认识。比如，对城镇低收入群体的基本住房需求无法得到有效满足这一表象，人们是易于认识和感知的，但对这一表象产生的根本原因，不同的人有不同的看法。有的认为是房价过高，政府应通过平抑房价来满足人们的基本住房需求；有的则认为是住房保障制度（如公共租赁住房制度）建设的滞后，政府仅运用经济政策来平抑房价无法从根本上解决人们的基本住房需求问题。因此，政策问题是客观环境和人们主观意识相结合的产物。[③] 面对同一现象，有人觉得不存在问题，有人却觉得存在问题；有人觉得存在这样的问题，而有人则觉得存在那样的问题。②动态性。政策问题由于政策环境[④]的变化而处于一个动态变化的过程中，表现为旧的政策问题的不断解决和新的政策问题的不断出现。③关联性。政策问题是彼此相关的，一个政策问题的出现、

---

① 陶学荣：《公共政策学》，东北财经大学出版社2006年版，第138页。在这里，社会问题中的"社会"是一种广义的概念，它相对于自然而言，包括政治子系统、经济子系统、社会子系统等，而非仅指与政治子系统、经济子系统相并列的狭义的社会。相应地，这里的社会问题也是一种广义的概念，它包括政治、经济、社会等领域的问题，而不仅仅包括社会领域的问题。

② 决定公共问题能否成为政策问题的主要还是公共问题的优先性，或者说是公众的需求状况，对那些公众迫切需要解决的公共问题，即便政府尚不具有解决的能力，也不应放弃解决这种问题的努力。

③ 陈振明：《公共政策分析》，中国人民大学出版社2003年版，第376页。

④ 政策环境是指影响政策产生、存在和发展的一切因素的总和，它包括经济、政治、社会等方面的因素。

解决会受到其他相关政策问题的制约。④公共性。政策问题涉及社会成员的公共生活，关系到社会的公共利益，同时还需要通过公共的力量加以解决。

（二）政策议程

用美国公共决策学者詹姆斯·E.安德森的话来讲，"那些被决策者选中或者决策者感到必须对之采取行动的要求便构成了政策议程"①。安德森对政策议程的理解偏向于政府议程，事实上，政策议程不仅包括政府议程，而且包括公众议程（或称为系统议程）。公众议程由那些受到社会公众和社会团体普遍关注并且使之认为政府有必要采取政策措施加以解决的公共问题组成，政府议程则由受到政府关注并且政府准备对之采取政策措施的公共问题构成。

公众议程是政策议程的第一个阶段，政府议程是政策议程的第二个阶段。一般来讲，公共问题是先进入公众议程再进入政府议程，但也不绝对，有的问题是不经过公众议程直接进入政府议程，有的问题则是先进入政府议程再进入公众议程。② 不论怎样，进入政府议程对公共问题转变为政策问题是必不可少的。公共问题进入政府议程的方式与途径则反映了公共问题是如何引起政府关注的。如果公共问题是先进入公众议程，表明公共问题是先引起公众关注进而引起政府重视的，公共政策的制定将典型地反映出政府对公众需求的回应性特征；如果公共问题未经过公众议程而直接进入政府议程，则表明公共问题首先是政府引起关注的，公众尚未普遍觉察到这种问题的存在或者对之予以解决的必要性。对政府而言，不仅要对公众需求保持高度的回应性，将那些需适时加以解决的公共问题纳入政府议程，而且要善于发现和解决那些潜在的、未引起公众关注但具有重要性甚至根本性的公共问题。比如，我国减免农业税的政策可以说直接是对农民关于减轻自身负担要求的一种回应，农业税取消后，农民的需求得到了满足，但这并不意味着现实中已不存在导致农民负担反弹的因素，在农民负担背后潜藏着的是政府机构问题、政府财政体制问题、农村公共物品供给体制问题等。这些问题更加具有深刻性和专业性，相对于税费负担来讲也具有隐性特征，因此未必能引起农民的足够关注，但这些问题对建立防止农民负担反弹的长效机制是至关重要的，发现并解决这些问题是政府应尽的职责。

（三）政策问题界定的过程

政策问题具有主观性，它需要人为地加以阐释和确定。正是由于政策问题的这种主观性，面对同样的客观现象，人们的认识可谓仁者见仁、智者见智，不同的人便形成了对问题的不同界定，其中，既可能有正确的界定，也可能有错误

① 詹姆斯·E.安德森：《公共决策》，华夏出版社1990年版，第69页。

② 参见王绍光：《中国公共政策议程设置的模式》，《中国社会科学》，2006年第5期。王绍光教授在该文中所讲的政策议程主要是指政府议程，从而将政策议程与公众议程并列了起来。

的界定。在有的情况下,一项政策之所以达不到预期的目标,并不在于政策方案的错误,而恰恰在于问题界定的错误,这种错误被金博尔(A. W. Kimball)称为第三类错误,即"用正确的答案解决错误的问题"①。

问题界定的错误属于源头性错误,解决错误的问题可能会导致局面的进一步恶化。为了尽量避免这种错误的发生,必须充分注重政策问题界定的每一个步骤和环节。根据以上对政策问题的理解,我们将政策问题界定的过程分为四个步骤:

1. 充分把握客观情势(明确政策现实状态)。人们的认识是主观的,但主观的认识必须建立在客观的基础上,唯有如此,人们的主观认识才能够是正确的。在不了解客观情势的条件下就试图对问题进行界定,只能使整个问题的界定过程变得盲目和混乱。对客观情势的充分把握一是要求准确,二是要求全面。这就需要政策问题的界定者通过多种渠道(如实践调查、研究报告、学术著作、大众媒体等)搜集相关信息,并运用先进的信息处理方法对客观情势得出准确的、条理清晰的描绘。

2. 确定政策理想状态的标准。既然存在界定问题的必要,就意味着现状并不能令人满意,那么,明确能够为人们所接受的满意标准就成了问题界定过程中一个必不可少的环节。政府在确定政策理想状态的标准中,要充分考虑到标准的可行性,理想状态的标准绝不代表不考虑现实可能的理想主义。也就是说,政策理想状态不能过于"理想",过于理想就可能超出任何一项政策的实现能力。所谓的理想状态,是指通过一个政策运行过程能够实现的状态。当这种理想状态变为现实状态时,一个新的理想状态便可能被勾画了出来,从而开始一个新的政策运行过程。以政府对低收入群体基本住房需求的满足(住房保障)为例,现阶段我国政府只能以"人人有房住"作为一个理想状态的标准,而不能将"人人有房产"确定为一个理想状态的标准。②

3. 认识政策问题的表象(明确现实状态与理想状态之间的差距)。在前两个步骤的基础上,政策问题的界定者通过现实状态与理想状态的对比,便可以找出两者的反差。这种反差展示的是问题的表象,也反映了问题的严重程度,反差越大,意味着问题越严重。但它并不能告诉人们问题出现的原因是什么(即问题究竟出在哪里),因此,对问题的界定还需要进入下一个步骤。

4. 探究政策问题的实质。差距的背后存在原因,问题的背后隐藏问题。只有对政策问题作进一步的探究,才能发现问题的实质,或者说更为根本的问题以及能够作为突破口的问题。而只有明确了问题的实质,才称得上是真正界定了一个政策问题,也才能为政策制定环节中的后续步骤提供明确的导向。

---

① 威廉·N. 邓恩:《公共政策分析导论》(第2版),中国人民大学出版社2002年版,第208页。

② 参见陈淮:《发展住房保障制度是缓解住房矛盾的关键》,《经济与管理研究》,2006年第3期。

（四）政策目标的设定

人们做任何事情都需要有目标，合理的目标给人们提供了努力的方向，也使人们有一个比较稳定的预期，从而能够增强人们的信心，鼓舞人们的干劲。政策活动同样需要目标的导引，政策目标的设定应尽可能使其具有以下特性：

1. 明确性。政策目标最忌模棱两可，模糊的目标只能带给人们困惑、使人们无所适从，以致比没有目标的效果还要坏，因此，政策的目标只能给人们指示一个方向，不能糅合两个或两个以上的方向，多个方向就等于无方向。另外，一项政策常常不只具有单个的目标，而是具有多个目标，但多个目标并不意味着多个方向。在多个目标中，必须有主次之分，次要目标服从并服务于主要目标。在多个目标中确定主次关系，也是使政策目标具有明确性的内在要求。

2. 可测量性。可测量性是指政策目标的实现与否以及实现程度是可以得到检验的，如果说政策目标的明确性给人们展示了努力的方向，那么，政策目标的可测量性则给人们展示了沿着这一方向所能达到的具体的预期状况。为了使目标具有可测量性，应尽力将目标转化为可量化的指标，对那些不适于量化的目标，也应寻求可以对之进行检验的方法。

3. 与政策问题的契合性。如果政策目标的实现意味着政策问题的解决，则说明政策目标与政策问题是契合的；如果政策目标的实现并非意味着政策问题的解决，则说明政策目标是不适宜的，它与政策问题并没有实现很好地契合。为了使政策目标具有这种特性，目标的设定一是需要使政策目标在方向上符合解决政策问题的需要，方向上有误的目标是不可能对政策问题的解决产生任何助益的；二是需要使政策目标在程度上符合解决政策问题的需要，过低或过高的目标都会妨碍政策问题的解决。

二、政策方案设计

在确定了政策问题和政策目标之后，接下来的任务便是设计政策方案。政策方案的设计决定着方案选择的空间，也在很大程度上决定着最终所选方案的质量。在设计政策方案的过程中，方案的设计人员既要遵循一定的原则，又要遵循一定的步骤。

（一）政策方案设计的原则

政策方案的设计应遵循以下几项原则：

1. 信息原则。政策方案设计就是一种搜集信息、加工信息、创造信息的过程，因此，方案的设计要以信息为基础，准确、完备的信息是保障政策方案设计成效的基础。为了使政策方案设计合乎信息原则，政策的制定者一是要充分发挥民主的作用，积极吸收政策的利益相关者以及其他个人或群体参与到政策方案的设计中来，不仅要善于发现和回应社会公众所面临的问题，而且要善于运用社会公众的智慧和力量去解决问题；二是要有效发挥相关专家与智库在政策设计中的作用，特别是在当今这个信息化程度日益提高的社会，政策问题逐渐呈现出复杂化和非结构化的特征，政策问题的解决也越来越需要借助专门的社会科学知识和自然科学知识，专家与智库在政策设计中的作用更加凸显出来，因此，政府要善于组织专家与智库的力量去设计方案、研究对策，并要为之创造必要的研究环境和条件，以促使这种智力资源发挥更大的效用。事实上，政策方案设计的任务一般也是由参谋咨询人员承担的。

2. 合目的性原则。合目的性是指所设计的政策方案应满足实现政策目标的需要，这对政策方案本身来讲是一个最基本的要求。政策目标是政策方案设计的依据，政策方案的设计应着眼于所面临的政策问题和所要实现的政策目标，一个不能实现政策目标的方案必定是没有价值的。合目的性不仅要求政策方案具有针对性，而且要求政策方案具有系统性和完整性，也就是说，政策方案应能促使政策目标的整体实现而不是部分实现，除非降低对政策目标的要求，但是，在这种情况下，政策方案仍应能保证调整后的政策目标的整体实现。

3. 多样性原则。政策方案设计的目的之一就是给政策制定者提供方案选择的空间，当人们没有选择余地时，其面临的答案往往是错误的，管理学中的"霍布森选择"①形象地说明了这个问题。只有考虑到所有可以用来实现政策目标的方法和途径，人们才能在这些方法和途径中进行对比和选优，才有可能找到尽可能理想的途径。因此，在政策方案设计中，人们应以创造性的思维考虑到多种可能性，从而为方案的选择提供更大的空间，也使那些潜在的优秀方案不致被遗漏。

4. 互斥性原则。实现政策目标的途径有多种，政策方案也是多样的，不同的政策方案之间是相互排斥的关系，这意味着人们不可能同时选择和执行两个方案，选择了一个方案就必须舍弃其他的方案。正所谓"条条大路通罗马"，但条条大路各不同，一个人不可能同时行进在两条道路上。有时两个看上去不同的方案实则不具有互斥的关系，它们或者是可以同时实施的，或者是一个方案包含在另一个方案之中，总而言之，可以合并到一个方案中去，因而这两个方案实际上只是一个方案。一个方案与其他方案的相互排斥是该方案区别于其他方案而成其为自身的前提，否则，这个方案便根本不能成为独立的方案。值得注意的是，方案之间的排斥关系并不意味着不同的方案是相互反对的，排斥是指方案在实现目标上路径的不同，而反对却是指方案在目标和方向上的差异。

① 17世纪，英国剑桥有一个估马匹生意和商人名叫霍布森，他在卖马时承诺："买或租我的马，只要给一个低廉的价格，可以随意选。"但他又附加了一个条件：只允许挑选能牵出圈门的那匹马。其实这是一个圈套。他在马圈上只留了一个小门，大马、肥马，好马根本就出不去，出去的都是些小马、瘦马、赖马。这种没有选择余地的所谓挑选，被人们讥讽为"霍布森选择"。

政策方案的合目的性决定了不同方案的目标指向都应是一致的。

(二)政策方案设计的步骤

政策方案的设计大体上包括两个步骤:第一步是政策方案的轮廓构想,第二步是政策方案的细化设计。政策方案的设计步骤体现了一个从宏观到微观的过程。

1. 轮廓构想。轮廓构想阶段的任务主要是对政策方案进行粗线条的勾画,从而在大体上明确实现政策目标的可能途径。政策方案的轮廓构想决定了可能的政策方案的数量,政策方案设计的多样性原则主要在这一步骤中得到体现。在政策方案的轮廓构想中,人们无须拘泥于细节,可以大胆地提出突破常规的想法,创造性的思维应得到切实的提倡和鼓励。因为拘泥于细节会分散人们对实现目标途径的多种可能性的注意力,不能突破常规则又将使政策方案难以创新,不利于更有价值方案的发现。比如,面对政府公共服务支出财力紧张的问题,人们传统的思维或者是增加税收,或者是减少政府的公共服务支出,然而,在这两种途径之外是否存在其他的思路呢?答案是肯定的,但需要跳出固有的思维框架,比如,政府在公共服务的供给中可以引入私人企业与非营利组织的力量,政府并不直接从事公共服务的生产,而主要是起到一个协调者和资源整合者的作用。正如奥斯本(David Osborne)和盖布勒(Ted Gaebler)所强调的,政府应将掌舵和划桨分开,政府的职能是掌舵而不是划桨。① 另外,在轮廓设想阶段,还应对不同的设想进一步分析和整理,使政策方案设计符合互斥性原则。

2. 细化设计。如果说轮廓构想是从宏观着眼,那么,细化设计则是从微观着眼,这一阶段的任务是使政策方案得以具体化,从而在实践中可操作、可实施。细化设计的内容具体包括以下几个方面:第一,制定政策方案中所包含的各项措施,并明晰各项措施之间的相互关系,以使政策方案具有完整性和系统性;第二,明确为政策方案所必需的人力、物力等资源,以使政策方案具有推行的保证。在政策方案的细化设计中,要将那些明显不具有可行性的政策构想予以排除。政策方案的细化设计在很大程度上决定了一个方案的严谨性与可行性,因此,对轮廓构想来讲,不应拘泥于细节,但对细化设计来讲,则应充分重视细节,可以说,"魔鬼存在于细节之中"(the devil is in the details)②,细节决定成败。

---

① 戴维·奥斯本,特德·盖布勒:《改革政府:企业家精神如何改革着公共部门》,上海译文出版社2006年版,第9页。

② 周志忍教授在《新时期深化政府职能转变的几点思考》一文中强调了政府管理中"细节"以及"如何去管"(相对于"管什么")的重要性,见《中国行政管理》,2006年第10期。

三、政策方案的评估与选择

政策方案评估的目的在于进一步验证方案的有效性、可行性以及为不同的方案确定一个优劣次序,进而提供方案选择的依据。对政策方案的评估是建立在政策预期效果的基础之上的,这种评估不同于作为政策运行过程中一个环节的政策评估,后者是建立在政策实际效果的基础之上的。① 因此,政策方案的评估具有明显的预测性质,人们也将这种评估视为一种预评估。

一项政策方案可能产生的效果是多样的,比如,对我国当前以"保护合法收入,调节过高收入,清理规范隐性收入,取缔非法收入,增加低收入者收入,扩大中等收入者比重"等②为主要内容的收入分配改革政策,其可能产生的效果包括:第一,增强低收入者的购买力,进而拉动内需,促进经济增长;第二,促进社会公平正义,保障低收入者共享改革发展的成果;第三,化解因收入分配悬殊和贫富差距而引起的社会矛盾,消除潜在的社会不稳定因素,维护社会秩序的稳定。因此,在政策方案的评估中,应充分考虑和预测政策方案可能产生的不同效果。

(一)预测政策方案的不同效果

1. 预测政策方案所产生的经济效果。对经济效果的评估涉及成本—收益(cost-benefit)的对比,首先要计算政策方案所需耗费的物质资源,并尽量将其量化为货币形式;其次要计算政策方案可能产出的收益,也尽量将这种收益量化为货币形式;最后计算收益与成本的比率,即得出政策方案的经济效果。这一比率越大,说明政策方案的经济效果越显著;如果这一比率小于1,则说明该政策方案根本不具有经济可行性。在对政策方案进行成本—收益

① 此外,两种评估在一定意义上都可以说是对政策方案有效性的评估,但它们评判政策方案有效性的依据却是有所差异的,不过造成这种差异的并不是主观原因,而是客观的限制。在政策制定环节的方案评估中,判断政策方案有效性的依据是政策目标的实现程度,也就是要预测政策方案所产生的效果以及这种效果能在多大程度上实现政策目标;而在作为政策运行过程中一个环节的政策评估中,判断政策方案有效性的依据则不能局限于政策目标的实现程度,关键是要看政策理想状态的实现程度,因为政策目标的设定本身就可能是错误的。之所以能够将政策目标的实现程度作为政策制定环节中方案评估所遵照的依据,是因为人们已经假定了政策目标设定的正确性(同时也假定实现了这样的目标就实现了政策理想状态)。如果人们发觉政策目标的设定有误,那么,其在设定了自认为正确的目标之前便不会进入政策制定中的下一个步骤,因此,政策方案评估用来参照的都是"正确"的目标。当然,这种正确性尚有待实践的检验,否则,现实中就不可能出现目标设定错误的情况了。到这里,另外一个问题很自然会摆在我们面前,即究竟什么样的政策方案能够称得上是有效的。我们认为,在政策方案实施之前,人们是无法判断政策方案最终的有效性的,也只能假定能够实现政策目标的方案就是有效的。然而,在最终意义上,只有实现了政策理想状态的政策方案才是有效的,如果政策目标设定有误,政策方案即便实现了政策目标,终归也是无效的。但以上并不意味着政策目标实现与否对政策方案来说没有了什么意义,因为有效的政策方案必定是能够实现政策目标的,而不能实现政策目标的方案一定不是有效的。

②《中共中央关于全面深化改革若干重大问题的决定》,《求是》,2013年第22期。

分析时,需注意以下三点:第一,对成本与收益的计算要具有全面性,不仅要考虑到直接的、近期的成本和收益,并且要考虑到间接的、长期的成本和收益。第二,要考虑到资金的时间价值,不同时期内发生的成本或收益是不可以直接相加或相减的,因为今天的 1 元钱不等于明天的 1 元钱,最简单的例子就是,今天的钱存入银行到了明天会生出一定的利息。因此,在计算政策方案的成本和收益时,要使用一个"贴现率"①将不同时间上的成本和收益都折算成现值,这样才能使不同时期内发生的成本与收益具有比较的基础。第三,要考虑到政策资源的上限,任何政策方案都不可能无限制地消耗资源,总是存在一个可消耗资源的限度。有的政策方案虽然在成本—收益的对比上是令人满意的,但是成本的绝对量却过大,政策方案所需的资源突破了一定的限度,因而也不具有经济可行性。

2. 预测政策方案所产生的政治效果。方案的政治效果主要反映为公众政治认同感等方面的变化,政治认同感不仅作为一种政策效果而存在,同时也作为影响政策效果的因素而存在,因为公众的认同感将直接影响政策方案的执行以及政策方案功能的发挥。政策方案的政治效果建立在各种利益得到有效协调和公共利益得到有效增进的基础上,只有当社会中的利益关系得到了协调和理顺、公共利益得到了扩展和增进时,利益冲突才会被控制在合理的范围内,社会秩序才会比较稳定,公众对政治局势的认同感才会得到加强。因此,在预测政策方案的政治效果时,应切实考虑到政策方案可能对各种利益关系所造成的影响,如果政策方案的实施加剧了利益冲突,那么,该方案的政治效果就不会理想。现实中,一些政策的表现形式是将新增的某种财政收入更多地用于特定群体(如某类弱势群体)福利的改善,而不是将原有规模的财政收入进行重新分配,由于这是一种增量的调整而非存量的调整,并没有使任何群体的既得利益受到损害,因而易得到人们的认同。这种增量调整或改革正是经济学中所谓的帕累托改进(Pareto improvement),即在不损害其他人利益的情况下使特定目标群体的利益得到增加。

当然,除了经济效果与政治效果之外,对于其他形式和种类的效果,人们在评估政策方案时同样要加以预测和考虑。

(二)评定政策方案的综合效果

在评估一项政策方案的优劣时,应对其可能产生的各种效果加以综合考虑,由此评定出政策方案的综合效果。这种评定可采用加权平均的方法,因为针对一项特定的政策而言,并非各种效果都具有同等的重要性,一项政策事实上也不可能在各方面都起到非常好的效果,这样就可以给相对重要的预期效果

① 有关贴现方面的知识可参见郭庆旺、赵志耘:《公共经济学》,高等教育出版社 2006 年版,第 147~150 页。

设定较大的权重，由此对政策方案的综合效果作出评定。当然，这种方法要求将各种效果均予以量化，否则，各种效果之间是难以进行比较的。而如何将不同的效果进行量化就成了一个有待解决的问题，这里提供了一种可供参考的思路，即将不同的政策效果均转化为人们的效用值，这种效用值反映的是政策效果与人们理想的政策效果之间的对比，效用值越大，意味着政策的效果就越好。需要注意的是，虽然各种效果对一项政策来讲其重要性是不同的，但很多政策对各种效果都有着相应的最低要求，当一个政策方案的某种效果达不到这种最低要求时，即便该方案的其他预期效果有多么的好，它也不能说是一个令人满意的方案。

接下来，我们通过一个例子来具体说明如何评定政策方案的综合效果。假设有三个备选方案，分别为 A，B，C，每一方案都将产生经济效果和政治效果，并且每一方案的两种效果都能满足最低要求（如果某一方案的某种效果达不到最低要求，便无须对这一方案的综合效果进行评定，可直接对这一方案予以舍弃）。由于经济效果与政治效果两者在这里具有不同的相对重要性，据此为它们赋予相应的权重，分别为 40%和 60%（40%+60%=1）。接下来的步骤是将每一方案的两种效果均转化为人们的效用值，效用值的取值范围为 0～1，取值越接近于 1，意味着政策效果与人们理想的政策效果之间的反差越小（理想的政策效果所转化的效用值为 1）。A 方案的经济效果和政治效果所转化的效用值分别为 1 和 0.8，B 方案的经济效果和政治效果所转化的效用值分别为 0.8 和 1，C 方案的经济效果和政治效果所转化的效用值分别为 0.9 和 0.7。最后可以通过计算对每一方案的综合效果进行评定：

（1）A 方案：1×40%+0.8×60%=0.88；

（2）B 方案：0.8×40%+1×60%=0.92；

（3）C 方案：0.9×40%+0.7×60%=0.78。

（三）政策方案的选择

在对综合效果进行评定的基础上，便可以确定不同政策方案的优劣次序，为方案的选择者提供选择的依据。方案的选择者是真正意义上的政策制定者。这里应明确“谋”与“断”的关系，“谋”是指参谋、咨询，政策方案的设计以及评估就属于谋的范畴，一般是由参谋咨询机构来承担的职责；“断”则是指判断、选择，政策方案的选择就属于断的范畴，是由决断机构（政策制定者）来承担的职责。这种职责的分工是由政策制定的复杂性决定的，也是由政策制定的科学性要求决定的。断要以谋为基础，但谋不等同于断，参谋咨询人员也代替不了政策制定者的决断职责。一些情况下，方案选择的结果与方案评估的结果并不一致，因为在政策方案的选择中，政策制定者不仅要考虑到方案本身的科学性，而且要考虑到意识形态、利益分配、道德、公众反应、制度规范以及惯例和先入之见等因素的影响作用。

政策方案确定以后,还要经过一个合法化的过程。比如,政府总是将政策通过一定的文件等形式向社会颁布,只有经过诸如此类的程序,公共政策才能获得相应的合法地位与权威性。除了政策的颁布之外,政策的合法化还包括其他的程序,这些程序可以通过政策合法化的定义描绘出来:政策合法化是指法定主体为使政策方案获得合法地位而依照法定权限和程序所实施的一系列审查(如法制工作机构的审查)、通过、批准、签署和颁布政策的行为过程。①

第三节　公共政策的执行

政策制定完成的是工具创设的任务,但要使工具发挥作用,就必须对工具加以运用,这种工具的运用即为政策的执行。只有通过政策的执行,政策现实状态才可能过渡到政策理想状态。在公共政策研究领域,很长一段时期内人们并没有对政策的执行引起足够的重视,而是认为政策被制定出来后会自然而然地得到执行。然而,在现实中,不少设计科学的政策并没有达到预期的效果,这使人们逐步认识到了政策执行领域的问题。从 20 世纪 70 年代开始,学术界日益加强了对政策执行的研究,并发展出了多种政策执行的理论模型②,如过程模型、互动模型、博弈模型、执行循环模型、执行综合模型等。

事实上,政策执行的过程就是政策功能得到发挥的过程,政策得不到执行,就形同于没有政策,甚至比没有政策的影响还要坏。正如有的学者所讲:"人们创造制度是因为制度有用,而制度作用的发挥就是制度的实施或执行。一个制度规则建立以后,如果不予实施,等于没有制度;一个制度规则建立以后,如果不能实施,也许是一种比没有制度更为严重的秩序危机。"③人们也不能想当然地认为政策执行是一个很简单的问题,只要一项政策付诸实施就会产生特定的结果而不会产生其他的结果,问题远不是那样的简单。政策执行可能产生多种结果,只有正确地执行政策,才能产生正确的结果,而扭曲地执行政策只能导致扭曲性的结果,现实中存在的政策执行的"阻滞"④现象充分说明了这一问题。因此,我们有必要研究如何使公共政策这一工具得到正确的运用、如何使政策执行顺利地进行,以促使政策执行产生人们预期的理想结果。本节我们将分别

---

① 参见陈振明:《政策科学》,中国人民大学出版社 1998 年版,第 245 页。

② 参见张金马:《公共政策分析:概念・过程・方法》,人民出版社 2004 年版,第 388~394 页。

③ 张曙光:《制度・主体・行为——传统社会主义经济学反思》,中国财政经济出版社 1999 年版,第 138 页。

④ 对政策执行阻滞问题的分析详见丁煌:《政策执行阻滞机制及其防治对策——一项基于行为和制度的分析》,人民出版社 2002 年版。

对政策执行的含义、作用、过程、影响因素以及保障政策有效执行的措施等予以介绍。

一、政策执行的含义

人们主要是从以下三个角度来理解政策执行的。

第一,从行动的角度理解政策执行。公共政策执行与公共政策运行过程中其他环节的本质差异在于政策执行的行动性质,政策执行包含了一系列的具体活动,公共政策的执行过程就是将观念中的政策付诸行动的过程。① 政策执行是一种行动,是将公共政策由观念状态向现实状态转化并进而实现政策目标的具体行动。脱离了具体的行动,公共政策只能限于纸上谈兵。查尔斯·O.琼斯(C. O. Jones)正是从行动的角度对政策执行进行了界定,她认为:"政策执行乃是将一种政策付诸实施的各种活动;在诸多活动中,又以解释、组织和实施最为重要。所谓解释,是将政策的内容转化为一般人所能接受和了解的指令;所谓组织,乃是设立政策执行机关,用以拟订执行的办法和落实政策;所谓实施,即由政策执行机关提供例行性的服务与设备,支付各项费用,进而完成政策目标。"②我们说政策执行是对公共政策这种工具的运用,其实也指明了政策执行的行动性质。

第二,从组织的角度理解政策执行。政策执行是一种行动,但这种行动并不是单个人的、无序的活动,而是有组织的活动系统。要保证政策执行的有序性与高效性,必须将政策执行中所涉及的各种资源有效地整合起来,将政策执行中所涉及的各种具体行动有效地协调起来,这就离不开相关的组织活动。政策执行中的组织特性最明显地体现在政策执行组织的确立,政策的执行需要有专门的组织去负责。弗瑞斯特(Forester)认为,没有专门的组织,没有组织化的努力,任何公共政策目标都只能停留在构想阶段,不可能在现实中获得实现。③

第三,从博弈的角度理解政策执行。所谓博弈,是指一些人、队组或其他组织基于一定的利益,面对一定的环境条件,在一定的规则下,同时或先后,一次或多次,从各自允许选择的行为或策略中进行选择并加以实施,各自取得相应结果的过程。④ 实质上,博弈就是一种选择,它主要包括三个方面的要素:行为的主体(博弈者)、策略的选择空间以及选择的获益。这种选择具有以下特点:其一,选择建立在一定的利益基础之上,这种利益是行为主体的自身利益或其

---

① 菲利普·J.库珀:《二十一世纪的公共行政:挑战与改革》,中国人民大学出版社2006年版,第182页。

② C. O. Jones, *An Introduction to the Study of Public Policy*, 2nd. ed. North Scituate, Mass. Duxbury Press, 1977. p. 139.

③ 转引自钱再见:《公共政策学新编》,华东师范大学出版社2006年版,第138页。

④ 参见谢识予:《经济博弈论》,复旦大学出版社2002年版,第4页。

代表的利益;其二,一个行为主体所获得的收益不仅取决于其自身的行为选择,而且取决于其他行为主体的选择,正如两个人对弈一样,一方的策略究竟会产生什么样的效果还取决于另一方的对策。卷入到政策执行中的行为主体(既包括个人,也包括群体;既包括政策的执行者,也包括政策的目标群体)都有其自身的利益或其自身所代表的利益,这使他们的行为和选择具有强烈的利益动机和主观色彩,从而使这种行为和选择并不一定符合原本的政策意图。也就是说,一个行为主体既可能选择有利于政策执行的行为,也可能选择不利于政策执行的行为,具体要看政策的执行是否合乎该行为主体的利益。另外,一个行为主体的选择受制于其他行为主体的选择,公共政策执行过程中一个行为主体的任何一项行为在某种意义上都可以看作对其他行为主体选择的反应,政策执行过程也可以说是不同行为主体的互动过程。因此,博弈的角度有助于人们理解政策执行者及其他行为主体在政策执行过程中行动的深层原因。

综合以上不同的角度,我们将政策执行的含义界定如下:公共政策执行是指政策执行者[①]在政策目标的引导下做出的一系列组织化的行动,这种行动是政策执行者与其他有关行为主体利益博弈的结果。

二、政策执行的作用

(一)实现政策目标

前面的分析已经提到,政策目标必须通过一定的行动才能实现,公共政策作为一种工具是通过政策执行得以发挥作用的。此外,政策执行的状况也对政策目标的实现具有直接的影响,有效的政策执行会促进政策目标的实现,不当的政策执行则无助于甚至会阻碍政策目标的实现。因此,政策执行与政策目标的实现有着密切的联系,它直接关系到政策目标能否实现以及政策目标在什么样的程度上得以实现。要顺利实现政策目标,必须保证公共政策的顺利执行。

(二)检验政策效果

实践是检验真理的唯一标准,对一项公共政策的评价,最终要看其在实践中究竟产生了什么样的作用和效果。政策执行是一种政策实践活动,政策方案则是这种实践的具体指导。通过政策执行,公共政策将产生一定的实践结果,这种结果可能与人们的预期相符合,也可能与人们的预期不相符合,据此,人们可以评判政策的效果如何。在政策制定阶段,人们需要对政策方案进行评估,这种评估也涉及对政策方案的检验,但这最多是一种模拟性的检验,具有明显的预测性质。而在政策执行阶段检验的则是政策的实际效果,是对政策预期效果的

---

① 政策制定者并不一定直接执行政策,如上级政府制定政策、下级政府执行政策的情况。此外,也存在政策制定者与政策执行者重合的情况。

验证。

(三)优化政策方案

政策方案被确定之后并不是一成不变的。当政策方案不能适应实现政策理想状态的要求时,便产生了优化政策方案的需要。而政策执行对优化政策方案的作用主要表现在:首先,明确优化政策方案的要求,因为只有通过政策执行,人们才能判断政策方案与实现政策理想状态要求的适应性程度;其次,提供优化政策方案的依据,这种依据就是政策方案在执行过程中产生的偏差与不足。

三、政策执行的过程

政策执行者面对一项政策方案,应怎样将它付诸实施呢?这里面也存在一个大体上可以遵循的程序,这种程序便形成了政策执行的过程。一般来说,政策执行过程包含的环节与步骤有:①制订执行计划;②确定执行机构;③开展宣传动员;④进行试点检验;⑤全面实施方案。这种程序并不是非常严格的,究竟一个政策执行过程包含哪些环节以及这些环节的次序如何,要根据具体情况而定。比如,有时政策执行过程就不存在试点检验这一环节。但是,对政策执行过程必须做到心中有数,要明确各个执行环节的相互关系,否则,政策执行就可能陷入紊乱状态。

(一)制订执行计划

"预则立,不预则废",政策执行计划的制订是政策执行过程中的一个重要环节,同时,这一环节也可以看作政策制定过程的延伸,它使政策的执行具有一个更为详尽的蓝图。政策执行计划制订环节主要包括三个方面的任务:①将政策执行任务分解到不同的部门。如果一项政策执行任务足够简单而无法将其进行分解,那么,承担政策执行任务的部门则是单一的。但不少情况下,政策执行任务的完成需要不同部门之间的合作、协调和共同努力,这也意味着承担政策执行任务的部门往往有多个。比如,住房保障政策的实施就涉及发改委、财政、金融、税务、土地、规划、司法等许多部门。[①] ②明确各项政策执行活动所需要的资源,并做好资源方面的准备。政策执行所需的资源包括人力、物力、财力等各个方面,它是政策执行活动得以顺利进行的物质基础和基本保障。因此,在制订执行计划这一环节,要回答好需要什么样的资源以及这些资源从哪里获得的问题,比如,所需要的政策执行人员有哪些以及这些人员如何调配;再如,需要多少资金以及这些资金如何筹集。③确定政策执行的日程,保证政策执行任务按期完成。政策的执行一般都有时间限制,延误了时间可能就会错过实现政策目标的最佳时机,也可能会使政策方案本身失去价值和意义。因此,要明

① 王晓瑜、郭松海、张宗坪:《住房社会保障理论与实务》,中国经济出版社 2006 年版,第 31 页。

确各个时间阶段需要开展的执行活动有哪些、需要完成的执行任务有哪些,以及需要实现的政策目标有哪些。

(二)确定执行机构

这一环节与政策执行计划的制订环节是密不可分的。首先,通过对政策执行任务的分解,政策执行计划明确了哪些部门具体承担政策执行任务,我们可将这些执行部门称为单项执行机构;其次,政策执行计划的制订本身需要一定的组织来完成,同时,这一组织也负责对各个部门的政策执行活动进行监督和协调,以避免政策执行的碎片化①,保障整个政策执行任务的顺利完成,我们可将这一组织称为综合执行机构。因此,政策执行机构可分为两类:一类是单项执行机构,这类机构是多元的;另一类是综合执行机构,这类机构则是一元的。单项执行机构之间可能存在以下两种关系:其一,单项执行机构之间具有较强的同质性,如它们处在同一层级,隶属于同一组织,这样的层级可能较高也可能较低,比如,单项执行机构是一个地方政府组成部门内部的科室,或者是组成部门本身;其二,单项执行机构之间具有较强的异质性,如它们分别处于不同的层级,隶属于不同的组织。综合执行机构与单项执行机构之间不一定具有行政上的隶属关系,但前者有权对后者的执行活动进行监督和协调。举例来讲,如果一项关于提供某种公共服务的政策需要甲、乙、丙三个部门加以执行,而负责对这三个部门的执行活动进行监督和协调的机构是丁,那么,我们可以将围绕这项政策的执行机构之间的关系用图 7-1 表示。

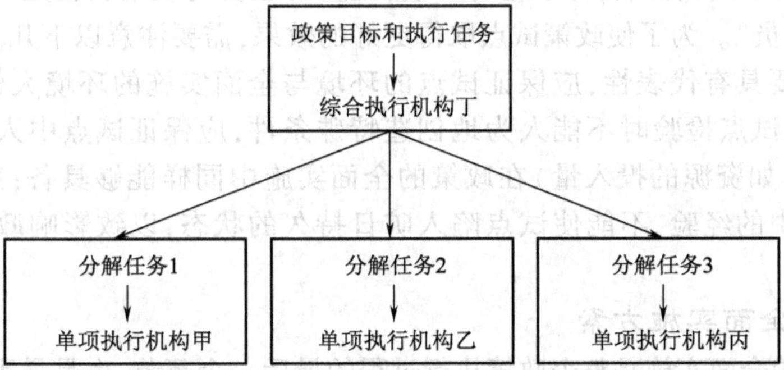

图 7-1 不同政策执行机构之间的关系

① 国外有学者针对公共服务提供中的碎片化问题(即政府在公共服务的提供中缺乏协调与合作)提出了"整体政府"(whole-of-government, WOG)的概念,强调各部门着眼于公众需求和公共服务本身,加强相互间的团结和协作,而反对各部门从自身角度出发,各自为政地提供公共服务。这种观点对我们理解公共政策执行中的协调也是具有启发意义的。有关"整体政府"方面的论述可参见 Tom Christensen, Per Lægreid:《后新公共管理改革——作为一种新趋势的整体政府》,《中国行政管理》,2006 年第 9 期。

（三）开展宣传动员

为了增强政策执行者及政策目标群体对公共政策的正确认知，使政策得以顺利执行，有必要向各有关政策执行者及政策目标群体开展必要的解释、宣传和动员工作，其内容包括：①解释与宣传政策的出台背景、目标所在、实施意义、实施步骤等，从而形成人们对该项公共政策的进一步认同；②对政策执行者还要说明政策执行中需要注意的细节及技术问题等；③运用适当的形式（如动员大会）、通过适当的措施（如考核奖惩措施）来激发人们执行政策以及配合政策执行的热情。宣传动员的形式是多样的，纸质媒介、电子媒介等都适合作为宣传动员的载体。采用多种形式进行宣传动员有助于有效地形成明确的舆论导向和强大的舆论氛围，从而使政策宣传的成效广泛而深入。同时，进行宣传动员还要有针对性，要针对不同的对象，即针对不同对象产生不同的疑问。

（四）进行试点检验

在政策方案全面实施之前，可以首先对政策方案进行试点检验，比如，我国农村税费改革就是先在安徽省开始试点，通过试点取得一定的经验，然后将政策在大范围内全面铺开。试点实质上也是一种实验，但这种实验不可能发生在自然科学的实验室里，而只能发生在现实社会中，政策科学的实验室就是现实社会。试点作为一种实践性的检验，具有以下作用[①]：①从实践的角度进一步验证与完善政策方案；②为大规模的政策实施积累一定的经验；③确保政策结果的可控制性，即便政策实施中出现了预料不到的结果，由于试点规模较小，因而不至于使局面失去控制；④示范与带动，正所谓成功的政策实验是一项政策最好的"推销员"。为了使政策试点取得更好的效果，需要注意以下几点[②]：第一，所选之点要具有代表性，应保证试点的环境与全面实施的环境大体一致；第二，在开展试点检验时不能人为地创造特殊条件，应保证试点中人们可以提供的条件（如资源的投入量）在政策的全面实施中同样能够具备；第三，及时总结试点中的经验，不能使试点陷入旷日持久的状态，以致影响政策执行的进程。

（五）全面实施方案

方案的全面实施是整个政策执行过程的最后一个环节，也是最重要的一个环节，前面的一系列环节可以说都是为这一个环节所做的准备。全面实施应根据执行计划，并在充分吸收试点经验的基础上展开。综合执行机构应发挥好信息、协调、督察等功能，要整合相关的政策资源、协调各方面矛盾冲突，以促使政策目标更好、更快、更全面的实现；各个单项执行机构也要各司其职、各负其责，保证自身所承担的执行任务顺利完成。

---

①② 参见胡象明：《公共部门决策的理论与方法》，高等教育出版社 2003 年版，第 248~249 页。

四、政策执行的影响因素

影响政策执行的因素是多方面的,这些因素主要包括:政策方案方面的因素、政策资源方面的因素、政策执行者方面的因素以及政策目标群体方面的因素。①

(一)政策方案方面的因素

政策执行的依据是政策方案,政策方案构成了对政策执行活动的具体指导,若指导有误,执行行为就不可能产生很好的效果。严格来讲,政策方案的问题属于政策制定环节的问题,不应归咎于政策执行环节,但应看到政策方案的问题对政策有效执行的影响,不少情况下,问题并不是出在政策执行本身,而是出在政策方案上。在政策方案有误的前提下,政策执行越扩展、越深入,其产生的恶果可能就越大。

政策方案之所以会出现问题,原因在于:人们并不具有完全理性(full rationality),而仅具有有限理性(bounded rationality),其收集信息和处理信息的能力是有限的,用于政策分析的资源(时间、金钱等)是有限的,认识问题和解决问题的能力也是有限的。这些都使人们对现实的认识和对未来的把握很可能出现不同程度的偏差,由此也使他们所制定出的政策难以满足实现政策理想状态的要求。

需要注意的是,有时政策的执行之所以未产生预期的效果,并非一定是因为政策方案方面的问题。一方面,政策执行还受到政策方案之外的其他因素的影响;另一方面,政策效果的产生本身需要一定的时间,政策执行与政策效果的产生并不是完全同步的,在一些情况下,政策效果具有较明显的滞后性,这种滞后性是政策执行过程非线性特征的一种表现。② 因此,盲目认定政策方案"失效"的做法也是不可取的。

(二)政策资源方面的因素

整个公共政策的运行过程离不开一定资源的支持,公共政策的运行既消耗一定的资源,又产出一定的结果。政策制定阶段产出的结果是某种被确定了的政策方案,政策执行阶段产出的结果则是对现实状态某种程度的改变(即政策作用于现实而产生的实际效果)。支持公共政策运行的资源被称为政策资源,包括人力、物力、财力、信息等方面,对此前文已有所涉及。公共政策资源存在于外部环境中,环境既对公共政策提出了要求,又为公共政策提供了支持。

① 如果政策方案方面的因素使政策执行产生了消极后果,那么,这种问题是属于政策制定环节的问题;如果其他方面的因素使政策执行产生了消极后果,那么,这种问题则可以视为政策执行环节本身的问题。

② 傅广宛:《非线性视角中的公共政策执行过程》,《中国行政管理》,2003 年第 5 期。

公共政策要解决什么问题、实现什么目标,在一定意义上可以说是为外部环境所要求的,是情势所致;而解决政策问题和实现政策目标所需要的资源也来自外部环境,例如,经济的发展状况从根本上决定了政府可以利用的资金规模。

因此,公共政策的执行不能突破外部环境的承受力,如果外部环境根本提供不了为政策执行所需的资源,那么,政策就很难被执行下去,正如缺乏足够资金支持的工程只能成为半拉子工程一样。现实中的一些公共问题之所以不能被纳入政府的议事日程,很重要的一个原因就在于政府缺乏解决这些公共问题所需要的资源。[①] 比如,城乡差距问题由来已久,但长期以来我国政府却安排不出必要的资金来解决这一问题,实行的仍是城市偏向的发展战略,而只有随着我国经济的持续发展和政府财政收入的不断增加,我国发展到一个"工业反哺农业、城市支持农村"的新阶段时,我国政府才拥有了逐步解决城乡差距的资源,这些年来也实施了一系列支农、惠农以及促进城乡之间基本公共服务均等化的措施。

任何缺乏资源基础的政策方案都是不可行的,任何缺乏资源保障的政策执行都是难以有效的,但这并不是说政策资源可以解决一切问题,也不是说有了政策资源什么都可以做、什么都可以做好。影响政策有效执行的因素是多方面的,特别是人的因素,政策执行者与政策目标群体在政策执行中作用发挥得好,政策资源就能产生更大的效益;否则,投入再多的资源也可能无济于事,只能造成大量的资源浪费。对政策执行者和政策目标群体在政策执行中的作用,"自下而上"的政策执行研究途径[②]予以了充分强调,前文所讲到的从博弈角度理解的政策执行也给予了明确体现。下面我们对政策执行者和政策目标群体在政策执行中的影响作用进行具体分析。

(三)政策执行者方面的因素

"上有政策,下有对策"是为我们许多人所熟悉的一种现象,这种现象反映的是政策执行者对公共政策的扭曲性执行[③],同时体现了政策执行者对政策执行的阻碍与破坏作用。政策执行者的职责在于推动政策的顺利实施,如果执行政策的人阻挠政策的实施,那么,政策执行的效果就可想而知了。

政策执行者扭曲地执行政策的原因主要有:第一,政策的执行不利于政策

---

① 对这个问题,我们在上一节讨论公共问题与政策问题的区别时已有所分析。

② 关于"自上而下"和"自下而上"两种政策执行研究途径(或模型)可参见理查德·J. 斯蒂尔曼二世:《公共行政学:概念与案例》,中国人民大学出版社 2004 年版,第 609~613 页。

③ 政策扭曲性执行的情况有:政策执行的表面化、政策执行的局部化、政策执行的扩大化、政策执行的全异化以及政策执行的停滞化。参见丁煌:《我国现阶段政策执行阻滞及其防治对策的制度分析》,《政治学研究》,2002 年第 1 期。

执行者的利益。这种利益并不是政策执行者所代表的公共利益,而是政策执行者的私利。出于对自身利益的追逐,政策执行者在执行活动中与政策制定者展开了非合作博弈,于是,政策执行者的行为很容易违背政策的精神实质和损害公众的利益,并且这种行为也很难为政策制定者所控制。比如,1998 年我国开始"停止住房实物分配"而实行住房分配货币化的改革,《国务院关于进一步深化城镇住房制度改革加快住房建设的通知》要求,建立以经济适用住房为主的包括廉租住房和商品住房在内的多层次的城镇住房供应体系。但因商品住房能给地方政府带来可观的收益而得到了一些官员的追捧,经济适用住房则遭到了冷落,廉租住房更是捉襟见肘,甚至有 145 个城市到 2006 年底仍未建立廉租住房制度。①

第二,政策执行者受到一些强势利益集团的牵制,从而破坏了政策执行的公平性与公正性。强势利益集团掌握着比较多的经济资源与社会资源(如庞大的关系网络),这些资源使强势利益集团能够通过不同的途径对政策执行者施加影响甚至压力,而弱势群体影响政策执行者的能力就弱一些,这样,政策执行者迫于某种压力,很可能将政策执行由以公共利益为取向转变为以强势利益集团的利益为取向。从本质上说,政策执行者受到强势利益集团牵制的原因主要还是在于政策执行者的自利性,无欲则刚,因为存在自利性,自然容易受到牵制。

政策执行者影响政策执行的原因不仅局限于利益方面,政策执行者由于认识、知识、经验和能力等方面的限制以及相互之间缺乏有效的沟通与协调,也会使政策的执行受到不利影响。

(四)政策目标群体方面的因素

尽管政策的目标各种各样,但它总是表现为对一部分人的利益进行分配或调整,表现为对一部分人的行为进行指导、约束或改变。② 这部分受公共政策规范与制约的对象就是政策的目标群体。目标群体对公共政策的态度总体上有两种:一种是接受公共政策,另一种是不接受公共政策。当然,不论是接受还是不接受,其中都存在一个程度上的差别。但可以肯定的是,目标群体越是接受公共政策,就越会配合政策的执行;反之,目标群体越是不接受公共政策,则越会阻挠政策的执行。特别是在当今社会,公共事务的治理越来越离不开公众的"积极合作以及创造性的参与"③,公众对公共政策的态度将直接影响到政策执行的效果。即便一项政策的意图很好,若这项政策引起了目标群体中大多数人的反对,恐怕这项政策也是很难得以执

① 参见王军:《住房"双轨"艰难铺设》,《瞭望新闻周刊》,2007 年第 36 期。
② 陈振明:《政策科学》,中国人民大学出版社 1998 年版,第 318 页。
③ 毛寿龙:《西方公共行政学名著提要》,江西人民出版社 2006 年版,第 534 页。

行的。

而目标群体究竟对公共政策持一种什么样的态度，主要取决于两个方面：一是政策本身的科学性、合理性与合法性，二是政策对目标群体的利益带来的影响。政策的科学性、合理性与合法性程度与目标群体对政策的支持度是正相关的，公共政策对目标群体利益的增进程度与目标群体对政策的支持度也是正相关的。

五、政策有效执行的保障措施

以上任何一个方面的因素出现问题都会阻碍政策的有效执行①，为了避免以上因素对政策执行的消极影响以及促进这些因素积极作用的发挥，进而保障政策的有效执行，可以采取以下几项措施。

（一）及时调适政策方案

政策方案不可能是尽善尽美的，特别是在政策执行之前，很多情况尚不明了，政策方案的科学性有待于实践的检验。政策的实施常常会暴露出政策方案存在的问题，这些问题又会限制进一步的政策执行。因此，为了使政策方案更好地起到对政策执行的指导作用，就有必要及时对政策方案进行调适和完善。

方案调适要求及时反馈政策执行信息，要求及时评估政策方案与实现政策理想状态要求的适应性，一旦出现了不相适应的情况，就产生了调适政策方案的必要。政策方案的调适与完善在一定意义上又使政策运行过程返回到了政策制定环节，政策制定者在方案调适中发挥着重要作用。但我们同样要认识到政策执行者在方案调适中的作用，因为政策执行者对政策执行的效果有着更为直接和切实的感受，对政策方案的利弊也有着更为客观和细致的把握，政策执行者掌握的这些信息是政策制定者所欠缺的，而这些信息对政策方案的调适又是非常重要的。因此，政策方案的调适离不开政策制定者与执行者双方的共同努力，政策执行者的信息反馈等作用对政策方案的调适是必不可少的。

（二）优化政策资源配置

优化政策资源配置的目标主要在于，使政策执行者所承担的执行任务与其可以使用的资源相对等、相一致。不同的政策执行者所承担的执行任务是不同的，因而他们所需要的政策资源也是不同的，这种不同可能表现为资源种类上的不同，也可能表现为资源数量上的不同。因此，政策资源的配置就不能实行简单的平均主义，而应根据不同政策执行者履行职责的具体需要，对政策资源进行有针对性的配置。

---

① 这里所说的政策的有效执行是指政策执行产生了为人们所预期的良好效果。

优化政策资源配置的一个前提条件是:明确各政策执行者执行任务的完成究竟需要什么样的资源以及所需资源的数量。这一点在政策执行之前就应做到,在执行中还可以对原有的资源配置计划进行适当的调整。有些情况下虽已按计划给政策执行者拨付了相应的资源,但政策执行的效果并不理想。对于这种情况,应深入分析其中的原因,可能是原先确定的资源配置计划不合理,也可能是政策执行者的执行方式等存在问题。若是后一种原因,就无关政策资源配置的问题了,那些试图通过加大政策资源的投入来改善政策执行效果的做法可能只会造成更多的沉没成本(sunk cost)①。

(三)提高政策执行人员的素质

政策执行者在政策执行中发挥着关键性的作用,如果事得其人,政策资源的投入就能产生更大的效益,政策目标就会得到更好的实现;反之,如果用人失当,只能导致政策资源的浪费以及政策意图的落空。总的来看,为了圆满完成政策执行的任务,政策执行者应具有以下两个方面的素质:第一,全心全意为公众谋福利的精神(公共精神)。作为公务人员,政策执行者在处理私人事务时可以合法合理地追求自身的利益,在这一点上,他们与其他人没有大的区别,但在处理公共事务时,他们必须以公共利益作为自身行为的出发点和归宿。公共精神使政策执行者避免从私利出发去执行政策,也使政策执行者能够以公共利益为基础实现政策执行过程中的协调与合作。

第二,完成执行任务所要求的知识、经验与能力。政策执行中可能出现各种各样的矛盾与问题,面对这些矛盾与问题,政策执行者若不具有必要的知识、经验与能力,就很可能陷于困惑之中而无法打开工作局面。比如,有的政策执行者由于缺乏经验,往往对政策执行中出现的矛盾冲突采取过于简单的处理方式,结果使矛盾冲突更加激化;而有的政策执行者由于思想陈旧,总是被固有的条条框框所束缚而不能采用新的方式创造性地执行政策。

因此,在挑选政策执行人员时,一定要严格按照标准,力求使政策执行人员在德与才两个方面都适应政策执行的要求。另外,对政策执行人员还要进行必要的培训,培训的内容可视政策执行的具体要求而定,从而有针对性地提高政策执行者的执行能力。

(四)加强对政策执行者的监督

自律与他律对政策执行者而言都很重要,两者互为补充,共同保障政策执行者的行动不偏离公共利益的导向,以及使政策执行者避免产生不合作的博弈行为。我国传统文化强调内省的力量,内省就是自律的一种表现。他律指的是

① 所谓沉没成本,是指已经发生而且无法收回的成本。参见曼昆:《经济学原理》(第3版,英文版),清华大学出版社2006年版,第297页。

外在的监督,而监督又是通过一定的制度来实现的。在设计监督政策执行者的相关制度时,应把握好以下几点:①监督的主体应是多元的,包括上级政府、目标群体、新闻媒体等;②既要注重对政策执行结果的监督,也要注重对政策执行过程的监督;③既要注重对政策执行效率性的监督,也要注重对政策执行公平性的监督;④采取必要的奖惩措施来保障监督起到应有的效果。

加强监督是提高政策执行有效性的一项重要措施,它确保政策执行者的行为不逾越制度所设定的边界,但不能因为监督而过于束缚政策执行者的手脚,不能因为监督而破坏政策执行者的能动性和创造性。这就需要明确监督主体与执行主体各自的责任与权力,对政策执行者的权力,监督者应予以尊重。

(五)增强政策执行者和政策目标群体的政策认同感

政策的顺利执行离不开政策执行者和政策目标群体双方积极性的发挥,而要充分发挥这种积极性,就需要增强两者的政策认同感。政策认同感是指认识主体对公共政策这一认识客体的接受程度和支持程度。一般来说,可以采用以下办法来提高政策执行者和政策目标群体的政策认同感:①切实尊重政策执行者与政策目标群体的需求,这种尊重不仅要体现在政策执行环节,而且要体现在政策制定环节。为此,在政策制定阶段就要注重发挥政策执行者与政策目标群体必要的参与作用①,使他们的需求更好地得以反映。②对政策执行中的利益受损者给予必要的补偿,这种补偿是基于对政策执行者和政策目标群体正当权益的维护。比如,湖北省在从 2003 年开始到 2006 年结束的乡镇事业单位改革中,充分注重保障分流人员的合法权益,对分流人员给予了合理补偿,并通过建立乡镇事业单位养老保障制度减少了分流人员的后顾之忧,这些都为改革的顺利推进创造了条件。② ③开展有效的政策解释与政策宣传,使人们真正理解政策实施的意义与必要性,破除那些对公共政策的片面的或扭曲性的认识。

第四节 公共政策的评估、调整与终结

政策评估是有关主体对政策执行效果进行的认定和评价,以提供关于政策理想状态实现程度以及政策方案有效性的信息。政策评估可能产生四种信息,进而引致相应的结果③:第一,政策理想状态可以实现而尚未实现,并且政策执行效果良好,相应地,公共政策无须加以调整或终结,政策执行得以继续;第二,

① 公共选择(public choice)理论认为,参与的人越多,决策成本越高,但执行成本越低。参见蓝志勇、陈国权:《当代西方公共管理前沿理论述评》,《公共管理学报》,2007 年第 3 期。

② 参见项继权、罗峰、许远旺:《构建新型农村公共服务体系——湖北省乡镇事业单位改革调查与研究》,《华中师范大学学报》(人文社会科学版),2006 年第 5 期。

③ 下面的第三和第四两种结果都是政策终结,因此也可视为一种结果。

政策理想状态可以实现而尚未实现,并且政策执行效果不良①(排除政策执行环节的问题),相应地,公共政策需要加以调整,政策运行过程又回到了制定环节;第三,政策理想状态已经实现,相应地,公共政策应予以终结(可称为"善始善终");第四,政策理想状态不具有实现的可能性,相应地,公共政策也应予以终结(可称为"无果而终")。

值得注意的是,政策评估可以在政策执行的过程中进行,并不需要以政策执行过程的中断为前提(当然,政策评估也可以在政策执行过程中断之后进行),也就是说,在对既有的政策执行效果进行评估的同时,原有的政策还在继续执行。② 如果政策评估所引致的是上面的第一种结果,那么,实质上,政策评估并没有对政策执行过程产生什么影响,但由于政策评估要建立在既有政策执行效果的基础之上,同时也为分析的简化和思维的清晰起见,我们总体上仍将政策执行与政策评估视为前后相继的两个环节。

一、公共政策的评估

(一)政策评估的主体

政策评估的主体应是多元化的,政策的制定者、政策的执行者、政策的目标群体以及第三方机构均可以作为政策评估的主体,四者各有优势,也各有劣势,只有充分发挥出它们的互补作用,才能使政策评估产生良好的效果。

政策制定者对政策效果负有最终的责任,因而他们有较强的动力去关心政策的实际效果,同时,也能站在一个全局的角度对政策效果作出评价。但政策制定者并不一定直接执行政策,因而对政策效果的认识可能不那么直观、具体和深入,甚至会被一些假象所蒙蔽。这样,仅依靠政策制定者去获取有关政策效果的信息是不够的。

政策执行者是将公共政策由观念形态转变为实际效果的直接操作者,他们对政策效果的认识能够具有直观性与深入性。但政策执行者却有可能会出于某种利益动机而有意识地掩盖特定的政策效果。当有的政策效果对政策执行者的利益不利时,政策执行者便可能对这样的效果"视而不见"或隐瞒不报;也有可能因倾向于认为自己的努力不会白费而不自觉地以证明政策执行效果良好的思路去收集资料。③

---

① 不包括因政策效果的滞后性而显现出的所谓效果不良,因为这并非真正意义上的效果不良。

② 比如,对过去一个月的政策执行效果进行评估,评估所需要的时间是一周,在这一周内,实际上政策的执行过程还在继续。这说明政策执行与政策评估两个环节并非简单的线性关系,大家如果留意,还可以发现政策运行过程中存在其他的类似情况。

③ 参见理查德·J. 斯蒂尔曼二世:《公共行政学:概念与案例》,中国人民大学出版社 2004 年版,第 721 页。

政策目标群体对政策效果有着切身的感受,并且他们一般也会如实表达自身的感受,但这种感受却不一定能全面、客观地反映政策的效果,因为作为目标群体的个人或组织是从自身的利益出发来评价政策效果的。显然,这样的出发点与立足点对客观、全面地评价公共政策的实际效果是有局限性的,公共政策一旦损害到某个人的利益,无论这项政策究竟给其他人谋取了多少福利,他也可能会表达出对该项政策的强烈不满。

第三方机构(如智库)相对于其他类型的主体,在政策评估中处于相对超脱的地位,政策结果并不对其利益产生直接的影响。因此,第三方机构对政策效果的评价比较具有客观性,一般不会受到利益因素的干扰。另外,第三方机构有不少是掌握相关专业知识的机构,其对政策效果作出的评价相对也具有更多的专业性与科学性。但是,第三方机构"无须对其评价所带来的最终结果负责"①,同时,第三方机构对政策的评估还面临着不少局限性,如时间的有限性、对政策实施背景理解的表面化等。这些都在不同程度上降低了第三方机构进行政策评估的有效性。

为了使不同的政策评估主体更好地发挥自身的优势以及规避自身的劣势,政策评估主体在对政策进行评估时应遵循一定的准则,我们将这些准则概括为以下几个方面:①对政策的评估应力求客观,而不应根据自身的好恶对政策效果进行武断的评价,这就要求政策评估主体排除自身利益的干扰而站在全局的高度来分析问题;②对政策的评估应力求全面,而不能仅仅重视某些政策效果却忽略其他效果;③对政策的评估应力求深入、具体,而不应满足于获取一些有关政策效果的表面认识与肤浅认识;④对政策的评估应力求体现科学性,应将必要的专业知识与技术引入到政策评估中来,从而将对政策效果的评价建立在科学而非主观臆断的基础上。

(二)政策评估的信息反馈

政策评估主体在对政策效果进行评价之后,获取了一定的信息,但这些信息如果不能反馈给政策制定者,从而为政策的调整或终结提供依据,政策评估也就失去了价值和意义。

为了提高信息反馈的有效性,政策评估的主体仍应遵循一定的原则:①反馈的信息应客观、全面。在信息反馈时应实事求是,既要反馈正面的信息(有关政策效果的积极评价),也要反馈负面的信息(有关政策效果的消极评价);既要反馈自身的主观认识,也要反馈实际中的客观事实。否则,政策评估的主体就有可能基于自身的利益去任意选择和取舍有关政策效果的信息(如报喜不报

① 菲利普·J.库珀:《二十一世纪的公共行政:挑战与改革》,中国人民大学出版社 2006 年版,第 189 页。

忧),从而误导政策制定者。②信息的反馈应迅速、及时。政策效果是在特定的客观环境中产生的,环境的变化必然引起政策效果的变化,而客观环境又是在不断变化的。因此,人们获取的有关政策效果的信息总是具有滞后性的,只不过滞后的程度有大有小而已,正如价格信号在指导市场主体的决策时的滞后性一样。正是因为存在这种滞后性,才需要强调信息反馈的迅速与及时,信息反馈得越迟缓,信息的效用损耗就越大,其对政策调整与终结的指导作用就越小。而要提高信息反馈的及时性,一是要为信息的反馈开辟便捷的渠道,二是要减少信息反馈的中间环节与层次。近年来,信息通信技术与电子政务的发展为信息的反馈创造了越来越有利的条件。

反馈的信息最终要集中到政策的制定者那里,他们还要对这些信息作进一步的处理,以对政策效果得出更为客观和深入的认识,从而为政策的调整与终结提供更有效的指导。

二、公共政策的调整

(一)政策调整的原因

前面我们已提到,政策方案是影响政策执行的一个因素[①],政策方案如果出现问题,政策执行效果就不可能令人满意。显然,政策方案的问题将引起政策的调整。[②] 而政策方案为何会出现问题,我们在前面已从“有限理性”的角度简要分析了其中的原因。此外,我们还可以从另外一个角度来理解政策方案出现问题的原因,即从政策制定的步骤着眼加以分析。由于最终被确定的政策方案是经由政策制定环节的一系列步骤而产出的结果,因此,这些步骤中的任何一步出现了错误都会导致不正确结果的产生,即存在问题的政策方案。因此,根据政策制定的步骤,我们可以将政策方案出现问题的可能原因归结为以下几个方面:问题界定的错误、目标设定的错误、方案设计的错误、方案评估的错误、方案选择的错误(这些错误都是人们有限理性的反映)。当前面一个步骤发生了错误时,后面的步骤也很难保持正确性,但政策方案出现问题的原因并不能归结于后面步骤的错误,因为后面步骤的错误也是结果而非原因,真正的原因存在于最先发生错误的那个步骤。

那么,在政策方案的问题之外,是否还存在其他导致政策调整的原因呢?政策调整的必要产生于政策执行效果的不良,而政策执行效果的不良无非又出

---

① 需要再次强调的是,政策方案虽然是影响政策执行的一个因素,但政策方案的问题并不属于政策执行环节的问题,而属于政策制定环节的问题。

② 这种调整还有一个前提,即政策理想状态能够实现。如果政策理想状态根本无法实现,那么,政策调整也就没有任何意义了。

于两个方面的原因:一是政策的制定出现了问题,二是政策的执行出现了问题。① 对政策执行环节可能出现的问题,上一节中已有相关分析,这里不再重复,我们对政策调整的分析也是在政策执行环节不存在问题的前提下进行的,因此,排除了政策执行环节的问题,政策调整的原因只能从政策的制定环节寻找。而无论政策制定环节的问题是由哪一个步骤的错误所导致的,这种问题最终都表现为政策制定的结果——政策方案的问题。

(二)政策调整的内容

政策效果不良的原因出在哪里,就应从那里着手进行政策调整,排除了政策执行环节的问题,政策效果不良的原因可能出现在政策制定环节的任何一个步骤,因此,政策调整的内容相应也就包括以下几个方面:

1. 对问题界定的调整。在政策运行过程开始时,人们总希望能正确地界定问题,以免用正确的答案解决了错误的问题。然而,错误界定问题的可能性并不是不存在,有时甚至难以避免。这是因为:现实是复杂的,而人的理性是有限的,面对复杂的现实,人们并非一开始就能抓住问题的实质,不少情况下是随着政策执行过程的深入,随着人们实践经验的积累,政策问题才逐步明朗化。当人们错误地界定了问题时,就需要对问题进行重新界定。另外,在政策执行过程中,问题也可能发生变化。当问题发生了变化时,虽然不能说一开始人们对问题的界定就是错误的,但可以肯定的是,人们对问题进行重新界定却是必要的。

2. 对目标设定的调整。问题一旦界定错误,目标设定随之也会产生错误。即便在正确界定了问题的情况下,目标也可能被错误地设定。之所以会出现这种可能,是因为人们并没有把握好目标和问题之间的联系,致使目标的实现并没有带来问题的解决。举例来讲,医疗保障问题在我国是一个严重的民生问题。面对这一问题,政府可能制定这样一个目标,即提高医疗服务的供给水平(如增加对医院的投资)。但这一目标的实现并非会使低收入者的医疗状况得到改善,因为供给的增加并不意味着能够提高低收入者的有效需求(即人们有支付能力的需求),谁也不能保证新增的医疗服务就一定会为低收入群体所享有,这样,目标与问题之间就缺乏有机的联系,对目标进行重新设定就成为必要。针对低收入群体享有基本医疗服务不足的问题,政府应将目标定位于低收入群体有效需求的提高上②,从而使低收入群体能够看得起病。

3. 对方案设计的调整。目标的重新设定将引起方案设计的调整,在上面

---

① 政策执行问题不是笼统地指政策执行没有取得良好效果,而是指政策执行环节的问题,即正确的政策方案没有得到有效执行。

② 将目标从提高供给水平转变到提高有效需求水平上来并不意味着我国在医疗服务的供给上就不存在短缺,只不过人们对医疗服务有效需求的提高也可以拉动医疗服务的供给。

的例子中,当目标由提高医疗服务的供给水平转变为提高低收入群体对医疗服务的有效需求水平时,政策方案就需要加以重新调整设计。比如,着眼于将医疗补贴直接发放给低收入者而设计出一系列方案。另外,在目标设定是正确的情况下,方案设计也可能会出现问题,其原因在于:人们在方案设计中忽略了某些重要的影响因素,考虑的不周导致方案的错误,从而使所设计出的方案并不符合实现政策目标的要求。这里同样可以举一个例子①,1770年,英国航海家库克(James Cook)发现澳大利亚大陆后,英政府立即宣布澳大利亚为英国的领地,准备派人去开发。但由于当时英国人口有限,政府决定派一些犯人去开发。到这里我们可知,英国政府的目标是将犯人从英国本土运送到澳大利亚去开发土地。那么,针对这一目标,英国政府采取了什么样的政策方案呢?最开始,政府采取了根据运送出犯人数量的多少而给船长付费的办法。但这样的方案并没有实现政府的目标。由于受利益驱动,一些船长不顾客观条件的限制,像运牲口一样一条船运载比额定数多出几倍的犯人,不给淡水喝,不给饭吃,不少犯人在路上就饿死、病死。糟糕的局面让政府开始反思,并使政府逐步认识到了"运送出"和"安全运送到"并不是一回事,而原来方案设计的错误就在于政府忽略了从"运送出"到"安全运送到"之间可能存在的问题。最后,英国政府重新设计了方案,将付费方式改为把犯人运送上岸并经体检合格后再给钱,这样就避免了船长对犯人的虐待,也保证了方案能够有效实现既定目标。

4. 对方案评估的调整。如果重新设计出了方案,对这些新方案进行评估就是不可或缺的步骤。另外,政策执行效果不良的原因也可能直接出在政策方案的评估这一步骤上,这是因为方案的评估者未能准确把握政策方案可能产生的影响以及这些影响之间的相对重要性,有的影响可能被忽略了,而有的影响则可能被放大了,从而使事实上重要的方案被放在了次要的位置,并由此导致了错误的方案选择。在这种情况下,就需要对原有的政策方案加以重新评估。

5. 对方案选择的调整。对政策方案的重新评估一般会引起对政策方案的重新选择,但政策方案的重新选择也可能与原来的政策方案评估没有直接的联系,也就是说,政策方案的重新选择并不是对原有的政策方案做出了错误评估所引致的结果。这种情况出现的原因在本章第二节中已有所分析,即对政策方案的评估属于"谋"的范畴,是由参谋咨询机构承担的职责;而对政策方案的选择则属于"断"的范畴,是由决断机构(真正意义上的政策制定者)承担的职责。"谋"与"断"两种不同职责的分工使有些时候方案选择的结果并不与方案评估

① 参见徐光木:"破窗效应破掉教育公平",《学习月刊》,2006年第10期(上)。

的结果相一致。这种不一致又可分为两种情况:其一是方案选择的结果是正确的而方案评估的结果是有偏差的,在这种情况下,并不需要进行政策的调整;其二则恰恰相反,方案评估的结果是正确的而方案选择的结果是错误的,在这种情况下就需要对政策方案的选择进行调整。

此外,政策制定的结果表现为某种被确定了的政策方案,政策制定环节的问题最终表现为政策方案的问题。从这个角度来看,对公共政策的调整在一定意义上讲就是对政策方案的调整。就程度而言,政策方案的调整又可分为两种:一是对政策方案进行细节性的修补,这种调整意味着政策方案基本上适应实现政策理想状态的要求,政策方案在执行中没有产生严重的不良效果;二是对政策方案进行根本性的调整(如用新的方案替代原来的方案),这种调整意味着政策方案完全偏离了实现政策理想状态的要求(如政策问题的界定或目标的设定发生了实质性的错误),政策方案在执行中产生了严重的不良效果。不论是对政策方案进行何种形式和程度上的革新,政策调整都使政策运行过程又回到了政策制定环节。① 实质上,政策的调整就是政策的再制定,工具的优化就是工具的再创设,目的是更好地实现政策理想状态。从这个意义上来看,政策调整并不是一个实体性的环节,而仍属于政策制定环节,只不过这时的制定是在对政策实际效果进行评估的基础上进行的再制定。

三、公共政策的终结

(一)对政策终结概念的进一步界定

在本节的开始,我们已说明了政策终结的两种情况,这两种情况也揭示出了政策终结可能的前提条件:一是经过政策评估,人们确认了预期的政策理想状态已经实现;二是经过政策评估,人们确认了预期的政策理想状态根本不可能实现。只要这两个条件满足了其一,便需要对政策进行终结。而政策一旦终结,即宣告了政策运行过程的结束。下面我们结合现有的研究,对政策终结的含义加以进一步地说明,同时也进一步明确政策终结与政策调整之间的关系。

有些学者认为,当政策②成为"无效的、过时的、多余的、不必要的"③时,就应对政策予以终结④。政策理想状态的实现或政策理想状态不具有实现的可能

① 值得注意的是,对原有政策方案进行调整的同时,原有的方案有可能还在被继续执行,直至调整后的政策方案产生为止,这一点也说明了政策运行过程的非线性特征。

② 这里的政策是指静态意义上的公共政策。

③ 陈振明:《公共政策分析》,中国人民大学出版社 2003 年版,第 339 页。

④ 这种观点是将政策终结理解为静态意义上的公共政策的终结或政策方案的终结,但对政策终结作这样的理解事实上是不恰当的,我们接下来的分析便说明了这个问题。

性固然都会使政策成为“无效的、过时的、多余的、不必要的”，然而，在政策理想状态能实现而未实现时，政策也可能成为“无效的、过时的、多余的、不必要的”（即原有的政策方案发生了根本性的错误，从而需要用新的方案予以替代）①。而根据我们前面的分析，在政策理想状态能实现而未实现的情况下，要么需要对原有的政策予以继续执行，要么需要对原有的政策予以调整，政策成为“无效的、过时的、多余的、不必要的”所引起的即是一种政策调整，只不过这种调整是一种根本性或替代性的调整，而非小修小补式的调整。替代性的政策调整自然包括对原方案的废止和对新方案的确立，如果将原方案的废止视为一种政策终结的话，那么，这种政策终结就被包含在了政策调整之中，也就是说，政策调整可以包括政策终结，这在逻辑上是讲不通的，在思维上也容易产生混乱。如果将原方案的废止视为政策终结并认为政策调整与政策终结是两个并列的环节，那么，只能将对政策的替代性调整排除在政策调整之外，而这又与实际不相符合，因为政策调整包括对问题界定和目标设定的调整，而这种调整很可能引起新方案对原方案的替代，如果否定了这种替代是一种政策调整，那么，在一定意义上也就否定了对问题界定和目标设定进行调整的可能性与必要性。因此，当政策成为“无效的、过时的、多余的、不必要的”时，并不一定都会发生政策终结，也可能会发生政策调整。

我们认为，政策调整与政策终结之间是存在区别的，两者是政策运行过程中并列的环节。政策调整是在政策运行过程中对政策方案进行的不同程度的革新，目的是更好地实现政策理想状态，而不是结束政策运行过程，即便是在替代性的政策调整中对原方案的废止，它相对于新方案的产生来讲也不是目的，相对于政策理想状态的实现来讲就更不是目的，因此也远没有处于政策运行过程的终点位置。政策终结的目的则直接在于结束政策运行过程，而不是追求政策理想状态的实现，因为政策理想状态已经实现或者根本不可能实现。政策理想状态的已经实现或根本不可能实现也构成了政策终结可能的前提条件。明确了政策调整与政策终结之间的区别，有助于我们更清晰地理解和认识公共政策的运行过程。

就政策终结的内容来看，政策终结一是要求对现有政策方案进行终结或废止；二是要求在政策方案终结的基础上对整个政策运行过程进行终结，即不再尝试诸如制定新方案等任何以实现原定政策理想状态为目的的行为活动。政策运行过程的终结实质上包括了政策方案的终结，因为没有政策方案的终结，肯定不会有政策运行过程的终结。但是，政策方案的终结并不一定意味着政策运行过程的终结，因此也不能简单地认为政策终结就是政策方案的终结或者静

① 由此我们可以看出，政策成为“无效的、过时的、多余的、不必要的”更适合于被看作“结果”，而不是“原因”。

态意义上的公共政策的终结。

在以上分析的基础上,我们可以对政策终结给出一个完整的定义:政策终结是指政府根据政策评估信息,在确认了政策理想状态已经实现或根本不可能实现的基础上,对整个政策运行过程予以终止。

（二）政策终结的障碍及其克服

在政策终结确实成为必要后,政策会不会自动终结？答案是否定的,因为政策的运行具有惯性,也可将这种惯性称为“路径依赖”(path dependence),即在缺乏外力干预的情况下,政策是难以自动停止运行的,哪怕是人们预期的理想状态已经实现。而原本应该终结的政策却得不到终结,其结果只能致使那些已经实现政策理想状态、值得肯定的政策逐步成为过时的、为人诟病的政策,致使那些为了根本不可能实现的理想状态而运行的政策浪费更多的资源、产生更多的负面效应。

政策运行的惯性可以通过政策终结的阻碍因素来理解,这些因素大体上可归结为以下几类:

1. 利益方面的因素。政策的终结会影响既有的利益格局,使一些既得利益者受到一定的利益损失,从而引起他们对政策终结的不满。比如,政策的终结可能会使原来的政策制定机构和执行机构的权力受到削弱,甚至使这些机构失去存在的价值,于是,这些机构就很可能反对政策的终结。

2. 成本方面的因素。在政策理想状态已经实现的情况下,政策终结的成本主要是为了结束政策的运行所需付出的成本。比如,对那些因政策的终结而受到损失的人给予补偿所需要的成本、说服有关的个人或组织认同政策终结所需付出的成本,以及因政策终结可能产生的心理成本等。在政策理想状态根本不可能实现的情况下,政策的终结除了受到以上成本的限制外,还受到沉没成本的制约,这种成本虽已发生,但没有产生效益,终止资源的投入将使已付出的成本彻底丧失收回的希望,而继续资源的投入则又可能导致更多沉没成本的产生,于是人们很容易陷入进退两难的境地。

针对政策终结的障碍,我们可以采取以下克服的措施:①对政策终结的受损者给予必要的利益补偿,减弱他们对政策终结的反对程度;②加强认识上的疏导,增强人们对政策终结的心理认同感;③抓住政策终结的有利时机,应将政策终结放在整个政策运行过程中去考虑,要认识到政策运行过程是有始有终,而不能只顾及政策的制定、执行,而忽略了政策的终结,只有这样,才能及时发觉政策终结的必要性并抓住政策终结的有利时机;④避免政策终结上的优柔寡断,要认识到不能对原本应该终结的政策予以终结只能导致更多的资源浪费和更多的消极后果,只能导致政策终结难度的日益增大。

实际上,不仅政策的终结存在阻碍因素,政策的调整也存在阻碍因素,因为政策调整和政策终结在一定程度上都是对政策运行惯性的打破，政策终结中存在的阻碍因素在政策调整中也是存在的，要保证政策调整的顺利进行，同样需要采取必要的措施对有关的阻碍因素加以克服。

至此，我们已对公共政策的整个运行过程进行了分析和介绍，现在我们将政策过程的运行机理图示化，如图 7-2 所示。

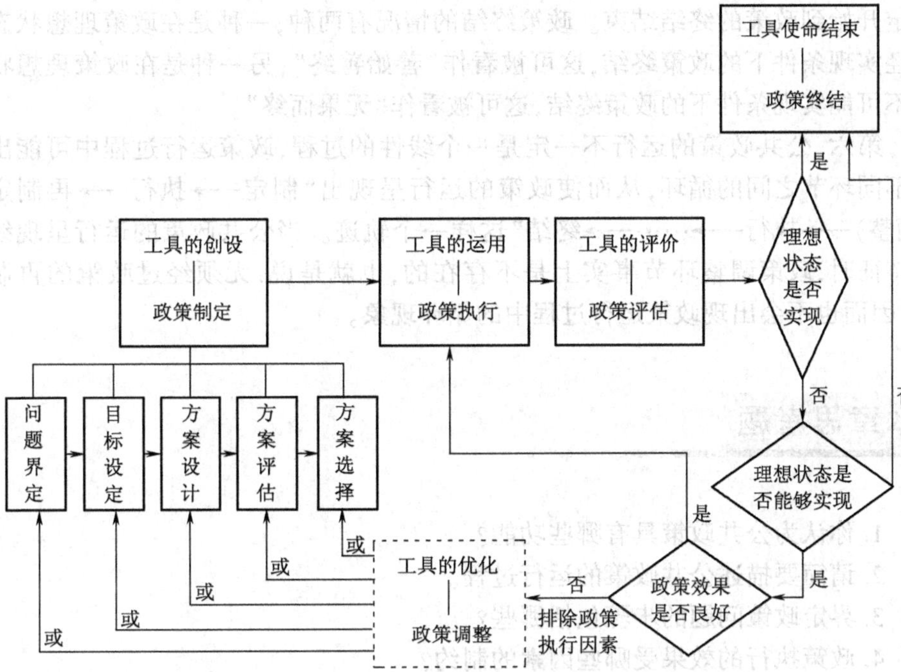

图 7-2 政策过程的运行机理

根据图 7-2，我们可以对整个政策运行过程作几点总结性的说明：

第一，公共政策在静态意义上表现为某种政策方案，在动态意义上表现为一个运行过程，这个过程包括政策制定、政策执行、政策评估、政策调整、政策终结等环节。从工具的角度来看，政策制定就是工具的创设，政策执行就是工具的运用，政策评估就是工具的评价，政策调整就是工具的优化，政策终结就是工具使命的结束。

第二，政策制定环节包括问题界定、目标设定、方案设计、方案评估和方案选择五个步骤，紧随其后的一个环节是政策执行。

第三，政策评估可能引起三种结果，一是政策的继续执行，二是政策的调整，三是政策的终结。这三种结果是相互排斥的关系，不可能有两种结果同时发生。另外，政策评估并不需要以政策执行过程的中断为前提，为了简化起见，

图 7-2 对此并没有给予明确反映。

第四,政策调整实质上是政策的再制定,它使政策运行过程又回到了制定环节,因此,政策调整并不是一个实体性环节,我们在图 7-2 中用虚线框来表示。政策调整可能从政策制定环节中的任何一个步骤开始,这取决于政策方案的问题是由政策制定哪一个环节的错误所导致。

第五,政策终结是对整个政策运行过程的终结。政策运行过程是从政策的制定开始到政策的终结结束。政策终结的情况有两种,一种是在政策理想状态已经实现条件下的政策终结,这可被看作“善始善终”;另一种是在政策理想状态不可能实现条件下的政策终结,这可被看作“无果而终”。

第六,公共政策的运行不一定是一个线性的过程,政策运行过程中可能出现不同环节之间的循环,从而使政策的运行呈现出“制定⟶执行⟶再制定(调整)⟶执行⟶……⟶终结”这样一个轨迹。当公共政策的运行呈现线性特征时,政策调整环节事实上是不存在的,也就是说,无须经过政策的再制定,因而也不会出现政策运行过程中的循环现象。

本章思考题

1. 你认为公共政策具有哪些功能?
2. 请简要描述公共政策的运行过程。
3. 界定政策问题的步骤包括哪些?
4. 政策执行的效果受哪些因素的制约?
5. 请分析政策调整与政策终结的区别。

第八章

行政方法

随着经济社会的发展,社会公共事务变得日益复杂,相应地,社会公共事务的管理对行政方法的要求也越来越高,在这一背景下,行政方法引起了理论界与实务界的共同关注。在理论界,有关行政方法、政府工具、政府治理工具等类似主题的研究已成为重点领域,并且这一领域不断产出了有价值和创新性的研究成果;在实务界,一些新的行政方法被引入政府的行政管理中来,并且对政府行政管理水平的提高以及政府改革的顺利推进起到了重要作用。本章在借鉴现有研究成果的基础上,分三节对行政方法的有关内容进行分析和介绍:第一节介绍行政方法的含义、特点、作用和分类;第二节介绍行政方法的内容构成,主要分析法律的方法、经济的方法、行政指令的方法、思想教育的方法和行为激励的方法这五种类型的行政方法;第三节介绍行政方法的选择,包括对行政方法选择的标准以及行政方法选择的影响因素两个方面的分析。

第一节　行政方法概述

一、行政方法的含义与特点

(一)行政方法的含义

所谓行政方法,是指政府及其工作人员为履行行政职能、完成行政任务、实现行政目标,在行政管理过程中采用的各种方法和手段的总称。对行政方法与公共政策、行政技术三者之间的关系,我们可以作这样的理解:公共政策包含行政方法(以及行政技术)方面的因素①,而行政方法又包含行政技术方面的因素②(尽管不能说所有的行政技术都包括在行政方法之内)。另外,行政方法和行政技术既可服务于政府的外部管理,又可服务于政府的内部管理,而公共政策则主要指向于政府对外部公共事务的管理。

(二)行政方法的特点

行政方法的特点主要体现在以下几个方面:

1. 行政方法的科学性。行政方法是以客观规律和科学技术作为其成立和运用的前提的,它来源于行政管理实践但又高于行政管理实践,是人们对行政管理实践经验的科学总结。行政方法的科学性要求人们在行政管理活动中善于运用科学的思维方式,对有价值的行政实践经验进行系统化、科学化的加工,使之上升为对人们的行政活动具有普遍指导意义的科学方法。

2. 行政方法的灵活性。行政方法并不是目的本身,它是为实现行政目的服务的,行政方法的选择和运用必须根据行政目的、行政对象、行政资源等的不同灵活进行,一把钥匙开一把锁,在一个行政环境中起作用的行政方法到了另外一个行政环境中可能就失效了。因此,对行政方法的选择,不能拘泥于头脑中的某种成见,不能采取先入为主的态度,认为某一方法好就试图让它去解决所有的问题,正确的态度是什么样的方法更能有效地解决问题就选用什么样的方法,即便这种方法是以前未采用过的。

3. 行政方法的系统性。行政方法是多种多样的,每一种方法都有相应的特点和功能,同时,任何一种行政方法都不可能适用于解决所有的问题,各种行政方法之间呈现出一个相互联系、互为补充的关系,它们共同构成了行政方法的系统和体系。行政方法体系为人们提供了一个可供选择的空间,人们可以选择一种行政方法,也可以选择多种行政方法。在更多的情况下,人们选择的是多种的行政方法,因为一种行政活动的开展往往需要多种行政方法的综合作用,多种行政方法通过有机结合而发挥出的整体功能要比单个行政方法功能的简单相加大得多,这也体现出了行政方法的系统性特征。

---

① 行政方法或行政技术本身并不针对任何特定的行政事务,政府在处理不同的行政事务时可以采用同一行政方法或同一行政技术,而公共政策却是针对特定行政事务的,在特定的行政事务之外,该公共政策便不再具有适用性。然而,公共政策在适用上的严格针对性同时也意味着它比行政方法与行政技术有着更为丰富的内涵,这是因为一项公共政策除结合了行政方法与行政技术方面的因素,还包含与处理特定行政事务相关的其他方面的一些因素。

② 任何一种行政方法都包含一定的技术性成分,特别是在跨步迈入信息社会的形势下,行政方法的技术含量将越来越高。正如公共政策在包含行政方法与行政技术方面的因素之外还包含其他方面的因素一样,行政方法除了包含有技术性的成分,还包含其他方面的因素,这使行政方法又比其所包含的行政技术在内涵上更为丰富,而后者比前者在适用范围上则更为广泛,同一种行政技术可以包含在不同的行政方法之内。

4. 行政方法的时代性。时代在发展,行政方法也处于发展和革新的过程之中,行政方法只有不断革新,才不至于落后于时代发展的步伐。不同的时代为行政管理活动的开展提出了不同的要求,也提供了不同的资源和支持,新的要求使行政方法的革新成为必要,而新的有利条件又使行政方法的革新成为可能。于是,行政方法便随着时代的发展而不断发展。比如,20 世纪 70 年代末 80 年代初以来,各国政府为了运用有限的资源更好地管理日益复杂的社会公共事务,逐步将市场机制引入行政管理中来,进而发展出了一系列行之有效的市场化方法[①],如合同外包、凭单制等。不过,新的行政方法的出现并不说明旧的行政方法已没有价值,一方面,新的行政方法可能是在旧的行政方法的基础上发展而来的,新的行政方法中包含旧的行政方法的合理成分;另一方面,旧的行政方法并不一定完全被新的行政方法所替代,其在特定的条件下仍旧发挥着重要作用。

二、行政方法的作用

(一)行政方法是实现行政目标的必要途径

人们实现任何目标都要借助一定的方法,不是有意识地借助某种方法就是无意识地借助某种方法,不是借助恰当的方法就是借助不当的方法。同样,脱离了一定的行政方法,行政活动便无法开展,行政目标也无法实现。

(二)行政方法为行政职能的履行提供了重要支持

在第二章中我们已经指出,政府职能或行政职能包括方方面面,任何一方面行政职能的履行都离不开行政方法的支持,适宜的行政方法会促进行政职能的顺利履行,不适宜的行政方法则会使行政职能的履行陷入困境。

(三)行政方法是提高行政效率的关键

影响行政效率的因素很多,具体包括机构的设置、体制的安排、人员的配备、财力的调配、法制的保障等。其中,每一个方面都涉及相应行政方法的运用,唯有科学的方法和有效的管理,才能在同等环境条件下以最少的资源投入实现最优的产出。

(四)行政方法有助于实现行政管理的现代化

只有实现行政管理的现代化,政府才能适应时代发展的要求,才能适应有效管理社会公共事务的需要。行政管理的现代化包括多个方面,如行政理念的现代化、行政职能的现代化、行政运行机制的现代化等,因此,行政管理的现代化也需要从多个方面努力。行政方法的现代化本身就是行政管理现代化的一

---

① 我们将市场化方法视为经济方法中的组成部分,因为这种方法的实质在于发挥市场机制和经济规律的作用。对包括市场化方法在内的经济方法,我们将在下一节作具体介绍。

个重要内容,同时也是行政管理现代化的强大支持和推动力量,因为缺少必要的行政方法,任何先进的行政意图与行政构想都无法付诸实施。

三、行政方法的分类

行政方法分类的角度有多种,从不同的角度可进行不同的分类。

(一)行政方法的定量化程度的角度

根据行政方法定量化程度的不同,可将行政方法分为定性的行政方法与定量的行政方法。定性的行政方法着重于对事物特性的分析和判断,比如,判断一项行政管理活动中所面对的问题究竟是政治性问题还是社会性问题或经济性问题。定量的行政方法则主要通过数量分析来确定事物的发展程度,这常常需要运用数学模拟的方法对事物的内在结构进行精确分析,比如,通过构建数学模型来模拟一个现实问题。

(二)行政方法现代化程度的角度

按照行政方法现代化程度的不同,可将行政方法分为传统方法和现代方法。传统方法相对来讲出现的时间较早,现代方法出现的时间则较晚。另外,之所以说现代方法具有较高的现代化程度,主要是因为它更具科学性,更加强调方法的可操作性与精确性,更多地融入了量化的因素。传统方法与现代方法之间的区别显著地反映了行政方法发展的方向与趋势。

(三)行政方法的民主化程度的角度

按照行政方法民主化程度的不同,可将行政方法分为专制的方法、民主的方法和民主集中的方法。专制的方法是指管理者从自身意志出发,以强制性的权力为基础,要求管理对象无条件地服从和执行有关命令或指令。民主的方法是指充分发挥行政管理活动中有关各方的参与作用,既真正尊重他们的要求和利益,又切实发挥他们的智慧和力量,这种方法与专制的方法呈现出一个相互对立的关系,如果说专制的方法是以管理者的权力为中心,那么,民主的方法则是以公众的权利为中心。民主集中的方法是民主与集中的结合,民主是集中的基础,集中是民主的保障。没有民主,公众的意见、要求和利益便得不到表达,也就无所谓集中;没有集中,公众的意见和要求将始终处于分散化和零碎化的状态,公共的利益既难以得到揭示,也难以得到实现。

(四)行政方法作用层次的角度

按照行政方法作用层次的不同,可将行政方法分为一般方法和具体方法。一般方法是一种具有普遍性、全面性和综合性的方法,是具体方法的基础。具体方法以一般方法为基础,是一般方法的具体操作。

(五)行政方法服务的行政功能角度

按照行政方法服务的行政功能的不同,可将行政方法分为计划方法、决策方法、组织方法、领导方法、协调方法、监督方法、控制方法等。

(六)行政方法的理论基础角度

按照行政方法理论基础的不同,可将行政方法分为政治学方法、经济学方法、社会学方法、心理学方法、法学方法、数学方法等。

(七)行政方法的内容角度

按照行政方法内容的不同,可将行政方法分为法律的方法、经济的方法、行政指令的方法、思想教育的方法、行为激励的方法等。本章主要根据这种分类对行政方法进行分析。

第二节　行政方法的内容构成

行政方法包含的具体内容多种多样,这些具体的内容又可大致划分为以下几种:法律的方法、经济的方法、行政指令的方法、思想教育的方法、行为激励的方法,下面将对以上方法分别进行介绍。

一、法律的方法

(一)法律方法的含义和内容

法律的方法是政府用来管理社会公共事务的一种工具。所谓法律,是指由国家专门机关创制的,以权利义务为调整机制并通过国家强制力保证的调整行为关系的规范,它是意志与规律的结合,是阶级统治和社会管理的手段,它是通过利益调整从而实现某种社会目标的工具。①

在我国,有权制定规范性法律文件的国家机关有全国人民代表大会及其常务委员会、国务院及其所属各部委、地方人大及其常委会、地方人民政府。由于制定规范性文件的国家机关不同,文件的名称和效力也不相同,我国的规范性法律文件主要包括有:

1. 宪法。宪法是我国的根本大法,由最高国家权力机关全国人民代表大会制定,它规定社会制度和国家制度的基本原则、国家机关组织和活动的基本原则以及公民的基本权利和义务等重要内容,具有最高的法律地位和法律效力。现行《宪法》是 1982 年修改通过的,1988 年、1993 年、1999 年、2004 年、2018 年分别通过了宪法的修正案,在 1999 年修正案中,"建设社会主义法治国家"被写入了《宪法》。

2. 法律。这里的法律是狭义的,专指由全国人民代表大会制定的基本法律和全国人民代表大会常务委员会制定的基本法律以外的法律。基本法律是指

① 张文显:《法理学》(第 3 版),法律出版社 2007 年版,第 102 页。

由全国人民代表大会制定和修改的,规定或调整具有根本性和全面性的社会关系的法律,包括关于刑事、民事、国家机构的基本法律和其他基本法律,如2020年5月28日十三届全国人民代表大会第三次会议审议通过的《中华人民共和国民法典》。基本法律以外的法律(或称非基本法律)是指由全国人民代表大会常务委员会制定和修改的、规定或调整除基本法律调整以外的某一方面社会关系的法律,比如《商标法》《环境保护法》《食品卫生法》等。基本法律和非基本法律的地位和效力仅次于宪法,高于其他国家机关制定的规范性文件。

3. 行政法规。行政法规是指最高国家行政机关即国务院为了实施宪法和法律而制定和颁布的各种规范性法律文件,其地位和效力在宪法和法律之下,又高于地方国家机关制定的地方性法规和其他规范性文件。国务院2017年修改的《行政法规制定程序条例》第四条规定:"行政法规的名称一般称'条例',也可以称'规定'、'办法'等。国务院根据全国人民代表大会及其常务委员会的授权决定制定的行政法规,称'暂行条例'或'暂行规定'。国务院各部门和地方人民政府制定的规章不得称'条例'。"

4. 军事法规和军事规章。军事法规是中央军委根据宪法和法律制定的有关国防建设和军事方面关系的规范性法律文件。军事规章是战区、军兵种根据法律和中央军委的军事法规、决定、命令,在其权限范围内制定的有关国防建设和军事方面关系的规范性法律文件。

5. 地方性法规。地方性法规是指地方立法机关制定的规范性法律文件,2015年修正后的《中华人民共和国立法法》规定,这里的地方立法机关既包括省、自治区、直辖市的人民代表大会及其常务委员会,又包括设区的市(自治州)的人民代表大会及其常务委员会。地方性法规仅适用于本行政区域,不得与宪法、法律和行政法规相抵触。地方性法规规定的事项有两类:其一是为执行法律、行政法规的规定,需要根据本行政区域的实际情况作具体规定的事项;其二是属于地方性事务,需要制定地方性法规的事项。

6. 自治法规。自治法规即自治条例和单行条例,是民族自治地方(自治区、自治州、自治县)的人民代表大会根据宪法和法律的规定,依照当地民族的政治、经济和文化的特点制定和颁布的规范性法律文件。其适用于民族自治地方自治机关管辖的区域内,同地方性法规具有同等的法律地位和效力。

7. 行政规章。行政规章包括部门规章和地方政府规章,它们都是有关行政机关根据法律、行政法规或地方性法规制定的规定某一方面行政管理事项的规范性法律文件。部门规章是指国务院各部、委员会、中国人民银行、审计署、具有行政管理职能的直属机构在各自权限范围内制定和颁布的规范性法律文件。部门规章规定的事项应该属于执行法律或者国务院的行政法规、决定、命令的事项,部门规章经部务会议或者委员会会议决定。地方政府规章是指省、自治区、直辖市和设区的市、自治州的人民政府制定和颁布的规范性法律文件。地方政府规章可以规定的事项包括：为执行法律、行政法规、地方性法规的规定需要制定规章的事项；属于本行政区域的具体行政管理事项。

8. 特别行政区基本法及特别行政区法律。特别行政区基本法也属于由全国人民代表大会制定通过的基本法律，但又不同于前述基本法律，其主要区别在于：前述的基本法律是在全国通行，而特别行政区基本法只在特别行政区施行。特别行政区法律是指根据宪法和特别行政区基本法，在特别行政区内施行的法律。

9. 国际条约。这里所讲的国际条约是指中国同外国缔结或加入并生效的双边和多边条约、协定和其他具有条约、协定性质的文件。虽然这种条约不属于国内法范畴，但我国作为与他国签订条约的一方，负有遵守条约的义务，因而其同国内法一样具有拘束力。

（二）法律方法的特性

对法律方法特性的探讨有助于我们进一步深化对法律方法的认识。我们将法律方法的特性概括为以下几个方面：

1. 规范性。规范即具有约束力的标准模式和规则。与道德规范、宗教规范一样，法律也是一种行为规范，它规定了人们的一般行为模式和法律后果，从而为人们的交互行为提供了标准和方向。法律所规定的行为模式一般可分为三种：可以怎样行为的模式（按法律规定人们有权作出某种行为）、应该怎样行为的模式（按法律要求人们有义务作出某种行为）以及不应该怎样行为的模式（按法律要求人们有义务不作出某种行为）。法律后果是指法律对具有法律意义的行为赋予某种结果，它又可分为肯定性后果（也称合法后果）和否定性后果（也称违法后果）两类。肯定性后果是确认行为以及由此产生的利益和状态具有合法性和有效性，予以保护和奖励；否定性后果是否认行为及由此产生的利益和状态具有合法性和有效性，不予保护甚至对行为人施以制裁。

2. 国家意志性。所有的规范都体现了创制主体的意志。法律作为特殊的社会规范，是由国家创制（创制的方式有制定、认可和解释三种）的，表明它是以国家的名义对人们行为的要求，体现的是国家意志，因此，国家的存在是法律存在的前提条件，法律是实现国家意志的重要手段。

3. 国家强制性。一般来说，社会规范都有某种强制性，但各自强制的性质、范围和方式等不尽相同。法律不同于其他社会规范，它具有特殊的强制性，即国家强制性。所谓法律的国家强制性，是指法律依靠国家强制力保证实施、强迫人们遵守的性质。也就是说，不管人们的主观愿望如何，人们都必须遵守法律，否则将招致国家强制力的干涉，受到相应的制裁。当然，国家运用强制力保证法律的实施也必须依法进行。需要注意的是，国家强制并不是法律实施的唯一保证力量,法律的实施还依靠诸如道德、人性、经济、文化等方面的因素。[①]

4. 普遍性。法律的普遍性是指法律的概括性和法律的普遍适用性,也就是说,法律作为一般的行为规范,在国家权力管辖范围内具有普遍适用的效力和特性。法律的对象不是具体的、特定的个人,而是抽象的、一般的人,它在同样的情况下可以反复适用,而不是仅适用一次。

5. 利导性。[②] 法律归根结底是以规定权利和义务来规范人们的行为,权利以其特有的利益导向和激励机制作用于人的行为;而义务则以其特有的约束机制和强制机制作用于人的行为,使人们从有利于自身利益的角度出发来选择行为,因此,法律是承认人们的利益的,并通过利导机制来实现对人们行为的调节。

(三)法律方法的作用及局限

1. 法律方法的作用。总体来讲,法律方法具有两大作用,即规范作用和社会作用。其中,规范作用包括指引作用、评价作用、预测作用等;社会作用包括阶级统治作用和社会管理作用。规范作用与社会作用是一个事物的两个方面,社会作用是通过规范作用来实现的。就行政管理领域而言,法律方法的作用主要表现为保障行政管理活动的民主性、规范性和科学性。

(1)保障行政管理活动的民主性。在我国,法律是人民意志的表达和反映,是对公众民主权利的维护,依法行政就是执行人民的意志,也是行政管理民主化最基本的要求。任何以言代法、以权代法的行为都是对公众民主权利的践踏,都是对人民权益的破坏。另外,法律所规范的不仅是公众的行为,也是政府的行为,这使政府的行为不能超出人民意志所容纳和许可的范围,从而保证政府的权力真正服务于公众的利益。

(2)保障行政管理活动的规范性。政府对社会公共事务的管理行为不能是随意的,必须具有规范性,规范才能产生效率、效益,才会使公众满意。不规范的行为不仅具有方法上的错误,而且具有方向上的错误。方法上的错误是指不规范行为的非科学性,因为科学即意味着某种规范;方向上的错误则是指不规范行为对公众利益的背离,因为不规范的行为并不是根据公众的意志作出的,而是根据个别人的意志作出的。法律为行政管理活动的开展提供了标准和规范,这使政府对社会公共事务的管理有了明确的依据,也使公众能够对自身的行为后果有确定的预期。

(3)保障行政管理活动的科学性。法律是人们运用科学的方法,在认识和把握客观规律的基础上制定的,因此,它是一种科学。按照法律办事就意味着

---

① 张文显:《法理学》(第 3 版),法律出版社 2007 年版,第 110 页。

② 参见张文显:《法理学》(第 3 版),法律出版社 2007 年版,第 109 页。

按照科学办事,违反了法律也就违反了科学。人类早期的行政管理活动之所以缺乏科学性,很大程度上就是因为这种活动缺乏严格的法律约束,具有很大的主观随意性。

法律在行政管理领域的以上三个方面的保障作用是相辅相成、不可分割的,同时,这些保障作用也属于最基本的保障作用,也就是说,违反了法律会使行政管理活动突破民主性、规范性和科学性的底线。

2. 法律方法的局限。法律并不是万能的,法律的方法也存在一定的局限:①法律对人们内心思想的约束功能较为有限,正如美国法学家庞德(Roscoe Pound)所讲:"法律所能处理的只是行为,只是人与事物的外部,而不能及于其内部。"[①]因此,现实中,人们强调"依法治国"与"以德治国"相结合,其中也反映了法律并非调整社会关系的唯一手段。②法律不可能是完备的,由于立法者认识与能力的有限性,法律在实践中总是存在一些空白与漏洞,这些空白与漏洞导致了"无法可依"的现象,只能运用其他手段对之予以弥补。③法律具有一定的滞后性,现实生活是具体、多变的,而法律是抽象和稳定的,这就使法律在现实生活面前显得有些机械,并不是总能与不断变化的现实生活保持高度的适应性。

二、经济的方法

(一)经济方法的含义和内容

行政管理中所使用的经济方法是指政府根据客观经济规律和物质利益原则,着眼于市场机制作用的发挥,运用价格、税收、补贴、利息、公债等经济杠杆以及市场化的方式开展行政管理活动的方法。

经济方法包括的内容是多方面的,具体介绍如下:

1. 价格。众所周知,市场经济的基本规律是价值规律,价格是价值的货币表现,价值规律在现实经济生活中主要是通过市场价格的波动发挥作用的,人们也主要是通过市场价格来认识和遵循价值规律的。[②] 在市场经济条件下,经济决策主体(消费者和生产者,或称买方和卖方)的经济行为是根据价格信号做出的,价格的提高会刺激生产者的供给和抑制消费者的需求,价格的下降则会刺激消费者的需求和抑制生产者的供给。正是在价格信号的作用下,市场能够自发地达到一种均衡状态,即消费者的需求量与生产者的供给量之间的均衡。市场和政府是两类不同的价格形成机制,当前,市场调节价的比重已超过97%,但这并不意味着价格这种经济杠杆对政府来讲就不具有多少行政工具上的意

① 庞德:《通过法律的社会控制、法律的任务》,商务印书馆1984年版,第118页。

② 国家计委价格机制课题组:《论社会主义市场经济中价格机制的建立》,《价格理论与实践》,1994年第2期。

义,政府对公用事业价格、公益性服务价格、自然垄断经营的商品价格等的形成仍发挥着不同程度的作用,而这些价格又对人们行为的选择以及社会资源的配置具有重要的影响。比如,政府对公用设施规定的使用费有助于避免公用设施的使用中出现"拥挤"现象(即过度利用的现象),进而保证公用设施的使用效率。当然,政府对价格的影响并非都表现为直接定价,还可以通过一些间接的方式影响价格的形成,比如,通过对某种商品(如奢侈品)征收消费税而提高其价格。

2. 税收。税收是政府取得公共收入的主要形式,也是政府对宏观经济进行调控与对经济决策主体行为进行调节的重要工具。政府可以通过税种的配置、税率的安排、税基的设定以及税收的减免等使税收发挥相应的调节功能。比如,在经济衰退时期,政府可以运用降低税率的办法减征税收,以使更多的社会资金由居民和企业支配,从而刺激居民的消费需求和企业的投资需求;反之,在经济膨胀时期,政府可以运用提高税率的办法增加税收,以使更多的资金由私人转移到政府,从而抑制居民的消费需求和企业的投资需求。而需求的增加或减少又会相应地引起供给的增加或减少,由此影响 GDP 的总量。为促进疫情防控常态化背景下我国经济的平稳运行,李克强总理 2020 年在第十三届全国人民代表大会第三次会议上所作的《政府工作报告》明确强调"加大减税降费力度",规定"继续执行去年出台的下调增值税税率和企业养老保险费率政策,新增减税降费约 5 000 亿元。前期出台 6 月前到期的减税降费政策,包括免征中小微企业养老、失业和工作保险单位缴费,减免小规模纳税人增值税,免征公共交通运输、餐饮住宿、旅游娱乐、文化体育等服务增值税,减免民航发展基金、港口建设费,执行期限全部延长到今年年底"。

3. 政府支出。同税收一样,政府支出也是政府对宏观经济进行调控、对经济决策主体行为进行调节的一种重要工具。政府支出又可分为购买性支出(或称消耗性支出)和转移性支出。购买性支出是指政府用于购买所需物品(包括消费品和资本品)的资金消耗,它将直接形成消费需求与投资需求;转移性支出是指政府向居民与企业进行的无偿的资金转移,它将通过居民与企业可支配资金的增加而扩大消费需求和投资需求。因此,在经济衰退时期,政府可以采取增加政府支出的措施来促进消费需求与投资需求的增长;在经济膨胀时期,政府则可以采取减少政府支出的措施来紧缩消费需求和投资需求。

4. 利息。利息作为经济杠杆的作用是通过政府对利息率(或称利率)的调整来实现的,利率越高,储蓄对居民就越具有吸引力,相应地,居民用于消费的资金就会减少,也就是说,居民将用远期消费代替现期消费。同时,利率越高,企业贷款的成本就越高(企业要为所贷的资金支付更多的利息),相应地,企业的投资需求也将受到限制。因此,利率的提高无论是对居民的消费需求而言还是对企业的投资需求而言,都会形成一种抑制,相反,利率的降低则会刺激居民的消费需求和企业的投资需求。

5. 公债。公债也是政府取得公共收入的一种形式,同时,政府也可通过对公债结构(长、中、短期公债的比例关系)、应债来源、发行利率、债券价格等的调整来影响宏观经济的运行。比如,短期债券的变现(即兑换为现金)能力强,它的发行有助于增加消费需求和投资需求,因此,当政府需要启动经济,对经济施加刺激时,可以扩大短期债券的发行,提高短期债券在政府全部债券中的比重。[①] 相反,当政府需要紧缩经济,对经济实施抑制时,就可以扩大长期债券的发行,提高长期债券在全部债券中的比重。另外,公债的发行利率也影响着整个金融市场的利率,两者呈现出一种正相关的关系。当经济需要加以刺激时,政府可以采取降低公债实际利率的方式来促使市场利率下降;当经济需要加以抑制时,政府则可以采取提高公债实际利率的方式来促使市场利率提高。

6. 合同外包。合同外包(contracting-out)也称合同出租、竞争招标,是指政府确定某种公共服务项目的数量和质量标准,对外承包给私营企业或非营利机构,中标的承包商按照与政府签订的合同提供公共服务,并按照合同的规定取得一定的收益。合同外包将企业与非营利组织的力量引入公共服务的供给中来,这有助于通过市场竞争的机制提高公共服务的水平,也有助于政府规模的压缩、政府支出的节约以及政府职能的转变,因而这一方法在现实中得到了较为广泛的运用。

7. 产权交易。产权是指人们对其所交易对象的所有权,也就是人们在交易活动中使自己或他人在经济利益上受益或受损的权利。[②] 顾名思义,产权交易就是对产权进行的买卖。作为一种经济方法,产权交易的实质是政府在公共事务的治理中对市场机制的引入。在现实中,很多国家都将产权交易的方法运用到了污染治理当中,实行了可交易排污许可证(tradable pollution permits)制度。具体做法如下[③]:政府按照一定的标准向企业发放排污许可证,每个许可证都代表着一个可被允许的排污量,拥有一个排污许可证就意味着具有向外排放一定污染物的权利,但企业是可以对排污许可证进行交易的,这样,治污成本高的企业就能够从治污成本低的企业那里购买排污许可证,因为这对买卖双方都有利。比如,甲企业拥有一个排污许可证,该许可证代表的被允许的污染排放量

① 高培勇、崔军:《公共部门经济学》,中国人民大学出版社 2001 年版,第 321 页。

② 刘树成:《现代经济辞典》,凤凰出版社、江苏人民出版社 2004 年版,第 75 页。

③ 参见曼昆:《经济学原理》(第 3 版,英 2 版),清华大学出版社 2006 年版,第 215~216 页;Robert H. Frank, Ben S. Bernanke:《微观经济学原理》(第 2 版,影印版),清华大学出版社 2003 年版,第 360~361 页。

为一吨,甲企业若不拥有这一许可证,需花 100 元治理污染,乙企业为减少一吨的污染排放量则需花 120 元。在这种情况下,乙企业就乐意出一个大于 100 元而小于 120 元的价格从甲企业那里购买这个排污许可证,并且甲企业也乐意出售,因为甲企业得到的支付大于其治理污染的成本,而乙企业支付的价格则小于其治理污染的成本。排污权的交易使资源的配置效率得到了提高,也就是说,在可被允许的污染总量没有发生变化的情况下,治理污染的成本下降了。

8. 内部市场。内部市场(internal market)的实质也是政府对市场机制的引入,但与产权交易等有所不同,这种市场是在政府内部构建的,因而称为内部市场。具体来讲,内部市场具有以下要点:第一,在政府系统的内部将不同的机构分为买方和卖方,买方通常是决策机构,卖方通常是执行机构,双方存在契约关系。第二,决策机构是集中的,其向执行机构提出有关公共服务的需求①,并以合同形式向执行机构购买公共服务;执行机构则是分散的,其根据合同向决策机构提供公共服务,以回应决策机构所提出的需求,并从决策机构那里获取资金支持。第三,多个执行机构之间形成了彼此竞争的关系,执行机构的绩效直接关系到其能获取的资金支持,绩效越高,执行机构能够从决策机构那里获得的购买合同就越多,获取的资金支持也越多。显然,内部市场的建立为执行机构提供了一种有效的激励结构,促使它们努力提供优质而廉价的公共服务。

9. 凭单制。凭单制(vouchers)是指政府将对有关群体的补贴或对公共事业的投入以凭单或凭证的形式向符合特定标准的对象发放,然后由凭单的持有者对物品或服务的供给者进行选择,并用凭单进行支付,物品或服务的提供者可以用收取的凭单兑换现金。现实中,政府在义务教育领域对教育券(教育卡)的发放以及在福利保障领域对食品券(food stamp)和住房券的发放就都属于凭单制的具体运用。凭单制促进了物品或服务供给者之间的竞争,有助于提高资源的配置效率,也有助于维护凭单持有者的权益。同时,凭单制也保证了政府的补贴能用于预期的目的,这是因为:一方面,凭单的持有者既不能将凭单兑换成现金,也不能挪做其他用途,比如,教育券只能用于教育服务的消费,食品券只能用于食品的消费;另一方面,凭单制使政府将补贴直接发放给了消费者,这就避免了将补贴直接发放给供给者而产生的中间环节以及这一环节可能产生的种种问题,美国 20 世纪 70 年代以来就通过向低收入家庭发放住房券实现了由"砖头补贴"向"人头补贴"的转变②,即由面向供给方的补贴(住房建设补贴)转变为面向消费方的补贴(住房消费补贴)。

---

① 这种需求实质上是公众的需求,因为决策机构承担的是公众代理人的角色。同时,决策机构又是执行机构的委托人,由于决策机构与执行机构之间委托—代理(principal-agent)关系的建立,决策机构得以集中精力去关注和反映公众的需求。

② 参见焦建国、郎大鹏:《住房保障制度:由来、问题、借鉴与改进建议》,《经济研究参考》,2005 年第 76 期。

在上面介绍的九种具体的经济方法中,前五种主要是政府对经济杠杆的运用,后四种则是政府将市场机制引入行政管理中所形成的市场化方式。以上方法的共同之处在于:它们都着眼于市场机制作用的有效发挥和利用,因此,我们将其统称为经济方法。

(二)经济方法的特性

1. 利益性。经济方法充分肯定了市场的作用,切实尊重个体的利益①,也正是在这个基础上,它对人们的行为发挥着相应的调节作用。在经济方法的作用下,被调节对象的行为是自发作出的,因为这样的行为符合他们自身的利益。

2. 间接性。经济方法在很大程度上表现为政府对经济杠杆的运用,政府通常是将自身的意图通过经济信号加以反映,然后由经济信号作用于被调节者的行为。经济方法的间接性意味着人们行为的改变不仅是政府作用的结果,而且是市场作用的结果,不过市场是在政府的干预之下发挥作用的。当然,政府的干预是着眼于市场作用的更好发挥,也只有当市场有效地发挥了作用,经济方法的运用才能收到良好的效果。

3. 非强制性。经济方法并不直接作用于人们的行为,它影响的只是人们的利益,人们究竟要做出什么样的行为取决于其自身的意愿。因此,经济方法一般不具有强制性的因素,即便对于税收,众所周知,依法纳税是所有课税主体应尽的义务,无所谓自愿与不自愿,课税主体或纳税人也被称为纳税义务人。但在纳税本身之外,税收对人们行为的调节又具有明显的非强制性,如因纳税而造成的收入减少会使人们减少消费。

4. 有偿性。在经济方法的作用下,被调节的对象之所以会做出某种行为,是因为这一行为会给其带来一定的回报。由于经济方法的间接性,这种回报并不一定都是由政府直接给予的。

经济方法的以上几个特性具有内在的联系,但需要注意的是,并不是说每一种经济方法都完全具备以上几个特性,也不是说一个特性在任何一种经济方法上的表现程度都是相同的。

(三)经济方法的作用及局限

1. 经济方法的作用。关于经济方法的作用,我们在探讨经济方法的内容及特性时已有所涉及,归纳起来,经济方法的作用主要表现在以下几个方面:

(1)经济方法有助于更好地发挥市场的作用以及在此基础上实现政府职能与市场职能的平衡。政府与市场各有其自身的优势和职能领域,当各自的优势都能得到充分发挥时,政府与市场两者之间便会实现职能的平衡,否则就会发

① 经济学中所指的利益主要是经济利益或物质利益,经济学中的基本假设——"经济人"假设意味着经济主体是追求自身利益最大化的理性人,这里的利益主要是针对经济利益而言的。

生职能的冲突,要么是政府做了本应由市场做的事而导致政府失败,要么是市场做了本应由政府做的事而发生市场失灵。经济方法对人们行为的调节主要是通过市场机制(价格机制、供求机制、竞争机制)发挥作用的,而政府运用经济方法的一个重要目的就在于通过创造积极的条件以发挥市场的优势。市场优势的发挥有助于减轻政府的职能负担,从而使政府将更多的精力放在市场力量所达不到的地方。

(2)经济方法有助于减少行政成本。经济方法之所以节约行政成本,其中一个重要原因就是市场力量的引入,如果单靠政府自身的力量,不仅可能要花费大量的成本,而且未必能将事情做好。比如,经济杠杆使政府的力量能够起到"四两拨千斤"的效果,政府只需要施加少量的作用力就能影响整个宏观经济形势。另外,经济方法并不是通过政府直接的强制性干预发挥作用的,而是依靠人们的自愿和自觉,这也在很大程度上节约了政府干预的成本。

(3)经济方法有助于调动各方面的积极性。首先,经济方法调动了市场的力量和作用;其次,市场机制促进了竞争,从而有助于增强个人与群体的活力;再次,经济方法具有利益性,它能够给人以一种利益上的激励,从而有助于调动人们行为的主动性与积极性。经济方法的得当运用可以使不同的力量自觉地朝着共同的方向去努力,这将有效地提高政府行政活动的效能。

由以上分析我们可知,经济方法在政府的行政管理活动中具有重要的地位和作用,因此,政府及其工作人员应善于运用经济方法解决问题,这是市场经济发展的必然要求。

2. 经济方法的局限。经济方法并非是完美无缺的,其不足之处主要表现在:①经济方法主要是依靠经济利益来引导和调节人们的行为,而人们的需要和行为动机是多层次、多方面的,这就可能削弱经济方法的实际效果。②经济方法具有间接性,其作用的发挥往往需要历经一个传导的过程,因此,经济方法效果的显现相对滞后,这就使它不适合于解决那些具有危急性和紧迫性的问题。③经济方法[①]还可能导致政府责任的弱化。利用经济方法,将市场力量引入公共物品和服务的提供中来,有助于政府力量与市场力量进行互补,有助于政府职能与市场职能实现平衡。但市场力量的引入也可能使政府职能与市场职能产生新的失衡,原因在于:政府将本应由自身履行的职责不恰当地转交给了市场,从而损害了公众的利益。比如,在20世纪后10年中,一些国家逐步将药物的研发予以市场化,政府则相应从药物研发领域退了出来。[②] 这样,药物的研发开始为预期利润所左右,而不是为满足需求和增进健康的目的所驱动,检验一种药物的研发是否具有合理性的标准主要是经济上是否符合成本—收

① 这里主要指市场化方法。

② 魏伯乐、奥兰·扬、马塞厄斯·芬格:《私有化的局限》,上海人民出版社2006年版,第211页。

益原则。结果,一些药物尽管为某个贫困人群所急需,但也无法得到市场的关注,因为研发这些药物无利可图,私营企业无法从贫困群体那里获得所期望的收益。因此,在公共物品与服务的提供中引入市场力量的前提是,明确哪些是市场可以做的,哪些又是政府必须承担的责任,否则就容易产生事与愿违的结果。

三、行政指令的方法

(一)行政指令方法的含义和内容

所谓行政指令的方法,是指政府以及有关行政人员出于履行行政职能的需要,依靠其权威,按照行政组织的系统和层次,通过强制性的行政命令直接左右被管理者(包括政府之内的下级和政府之外的公众)行为的一种行政方法。

行政指令方法是行政方法被细分后的一个内容和类型,而行政指令方法本身又可被进一步地细分。按照不同的标准,可以对行政指令进行如下细分:①

1. 根据行政指令载体的不同,可以将其分为书面的行政指令和口头的行政指令。书面的行政指令一般是通过文件的形式发布的,具有较强的正式性;口头的行政指令则是有关行政人员以口头的形式向管理对象发布的,其正式性较弱、主观性较强。

2. 根据行政指令作用对象的不同,可将其分为对内的行政指令和对外的行政指令。对内的行政指令是指政府系统内部的上级对下级发出的命令和提出的要求,上级政府对下级政府发出的命令以及一个行政机构内的上级对下级发出的命令;对外的行政指令则是指政府向公众(包括个人和组织)发出的命令和提出的要求。对内的行政指令与对外的行政指令并非具有严格的界限,对内的行政指令经过层层传递,最终可能转化为对外的行政指令;对外的行政指令可能只不过是对内的行政指令的一种延展。但是,对内的行政指令也可能并不会最终转化为对外的行政指令,因为下级可以采用非行政指令的方法去执行上级的指令。

3. 根据行政指令所涉及层面的不同,可将其分为宏观上的行政指令和微观上的行政指令。宏观上的行政指令主要是给管理的对象以一种方向上的指示,而不涉及具体的行为内容及行为方式;微观上的行政指令则是给管理对象以一种行为内容和方式上的指示,较少给予管理对象可供选择的余地。行政指令的发出者在政府系统内所处的层级越高,其发出的行政指令就越具有宏观性。当然,这里的宏观性只是相对而言的,它是针对某项具体事务的所谓宏观,对更加

① 根据不同标准细分后的行政指令之间互有交叉,如对内行政指令与事前行政指令两者有一部分内容是重合的。

宏观的内容往往需要法律作出规定。

4. 根据行政指令相对于事件产生时间的不同,可将其分为事前的行政指令和事后的行政指令。这里的事件可以指某种行为,也可以指因某种行为而形成的特定状态。事前的行政指令是在事件发生以前作出的,其目的在于保证期望事件的产生和避免不期望事件的发生。因此,事前的行政指令具有明显的预防功能,即预防期望事件的不发生和不期望事件的发生。但事前的行政指令也具有惩罚功能,否则这种指令便不会具有强制性和威慑力,也起不到预防的效果。事后的行政指令是在事件发生以后作出的,其目的在于对这种事件进行强制性地改变,因为这种事件既可能意味着期望行为或状态的未出现,也可能意味着不期望行为或状态的出现。因此,事后的行政指令具有显著的矫正功能,这种矫正功能主要是通过惩罚性的措施来实现的。

(二)行政指令方法的特性

1. 强制性。行政指令是基于履行行政职能的需要而由具有相关职权的主体发出的,它并不是以某个私人的名义发出的,而是以特定职位的名义发出的,或者说是以这个职位所代表的公共权力的名义发出的,因而具有权威性和强制性。如果没有公共权力作为基础,行政指令便不可能具有强制性。在行政指令面前,指令的发出者与指令的接受者处于一个不对等的地位,前者是在行使命令的权力,后者则要履行服从的义务。

2. 层次性。行政系统或行政组织分为不同的层级,每一层级都拥有相应的行政权力,不同层级的行政权力环环相扣,形成了一个权力的链条,行政指令就是沿着这样的链条自上而下发出和传递的。需要注意的是,行政指令的发布不能逾越中间的层级,也就是说,行政指令的发出者和接受者应处于相邻的两个层级,否则便可能打破既有的组织秩序而影响中间层级正常功能的发挥。

3. 直接性。行政指令是一级对一级发出的,上一层级的期望和要求将通过行政指令直接传递给下一层级,下一层级也将根据上一层级的指令对自身的行为进行规范和调整。在这个过程中,并没有历经中间环节,行政指令的作用对象就是被管理者,行政指令的发出者和接受者存在直接的联系。

4. 具体性。行政指令是针对具体的行政管理事务发出的,因此,不论行政指令的发出者处于哪一个层级,也不论行政指令涉及的是宏观的层面还是微观的层面,它都脱离不开具体的事务。相应地,行政指令作用的领域和范围较之法律而言要狭窄得多,但也正是由于这种具体性,行政指令的方法显示出了其相对于法律方法的价值和作用。

5. 时效性。行政指令着眼于具体的行政事务,而具体的行政事务总是在不断变化的,当这种变化发生时,原有行政指令的适用性就会被不同程度地降低。因此,一方面,行政指令的发出要做到迅速、及时,稍有迟疑,情况就可能发生变化;另一方面,行政指令必须在尽可能短的时间内产生作用。行政指令方法的直接性则这一点的实现提供了保证。

(三)行政指令方法的作用及局限

1. 行政指令方法的作用。行政指令方法的作用主要表现在以下几个方面:

(1)行政指令方法有助于保证行政领导和指挥的集中性与统一性。行政指令是自上而下发出的,下一层级所发出的行政指令不能与上一层级所发出的行政指令相冲突,只能是对上一层级行政指令的分解与落实。行政指令的发出者所处的权力层次越高,其发出的行政指令所具有的效力就越强,这种效力超出了以下各个层级所发出的行政指令的效力。另外,行政指令是上一层级对下一层级的要求和命令,下一层级并没有讨价还价的余地,理解或不理解都要遵照执行(明显违法的行政指令除外)。这样,在一个行政系统内,最高的行政权力集中在最高的一个行政层级中,它所发出的行政指令也具有最高的效力。

(2)行政指令方法有助于处理不断变化的具体行政管理事务。在行政管理实践中,政府必须依法行政,然而,政府所面临的具体问题是复杂多样、不断变化的,法律不可能对这些问题都提供现成的答案。在这种情况下,政府及有关的行政人员就需要在自身的职权范围内作出有针对性的决定。而行政指令的制定和发布不需要经过复杂的程序,更容易做到因地制宜、因时制宜,针对不同的条件,行政指令所涉及的内容也不相同。因此,在现实中,与法律相比,行政指令是随机应变的,一旦条件发生变化,就需要产生与之相适应的行政指令。

(3)行政指令方法有助于处理紧急的行政管理事务。政府需要处理的行政管理事务有一些是常规性的、在预定计划之内的,还有一些是非常规性的、偶然的、紧迫的、在预定计划之外的。面对后一类行政管理事务,政府必须迅速做出反应,使问题能够得到及时处理,而行政指令方法由于其内在特性,正好适应了这种要求。其他的行政方法在处理紧急的行政管理事务时则不如行政指令方法那样具有针对性和应变性,也不如行政指令方法那样能迅速地产生效果。然而,这并不是说行政指令方法之外的其他方法在处理紧急的行政管理事务时就不起任何作用,比如,政府不论处理什么样的行政管理事务,都要依法行政。

2. 行政指令方法的局限。正如其他的行政方法一样,行政指令方法也是有利有弊,其弊端主要体现在以下几个方面:①行政指令带有较强的主观性和人治色彩。尽管行政指令要受到既有法律的制约,但在既定的法律框架之下,行政指令仍有一个可以伸缩的空间。这一方面为行政指令的发出者提供了发挥能动性与创造性的条件;另一方面也增加了行政指令的随意性,从而使行政指令可能并不具有合理性。当然,随着法制的健全和行政方法的科学化,行政指令方法的主观性和人治色彩是在逐步减弱的。②行政指令不利于调动被管理者的积极性。行政指令是对被管理者提出的某种要求,或是对被管理者的利益作出的某种限制,它为被管理者设置了严格的行为空间。而被管理者出于自我立场和自身利益的考虑,往往存在突破行政指令限制的内在冲动,因此,他们缺乏按照行政指令行事的积极性。③行政指令的运用需要花费较高的成本。行政指令是凭借对被管理者的强制性干预而发挥作用的,一旦这种干预有所松动,被管理者就易于在其自身利益的激励下突破行政指令的限制。因此,行政指令作用的有效发挥需要对被管理者进行严密的强制性干预,相应地也就需要耗费大量的监督、控制和强制执行的成本。

鉴于行政指令方法存在以上利弊,人们在对其加以运用时就应力求扬长避短,切忌让行政指令变成简单的强迫命令、个人专断和瞎指挥,而应使之符合客观规律,体现公共利益,反映公众意志。

四、思想教育的方法

(一)思想教育方法的含义和内容

思想教育方法是指政府及有关行政人员为使特定对象自觉作出所期望的行为,通过对一定精神观念的宣传,以影响和改变特定对象内心世界(认知、情感等)的一种行政方法。思想教育方法的内容主要有:

1. 灌输。人们思想观念的形成是一个学习的过程,正如人们对新知识的掌握一样,外部的教育是一个重要的学习途径。因此,政府可以将其所倡导的思想观念向人们进行说明、介绍和解释,从而使人们在内心中接受这样一种思想观念。需要注意的是,灌输并不是强制性地使人们接受某种思想观念,而是通过说理和教育获取人们内心的认同,否则很可能会产生适得其反的效果。

2. 疏导。疏导既包括疏通,也包括引导。首先,政府应广泛了解人们的意见和要求,切实掌握人们的思想倾向,并对这种思想倾向进行理性的分析,使人们明确这种思想倾向的合理之处以及不合理之处;其次,政府应给人们提供一种正确的引导,帮助人们树立正确的思想观念。当然,疏通与引导并不是截然分开的,常常是疏通中有引导,引导中有疏通。

3. 感化教育。思想教育不仅要能做到晓之以理,而且要能做到动之以情,感化教育重在打动人心,引起人们的共鸣。情感的力量并不比理性的力量要弱,如果两者能够相互结合、形成一致,那么,其影响将会是巨大的,人们在这种影响下所做出的行为是很难被外部力量改变的。感化一个人比说服一个人的难度更大,因为一个人在被感化的前后其内心世界将产生极大的反差,之前是被坚冰封堵,之后是被阳光照耀。相应地,感化教育就不能简单地依靠说理、劝导,还要凭借行动的感染力,也就是说,要将“言传”与“身教”结合起来。

4. 养成教育。养成教育的实质是寓教育于实践,具体来讲,就是指政府在实践中通过诱导、说理、示范等逐步使人们明确行为的规范以及行为背后潜在的价值标准，从而产生一种潜移默化的效果。“习惯成自然”就充分体现了养成教育的作用。一种行为模式被长期地反复强调后就很容易内化到人们的思想观念中，人们也将这种行为模式视为理所当然。

5. 对比教育。对比教育一是用事实来教育人，在对比中作为参照物的一般都是已经发生的事实；二是通过对比中的反差使人们对自身能够形成一个客观、全面和深入的认识，从而改变原有的错误观念并树立起正确的观念。对比教育的关键在于选准用于对比的参照物，而恰当的参照物至少应具备真实性和可比性。

(二) 思想教育方法的特性

根据思想教育方法的上述内容可知，思想教育方法具有启发性、间接性、经济性、艺术性和长期性的特征。

1. 启发性。思想教育方法并不依靠强制力去改变人们的行为，也不依靠物质利益去诱导人们的行为，而是通过启发人们的觉悟进而改变人们的行为，因此，人们的行为将是发自内心、自觉自愿的。

2. 间接性。同其他行政方法一样，思想教育方法的最终目的在于使人们的行为符合政府的预期，但思想教育方法并不是直接作用于人们的行为，而是直接作用于人们的思想，力求通过人们思想观念的转变而使人们的行为发生相应的变化。

3. 经济性。任何行政方法的运用都需要花费一定的成本，思想教育方法也不例外，但相对来讲，思想教育方法的运用却是节约成本的。一是因为思想教育方法并不凭借向人们提供物质利益而发挥作用；二是因为它也不需要政府付出强制执行的成本，能够收到一种“不战而屈人之兵”①的功效。

4. 艺术性。之所以说思想教育方法具有艺术性，是因为：首先，思想教育方法的运用不具有刚性色彩，对在什么时间、什么地点以及采取什么样的形式开展思想教育并不存在硬性的规定；其次，思想教育方法的运用并不一定需要以公共权力为基础，在很多情况下，教育者和被教育者是以平等的地位进行沟通的；最后，思想教育方法直接作用的对象是人们的内心世界，而人们的内心世界是不可能用一个标准化的模式去改变的。需要强调的是，思想教育方法的艺术性并不排斥科学性，并且只有当思想教育方法具备了科学性之后，其艺术性才有价值，因此，对思想教育方法的运用应遵循客观的规律，决不能以错误的观念蒙蔽受教育的对象。

5. 长期性。人们的思想观念是在一个较长的时间内形成的，同样，人们思想观念的重塑也需要一个较长的时间过程，这决定了思想教育方法往往难以在

① 见《孙子兵法·谋攻》。

短时期内产生显著的效果，思想教育工作不可能一蹴而就，需要进行长期不懈的努力。

(三)思想教育方法的作用及局限

1. 思想教育方法的作用。思想教育方法的作用主要表现在以下几个方面：

(1)思想教育方法有助于调动人们的积极性。调动人们积极性的方法是多样的，物质利益的刺激可以调动人们的积极性，思想教育同样能够调动人们的积极性，并且可以发挥出其他方法难以替代的作用。积极性本身是一种心理活动的反映，积极性高涨意味着人们的认同感和心理接受程度较强，积极性低落则意味着人们的认同感和心理接受程度较弱，因此，提高人们的积极性就需要增强人们的心理认同感，而思想教育方法所直接作用的对象正是人们的内心世界。并不是说人们的内在心理只能通过思想教育来转变，但“心病还需心药医”，思想教育是影响人们思想活动的一种非常重要的方法。

(2)思想教育方法有助于预防人们行为的偏差。在多数情况下，人们的思想与行为都是一致的。当然也存在行为与思想发生冲突的情况，此时，人们的言行与其所持的价值标准并不一致。比如，“文化大革命”时期，有的人就说了一些违心的话、做了一些违心的事，但行为与思想的不一致将使人们付出沉重的心理成本，因此，人们是不愿意让自己的行为违背自己的思想的。而在正确的思想观念之下，即便人们的行为偶尔出现了偏差，这种偏差也是易于得到矫正的。总之，思想规约着行为，行为反映着思想，两者是不可分割的，而思想又先于行为，行为只不过是思想的流露，解决思想上的问题将能较为有效地防止行为上的偏差。正因为如此，政府在实施一项政策与计划之前，必须进行相关的解释、宣传、动员与教育工作。

(3)思想教育方法有助于从根源上对人们的行为进行规范。行为是外在的表现，思想是内在的根源，不从思想上解决问题，人们的行为便很难得到规范，既有的思想总是试图将人们的行为拉回原有的轨道，而端正了人们的思想观念，便从源头上对人们的行为予以了规范。

2. 思想教育方法的局限。尽管思想教育方法具有不可忽视的作用，但在实际工作中，过于依赖思想教育方法也是不妥的，这是因为：①思想教育提高的是人们自律的能力，而仅有自律是不够的，自律与他律相结合才能起到预期的效果，因此，诸如外部监督等他律形式在规范人们的行为中也是必不可少的。②人们的思想观念受到多种因素的影响，这一方面使思想教育对人们内心世界的影响力和作用力受到了一定的限制，另一方面又使思想教育的效果易于受到其他影响因素的侵蚀。③人们的思想观念具有充分的自主性，政府对思想教育的效果很难作出准确的预期，并不是说政府采取了相应的思想教育措施，人们的思想和行为就一定会朝着政府所期望的方向转变。④思想教育不能替代对人们现实需要的满足,如果人们的需要长期得不到满足,思想教育是不足以规范人们行为的。

五、行为激励的方法

(一)行为激励方法的含义和内容

行为激励方法属于行为科学方法,它是指政府根据激励对象的需要(指未满足的需要),通过设置一定的诱因使人们的行为动机激发起来,从而产生某种特定的行为反应的一种行政方法。行为科学认为,动机产生行为,而需要和诱因是形成动机的两个必要条件,前者是内在条件,后者是外部条件,只有在存在某种需要并有诱因的条件下,人们才会产生从事某种活动的动机。① 对于人们的需要,美国心理学大师马斯洛(Abraham H. Maslow)的"需要层次论"(Hierarchy Theory of Needs)将其从低到高分为五个层次②:生理需要、安全需要、归属和爱的需要、自尊需要、自我实现的需要。诱因是能够满足人们需要的事物,这些事物尚未被获取,但又具有可及性,即具有为激励对象获取的可能性,已经被获取的事物或者不具有可及性的事物都不可能成为诱因。诱因涵盖了多方面的内容,不仅包括物质待遇,而且包括声誉、地位、工作成就等。诱因使人们看到了需要得以满足的希望,并使人们在未满足的需要的作用下为了谋求诱因的获取而产生为激励主体所期望的动机和行为。③

激励主体对激励对象进行激励的关键是合理地设置诱因,而政府对诱因的设置意味着使能够满足激励对象需要的事物具有可及性。总体上,这又包括两种情况:一是最终由激励主体来提供诱因,激励主体既然能够提供诱因,那么,这些诱因自然具有可及性;二是由激励主体创造条件,以使一些能够满足激励对象需要的事物(如内心的宁静、祥和以及自我认同感、成就感等)具有可及性,从而使这些事物成为诱因(这些诱因往往是政府所不能直接提供的),比如,激励主体为激励对象提供施展的平台和发展的空间,这样,激励对象通过自身的努力就可能获取强烈的成就感。以上两种情况分别对应着两种不同的激励方式,我们称之为激励方式Ⅰ和激励方式Ⅱ,其中,激励方式Ⅱ更能体现激励的本质特征,因为它建立在更为乐观和积极的人性假设之上(激励主体相信只要创造了合适的条件,激励对象就会受到一种源自内心的激励)以及更加强调激励

---

① 朱永新:《管理心理学》(第2版),高等教育出版社2006年版,第120页。

② 详见亚伯拉罕·马斯洛:《动机与人格》(第3版),中国人民大学出版社2007年版,第16~29页。

③ 在现实中我们还可以发现,人们因为诱因的获取也可能产生出为激励主体所期望的行为,比如,有人因受到了奖励而激发出工作的热情。我们认为,人们之所以产生这样的行为,一方面是因为新的诱因已经形成,另一方面是因为原有的激励效应仍然存在;而单纯地依靠使人们的需要得到满足的办法是难以起到预期的激励效果的,比如,满足了一个人的权力欲未必能使其更积极地为公众服务。

对象自身的能动性。现实中的行为激励方法可以说是这两种激励方式的单独或综合运用,常见的行为激励方法主要有:

1. 目标激励。目标之所以能对人形成一种激励,是因为目标的实现可以给人们带来某种满足(如经济利益和成就感等),目标本身就涵盖着诱因或者附带着诱因。目标并不是越高越好,而要具有实现的可能,否则,任何诱因对激励对象来讲都不再具有意义。

2. 参与激励。这是指激励主体为激励对象创造参与组织管理以及其他方面事务的机会,从而使激励对象通过参与能够获得他人及自身的认同并由此受到激励。需要指出的是,人们往往将“参与”视为诱因本身,我们并不这样认为。参与不是一种诱因,而是使诱因得以产生的条件,真正的诱因是他人的认同、自身的认同以及自我价值的实现等,如果没有“参与”这个条件,他人的认同、自身的认同等这些能够满足人们需要的事物便不具有实现的可能,也不可能成为诱因,而没有诱因,激励就不可能存在。因此,参与激励是激励方式Ⅱ的一种具体运用。

3. 尊重激励。对人们予以尊重可以产生激励的效果,这在管理学中已得到了充分的关注和强调,在现实中也不乏明证。那么,应如何对这种激励的发生机制进行解释呢?我们认为,被人尊重和自我尊重都是能够满足人们需要的事物,当人们感到这种事物不具有可及性时,他们是难以受到激励的(表现为自暴自弃等),要使这些事物成为诱因并进而使人们受到激励,必须首先让人们确信这些事物是可以获取的,而激励主体对人们予以尊重恰恰能够使这种“确信”得以成立(具体来讲,是使人们确信通过适当的行为能够获取更进一步的被人尊重和自我尊重),或者说使被人尊重和自我尊重这些事物成为诱因。因此,对人予以尊重之所以能够产生激励效果,主要并不在于它给人们的需要以某种程度的满足,关键在于它为诱因的形成创造了条件。从这个意义上来讲,尊重激励可视为激励方式Ⅱ的具体运用。如果给予激励对象以尊重并未使诱因得以形成(如激励对象已不再将被人尊重视为一种能满足自身需要的事物),那么,它是不可能产生激励效果的,因为激励的对象已经没有了什么期待,也没有了什么动力。心理学中强调暗示的作用,认为人们往往会采取与暗示相一致的行为。对此我们也可以作出类似的解释:积极的暗示(比如“能够做好这件事”)使人们相信所暗示的事物是可以实现的,因而这些事物成为诱因,诱因的产生与人们的需要相结合又形成了激励效应。美国管理学家和行为科学家道格拉斯·麦格雷戈(Douglas M. McGregor)在《企业的人性方面》(*Human Side of Enterprise*)中所指出的“自我实现的预言”[①]其实也说明了这个问题。

---

① 转引自菲利普·J.库珀:《二十一世纪的公共行政:挑战与改革》,中国人民大学出版社 2006 年版,第 238 页。

4. 工作激励。工作具体是指工作机会或工作岗位，工作激励可以有两种含义。第一，工作作为一种诱因，它与人们期望获取这种诱因的需要相结合而形成激励，比如，人们为了获得职位的晋升而努力工作等。这种含义的工作激励是激励方式Ⅰ的具体运用。第二，工作作为使诱因得以形成的条件，它使自我认同感和成就感等这些能够满足人们需要的事物具有可及性，这种具有可及性的事物（诱因）与人们的需要相结合进而形成了激励，比如，一定的工作机会使人们的抱负有了实现的可能，为了这种抱负的实现，人们又将付出积极的努力。这种含义的工作激励是激励方式Ⅱ的具体运用。

5. 反激励。反激励就是从反面进行激励的方法，它设置一种强烈的危机情景，使行为者产生一种反作用力，进而形成强大的内压，以取得"置之死地而后生"的效果。① 在公元前 204 年的井陉之战②中，韩信背水列阵，运用的就是反激励的方法，在无路可退的情况下，出于求生的本能，将士们不得不竭尽全力投入战斗。这里生存就是诱因，而只有竭尽全力赢得战斗才能求得生存。反激励的运用要求较高、风险较大，不可随意为之，否则很可能弄巧成拙。

（二）行为激励方法的特性

行为激励的方法具有以下四项特性：

1. 报偿性。行为激励方法的运用要针对人们的需要而设置一定的诱因，这种诱因即可被视为激励对象可能获得的报偿，当人们做出了被期望的行为时，便可以获取相应的报偿。这与行政指令方法有所不同，与思想教育方法也有所不同，后两者的运用并非着眼于人们的需求，人们做出了被期望的行为时也并非会获得能满足自身需求的报偿。不过行为激励方法的报偿性与经济方法的有偿性是有区别的，后者所谓的有偿主要是指物质利益或经济利益，前者所谓的报偿则不仅包括经济利益，还包括荣誉、地位、发展的机会、成就感等。

2. 人本性。行为激励方法总体上对人性持有一种乐观和积极的态度，它蕴涵着一个基本假设，即人们具有强烈的主观能动性，也就是说，人们的潜力是巨大的，人们的态度和行为也都可以是积极的，只要采取相应的激励措施，人们的潜力就会被不断地挖掘出来。行为激励方法之所以能够产生较好的效果，就在于它充分借助了人们主观能动性的作用，这一点不同于经济方法，经济方法借助的主要是市场机制的作用。

3. 间接性。从名称上看，行为激励方法的目的非常明确，就是调节人们的行为。但这一方法并不是直接作用于人们的行为，而是通过激发人们的动机进而激发人们的行为，如果不能成功地激发人们的动机，就不可能激发出相应的

---

① 张兴杰、吴江、许祥之：《行政管理学》，中国农业大学出版社 2004 年版，第 305 页。

② "背水一战"的典故就出自此次战役，参见王翰、陈锋：《毛泽东瞩目的著名战役》，长江文艺出版社 2002 年版，第 79 页。

行为。因此,行为激励方法的效果应看激励对象最终的行为表现,而行为激励方法的着力点则应放在动机的激发上。

4. 非强制性。行为激励方法强调的是激励,而激励不同于强制。激励寄希望于人们的主动和自觉,行为激励所期望的效果是通过人们主动性的发挥来实现的,行为激励方法只是将这种主动性激发了出来,而强制则是将人们置于一个被动的地位,只是单向地对人们设置义务和提出要求。

(三)行为激励方法的作用及局限

1. 行为激励方法的作用。行为激励方法的作用主要表现在以下几个方面:

(1)行为激励方法有助于挖掘人们的潜力。没有发挥出来的能量都可称为潜力,学习是增长潜力的重要途径,激励则是挖掘潜力的重要途径。在任何一项行政管理活动的开展中,人都是居于第一位的资源,这种资源究竟是否产生了应有的作用,则要看人们的潜力能否得到有效的发挥。如果答案是肯定的,那么,一般人也能做出不一般的成绩;如果答案是否定的,那么,纵使济济的人才也未必能出色地完成任务。作为挖掘人们潜力的一种重要途径和方法,行为激励使人们集中所有的精力投入到一项任务的完成当中,从而能够爆发出潜在的能量,能够应对平时不敢应对的挑战,能够克服平时难以克服的困难。

(2)行为激励方法有助于实现激励对象的自我发展。前面我们提到,人的需要从低到高可被分为不同的层次,一般来讲,人们总是先努力满足较低层次的需要而后再追求较高层次需要的满足,这种不同层次的需要依次被满足的过程可被看作人们自我发展的过程。行为激励方法的运用是以尊重激励对象的权利和需要为基础的,行为激励所激发出来的正是人们努力满足自身需求的动机和愿望。因此,在这一方法的作用下,激励对象行为的过程就是不断满足自身需要的过程,是实现自我发展的过程。

(3)行为激励方法有助于实现个人目标和组织目标的统一。在很大程度上,激励对象是在个人目标的引导下展开行动的,脱离了个人目标的引导和个人需要的满足,也就无所谓激励。然而,在行为激励方法的作用下,个人目标与组织目标常常是重合的,即便没有重合,两者也是相辅相成的,其中,任何一个目标的落空都意味着另一个目标的落空。行为激励的奥妙就在于它能够将个人用于实现自身目标的动力和行为服务于组织目标的实现,从而使这种动力和行为既指向个人目标的实现,又指向组织目标的实现,由此达到个人和组织的双赢。

2. 行为激励方法的局限。同其他行政方法相比,行为激励方法也存在自身的不足:①行为激励方法的效果不易于为激励主体所控制。法律的方法和行政指令的方法则较少具有这样的缺陷,因为执行法律和行政指令是有关对象的义务,而激励对象是否会按照激励主体的意图行事则取决于激励对象自身。②行为激励的效果存在递减的趋势。一种行为激励的措施实施后,人们被激发出来的工作热情很难得到长期维持,而是随着时间的推移不断消退。消退的可能原因一是需要长期无法得到满足,二是需要已逐步得到了满足。但不论怎样,由于激励效果的递减,激励的难度将越来越大。③行为激励方法的运用受到激励主体所拥有资源的限制。行为激励方法的运用需要激励主体设置一定的诱因,诱因的设置又要求激励主体拥有相应的资源。然而,激励主体所掌握的资源是有限的,这无疑将限制行为激励方法在现实中的运用。

以上主要介绍了法律的方法、经济的方法、行政指令的方法、思想教育的方法、行为激励的方法五类较基本的行政方法。但需要注意的是,以上五类方法并不能穷尽所有的行政方法,我们在每一类行政方法中所列举的具体内容(可称为具体的行政方法)也不能包括该种类型方法的全部;还有一些行政方法,它们难以简单地被归为哪一个种类,而是兼具不同行政方法的因素(这样的行政方法在一定意义上也可被看作不同行政方法的组合)。所以,政府及其工作人员对行政方法的识别、学习、掌握以及创新将是一个持续的过程,只有这样,才能不断扩大自身在行政管理活动中选择行政方法的空间,从而为行政目标的实现找到最优化的方式和手段。

综上所述,我们可以将行政方法的内容构成用图 8-1 表示。

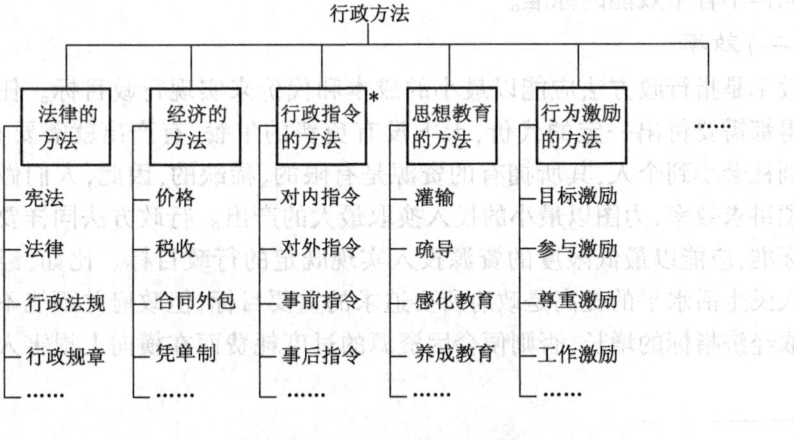

图 8-1 行政方法的内容构成

* 在这里,行政指令方法所包含的具体内容之间并不具有严格意义上的互斥关系,比如,对内指令与事前指令就存在交叉的部分。

第三节 行政方法的选择

现实中的行政方法是多种多样的,选择什么样的行政方法直接关系到行政管理活动的效果，只有选择了正确的方法，才能取得理想的效果。而要正确地选择行政方法，一是要明确行政方法选择的标准，二是要明确行政方法选择的影响因素，本节中，我们着重对这两个方面的内容进行探讨。

一、行政方法选择的标准

在这里，行政方法选择的标准是指行政方法所应达到的要求。一些学者已有的相关论述对我们明确行政方法选择的标准具有积极的启示意义。有学者认为，在选择政府治理工具①时，所应坚持的主要标准应该包括：效果、效率、充分、公平、回应。② 还有学者认为，政府治理工具的选择标准主要有：有效性、效率、公平、可执行性和政治合法性。③ 在借鉴以上观点的基础上，我们认为，行政方法选择的标准主要是：效能、效率、公平和可行。

（一）效能

效能是指行政方法实现行政管理目标的能力与功能。行政方法的根本目的在于架设起一座通向目标状态的桥梁，不具有实现行政目标的能力与功能的行政方法是没有任何意义的。因此，效能应该是行政方法选择中的首要标准，所选取的行政方法必须能够满足实现行政目标的要求。行政目标的实现是指充分的实现，而非部分的实现，只能在部分和局部意义上实现行政目标的行政方法同样不合乎效能的标准。

（二）效率

效率是指行政方法应能以最小的成本和代价来实现行政目标。任何产出的获得都需要付出一定的代价，天下没有免费的午餐，有产出就需要有投入。但大到社会小到个人，其所拥有的资源是有限的、稀缺的，因此，人们做任何事都必须讲求效率，力图以最小的投入换取最大的产出。行政方法同样要符合效率的标准，应能以最低限度的资源投入实现既定的行政目标。比如，经济的发展和人民生活水平的提高是政府所要追求的重要目标，但政府并不能不惜代价地求取经济指标的增长，否则便会因资源的过度耗费而在横向上损害人们可以

---

① 政府治理工具与行政方法具有一定的区别：政府治理工具是从治理的角度对政府实现目标的手段进行的界定，治理意味着多元主体（包括政府、市场和社会）共同致力于公共问题的有效解决；行政方法则是从行政的角度对政府用于实现目标的手段进行的界定，行政并不一定涉及多元主体的共同作用，同时，它既包括外部的行政管理活动，也包括内部的行政管理活动。但是，在作为实现政府目标的手段这一点上，政府治理工具与行政方法是相同的，事实上，学术界并没有刻意对两者的不同进行区分，更多的时候是由于语境上的不同才产生了名称上的差异，因此，关于政府治理工具的选择标准原则上也是适用于行政方法的。

② 张成福：《论政府治理工具及其选择》，《公共行政》（人大复印报刊资料），2003 年第 4 期。

③ 朱喜群：《论政府治理工具的选择》，《行政与法》，2006 年第 3 期。

获得的其他方面的利益(因为资源的使用是有机会成本[①]的,用于经济增长方面资源的增多必然会导致用于其他方面发展资源的减少),在纵向上破坏人类可持续发展的能力。因此,有学者针对性地提出了"低代价经济增长论"[②]。需要强调的是,行政方法在运用过程中所耗费的资源不仅包括物质资源,也包括一些非物质资源;不仅包括行政方法的使用主体(使用者)所付出的成本,而且包括行政方法的作用对象所付出的成本。

(三)公平

公平是指行政方法应能使人们在行政管理活动中得到公正、平等的对待。首先,在行政方法的使用主体和作用对象之间,作用对象的权利和利益应尽可能地得到尊重,而不能一味靠对作用对象的剥夺来实现行政目标,只有这样,行政方法的作用对象才会感到自身相对于行政方法的使用主体得到了公正、平等的对待。其次,在行政方法的作用对象之间,由于行政方法的作用对象涉及多方面的利害关系人(这里的利害关系人既包括个人也包括团体),行政方法应能使这些利害关系人所承担的义务与其所拥有的权利相对等,使其做出的贡献与其得到的结果相一致,这样才不至于在行政方法的作用对象之间产生相对剥夺感(relative deprivation)。不过,公平是相对的,不存在绝对的公平,有的情况下,行政管理活动的开展要求一些个人或团体作出一定的必要牺牲,这样的不公平是可以为人们理解和接受的,前提是这种行政管理活动的开展是为了公共的利益,同时,对于受损者,政府应通过合理措施给予必要补偿。

(四)可行

可行是指行政方法能够在实践中被运用、被操作。之所以要强调可行这一标准,是因为任何行政方法的运用都具有一定的条件要求,如资源方面的要求、时间方面的要求、技术方面的要求、专业知识方面的要求等。因此,行政方法既可能因与特定的客观情境不相适应而不具有可操作性,也可能因使用主体主观因素的制约而难以在实践中得到运用。不论出于什么样的原因,不可行性都使行政方法无法服务于行政目标的实现,也使这样的行政方法不得不被排除在政府的选择之外。

二、行政方法选择的影响因素

在明确了行政方法的选择标准之后,就要使所选择的行政方法尽量符合这些标准,而一种行政方法是否合乎这些标准,要受到多方面因素的制约,这些因素也在很大程度上构成了行政方法选择的影响因素。

---

① 机会成本(opportunity cost)是指人们为了获取某种收益而不得不放弃的其他可能的收益。

② 有关低代价经济增长方面的论述参见梁言顺:《低代价经济增长论》,人民出版社 2004 年版。

那么,究竟是什么因素影响着一种行政方法的效能性、效率性、公平性和可行性呢？我们认为,行政方法本身的因素(如行政方法的特性和作用)无疑包括其中,此外,这些因素还包括行政事项方面的因素、行政目标方面的因素、行政资源方面的因素和行政对象方面的因素等,行政方法选择的目的就在于实现行政方法与行政事项、行政目标、行政资源、行政对象等的最佳结合。一些学者已有的研究也体现了这种认识,比如,陈振明教授认为,影响行政方法选择的因素主要有五种①:①政策目标(或政府目标);②工具的特性;③工具应用的背景;④以前的工具选择;⑤意识形态。其中,政策目标(或政府目标)即行政目标方面的因素;工具的特性即行政方法方面的因素;工具的应用背景则涉及行政事项方面的因素、行政资源方面的因素、行政对象方面的因素等。除此之外,以前的工具选择和意识形态并不对一种行政方法的效能性、效率性、公平性与可行性构成影响,也就是说,它们本身并不会增加或减少一种行政方法的效能性、效率性、公平性与可行性,但是它们却影响着政府及其工作人员能否选择到最佳的行政方法,因而在实际上也成为行政方法选择的影响因素。与以前的工具选择和意识形态相类似的因素还有行政方法选择的范围。

综合以上分析,行政方法选择的影响因素主要有两大类:一类因制约着行政方法的效能性、效率性、公平性和可行性而成为行政方法选择的影响因素,这些因素包括行政方法方面的因素、行政事项方面的因素、行政目标方面的因素、行政资源方面的因素、行政对象方面的因素;另一类虽不制约着行政方法的效能性、效率性、公平性和可行性,但实际上却影响着行政方法的选择,这些因素包括意识形态、既往选择(以前的行政方法选择)、选择空间(行政方法选择的范围)。下面我们将分别对以上八种影响因素进行分析。

(一)行政方法方面的因素

行政方法的选择不可能不考虑行政方法本身的因素,如行政方法的特性、作用等。如果行政方法本身就不具备某种作用,那么,无论外部环境怎样变化,它都是不可能发挥这种作用的。通过上一节的分析我们得知,不同的行政方法所具有的特性和作用是不同的,一种方法不可能适用于解决所有的问题,也不可能在所有的行政领域都发挥自身的优势,而行政方法的选择则要着眼于行政方法优势的发挥。

由于行政方法自身的因素在行政方法选择中的重要地位,工具至上主义者甚至将方法或工具的特性作为选择中唯一重要的因素,这显然也是失之偏颇的。行政方法能否发挥出有效的作用还取决于外部环境条件是否具备,正如有的学者所讲:“实际的实施活动和效果并不是仅仅由工具的特征所决定的,还由

① 陈振明:《政府工具研究与政府管理方式改进》,《中国行政管理》,2004年第6期。

这些工具应用的环境所决定。"[①]因此,行政方法本身并不是影响行政方法选择的唯一因素,行政方法的选择还要受其他因素的制约。

(二)行政事项方面的因素

行政事项是指行政管理活动的具体内容或行政管理活动所要解决的具体问题。一种方法不可能解决所有的问题,一种问题也不可能用任一方法都可以去解决,在政府处理其所面临的某一问题时,有的行政方法是可以用的,有的行政方法则是不可以用的。比如,在处理很多宗教问题时,强制性工具就很难使用,否则可能招来严重的社会问题和合法性质疑;而在洪水、地震等突发性事件的处理中,志愿性工具[②]就显示出了其局限性。[③] 再如,当宏观市场出现了总供给大于总需求的局面时,政府为了弥补这种因供求失衡而引起的通货紧缩缺口,运用行政指令的方法强制性地要求需求方扩大购买量是很难起到积极效果的,甚至是荒唐的,而应采用增加政府支出或减少税收等经济方法来进行干预。因此,行政方法的选择不能脱离行政事项的具体内容,而要对行政事项有一个准确的认识,一是要明确行政事项属于哪一个领域的问题(政治领域的问题、经济领域的问题还是社会领域的问题),经济领域内的问题就适合于用经济方法去处理;二是要明确行政事项属于什么结构的问题(常规性问题还是非常规性问题),常规性问题可以用常规性的方法解决,而非常规性问题可能就需要用非常规的方法解决了。

行政事项可以采用不同的行政方法去处理,而选择什么样的方法往往又受制于其他方面的因素。

(三)行政目标方面的因素

行政目标规定着一个行政事项被处理之后所要达到的预期状态。对实现行政目标的要求越低,行政方法的选择所受到的限制就越少;反之,行政方法的选择所受到的限制就越多。现实中,政府对有些行政目标的实现是不附加条件的,也就是说,只要规定的行政目标能够实现,其他方面的影响可以不予考虑。言外之意是,只要目标能够实现,采取什么样的方法都是可被允许的,这时,行政方法的选择就较少受到限制。然而,政府对很多行政目标的实现都是附加了条件的,一方面,行政目标要实现,另一方面,行政目标的实现还不能造成其他方面的消极影响,这时行政方法的选择就受到了较多的限制。事实上,不附加任何条件的行政目标是很少的,只有在特殊情况下才会出现,现实中,大多行政

---

① H. A. 德·布鲁金,H. A. M. 霍芬:"研究政策工具的传统方法",载 B. 盖伊·彼得斯、弗兰斯·K. M. 冯尼斯潘:《公共政策工具:对公共管理工具的评价》,中国人民大学出版社 2006 年版,第 16 页。

② 志愿性工具的实质在于依靠人们的自觉和自愿来促进政府目标的实现,而不是依靠政府的强制性干预。

③ 陈振明、和经纬:《政府工具研究的新进展》,《东南学术》,2006 年第 6 期。

目标都是附加了条件的，政府对实现这种目标的要求相应也比较高，只有在满足相关条件的基础上实现了行政目标，才算是真正实现了行政目标。

因此，在一般情况下，面对一个行政目标，政府要有意识地对行政方法进行慎重选择，而不可以“不择手段”。另外，行政目标的具体规定也制约着行政方法的选择，比如，行政目标要求实现个人与组织的双赢，那么就应尽量采用非强制性的行政方法，以使在组织目标实现的同时，个人的权利能得到尊重，个人的利益也能得到增进。

（四）行政资源方面的因素

资源是能够满足人类开展某项活动需要的事物，能够满足政府行政管理活动需要的事物就是行政资源。行政资源包括人力资源、经济资源、技术资源等，政府对这些资源的拥有状况也在很大程度上制约着行政方法的选择。就人力资源而言，任何行政方法都要由人加以运用，而行政方法又对使用者具有一定的要求，有时这种要求还相当的高，除非具有深厚的专业知识和丰富的工作经验，人们很难驾驭相关的行政方法。因此，有了好的行政方法，还需要有能够运用这种行政方法的人才，否则，一种行政方法无论多么地受到政府青睐，都是难以为政府所用的。就经济资源而言，行政方法的运用需要消耗一定的经济资源，有的行政方法可能因为所需的经济成本超出了政府的承受能力而不具有可行性，于是，这样的方法只能在政府的选择中予以排除。就技术资源而言，行政方法的运用往往需要一定的技术支撑，满足了相关的技术条件，行政方法的作用可以得到放大和扩展；而如果不具备相关的技术支持，行政方法的作用则会受到很大的限制。特别是在当今科学技术是第一生产力的时代，对行政管理专业化、科学化、精细化①的要求越来越高，行政方法的运用也越来越建立在先进科学技术的基础之上。因此，政府所掌握的技术资源也对其行政方法的选择构成了制约。

行政资源的内容还包含其他的方面，凡是行政方法运用中所涉及的行政资源，都会影响到行政方法的有效性，这些资源的具备情况是行政方法选择中必须考虑的因素。

（五）行政对象方面的因素

这里的行政对象可以看作行政管理活动所影响和作用的个人与群体。一种行政方法不可能适合于每一类行政对象，正如一种产品不可能满足市场上所有消费者的需求一样。如果行政对象抵制某种行政方法的运用，同时他们也不会按照行政主体所期望的方式行事，那么，这种行政方法是不可能产生良好效

① 行政管理的精细化不是指事无巨细，政府样样都管，而是说政府在自身职能范围内应使行政行为在日益精确的意义上符合客观规律。

果的，相应地也不可能具有适用性。因为行政方法能发挥出什么样的效果不仅取决于行政主体（这里指行政方法的使用者）的行为，而且取决于行政对象的行为，更何况有些行政方法的作用本身就在于规范和调整行政对象的行为。行政对象对一种行政方法的支持程度主要取决于三个方面的因素：一是行政对象对行政方法的认同感，在行政对象认同某一行政方法的前提下，即便该行政方法是强制性的和要求行政对象无条件服从的，行政对象也会接受这种方法的约束；二是行政对象对行政主体的信任度，行政对象越是信任行政主体，越会支持行政主体所选择的行政方法；三是行政方法给行政对象的利益带来的影响，行政方法越是能促进行政对象利益的增长，行政对象就越会支持这一方法的运用。相应地，行政主体在选择行政方法时就应考虑到以上三个方面的因素，这三个方面的因素也对行政方法的选择形成了制约。

（六）意识形态

意识形态是指在一定经济基础上形成的人对于世界和社会的系统的看法和见解。① 在行政管理领域，人们对政府的看法就属于意识形态的范畴，比如，政府应做什么、政府应以什么样的方式行为、政府与公众的关系应怎样定位等。需要注意的是，在一个社会中，政府所具有的意识形态和公众所具有的意识形态大体上是一致的，一是因为意识形态由经济基础决定，而政府与公众所处的经济环境是相同的；二是因为如果一个社会中的意识形态差别足够大，那么，这个社会就要陷入混乱和分裂。因此，在封建社会中，政府将自身定位为“牧民者”，认为公众只是统治和管理的对象，公众也普遍持有一种期望政府“为民做主”的心理而将自身完全放在了被动的地位；在现代民主社会中，政府将自身定位为公众的代理人，认为为作为委托人的公众服务是自己应尽的职责，公众同样充分意识到自身作为委托人的身份，而将政府的服务视为政府存在的合法性基础。

意识形态之所以重要，是因为世界是复杂的，而人的理性是有限的，这样，人们便希望有一条帮助自己认识世界的捷径，这条捷径使人们在面对一项事物时无须进行理性分析便可作出评判，而意识形态正提供了这样一条捷径，是一种节约认识世界费用的工具。② 林布隆（Charles E. Lindblom）在《政策制定过程》一书中也指出，意识形态具有使分析简单化的作用。③ 在意识形态的支配

---

① 中国社会科学院语言研究所词典编辑室：《现代汉语词典》（第5版），商务印书馆2006年版，第1618页。

② 林毅夫：“关于制度变迁的经济学理论：诱致性变迁与强制性变迁”，载R.科斯、A. 阿尔钦、D.诺斯，等：《财产权利与制度变迁：产权学派与新制度学派译文集》，上海三联书店、上海人民出版社1994年版，第380页。

③ 查尔斯·E.林布隆：《政策制定过程》，华夏出版社1988年版，第48~49页。

下,人们会认为自己的行为是理所应当的,尽管说不出确切的理由,因此,意识形态的力量是巨大的,人们很难违背既有的意识形态行事。同样,意识形态也约束着政府对行政方法的选择,当政府以自身的权力为中心时,它就不会考虑行政方法对公众的权利和利益可能造成的影响;当政府以公众的权利为中心时,它就会尽量选择那些以尊重公众权力和利益为基础的行政方法。当政府认为自身无所不能时,它就不会考虑行政方法是否有助于其他方面(如市场、社会、行政对象)力量的发挥;当政府认为自身的职能和能力有限时,它就会尽量选择那些有助于调动各方面积极性和发挥各方面作用的行政方法。

(七)既往选择

行政方法选择的历史将影响到以后的选择。这实质上也涉及一个路径依赖问题,也就是说,"人们过去的选择决定了他们现在可能的选择"①。既往的选择容易使行政主体形成对某种行政方法的依赖,从而限制了行政主体选择新方法的可能性。正如有的学者所讲,"组织的决策常常是从既有经验出发,而不是所谓理性选择的结果,特别是当组织面临新任务时,组织的历史和组织对历史的解释往往指导着组织的决策及其实施"②。现实中,我们常常发现一些行政主体总是试图采用同样的行政方法解决不同的问题,而较少尝试新的行政方法,他们对某种行政方法的运用已成为习惯。比如,当行政主体习惯了用行政指令的方法解决问题时,经济方法的运用就会使其感到不适应。这种现象的出现有以下原因:一是行政主体过分相信自己的经验,对没有尝试过的事物抱有一种强烈的怀疑态度;二是由于对某种行政方法的反复使用而形成了主观上的偏好;三是担心因行政方法的改变而产生的不确定性和风险。

对既往的选择,当然不能一味地否定,但我们也应看到它对行政方法的选择所构成的限制,以免错失了更为有效的行政方法。

(八)选择空间

选择的前提是具有选择项或可供选择的对象,可供选择的对象越多,选择的空间和自由度就越大。所有可供选择的行政方法构成了行政方法选择的空间,这一空间同时也制约着行政方法的选择。行政方法选择空间的大小主要取决于两个方面的因素:一是行政方法的革新速度,行政方法处在一个不断革新和发展的过程之中,新的行政方法总是在不断出现,这种革新的速度越快,行政方法选择的可能空间就越大;二是行政主体学习、熟悉和掌握行政方法的能力,这种能力越强,行政方法选择的现实空间就越大。

行政方法的选择空间是可以不断扩大的,为了实现这一点,不但要加大行

① 道格拉斯·诺斯:《经济史中的结构与变迁》,上海三联书店 1991 年版,第 1~2 页。

② 李路路、宋臻:《"有限理性"视角下的组织决策——基于一个援助扶贫项目的个案研究》,《社会》,2007 年第 5 期。

政方法的创新(包括理论上的创新和实践中的创新)力度,而且要增强行政主体的学习能力。

由以上分析可知,影响行政方法选择的因素是多方面的,政府对行政方法的选择不可能是随心所欲的,"那种认为政府在处理某一时间内的一个特定问题时可以利用的工具是广泛的观点是有很大局限性的"①,有效的行政方法②必须经过政府审慎的选择才能加以确定。为了选择有效的行政方法,政府必须全面把握那些直接制约着行政方法的效能性、效率性、公平性和可行性的因素,同时也必须明确那些虽不直接制约行政方法的效能性、效率性、公平性和可行性,但实际上却影响行政方法选择的因素。明确了这些因素,政府就需要有意识地对自身的思想和行为进行调整,比如,树立起科学的价值理念、打破对既往选择的依赖、不断学习和掌握新的行政方法等。

另外,在行政方法的选择中,政府可能是选择一种具体的方法,也可能选择多种具体的方法而构成行政方法的组合③,后一种情况更为常见。这是因为行政管理问题是复杂的,而任何一种行政方法的作用都有其自身的限度,往往需要多种行政方法的综合运用才能使行政管理问题得到有效解决。比如,2003 年《国务院关于促进房地产市场持续健康发展的通知》发布后,中央政府为了稳定住房价格和促进房地产业的健康发展,综合采用了包括调高房地产项目资本金比例、调整银行利率、调整个人住房按揭贷款首付款比例、调整住房转让环节营业税、调整土地供应结构、规定新建住房结构比例、控制城市房屋拆迁规模、加强房地产市场信息披露等在内的一系列手段和方法。

我们在第七章第一节已经指出,公共政策中包含有行政方法方面的因素,相应地,公共政策的制定也会涉及行政方法(包括单一的方法和方法的组合)的选择。首先,在政策方案的设计中,设计者必须确定每一方案采用什么样的行政方法,不同方案可能采取同样的方法,也可能采取不同的方法,但那些明显不合适的行政方法是不会被选择和采用的。如图 8-2 所示,存在 A,B,C,D,E,F 六种行政方法可供选择,甲方案和乙方案采取了方法 A,丙方案和丁方案采取了方法 D,其他四种方法由于不具有适用性而未被选择。之所以不同的政策方案可以采取同一种行政方法,是因为政策方案中除了包括行政方法方面的因素,还包括其他方面的因素,即便采用同一种方法的方案,仍可能存在明显的差异。其次,在政策方案的选择中,选择了某种方案也就意味着最终选择了该方案所采取的行政方法,在图 8-2 中,丁方案是被最终确定了的方案,相应地,丁

① Kenneth Woodside: Policy Instruments and the Study of Public Policy, *Canadian Journal of Political Science*, 1986, 19(4): 775~793.

② 有效的行政方法是指符合效能性、效率性、公平性和可行性标准的行政方法。

③ 我们在本章第一节分析"行政方法的系统性"时对此已有说明。

方案所采取的方法 D 也是被最终选择的方法。当然,某种行政方法被最终选择并不意味着采用这种方法的政策方案一定会被选择,这是因为一种方法可以被不同的方案所采用,图 8-2 中的丙方案和丁方案都采用了方法 D,但丙方案却并未被选择,其中也说明了行政方法并不是决定政策方案有效性的唯一因素。举例来讲,为了解决城镇低收入家庭的住房困难问题,政府可以采用补贴发放的方法(属于经济的方法),我们假定这种方法是有效的,但只有当补贴的发放与适当的补贴对象及补贴标准等结合在一起时,才会产生正确的政策方案,否则,即便方法本身是有效的,仍可能产生错误的政策方案。

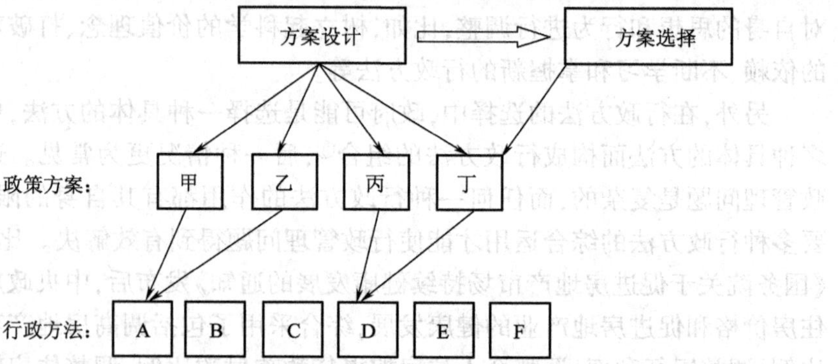

图 8-2 行政方法选择与政策方案选择的关系

本章思考题

1. 在本章所分析的五类行政方法之外,你认为还有哪些类型的行政方法存在?

2. 试分析经济方法的作用和局限性。

3. 你是否认为政府为公众提供参与政府管理的条件能够对公众形成激励?请尝试对你的回答作出理论解释。

4. 你是否同意一种行政方法的有效性应根据不同的情境而论,如果不同意,请作出说明;如果同意,请对制约一种行政方法有效性的因素进行分析。

5. 请分析意识形态是如何影响行政方法的选择的。

第九章

行政技术

随着人类社会向信息社会迈进,技术在经济社会发展中的作用日益凸显,在政府行政管理中的作用也越来越重要,而技术应用于政府的行政管理中便成为行政技术。行政技术是一种工具,同时也是一种资源(技术资源),它为政府行政管理活动的开展提供了有力的支撑。本章我们将分三节对行政技术的有关内容进行分析和介绍:第一节介绍行政技术的含义、特点和作用;第二节介绍行政技术的内容构成,包括对信息通信技术、系统工程、网络规划技术和工商管理技术等的介绍;第三节介绍行政技术的应用,包括对行政技术应用的必要性的分析以及对行政技术应用要求的分析。

第一节　行政技术概述

一、行政技术的含义

一般来讲,行政技术是政府及其工作人员在行政管理活动中所运用的自然科学与工程科学方面的技术,如信息通信技术、系统工程技术等。此外,一些社会科学领域的研究成果也可以被引入到行政管理中来而成为行政技术,如目标管理、全面质量管理、平衡记分卡等。之所以将这些社会科学的研究成果视为技术,一是因为它们可操作性较强、量化色彩显著;二是因为它们在功能上与自然科学领域内的技术具有较强的相似性。但是,这种技术在整个行政技术系统中并不具有主体地位(但并不意味着这种技术不重要),占据主体地位的是自然科学与工程科学方面的技术。

为了更进一步地理解行政技术,我们在这里作如下几点分析和说明:

第一,行政技术主要是自然科学领域的成果,它并非是人们在行政管理活动中发明和发展的,而是自然科学领域的技术被应用于了行政管理实践。

第二,通过行政技术的来源可知,行政技术首先是一种技术,它虽然可以服务于政府的行政管理,但它的目的主要并不在于解决社会科学领域的问题,而是解决自然科学领域的问题。同时,自然科学领域的技术虽然对社会领域内问题的解决和行政管理活动的开展具有重要作用,但仅有技术是远远不够的,技术必须与行政管理中的其他要素结合起来才能在政府对行政事务的处理中发挥作用。

第三,行政技术也可被视为一种资源①,这种资源被称为技术资源。作为一种资源,行政技术为行政管理活动的开展提供了支持,也为行政方法的运用提供了支持,因为行政方法中包含技术性的成分,行政方法要发挥作用,必须获得相应的技术支持。

第四,由于行政方法中包含技术性的成分②,不少情况下行政技术并不是单独发挥作用的,它的作用蕴含于行政方法的作用之中,行政方法发挥作用的过程同时也是行政技术发挥作用的过程。③ 另外,人们有时也在习惯上将技术性较强的行政方法视为行政技术。

二、行政技术的特点

行政技术主要具有开放性、先进性、量化性、可操作性和辅助性的特点。

(一)行政技术的开放性

我们说行政管理学是一门开放性的科学,因为它不仅在自身的研究领域内不断实现知识的增长、积累和丰富,而且广泛吸收来自其他研究领域的成果。行政技术相对来讲则更具有开放性,技术是人类在认识自然和利用自然的过程中积累起来的知识,并不是人们在行政管理活动中创造的,因此,行政技术主要是将自然科学领域内的成果引入行政管理的结果。行政技术的开放性是由行政管理活动的开放性决定的,行政管理活动并不是在一个封闭的环境下开展的,而是在一个开放的环境下进行的,它的开展有赖于外部环境所提供的种种资源,其中包括技术资源,从而形成行政技术。

① 只有在人们掌握了行政技术时,它才能成为一种可被利用的资源。

② 这种技术性成分可被视为行政技术。

③ 需要注意的是,我们说行政方法中包含技术性的成分,行政方法的内涵要大于行政技术,但这并不意味着任何行政技术在任何情况下都包含在行政方法之内,行政技术具有自身的主体性(它可以单独存在,而非完全依附于行政方法,由于我们将工商管理技术等也包括在行政技术中,这一点就更为显著),也是可以独立发挥作用的。

（二）行政技术的先进性

技术的进步不会停滞，从蒸汽机时代到电气时代，从电气时代再到信息时代，其间显示出了技术进步的历程。技术进步是一个用新技术和先进技术代替旧技术和落后技术的过程，新技术和先进技术由于更具科学性与合理性，从而有足够的能力实现对旧技术和落后技术的替代，因此，在一个时代占据主导地位的都是先进技术，这种技术也成为一个时代的特征。新技术和先进技术的出现，以及行政问题难度的加大与复杂性的增强，要求行政技术保持先进性，落后的行政技术难以为行政管理提供有力的支持。

（三）行政技术的量化性

行政技术注重对有关对象进行精确衡量，而要实现这一目的，就需要利用数学知识来把握事物在量上的规定性。比如，调查统计技术就是通过数字描述某一社会现象，推断出各有关社会现象之间的关系以及局部和整体之间的关系。①

（四）行政技术的可操作性

技术的根本职能并不在于对自然界的理解和认识，而在于对自然界的利用和改造。如果说科学着重于回答"是什么"和"为什么"的问题，那么，技术则着重于回答"做什么"和"怎么做"的问题。② 正如严复先生曾经在论及"学"（指科学）与"术"（指技术）之间的关系时所讲："盖学与术异，学者考自然之理，立必然之例。术者据已知之理，求可成之功。学主知，术主行。"③因此，包括行政技术在内的技术应具有可操作性，这种可操作性包括以下几个方面的含义：第一，行政技术能够在实践中加以运用，这是可操作性最基本的要求；第二，行政技术内含一套相对固定的操作规范和标准，这为人们运用行政技术提供了一条路径，使人们明确行政技术应如何运用；第三，行政技术可以被重复性地运用，并能产生确定性的效果。

（五）行政技术的辅助性

行政技术的作用首先是重要的，没有行政技术的支持，很多行政管理活动便无法开展，很多行政方法也无法运用。但行政技术的作用总体上是辅助性质的，因为并不能一味依赖自然科学领域内的技术去解决诸如行政管理等属于社会领域的问题。脱离了具体的行政目标和行政事项，单纯的行政技术本身也就没有什么意义。

① 徐晓雯、丛建阁：《行政管理学》，经济科学出版社 2004 年版，第 359 页。

② 邹海林、徐建培：《科学技术史概论》，科学出版社 2004 年版，第 8~9 页。

③ 转引自李慎之：《什么是中国现代学术经典》，《开放时代》，1998 年第 5 期。

三、行政技术的作用

（一）行政技术有助于促进行政资源的扩大

人类正在迈入信息社会或者说知识经济时代，在这个新的时代，知识在经济社会发展中的作用将越来越大。正如约翰·奈斯比特（John Naisbitt）所讲："在信息经济社会里，价值的增长不是通过劳动，而是通过知识实现的。'劳动价值论'诞生于工业经济的初期，必将被新的'知识价值论'所取代。"[①]无疑，技术是知识的重要组成部分，是一种越来越重要的资源。行政技术作为一种日显重要的行政资源，它的进步意味着行政技术在质量上的提高和在数量上的增长，这本身可以看作行政资源的扩大。此外，行政技术的进步还能够提高其他行政资源的利用效率，从而使同样的资源投入取得更多的产出，这也相当于扩大了行政资源。

（二）行政技术有助于促进行政能力的提高

行政能力反映了政府高效完成行政管理任务和实现行政目标的状况。行政能力与行政资源存在相互促进的关系，政府要高效地完成行政管理任务，必须具有相应的资源支持；反之，政府出色地完成了行政管理任务，也会使其拥有的资源得以扩大，如政府威望（属于一种无形的行政资源）的提高等。行政技术的进步扩大了行政资源，使政府的行政管理活动获得了更为有力的支持，从而也使政府能够更加有效地实现行政目标。当然，行政技术的进步或行政资源的扩大并不必然带来行政能力的提高，政府的行政能力受多方面因素的影响，行政资源只是其中一个影响因素。因此，我们不能简单地认为，投入的行政资源越多，政府就越能出色地完成行政管理任务。

（三）行政技术有助于促进行政方法的发展

关于行政技术对行政方法发展的促进作用，我们可以从以下两个角度来理解：第一，行政方法需要一定的技术作为支撑，行政技术的进步提高了行政方法的技术含量，从而使行政方法得到了优化，并使行政方法的效果得到了加强。第二，政府处在一个不断变化的技术环境中，对这种技术环境，政府必须与之保持动态的适应性，否则就会落后于时代的发展，也无法正常开展行政管理活动。为了保持与技术环境的适应性，政府必须将先进的技术成果引入到政府管理中来。因此，政府是不可能置身于技术进步之外的。而不论是公众对先进技术的使用还是政府自身对先进技术的使用，都会对原有的行政方法构成一定的挑战，从而促使政府对行政方法进行革新，以适应新的技术环境。比如，由于信息技术的进步，政府和公众之间更容易进行信息的沟通

① 约翰·奈斯比特：《大趋势：改变我们生活的十个新方向》，中国社会科学出版社 1984 年版，第 15~16 页。

和交流，这客观上促进了参与式行政方法的发展。

（四）行政技术有助于促进行政管理的精细化

近年来，政府越来越认识到精细化管理的重要性，一些地方政府已经有意识地开展政府精细化管理的实践。行政管理的精细化是与粗放化相对而言的，它意味着目标的精确和运作的严密、高效，代表政府对完美的追求。实现行政管理的精细化，不仅需要从制度建设方面努力，而且需要借助先进的行政技术。比如，印度南部小城马杜赖采用卫星技术，在市政管理中能够及时追踪和显示城市基础设施出现的各种问题，如供水供电系统中断、排水系统受阻、低洼地带水位上涨等。①

第二节 行政技术的内容构成

伴随着科技进步，同时也为了适应时代的发展对政府提出的新要求，越来越多的先进技术被引入到行政管理中来，我们在这里介绍几种常见的行政技术。

一、信息通信技术

如果说18世纪60年代以蒸汽机的应用为标志的第一次科技革命实现了人类社会的机械化，19世纪70年代以电力应用为标志的第二次科技革命实现了人类社会的电气化，那么，第三次科技革命则将实现人类社会的自动化和信息化，从而将人类社会带入一种新的社会形态——信息社会。在信息社会里，没有哪种技术像信息通信技术那样对社会的发展有着广泛而深远的影响。行政管理领域内由信息通信技术引起的种种变革也正在发生。

（一）信息通信技术的含义②

信息通信技术（Information and Communication Technology，ICT）是信息技术和通信技术的总称，是现代信息技术和现代通信技术的集成应用与融合发展，以实现更高水平的信息传递和通信交流为目的。那么，为了更进一步明确信息通信技术的含义，就需要对信息技术和通信技术进行较具体的考察。

1. 信息技术。对于信息技术（Information Technology，IT），我们可以从三个不同的角度来理解。首先，广义上，信息技术泛指扩展人的信息功能的各种技术。其次，从信息活动的角度，信息技术是关于信息的产生、发送、传输、接受、交换、识别、控制等应用技术的总称，以实现信息的获取、传递、存储、处理、显示

① 参见温德诚：《政府精细化管理》，新华出版社2007年版，第209页。

② 本部分参见姚国章：《电子政务原理》，北京大学出版社2005年版，第1~3页。

和分配等功能。信息技术包含的内容十分广泛,从大的方面来看,可分为感测与识别技术、信息传递技术、信息处理和再生技术、信息控制和显示技术。最后,从信息产业的角度,信息技术覆盖的范围同样十分广泛,主要包括微电子技术、新型元器件技术、计算机硬件技术、计算机软件技术、系统集成技术、光盘技术、传感技术、机器人技术、高清晰度电视技术、电子影像技术等。其中,微电子技术、计算机软硬件技术占较高的比重。

2. 通信技术。简单地说,通信是指信息的传递活动。通信过程的实现需要有三个最基本的要素:一是信息的发送者(信源),二是信息的载体和传播媒介(信道),三是信息的接受者(信宿)。通信技术的快速发展使信息传递变得越来越方便、快捷,也变得更加多样化和个性化,但通信的基本功能并没有发生根本变化,改变的只是通信的手段以及信息的载体和传播媒介。这里所讲的通信是指通过电波、光波等现代化通信手段,依托专门的通信网络(主要指电信网)实现的双向交流式的通信方式,通信技术也是指实现这类通信的相关现代技术。

(二)信息通信技术在行政管理中的应用——以电子政务为例

信息通信技术在行政管理中的应用表现在方方面面,其中一个非常重要的表现就是电子政务的出现和发展。

1. 电子政务的含义。电子政务是指政府机构在其管理和服务职能中运用现代信息技术和通信技术实现政府组织结构和工作流程的重组优化,超越时间、空间和部门分割的制约,建设一个精简、高效、廉洁、公平的政府运作模式。① 电子政务是以信息通信技术作为技术基础的,也是由于信息通信技术在行政管理中的应用而产生的。值得注意的是,“电子”是为“政务”服务的,电子政务的核心、实质和落脚点都在“政务”。因此,电子政务的内涵并不局限于技术性层面,更包括因信息通信技术在行政管理中的应用而引起的行政理念的转变、政府业务流程的再造、政府职能的重塑以及行政组织的优化等方面的内容。

2. 电子政务在我国的发展。在世界各国积极倡导的“信息高速公路”五个应用领域中,电子政务位列首位,其他四个领域是电子商务、远程医疗、远程教育和电子娱乐。在我国,党和政府也将社会信息化建设和电子政务的开展放在了一个战略性的地位,并在相关方面取得了显著的成绩。

我国政府信息化建设发端于20世纪七八十年代的办公自动化(office automation),之后又经历了政府管理部门的电子化工程(如“三金工程”)、政府的全面上网、电子政务的实质性应用等发展阶段。“十二五”期间(2011—2015年),统一的国家政务网络框架初步形成,网络覆盖面大幅提高;基于云计算的

① 米平治:《试论我国电子政务的价值取向》,《中国行政管理》,2004年第2期。

电子政务公共平台建设试点的集约效应开始显现；政府数据开放和大数据应用开始起步；新技术和政务加速融合，各类社会管理和公共服务创新应用不断涌现。①

（三）信息通信技术在行政管理中的作用

信息通信技术引起了政府管理模式的变革和重塑，它对政府行政管理的影响是全方位的，电子政务的开展就是一个有力的说明。具体来讲，信息通信技术在行政管理中的作用主要表现为：

1. 促进行政理念的革新。第一，信息通信技术促使政府树立起“完整政府管理”的理念。信息通信技术使“一站式”服务、“一表式”管理和“一网通办”成为可能，服务对象并不需要知道各政府部门具体的职能是什么，有关事项涉及的所有业务流程都在政府内部运作，公众仅面对一个政府入口。这就要求政府各部门在“完整政府管理”的观念下协同工作、密切配合。第二，信息通信技术促使政府树立起“以公众为中心”的理念。信息通信技术的进步使政府能够根据公众的需求、公众可以使用的形式、公众要求的时间和地点，向公众提供各种不同的服务选择。第三，信息通信技术促使政府树立起“高效”的理念。信息通信技术使政府行政管理活动的节奏得以加快，效率得以提高。同时，也只有使行政管理活动具有高效性，政府才能引领社会的发展潮流，否则便可能阻碍社会的发展进步。第四，信息通信技术促使政府树立起“公正、透明、廉洁”的理念。在信息通信技术的支持下，政府成为一个现实与虚拟相结合的跨平台政府，行政管理的主客体在行政管理活动中并不需要直接接触，这就在很大程度上避免了主观因素的介入，加强了政府管理的非人格化色彩。另外，公众还可以通过政府网站等渠道及时、全面地了解政府的计划、决策及其执行情况，政府与公众之间的信息不对称状况得到了很大的改善，公众对政府的监督权也得到了保障。

2. 促进行政职能的转变。第一，信息通信技术有助于政府服务职能的加强。借助信息通信技术，政府可以通过便捷的渠道与公众进行平等的交流，及时了解公众多元化的需求，并根据公众的需求确定相应的服务内容和方式，从而为公众提供高效的“无缝隙”（seamless）服务。第二，信息通信技术有助于实现政府职能重心的下移。借助信息通信技术，政府能够将原本由较高层级行使的职能下放或委托给一线政府，这样便大大简化了政府的业务流程，不仅方便了公众，而且提高了政府的办事效率。第三，信息通信技术有助于实现政府、市场和社会的职能均衡。信息通信技术使网络化治理成为可能，政府、市场和社会三者在社会公共事务治理中都将发挥重要作用，政府不再成为唯一的治理主

① 杨道玲、王璟璇：《中国电子政务“十二五”的进展回顾与评价》，《电子政务》，2015 年第 4 期。

体。相应地，随着市场成熟度的提高和公民社会自治能力的增强，政府也将逐步剥离出原来承担的一些相关职能，从而更多地发挥领航员和调节器的作用。

3. 促进行政组织的优化。第一，信息通信技术使行政组织逐步趋于扁平化。在传统的金字塔组织结构中，中间管理层主要起信息沟通作用，它是信息通信技术落后的产物，它的存在既延缓了信息传递的速度，也易造成信息的严重失真。随着信息技术在行政组织信息沟通中作用的提高，中间管理层可以被缩减以至被取消。① 另外，信息技术增强了管理者的综合管理能力，也增强了基层组织的自我管理能力，这使组织的管理幅度得以加宽，从而压缩了组织的管理层次。第二，信息通信技术使行政组织日益呈现网络状。网络状的行政组织一是表现为信息沟通的网络状，政府通过局域网、专用网和互联网，可以跨部门、跨地区地共享信息资源，网络将政府体系内的信息源联结了起来，其中任何一个信息源都有与其他信息源相连的途径，信息的传播不再需要经过复杂而漫长的等级路线。二是表现为业务流程的网络状，面对复杂而多变的行政管理事务，政府的业务流程也不是固定的，如果一项行政事务包含多个环节，每个环节我们称之为一道工序，那么，这些工序一般是分布在不同政府部门以至不同层级政府间的，借助信息通信技术，政府能够将这些工序有机地联结起来，由此构成一个网络状的业务流程。不同的行政事务包含不同的工序，网络状的业务流程也随之发生变化，这有利于政府更有效地回应公众需求和因应外部环境的变化。

二、系统工程

（一）系统工程的由来

现代系统工程的起源可以追溯至 20 世纪 40 年代初期。当时在美国等国家的电信工业部门中，为完成规模巨大的复杂工程和科学研究任务，开始运用系统观点和方法处理问题。贝尔电话公司在发展微波通信网络时率先应用了一套系统方法，并首先提出了“系统工程”这一名称。第二次世界大战时期，英国和美国在军事任务中也都运用了系统的观点和方法。1940—1945 年，美国制造原子弹的“曼哈顿计划”（Manhattan Project）由于应用了系统工程技术进行协调，在较短的时间内取得了成功。系统工程史上最有代表性的是 1961 年美国实施的“阿波罗登月计划”（Apollo Program），该项工程历时 11 年，参加的工程技术人员 42 万人，参与的企业 2 万多家、大学和研究机构 120 所，耗费 300 亿美元，涉及包括火箭工程、控制工程、通信工程、电子工程、医学、心理学等在内的多种学科。19 世纪 60 年代以后，系统工程作为一种正式的管理工程技术得到

① 李传军：《电子政府的效率基础探析》，《湖南行政学院学报》，2004 年第 1 期。

了广泛应用。

(二)系统工程的含义和特征

系统是指由相互区别、相互联系、相互作用的两个以上要素组成,具有特定功能的有机整体。在自然界和人类社会中,系统是无处不有、无时不在的,因此,人们有必要树立起系统意识,系统工程就是在系统观念的指导下逐步发展起来的。所谓系统工程(systems engineering),是指运用系统科学的观点,合理地结合控制论、信息论、经济管理科学、现代数学的最优化方法、电子计算机和其他有关工程技术,按照系统开发的程序和方法研究和建造最优化系统的一门综合性的管理工程技术。①

系统工程具有如下特征:①整体性。系统工程在着手解决问题时,强调把研究对象看作一个系统,并把研究过程也作为一个整体看待。②综合性。系统工程强调运用各门学科和各个技术领域内所获得的成就,强调利用不同专家的知识和智慧,它以系统的总目标为出发点,并不断创造新型的技术综合体。系统工程的综合性正如钱学森教授所讲:系统科学的建立为我们处理开放复杂的大系统提供了一个行之有效的方法,就是把存在于许多人的对一个客观事物的零星点滴知识一次集中起来,集腋成裘,解决问题,它是科学方法论的重要发展,是真正的综合集成,体现了"综合就是创造"这一系统思维的特色。② ③最优化。所谓最优化,是指在满足一定目标的前提下,作出最合理的决策,选择最满意的方案,并保证执行过程中各方面都取得最佳效果。④模型化。系统工程在对复杂系统进行研究分析时常常预先设计一个与真实系统相似的模型,通过对模型的研究来揭示和掌握真实系统的特征和规律。⑤程序化。系统工程是一种程序化的技术。根据美国学者霍尔(A. D. Hall)的观点,系统工程从系统规划到系统更新的全过程,先后要经历规划、设计、研究、生产、安装、运行、更新七个程序化阶段,并且每一个阶段又包含问题阐述、目标确定、系统综合、系统分析、方案优化、决策和实施七个程序化的步骤。⑥动态性。系统工程强调,系统永远处于运动变化之中。无论是在系统内各要素(或子系统)之间,还是在系统与外部环境之间,都存在物质、能量、信息的交换与流通。⑦可行性。系统工程最满意方案的选择并非是囿于一种抽象的理性原则,而是强调从实际出发,从多种可用的方案中,选择主客观条件相适应的可行方案。这种选择是一种现实的有限理性决策。

(三)系统工程的理论基础

1. 一般系统论。一般系统论是通过对各种不同系统进行科学理论研究而

① 转引自高志亮、李忠良:《系统工程方法论》,西北工业大学出版社2004年版,第165页。
② 高志亮、李忠良:《系统工程方法论》,西北工业大学出版社2004年版,第165页。

形成的关于适用于一切种类系统的学说。其主要的创始人是美籍奥地利生物学家贝塔朗菲(Ludwing von Bertalanffy),他把一般系统论的研究内容概括为关于系统的科学、数学系统论、系统技术、系统哲学等。

2. 大系统论。大规模复杂系统的特点是规模庞大、结构复杂、层次关系错综复杂、影响因素较多,并且常带有不确定因素。大系统的输入、输出、反馈、信息转换和传递等与一般的工程系统有类似之处,又有其特定的规律性。大系统理论是研究大系统的结构方案、稳定性、最优化、建立模型和模型简化等问题的科学。

3. 经济控制论。将现代控制理论的科学方法应用于分析经济问题就产生了经济控制论。经济控制论为合理地控制经济过程提供了新的见解,并提供了一种有效地计划和管理国民经济及其各部门的新工具。

4. 信息论。信息论是研究信息的采集、度量、传输、识别和处理的一般规律的学科,它已不限于人造通信系统,而且渗透到心理学、生物医学、语言学等领域。

5. 运筹学。运筹学(Operation Research)是研究各种广义资源的运用、筹划以及相关决策等问题的一门新兴科学,其目的是根据问题的要求,通过数学的分析和运算,作出综合性的、合理的优化安排,以便更经济、更有效地发挥有限资源的效益。简略地说,运筹学是运用科学的数量方法(主要是数学模型)研究对人力、物力进行合理筹划和运用,寻找科学决策的综合性学科。① 运筹学往往运用模型化的方法,按提出的具体目标,将一个已确定研究范围的现实问题中的主要因素及各种限制条件之间的因果关系、逻辑关系建立数学模型,通过模型求解来寻求最优方案。运筹学的分支主要有线性规划、非线性规划、动态规划、排队论、对策论等。

6. 新三论。新三论是相对于系统论、信息论和控制论的三种系统工程理论,即耗散结构论、协同论和突变论。耗散结构论由比利时物理学家和化学家普里戈金(Prigogine)创始,该理论认为,远离平衡态的开放系统只有不断地与周围环境发生物质、能量、信息的传递与交换,以转化、增强或调整系统自身的结构,才能保持系统的动态平衡并向上进化。事物的这种在非平衡状态下新的稳定有序结构被称为耗散结构。协同论又叫协同学,它是德国科学家哈肯(Haken)在20世纪60年代创立的,该理论研究系统的各个部分如何进行协作,并通过协作导致系统出现新的空间或时间或功能上的有序结构。协同是有序的原因,有序是协同的结果。它相对于耗散结构论的不同之处在于:协同论进一步揭示了系统动态演化的过程,具体解释了系统有目的性的原因。突变论

① 徐玖平、胡知能、王绥:《运筹学》(第2版),科学出版社2004年版,第1页。

主要讨论自然界各种形态结构和社会活动中的非连续性的突然变化现象，并从系统运行的机制上广义地回答了为什么有的事物不变、有的渐变、有的突变的问题，它从另一方面深化了量变质变的思想。

（四）系统工程的逻辑步骤

1. 问题阐述。收集资料和数据，说明问题的沿革过程和现实状况，明确问题的实质和要害。为此就要进行调查研究，调查研究主要从以下两个方面着手：一是环境方面的调查研究，二是需要方面的调查研究。

2. 目标确定。对要解决的问题，提出应达到的目标，并制定出衡量是否达到目标的准则。

3. 系统综合。根据问题、目标、环境、条件等，设计并综合出若干可能的方案，并对每一方案进行详细的说明。

4. 系统分析。通过建立模型，对所有备选方案进行分析和计算，明确备选方案的优劣和特点。系统分析就是利用模型来代替真实系统，利用演算或模拟来代替系统的实际运行。①

5. 方案优化。根据方案对系统目标的满足程度，对每一个备选方案进行综合评价，并从中优选出一定的方案交给决策者。

6. 决策。决策者参照评价意见，根据实际情况和价值参数，从多个优选方案中选出一个准备付诸实施的方案。

7. 实施。将最后选定的方案具体实施，如果实施顺利，整个系统工程即告一段落。应该注意的是，在决策或实施中，有时会遇到原定方案都不令人满意的情况，这时就有必要回到前面所述逻辑步骤中认为需要的一步开始重新做起，然后再决策或实施，这种反复有时会出现多次，直到满意为止。

三、网络规划技术

（一）网络规划技术的含义

网络规划技术是 20 世纪 50 年代后期形成的一种管理工程技术。它首创于美国，1957 年，美国杜邦化学公司首次运用网络图解来制订一个化工厂的施工项目计划，通过调整和优化各道工序间的相互关系及所需工期，使建设周期缩短了两个月。这种方法被称为“关键线路法”（critical path method，CPM）。1958 年，美国海军在研制北极星导弹潜艇发射系统过程中也提出了一种以网络分析为主要内容的计划管理方法，称为“计划评审法”（program evaluation and review technique，PERT）。这种技术使研制任务的完成缩短了两年时间。由于以上两者原理相似，人们便将这两种方法及由此派生的其他一些方法统称为

---

① 高志亮、李忠良：《系统工程方法论》，西北工业大学出版社 2004 年版，第 87 页。

"网络规划技术"。20世纪60年代初,网络规划技术传入我国,在钱学森教授的倡导下,我国在研制第一台计算机的工作计划中采用了这一新方法,取得了显著成效。1965年,华罗庚教授开始推广这种技术,并根据其统筹安排的主要特征称之为"统筹法"。

所谓网络规划技术,是指用网络图的形式来反映一个计划中各项工作活动的先后顺序和相互关系,并通过分析和计算实现网络计划的调整和优化,从而达到以最少的时间和资源消耗来完成预定目标的一种统筹技术。

网络图①(见图9-1)中只有两种符号,一个是圆圈(○),一个是箭线(⟶)。前者代表事件,后者代表活动。事件对时间而言是一个固定点,代表一个活动的开始或结束,活动则是花费时间的动作。一条箭线连接着两个事件,箭尾处的事件表示活动的开始,箭头处的事件表示活动的结束,箭线上方标明的是活动的名称(用代号表示),箭线下方标明的是活动所需的时间。在图9-1中,共有用圆圈表示的六个事件以及用箭线表示的从A到G七个活动,箭线下方标注的是每一活动所需的时间,单位为"天"。不同的活动之间可以是按照时间先后顺序进行的,如果一项活动的结束事件正是另一项活动的开始事件,那么,前一项活动就是后一项活动的紧前活动,后一项活动则是前一项活动的紧后活动。比如,图9-1中活动A的结束事件也是活动B的开始事件,活动A即为活动B的紧前活动,活动B则为活动A的紧后活动。

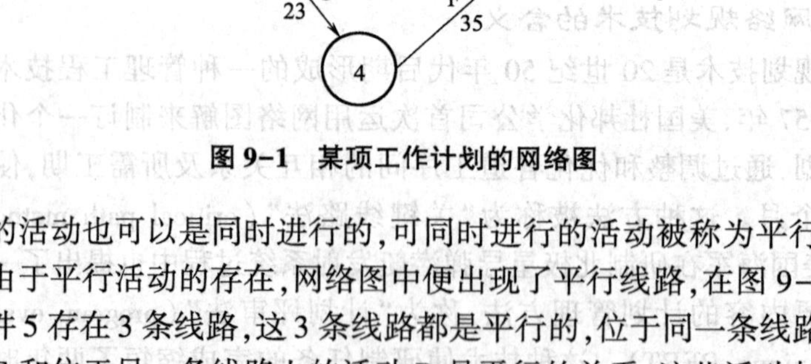

图9-1 某项工作计划的网络图

不同的活动也可以是同时进行的,可同时进行的活动被称为平行活动或并联活动。由于平行活动的存在,网络图中便出现了平行线路,在图9-1中,从事件2到事件5存在3条线路,这3条线路都是平行的,位于同一条线路上的活动B与活动E和位于另一条线路上的活动D是平行的关系,这些活动与位于第三

① 计划评审法的网络图和关键线路法的网络图有所差别,但这种差别并非是实质性的,本书主要以计划评审法的网络图为例。

条线路上的活动 C 和活动 F 也是平行的关系。同时，平行活动的存在也可能使一项活动有多个紧前活动与紧后活动，活动 A 的紧后活动就有 B，C，D 三个，活动 G 的紧前活动则有 D，E，F 三个。

网络图中的线路是由箭线将不同的事件连接而成的，线路中可以仅包括两个事件，也可以包括两个以上的事件。

（二）网络规划技术的应用步骤

1. 将一个工作计划分解为若干项活动，并明确各项活动之间的相互关系和逻辑顺序。

对一项活动来讲，要明确哪些活动是该项活动的紧前活动，哪些活动是该项活动的紧后活动，而哪些活动又是可以与该项活动同时进行的。

2. 估计每项活动所需要的时间。

当面临的不确定因素较少、有先例可循时，可采用单一时间估计法，即对每项活动所需要的时间只确定一个值。

当面临的不确定因素较多、无先例可循时，可采用三点估计法。首先，对每项活动所需的时间分别估计出最乐观时间、最保守时间和最可能时间三个值。其中，最乐观时间是指在顺利情况下完成一项活动可能需要的最短时间，用 a 表示；最保守时间是指在不利情况下完成一项活动可能需要的最长时间，用 b 表示；最可能时间是指在正常情况下完成一项活动最可能需要的时间，用 m 表示。a 与 b 的差值与完成一项活动所需的实际时间的不确定性成正比，不确定性越大，差值越大。然后，确定每项活动的期望时间，用 te 表示。期望时间的计算公式为：

$$te=(a+b+4m)\div 6$$

3. 编制活动明细表并绘制网络图。

活动明细表包括活动名称、代号、紧前（或紧后）活动以及活动所需时间。在此基础上绘制网络图，并对事件进行编号（见图 9-1）。

4. 确定关键线路。

关键线路是指从网络的始点事件顺着箭线方向连续不断地到达网络终点事件的各条线路中所需时间最长的一条线路。关键线路所需的时间决定着整个计划的完成时间。在图 9-1 中，从网络的始点事件到终点事件共存在三条线路：①⟶②⟶③⟶⑤⟶⑥，①⟶②⟶⑤⟶⑥，①⟶②⟶④⟶⑤⟶⑥。关键线路所需时间与一条非关键线路所需时间之差是这条非关键线路的松弛时间（机动时间），意味着在这条非关键线路上最多可以耽误多少时间而不会延长整个计划的完成时间。因此，关键线路也即不存在松弛时间的从网络始点事件到网络终点事件的线路。网络中一般只有一条关键线路，除非极偶然有两条等长的线路。相应地，所有处于关键线路上的活动都不存在松弛时间,也就是说,延长这些活动的完成时间就会延长整个计划的完成时间。凡是不在关键线路上的活动,都可以具有松弛时间,这些活动与关键线路上的某些活动存在平行关系。

下面我们仍以图 9-1 为例来分步确定关键线路:

第一步,将各项活动的代号、开始事件、结束事件及所需时间(*te*)填入表 9-1 内。

第二步,计算各项活动的最早开始时间(*ES*)和最早完成时间(*EF*),并将其填入表 9-1 内。

在这一步骤中,应从第一项活动开始逐次往后进行计算,对每一项活动,也是先计算其最早开始时间,再计算其最早完成时间。与网络始点事件相连的活动的最早开始时间都是 0,图 9-1 中,活动 A 与网络的始点事件相连,它的最早开始时间为 0。然后按下列规则计算:一项活动的最早完成时间等于该活动的最早开始时间加上该活动所需时间;一项活动的最早开始时间是其紧前活动的最早完成时间,如果一项活动有多个紧前活动,那么,该活动的最早开始时间取多个紧前活动最早完成时间中的最大值(即多中取大),因为只有当所有的紧前活动都完成时,这项活动才能开始。比如,活动 G 有 D,E,F 三个紧前活动,三个紧前活动的最早完成时间分别为 75,90,83,那么,G 的最早开始时间为 90。

第三步,计算各项活动的最迟开始时间(*LS*)和最迟完成时间(*LF*),并将其填入表 9-1 内。

这一步骤的计算顺序刚好与上一步骤相反,是从最后一项活动开始往前逆向进行推算,对每一项活动也是先计算其最迟完成时间,再计算其最迟开始时间。对于与网络终点事件相连的活动,其最迟完成时间都是整个工作计划的完成时间,也就是与网络终点事件相连的各项活动最早完成时间中的最大值。在图 9-1 中,与网络终点事件相连的活动只有 G,它的最早完成时间也是它的最迟完成时间和整个工作计划的完成时间。然后按以下规则计算:一项活动的最迟开始时间等于这项活动的最迟完成时间减去该活动的所需时间;一项活动的最迟完成时间等于该活动的紧后活动的最迟开始时间,如果一项活动有多个紧后活动,那么,这项活动的最迟完成时间取多个紧后活动最迟开始时间中的最小值(即多中取小),因为只有当这项活动首先完成,它的紧后活动才能开始。比如,活动 A 有 B,C,D 三个紧后活动,这三个紧后活动的最迟开始时间分别为 25,32,40,那么,A 的最迟完成时间为 25。

第四步,计算每项活动的松弛时间(*S*),并将其填入表 9-1 内。一项活动的松弛时间等于该活动的最迟完成时间减去其最早完成时间(*LF*-*EF*)或者该活动的最迟开始时间减去其最早开始时间(*LS*-*ES*)。通过计算我们可以发现,C,F 两个活动的松弛时间均为 7,但这两个活动的松弛时间是不能累计的,如果

“7”这个松弛时间用于活动 C,便不能再用于活动 F。

第五步,确定关键线路。在表 9-1 中,所有松弛时间为 0 的活动均处于关键线路上。这条关键线路为:①→②→③→⑤→⑥,共由 A,B,E,G 四项活动构成。关键线路所需的时间决定了整个工作计划的完成时间,因此,通过表 9-1 可以得知整个工作计划的完成时间为:25+25+40+22=112(天)。

表 9-1　关键线路的确定表

活　动	开始事件	结束事件	*te*(天)	*ES*	*EF*	*LS*	*LF*	*S*
A	①	②	25	0	25	0	25	0
B	②	③	25	25	50	25	50	0
C	②	④	23	25	48	32	55	7
D	②	⑤	50	25	75	40	90	15
E	③	⑤	40	50	90	50	90	0
F	④	⑤	35	48	83	55	90	7
G	⑤	⑥	22	90	112	90	112	0

5. 优化网络计划。

网络规划技术的关键在于确定关键线路,关键线路确定之后,就能够对网络计划进行优化了。所谓优化,就是根据预定目标,在满足约束条件的要求下按某一衡量指标寻求最优方案。① 网络计划优化的目的在于寻求一个消耗时间最少、资源最少、费用最少的计划方案,网络计划的优化也是为了实现这一目的而利用松弛时间不断对最初方案进行调整和改善的过程。在图 9-1 中,活动 C 存在松弛时间,因此可以从活动 C 上抽调部分资源用于与活动 C 相平行并位于关键线路上的活动 B,这样便延长了活动 C 的完成时间而缩短了活动 B 的完成时间。由于工作计划的完成时间取决于关键线路所需的时间,因此,整个工作计划的完成时间也可缩短。

需要注意的是,在我们给关键线路上的活动增加资源时,不要无意中改变了关键线路。② 假如通过调拨活动 C 上的资源用于活动 B 而使活动 C 延长了 5 天时间、活动 B 缩短了 3 天时间,这就改变了关键线路。随着网络计划的优化,松弛时间将逐次减少,直至大部分或全部消失。③

① 严学丰:《生产管理学》,上海财经大学出版社 1996 年版,第 119 页。

② 穆迪:《决策——获得较佳决策的方法》,人民交通出版社 1988 年版,第 66 页。

③ 汪克夷:《管理学》,大连理工大学出版社 1998 年版,第 127 页。

四、工商管理技术

20世纪70年代末80年代初以来,伴随着新公共管理理论和新公共管理运动的兴起,一些技术成果从工商管理领域被引入到政府管理中来。有的学者认为,工商管理技术在政府管理中的引入是21世纪行政管理发展的一个趋势。① 下面主要介绍工商管理技术中的目标管理、标杆管理、全面质量管理、战略管理、流程再造、平衡记分卡等。

(一)目标管理

目标管理(Management by Objectives)这一概念最初是由美国管理学大师德鲁克(Peter F. Drucker)在《管理的实践》(1954年)中作为一种新管理方法提出来的,其依据的管理理念就是:"注重自我控制,促进权力下放,强调成果第一",其宗旨是用"自我控制的管理"代替"压制的管理"。② 目标管理是以目标为中心的,目标为组织及其成员提供了导向和激励。③ 组织目标的设定是以组织的使命和战略为依据的,组织目标设定之后要对它进行层层分解,最终使分解后的目标具体到个人,由此形成一个目标体系。这一目标体系不仅使各层次的目标有机联系、相互支持,而且保证了组织的总体目标能够落到实处。

另外,各层次目标的确立是以组织成员的充分参与为基础的,目标体系的建立就是组织上下层级之间积极沟通和达成一致的结果,这将十分有利于增强组织成员的工作积极性和责任感。组织成员的参与作用不仅表现在目标的设定上,而且表现在目标的实现上,目标管理注重对下级的授权,强调组织成员在目标实现过程中的自我管理与自我控制作用,从而促使组织成员的积极性和主动性充分发挥出来,并避免单纯自上而下的被动管理与控制局面。

值得注意的是,目标管理强调参与、授权以及管理的自主性,但目标管理从根本上是以结果为导向的,参与和授权本身并不是目的,而是有效实现目标的手段与方式。因此,目标管理不仅是一种民主管理、自觉管理,而且是一种成果管理④,目标的实现程度将作为奖惩的客观依据。

(二)标杆管理

与目标管理理论一致,标杆管理(benchmarking)理论同样强调目标的树立。标杆管理是20世纪70年代末兴起的一种新型管理方法,与企业流程再造、战

① 陈振明、薛澜:《中国公共管理理论研究的重点领域和主题》,《中国社会科学》,2007年第3期。

② 丁煌:《西方行政学理论概要》,中国人民大学出版社2005年版,第267页。

③ 关于目标的激励功能,我们在上一章探讨"行为激励的方法"时已有所分析,在这里,我们再谈一些认识:激励就是要激发出人们的潜力,潜力的爆发则要求人们将全部的精力和能量聚集于一点,而这"一点"就是目标。

④ 杨洁、孙玉娟:《管理学》(第2版),中国社会科学出版社2006年版,第140页。

略联盟一起被管理专家们称为20世纪90年代三大管理方法。美国施乐公司是实行标杆管理的先驱,美国通用电器公司(GE)第八任总裁韦尔奇(Jack Welch)提出的"数一数二"市场原则也体现了标杆管理的思想。所谓标杆管理,是指以在某一项指标或某一方面实践上竞争力最强的企业(产业或国家)或行业中的领先企业或组织内某部门作为标杆,将本企业(产业或国家)的产品、服务管理措施或相关实践的实际状况与这些标杆进行定量化评价和比较,分析这些标杆企业(产业或国家)的竞争力之所以最强的原因,在此基础上制定、实施改进的策略和方法,并持续不断反复进行的一种管理方法。① 由于企业所确立的标杆可以涉及不同的方面,因而标杆管理便具有多种类型,如产品的标杆管理、过程的标杆管理、战略的标杆管理,等等。

就标杆管理的实施过程而言,其大体包括以下步骤:一是选择需要改进的对象并确立标杆,标杆应反映同类型组织或可参照组织中的最佳水平;二是通过调查分析找出差距并制定绩效目标;三是制定绩效改进方案,促进绩效的改进和绩效目标的实现。

标杆管理不仅适用于企业,而且适用于政府,美国的俄勒冈州就成功地将标杆管理运用到了政府绩效管理中来。俄勒冈州(Oregon)政府通过广泛征询地方政府、立法机关、普通市民、商业团体、慈善机构和专家学者的意见,建立了俄勒冈州政府绩效评估体系。此评估体系包括经济、教育、环境、市民参与、社会支持、公共安全、社区发展七个领域共158个具体指标。②

(三)全面质量管理

全面质量管理(total quality management)这一概念最早是由美国通用电气公司质量管理部部长菲根堡姆(Armand Vallin Feigenbaum)博士于1961年提出的。全面质量管理不等同于质量管理,它是质量管理的更高境界,它将组织的所有管理职能纳入了质量管理的范畴,强调一个组织以质量为中心,强调以全员参与为基础,强调全员的教育和培训。③ 有的学者对全面质量管理做出了如下定义:所谓全面质量管理,是指一种全员参与的,以各种科学方法改进组织的管理与服务,通过高素质和不断改进的产品和服务,以获取顾客满意的管理理念、制度和方法。④

具体而言,全面质量管理理论具有以下内涵:第一,全面质量管理强调质量,将质量置于比数量更为重要的地位;第二,质量是与顾客的需求紧密相连的,对质量的重视在另一个意义上就是对顾客需求的重视,提高质量也就意味着提高对顾

---

① 孔杰、程寨华:《标杆管理理论述评》,《东北财经大学学报》,2004年第2期。
② 范柏乃、朱华:《我国地方政府绩效评价体系的构建和实际测度》,《政治学研究》,2005年第1期。
③ 刘立户:《全面质量管理》,北京大学出版社2004年版,第16页。
④ 张成福、党秀云:《公共管理学》,中国人民大学出版社2001年版,第310页。

客需求的满足程度,因此,全面质量管理坚持以人为本和以顾客为中心的理念;第三,全面质量管理强调全员参与,重视每一个相关人员对全面质量管理的作用与责任;第四,全面质量管理重视先进技术的运用,以使质量能够尽量通过客观的数据反映出来,而不是仅凭人的主观感觉;第五,全面质量管理注重组织运行的每一个环节,力图提高每一个环节的质量。以上这些共同体现了“全面”的思想。

全面质量管理最先产生于企业组织,但它并不仅仅适用于企业组织,也适用于政府等公共组织。由于全面质量管理所具备的先进内涵,它可以为公共组织带来以下几个方面的好处[①]:①提高组织成员士气,因为全面质量管理强调管理中的沟通与参与;②由于合理的工作安排和资源投入的改善,可降低生产成本并提高工作质量;③提高顾客满意度;④提升员工素质,因为全面质量管理鼓励每个人开动脑筋、思考问题。

(四)战略管理

“战略”在中外历史上早已不是一个陌生的术语,它最早应用于军事领域,其本意是指对战争全局的谋划和指导。“战略”被引入经济领域始于20世纪60年代,随后应用于工商管理。在工商管理领域,所谓战略,是指企业以未来为着眼点,在分析外部环境和内部条件的现状及其变化趋势的基础上,为寻求和维持持久竞争优势而做出的有关全局的重大筹划和谋略。[②] 战略具有目的性、全局性、指导性和长远性,一个明确的企业战略应符合以下三个方面的要求:①体现企业的宗旨和使命,并服务于企业宗旨和使命的实现;②指明企业的经营定位,即企业在一个什么样的市场中从事怎样的活动;③指明企业资源配置以及核心竞争力的培育方向,即培育和加强什么样的核心竞争力。

我们认为,企业的战略管理就是企业围绕战略的制定与实施所进行的一种动态管理和过程管理。总体来看,战略管理这一过程大致可分为两个阶段:一是战略的制定;二是战略的实施。在战略制定阶段,首先要进行战略分析(strategy analysis),这种分析可以借助于SWOT模型,即通过对企业外部环境的分析[③],明确企业所面临的机会(opportunities)与威胁(threats);通过对企业内部

---

① 吴琼恩、周光辉、魏娜、卢伟斯:《公共行政学》,北京大学出版社2006年版,第130页。

② 张明玉:《管理学》,科学出版社2005年版,第486页。

③ 外部环境分析又包括宏观环境分析与微观环境分析。企业的宏观环境包括政治法律环境(political)、经济环境(economical)、社会文化环境(social &cultural)以及技术环境(technological),取以上英文单词的首个字母,对企业宏观环境进行分析的方法即称为PEST分析法。微观环境对企业产生着直接影响,它大体可分为两个方面:一是行业的性质,行业性质具体是指行业所需资源的状况、市场的需求状况、长期发展的前景以及行业所处生命周期的阶段等;二是行业的竞争状况,根据美国著名的战略管理专家迈克尔·波特(Michael E. Porter)教授提出的五种力量模型(Five-forces Model),企业在行业中主要面临五种竞争力量,即现有的竞争者、潜在的竞争者、替代品、供应商与客户,这五种竞争力量共同构成企业的竞争压力。

条件的分析,明确企业所具有的优势(strengths)与劣势(weaknesses)。然后,在战略分析的基础上,按照发挥优势因素、克服劣势因素、利用机会因素、化解威胁因素这一思路来确定企业的市场定位以及资源配置的方向与方式。在战略实施(strategy implementation)阶段,企业要做好战略实施的准备、推进、评价以及控制等工作。①

战略管理不仅在工商管理领域发挥了重要作用,而且对政府的行政管理也具有不容忽视的借鉴意义。正如有的学者所讲:"政府如无远见,不通过战略管理预见未来可能发生的危机和挑战,及早采取有效的战略措施,也会使国家和地区陷入困境。"②新公共管理理论和运动兴起以来,学术界出现了一批有分量的关于政府部门(或公共部门)战略管理的学术论著,美国学者保罗·C. 纳特(Paul C. Nutt)和罗伯特·W. 巴可夫(Robert W. Backoff)所著的《公共和第三部门组织的战略管理:领导手册》③(1992)就是其中具有代表性的一本著作。实践中,战略管理也有力地促使政府相对于传统的公共行政模式更加重视外部环境,更加重视高层管理和对外管理。④

(五)流程再造

简单而言,流程就是做事情的程序或者工作的程序。⑤ 流程再造(business process reengineering,BPR)又称企业再造,对流程再造理论有着重大贡献的两位美国学者迈克尔·哈默(Michael Hammer)和詹姆斯·钱皮(James Champy)在其1993年出版的《企业再造》一书中将流程再造定义为:"针对企业业务流程的基本问题进行反思,并对它进行彻底的重新设计,以便在衡量绩效的重要指标上,如成本、质量、服务和效率等方面,取得显著的进展。"⑥

流程再造是在顾客导向、以人为本、绩效导向等新的理念指导下进行的,它主张打破传统的职能界限和分工局限,强调协调与合作的重要性,提倡对员工的授权,注重对信息技术等先进技术的运用。流程再造将带来企业职能的变革和企业组织结构的优化,企业原有的那些与满足顾客需求、增长企业效益无关职能将被废弃,不同职能之间的关系也将得到加强;企业的组织结构则会趋向于扁平化和网络化。流程再造的步骤主要有:①对现有的企业流程进行分析和诊断;②对企业流程进行重新设计和构建,这一步骤涉及对原有流程中有关环节的清除(eliminate)、简化(simplify)、合并(integrate)与自动化(automate);

---

① 参见吴照云:《管理学》(第5版),中国社会科学出版社2006年版,第248~251页。

② 许庆瑞:《管理学》(第2版),高等教育出版社2005年版,第230页。

③ 参见保罗·C. 纳特、罗伯特·W. 巴可夫:《公共和第三部门组织的战略管理:领导手册》,中国人民大学出版社2001年版。

④ 参见马骏、郭巍青:《公共管理:新的研究方向》,《武汉大学学报》(社会科学版),2002年第1期。

⑤ 刘汴生:《管理学》,科学出版社2006年版,第490页。

⑥ 转引自史金平:《管理学》,高等教育出版社2006年版,第51页。

③对新的企业流程进行监测、评估和改进。

企业流程再造是新的时代背景对企业所提出的要求,同样,这一背景对政府也提出了流程再造的要求,传统的以分部—分层、集权—统一、指挥—服从等为特征的科层官僚制已日益显示出种种不适应性。为了更好地满足公众的需求和履行自身的职责,加强自身的民主性、回应性、效率性、效能性等,很多国家的政府都将流程再造引入到自身的改革中,美国的克林顿政府在20世纪90年代的政府改革中更是鲜明地打出了"再造政府"(或重塑政府)的大旗。

(六)平衡记分卡

1992年,美国哈佛商学院教授卡普兰(Kaplan)和复兴方案公司总裁诺顿(Norton)在《哈佛商业评论》上发表了《平衡记分卡——绩效驱动指标》一文。之后,伴随着平衡记分卡(Balanced Score Card,BSC)技术的不断完善,它在全球企业逐步推广开来。在《哈佛商业评论》庆祝创刊80华诞时,评选了"过去十年来最具影响力的十大管理理念",平衡记分卡名列第二,因为当时世界500强中有80%的企业都在应用平衡记分卡技术。[①] 平衡记分卡技术是作为企业的管理理论和方法创立的,但它也受到了许多国家政府的青睐,并被政府的绩效管理所借鉴。

卡普兰和诺顿指出,所谓平衡记分卡,是指一种管理模式,它将组织的使命和战略转换成具有全面性的一系列绩效测量指标,由此为战略测量和管理系统确立一个框架。[②] 平衡记分卡主要包括以下四个方面的绩效考核领域:财务方面、顾客方面、内部业务流程方面、组织学习与成长方面。①财务指标是其他三个方面指标的出发点与归宿,显示了企业的战略及其执行是否有助于利润的增加。常用的财务状况评估指标包括收入增长指标、成本减少或生产率提高指标、资产利用或投资战略指标等。具体指标设置有利润、投资回报率、净资产收益率、资产负债率、销售成本、存货周转率、成本降低率等。②顾客服务方面的测评指标主要有:顾客取得率,即企业吸引或取得新顾客的数量或比例,既可以用绝对数来表示,也可以用相对数来表示;顾客保留率,即企业继续保持与老顾客交易关系的比率;顾客满意度,即反映顾客对其从企业获得价值的满意程度,可以通过函询、会谈等方式来加以估计。③内部业务流程方面的指标主要包括三个方面:企业创新能力指标,如新产品开发所用的时间、新产品销售额在总销售额中所占的比率、所耗开发费用与营业利润的比率等;企业生产经营业绩指标,如产品生产时间和经营周转时间、产品和服务的质量、产品和服务的成本等;企业售后服务业绩指标,如企业对产品故障的反应时间和处理时间、售后服

① 马国贤:《政府绩效管理》,复旦大学出版社2005年版,第373页。

② 转引自 Age Johnsen: "Balanced Scorecard: Theoretical Perspectives and Public Management Implications", *Managerial Auditing Journal*, 2001, 16(6):319~330.

务的一次成功率、顾客付款的时间等。④学习和成长是指企业不断创新和提升学习能力,改进现有产品和程序,引入新产品,从而增强核心竞争力,为顾客提供更多优质的产品和良好的服务,最终提高企业经营业绩。学习和成长方面的指标主要包括员工的稳定性、员工培训支出、员工能力的增长、企业自身创新和学习能力的增长等。

可见,以上几个方面包括了财务指标与非财务指标,涵盖了滞后指标(结果指标)与领先指标(绩效驱动指标,如组织的创新)①,体现了组织战略与组织行动,结合了结果管理与过程管理,兼顾了短期利益与长期利益。因此,平衡记分卡技术严格地坚持了平衡的思想和全面的思想,为政府在绩效管理等方面的实践提供了有益的借鉴。

以上主要介绍了信息通信技术、系统工程、网络规划技术、工商管理技术等几种行政管理中常用的技术,由于我们自然科学知识方面的限制,本节所介绍的这些技术还远不能穷尽现有的全部行政技术。此外,科学技术的进步不会停滞,行政技术同样处在一个不断革新与发展的过程之中,正如大数据、云计算、物联网、人工智能等在政府管理中的应用一样。

第三节　行政技术的应用

技术只有被应用于行政管理才会成为行政技术,没有应用,技术便不能成为行政技术;同样,凡是被应用于行政管理中的技术都可称为行政技术。因此,行政技术与行政技术的应用是分不开的,后者是前者成立的前提,而前者既然成立,也就意味着后者必然存在。在一定意义上,我们可以讲,行政技术的应用就是技术在行政管理中的应用。本节我们不仅要具体分析技术为何以及怎样成为行政技术,而且要探讨如何使行政技术在行政管理中更好地发挥作用。对前一个问题,我们可称为行政技术应用的必要性;对后一个问题,我们可称为行政技术应用的要求。

一、行政技术应用的必要性

为何自然科学与工程科学方面的技术会被引入政府的行政管理中?或者说,政府为何要在行政管理中应用自然科学和工程科学方面的技术?对此,我们可以运用系统的观点进行分析。

我们在上一节介绍系统工程的时候,提到系统是无处不有、无时不在的。

① Yee-Ching Lilian Chan:"Performance Measurement and Adoption of Balanced Scorecards: A Survey of Municipal Governments in the USA and Canada",*The International Journal of Public Sector Management*,2004,17(3):204~221.

政府事实上也是一个系统，和其他系统一样，政府这个系统要保持良性运行，必须与外部环境进行物质、能量、信息的交换。比如，政府一方面要广泛了解社会各阶层、各团体的意愿和诉求，全面吸收经济和社会发展的信息；另一方面又要向外部输出公共政策，以回应和满足公众的意愿和诉求。这个过程就是政府与外部环境进行互动的过程，当这种互动受到阻碍时，政府这个系统的运行就难免陷于混乱和低效。

对政府而言，外部环境是客观存在的，政府有责任不断优化这一环境，但首先要适应这一环境，只有适应了环境，政府才能有效地与其进行物质、能量和信息的交换，进而对外部环境产生积极的影响。否则，政府如果因不适应环境而使自身的运行都显得困难，那就更谈不上改造和优化环境了。无论是采取主动的方式还是被动的方式，政府都必须适应外部环境，而这种适应一是要求政府回应外部环境提出的要求，二是要求政府利用外部环境提供的条件，促进自身高效运行。

环境中包含方方面面的因素，技术在其中占有重要地位。技术的进步给行政管理提出了新的要求，比如，由于技术的进步而产生了一些新的行政管理问题有待政府加以解决。对这样的要求，政府必须回应，而对要求的回应又需要一定的资源做保障，没有资源，什么事都干不成，对什么样的要求都无法予以切实的回应。政府所拥有的资源从根本上是来源于外部环境，其中就包括外部环境中的技术资源，或者说外部环境所提供的技术条件。

技术在行政管理中的引入和应用是政府与外部环境互动的必然结果，是政府与外部环境保持适应性的必然要求。政府开展行政管理活动离不开一定的技术支持，这种技术支持就是政府通过与外部环境的互动而从外部环境中获得的。当政府不能从外部环境中获得技术支持或者政府所应用的技术落后于技术的发展时，政府就难以继续保持与外部环境的适应性，也无法承担起自身应有的职责，最终会成为一个阻碍社会发展的因素。对于一个高效运作的政府，它所应用的技术所达到的水平与外部环境中技术的发展水平是相对等和相平衡的，其间不能存在太大的落差，一是因为政府所应用的技术来源于外部环境，这决定了这些技术的水平是以外部环境中技术的发展水平为限的，前者不可能超出后者；二是如果前者落后于后者，政府就不能适应外部环境，更无所谓高效运作。而外部环境是在不断变化的，技术也是在不断进步的，这又决定了这种平衡是不可能持久的，要维持这种平衡，政府只能及时地从外部引入先进的技术成果用于行政管理，以跟上技术的进步。

分析到这里，我们可知，将技术引入政府的行政管理中是必要的，或者说，行政技术的应用是必要的。但是，技术在行政管理中的引入不是一劳永逸的，而是一个持续的过程，行政技术的应用也不是仅指对已引进技术的应用，更是指政府在适应技术进步的基础上对新技术的应用。我们探讨行政技术应用的必要性,重点就在于此,而不只是从静态意义上说明技术本身对行政管理有什么样的作用。

政府对技术的引入可能是主动的,也可能是被动的,虽然技术最终都被引入到行政管理之中,但结果仍有差异。由于充分把握了时机,主动引入往往能给政府带来新一轮的良性运行,从而使政府的行政效能得到进一步提高;而被动引入则往往是在政府的运行已经陷入困境的情况下不得已的行为,这种困境又会对行政技术作用的发挥产生不利影响,使行政技术不能充分释放自身的能量。因此,政府在技术的引入中应具有主动性,这又要求政府以更加开放的心态与外部环境进行积极的互动。

二、行政技术应用的要求

政府引入技术的目的在于使其服务于行政管理实践,而如何才能使行政技术发挥出有效的作用,其中就涉及如何应用行政技术的问题,也涉及如何为行政技术作用的发挥创造条件的问题,总而言之,是行政技术的应用有什么样的要求的问题。

(一)保证行政技术符合实现行政目标的需要

同行政方法一样,行政技术本身并不是目的,它是为行政目标的实现提供服务的。行政技术要有效发挥作用,首先应适应实现行政目标的要求,若不具有这种适应性,哪怕一种行政技术是多么先进,它也不会有用武之地。

不同的政府部门履行着不同的职责,也具有不同的目标,相应地,它们应用的行政技术也有所区别,在一个政府部门有效的行政技术未必能在另一个政府部门中发挥作用。正因为这样,不应强求政府各部门所应用的行政技术的统一和一致,各部门应能根据自身的需要选择适当的技术。然而,需要强调的是,有些技术并不是仅仅服务于某个行政领域或某个政府部门,而是为政府各个部门所通用的。行政技术在政府各部门应用中的差异性是由各部门行政管理活动的专业性决定的,并且行政技术的发展还会使这种专业性得到强化;行政技术在政府各部门中的通用性则是由技术影响的广泛性决定的,技术的进步不会只对某个行政领域造成影响,也不会只对政府的行政管理造成影响,而是会影响到整个社会。当然,各部门所应用的具有差异性的行政技术和具有通用性的行政技术在内容上是不同的。

不但不同的政府部门需要应用不同的行政技术,不同的行政活动也需要应用不同的行政技术,因为不同的行政活动具有不同的目标,但这并不是说同一种行政技术不能在不同的行政活动中重复使用,而主要是说实现行政目标的需要决定着应用什么样的技术。

(二)实现行政技术与其他行政资源的有机整合

行政活动的开展需要多种资源的支持,尽管各种资源在一定程度上存在替代关系,但行政活动的开展对作为替代对象的资源一般也有最低限度的要求,任何一种资源都是难以单独发挥作用的,行政目标的实现是不同资源共同发挥作用的结果。行政技术作为一种资源,具有越来越明显的优势,为行政管理活动的开展提供了重要支持,即便如此,它也不足以独自实现行政目标。

另外,一种资源作用的发挥也离不开其他资源提供的必要支持,其他资源的存在是该资源发挥作用的前提。比如,企业的生产需要技术,也需要原材料,如果没有原材料,任何先进技术都是发挥不出作用的。

由此可知,行政活动的开展不仅需要不同的资源,而且这些资源本身也存在相互支持的关系,任何一种资源达不到既定的要求,都会影响到这些资源整体功能的发挥。从这个意义上可以说,资源的整体功能不是取决于最强大的资源环节,而是取决于最薄弱的资源环节。

不同资源之间的相互支持关系不仅表现在它们互为前提、互为条件上,而且表现在它们的优势互补上,一种资源的不足可以通过另一种资源得到弥补,一种资源的优势可以通过另一种资源得到加强。并且,不同资源的有效组合还会产生新的作用,发挥新的功能,正如钱学森教授所讲的:"综合就是创造。"[①]所以,不同资源通过有机整合所产生的整体功能要大于每种资源各自功能的加总。[②]

---

① 还有不少学者也曾表述了类似的观点,如美籍奥地利经济学家熊彼特(Joseph Alois Schumpeter)就将创新定义为一种"新组合",参见吴建南、马亮、杨宇谦:《中国地方政府创新的动因、特征与绩效》,《管理世界》,2007 年第 8 期;又如李路路教授引用美国一位社会学家的观点,认为"制度创新并不一定是制度的相互替代,而是制度的重新组合",参见李路路:《制度转型与社会分层结构的变迁》,载北京大学社会学系:《21 世纪与中国社会学:庆祝北京大学社会学系建系 20 周年学术讲座论文集》,北京大学出版社 2004 年版,第 362~363 页。

② 有的学者指出,各要素(我们这里是指各种资源)经过组合(指任何形式的组合,不一定是有效的组合或有机的整合)而产生的整体功能由两部分组成:一是各要素的功能之和;二是因各要素之间的组合而产生的结构功能。如果用 E 来表示整体功能,用 $ei(i=1,2,\cdots,n)$ 来表示某一要素的功能(这些要素的功能之和记为 $\sum ei$),用 p 来表示结构功能,那么可得公式:

$$E=\sum ei+p$$

E 与 $\sum ei$ 之间的对比关系存在两种可能的情况:(1)当 $p>0$ 时,$E>\sum ei$,这种情况意味着各要素之间实现了有机结合;(2)当 $p<0$ 时,$E<\sum ei$,这种情况意味着各要素之间的关系处于一种混乱和无序的状态。

以上参见张文焕、刘光霞、苏连义:《控制论 · 信息论 · 系统论与现代管理》,北京出版社 1990 年版,第 181~182 页;汪永成:《政府能力的结构分析》,《政治学研究》,2004 年第 2 期。

我们认为,系统是由各个要素构成的有机整体(相互之间缺乏有机联系的各要素不能构成系统;另外,如果既存系统的各要素之间的有机联系被削弱到了一定程度,系统也会面临崩溃的危险),这意味着系统中的各要素之间实现了有机的整合,因此,这些要素通过有机整合而产生的结构功能大于 0,系统的整体功能也大于各要素的功能之和。当然,系统也存在一个优化的问题,就是要使组成系统的各要素实现更加有效的组合或有机的整合,从而使系统发挥出更强大的整体功能。

当然,并不是说不同资源的任意组合都能够产生强大的整体性功能,要有效发挥不同资源的整体性作用,必须优化它们之间的组合,使它们有机地整合在一起,从而使不同的资源真正作为一个系统和整体而存在。不论是工商企业管理还是政府管理,其中的一个重要内容就是对资源进行有机的整合,因为只有通过整合才能有效发挥资源的整体性作用,才会产生管理的效能。

实现行政技术与其他行政资源的整合是必要的,这不仅是就行政技术本身作用的发挥而言,而且是就不同行政资源整体作用的有效发挥而言的。因此,行政技术应用的一个至关重要的任务就是实现与其他行政资源的整合,而要实现这种整合,政府就应具有整体性的观念,将行政技术视为资源整体的一部分,并根据情况的变化对这个整体的内部结构进行不断地调整和优化。

(三)积极开展由行政技术引致的行政体制改革

众所周知,生产力决定生产关系,经济基础决定上层建筑。在当今社会,科学技术不仅是一种生产力,而且是第一生产力,技术的进步使人类的物质世界发生着不断的变化,相应地,上层建筑所赖以存在的经济基础也在不断发生变化。因此,虽然说技术在不少情况下都表现为无形,但我们仍认为它具有很强的物化性质。行政体制是属于上层建筑的事物,技术的进步以及先进技术在行政管理中的应用客观上都要求进行行政体制改革。当这种改革不能实现时,先进的技术便很难在行政管理中得到有效应用,因为这些技术无法融入既有的行政体制之中,或者说,既有的行政体制无法为这些技术的有效应用提供必要的条件。

行政体制包括方方面面,比如,行政职能的划分、行政权力的配置、行政组织的设置、行政系统的运行方式,等等。行政技术的进步和应用可能产生对其中任何一方面变革的要求,对这种要求,政府应给予积极回应。比如,信息通信技术在行政管理中的应用要求行政理念的革新、行政职能的转变、行政组织的优化等,只有这些方面发生了相应的变革,信息通信技术才能真正发挥出有效的作用,电子政务才会真正得以实现,一种更加适应当今社会发展要求的新的政府管理模式才会得以产生和发展。

本章思考题

1. 你认为电子政务的开展会给政府的管理模式带来哪些变化?

2. 已知某项工作由 A,B,C,D,E,F,G 七项活动组成,这些活动各自的期望时间(单位:天)以及这些活动之间的相互关系如图 9-2 所示。

(1)根据图 9-2 分别确定各项活动所对应的 ES、EF、LS、LF、S,并指出这项工作的关键线路。

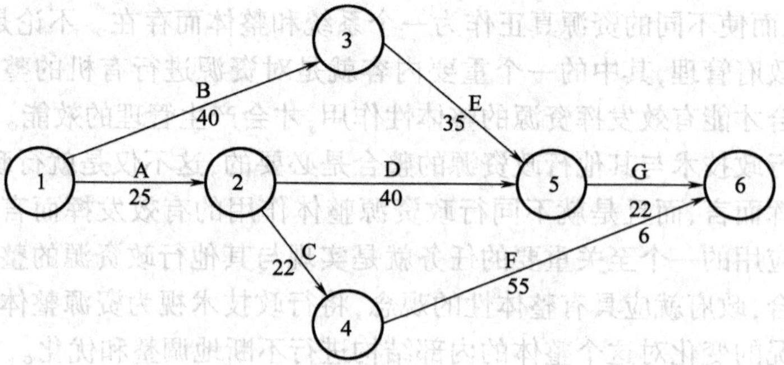

图 9-2　某项工作计划的网络图

(2)在解答第(1)问的基础上,请判断者是否可以调拨③ ⟶⑤线路上的资源(如人力和设备等)优先用于 F 活动的完成?如果不可,请给出理由;如果可以,那么,这种资源的调拨则会导致 E 活动完成时间(就最早完成时间而言)的延长,你认为将 E 活动的完成时间延长 5 天是否合适?

3. 什么叫作全面质量管理?全面质量管理有哪些内涵?

4. 为何要在行政管理中引入自然科学领域内的技术成果?如何评价这些技术成果在行政管理中的作用?

5. 你认为应如何使行政技术在行政管理中得到有效应用?

第十章

行政责任

当今政府是一个责任政府，政府开展行政管理活动必须重视行政责任的实现，行政责任的实现程度也成为一个重要的行政后果。本章主要对行政责任的内涵、行政责任的构成、行政责任的实现以及责任政府的建设等内容进行介绍。

第一节　行政责任概述

一、行政责任的内涵

弗雷德里克·莫舍(Frederick Mosher)曾经说："在公共行政和私人部门行政的所有词汇中，责任一词是最为重要的。"①美国行政伦理学教授特里·L.库珀(Terry L. Cooper)从客观责任和主观责任的角度对行政责任做了非常深入的研究。他说："客观责任与从外部强加的可能事物相关；而主观责任则与那些我们自己认为应该为之负责的事物相关。"②客观责任是源于社会对行政职位的考虑而要求政府及其行政人员如何做。也就是说，行政人员一旦接受了某职位，就等于接受了某种期望和约束。客观责任的特点是，它为所有接受行政职位的人提出了总体的义务规定。正是通过这些外在的义务规定，每个行政人员都被赋予了特定的角色内容，同时也被赋予了特定的职责和任务。从这个角度来看，公共行政体系的科层制是"正式的责任结构和工具"③。与外部强加的义务

①②③ 特里·L.库珀：《行政伦理学：实现行政责任的途径》，中国人民大学出版社2001年版，第62，63，67页。

规定相对的责任形式就是主观责任。主观责任实际上就是行政人员的“伦理自主性”或称为“道德责任”。库珀说,主观责任“根植于我们自己对忠诚、良心、认同的信仰。履行行政管理角色过程中的主观责任是职业道德的反映,该职业道德是通过个人的经历而建立起来的”①。

行政责任研究是行政法学的常规课题,行政法学研究中对“行政责任”主要有四种不同的理解:

一是“行政职责论”者的观点,即认为行政责任就是“行政职责,是指行政主体在行使行政职权的过程中所必须承担的法定义务”②,它主要是指与一定的行政职权和行政职位相联系的职责和义务。由于行政权力的行使、行政职责的内容、程序及其手段等都是由法律、法规规定的,所以具有义务的性质,一旦违反或是不履行,就要承担法律后果。

二是“平衡论”者的观点,即认为“行政责任是行政法律关系主体由于违反行政法律规范或不履行行政法律义务而依法应承担的行政法律后果”③。这种行政责任概念的主体既包括行政机关及其工作人员,也包括行政相对人,即违反行政法律规范的公民、法人或其他社会组织,体现了行政主体和行政相对人权力、义务和权利之间的平衡关系。

三是“控权论”者的观点,即认为“行政责任就是指行政主体及其工作人员因违反行政法律规范而依法必须承担的法律责任,它是行政违法(包括部分行政不当)所引起的法律后果”④。也有人认为“行政责任是行政主体及其执行公务的人员因行政违法或行政不当,违反法定职责和义务而应依法承担的否定性法律后果”⑤。这种行政责任定义的主体仅指行政机关及其公务员,而不包括行政相对人。这种定义强调行政机关及其工作人员的法律责任,特别注重通过法律对行政权力的约束和控制,较好地体现了现代法治精神和宪政精神。

四是“管理论”者的观点,即认为行政责任是行政相对人违反行政法律规范所要承担的行政责任,不包括行政机关及其工作人员的义务和责任。这种行政责任概念视行政法为行政主体实现行政管理的工具和保障,着眼于行政权力的保障和行政管理的效率,因而把行政法和行政责任局限于行政相对人一方,而不要求行政机关及其工作人员为其行为承担法律后果。这种行政责任概念曾盛行于苏联等社会主义国家,对我国早期的行政法学研究有较大影响。随着法治观念特别是行政法治观念的逐渐确立,这种观念正逐渐退出历史舞台。

---

① 特里·L.库珀:《行政伦理学:实现行政责任的途径》,中国人民大学出版社2001年版,第74页。
② 张世信、周帆:《行政法学》,复旦大学出版社2001年版,第72页。
③ 罗豪才:《行政法学》,北京大学出版社1996年版,第318页。
④ 张正钊:《行政法学》,中国人民大学出版社1999年版,第246页。
⑤ 皮纯协、胡锦光:《行政法与行政诉讼法教程》,中央广播电视大学出版社1998年版,第221页。

随着行政学研究的深入，研究者们逐渐达成共识。一般认为，行政责任是政府及其构成主体——行政官员（公务员）因其公权地位和公职身份而对授权者和法律以及行政法规所承担的责任。① 该定义表明了行政责任的性质，即它是由行政主体"公权地位和公职身份"所必然要求的责任，是一种公共权力所必须担负的责任。

从责任主体来看，行政机关及其工作人员行使行政权力，是公共行政的法定主体，是行政权力的执行者，因而就是行政责任的主体，是行政责任的承担者。从责任对象来看：首先，行政权力的行使应对权力的主人——公众负责，对授权者负责；其次，行政权力的行使者执行法律、法规及公共政策，要对政治和法律担负责任；最后，行政机关及其工作人员作为社会生活的重要行动者，也应对社会的价值观和伦理道德负有责任。因此，责任的对象包括公众、政党、立法机关、法律法规、社会价值和伦理道德等。行政责任是联系人民和行政机关及其工作人员的桥梁和纽带，是实现行政法治、规范行政权力正确行使的根本保障。

二、行政责任的构成

权力的授予必然伴随着责任的规定，政府在获得人民直接或间接授权的同时，也就承担了相应的责任。由于责任主体、对象和内容的不同，行政责任可分为政府对社会（公民）的责任和政府内部的责任两个方面。②

（一）政府对公民的责任

从根本上说，政府的一切公共行政行为都必须符合公民的意志、利益和需求，都必须对公民承担责任。政府所承担的这些责任实质上是"公仆的责任"，它并非是空洞的政治口号，在公共行政实践中，它应具有可操作的标准和程序。世界经济合作与发展组织（OECD）出版的《负责任的政府》（1996）对政府提供的服务作了具体的质量规定：①让公民或企业参与决定政府应该提供什么水准、什么类型的服务，或者征求他们对这方面的意见；②告诉公民或企业，政府将提供什么水准、什么类型的服务；③公民或企业能合理地期待得到这种水准的服务；④如果未能提供适当水准的服务，公民或企业就有权利申诉并要求赔偿；⑤提供服务的办事机构应该建立服务质量目标体系，并且对照目标向公众汇报服务结果。

这方面做得比较成功的是英国 1979 年开始实施并逐步完善的承诺制。其内容主要包括：①界定了实行承诺制的范围，即中央政府和地方政府部门、司法

① 张国庆：《行政管理学概论》（第 2 版），北京大学出版社 2000 年版，第 486 页。

② 参见郭济：《行政哲学导论》，黑龙江人民出版社 2003 年版，第 142～145 页。

系统、国有事业单位、国有企业,尤其是垄断性国有企业。迄今为止,英国已有一万多个基层单位实行了承诺制,涉及供水、供电、供气、邮政、电信、教育、卫生、铁路、地铁、公路交通、市政、住房、司法、税务、就业、社会保障等领域。②实行承诺制的单位应遵循以下五项原则:制定明确、清晰的服务标准;信息和公开性;选择性和协商;礼貌和便民;及时纠错。③追求资金使用价值。中央政府各部门制定了全国性的社会服务承诺标准,地方政府和服务单位以此为起码标准,也制定了具体的服务标准原则和服务质量标准等。

当然,政府在对公民负责的同时,公民也承担应尽的责任(义务),如主动、自觉纳税,服从法律,支持和配合政府工作,这实际上体现了政府与公民的双向责任关系。

(二)政府内部的责任

首先,从宏观上看,中央政府与地方政府之间的权力和责任划分构成了政府内部最基本和最主要的纵向权责关系。能否合理配置中央与地方政府的职责权限,直接关系到政府能否在整体上履行其应尽的职能和责任。就现阶段的我国而言,虽然经过30多年的改革和调整,中央政府与地方政府间的权责关系已趋于合理,而且宪法和有关法律对这种关系已经有了一些明确的规定,但这些规定大都过于原则化,比较笼统、宽泛,不易操作,使中央与地方的关系缺乏稳定性和连续性,对它的调整带有较大的随意性和不规范性,造成中央与地方互相掣肘、互相侵权的现象较为普遍。因此,应在合理划分中央与地方职权的基础上,使中央与地方权力责任关系规范化、法制化。

其次,从微观上看,在政府组织内部,权力一般是自上而下层层授予的,相应地,责任也是自下而上层层负责。从实际情况来看,行政首长负责制是世界通行的政府管理体制,当今世界各国80%以上实行首长负责制。在这种体制下,一方面,行政下级对行政上级并最终对行政首长承担忠于职守、努力工作、提高效率、遵纪守法的责任;另一方面,一切行政行为不管是否行政首长所为,行政首长都有连带责任。这种连带责任关系是为了强化行政首长的授权责任和管理压力,使行政首长不仅严于律已、正确授权,而且也要严于律他、善于监督。可见,在行政组织中,行政首长和行政下级实际上存在一种双向责任关系,它要求经法定程序进入行政体系的公职人员一俟确立行政职务关系,必须履行职务,不失职;必须遵循权限,不越权;必须符合法定目的,不滥用职权;必须合理行使自由裁量权,避免行政失当。它赋予公职人员与其所处职位和职务相符合的职权和责任,从而建立职位、职务、职权、职责相一致的工作责任制度。这种责任制度保证了政府整体的权威性和公共行政的高效率。相反,如果在政府内部,机关各部门之间、工作人员之间缺乏这种明确、细致、稳定、长期的工作责任制度,权大责小造成胆大妄为、专横跋扈,权小责大则造成谨小慎微、缩手缩脚，以致具体的行政责任主体常常模糊不清，使某些因侵权、失职行为产生的行政责任问题因责任主体不清而无法追究，不仅伤害了行政机关和行政人员的工作积极性，妨碍行政纪律的执行以及行政效率的提高，而且也会影响政府履行对公民及其代表机关的责任。

除了行政首长负责制外，行政组织内部针对某项任务，上下级之间进行授权分工，经常用"责任书"的形式来确定责任的归属。这种"责任书"一般用于行政系统内上下级行政机关之间、行政委托人与被委托人之间，它是一种典型的责任制，起着行政权力的再调整、行政责任的落实和行政后果的明确等作用。"责任书"的主要类型有行政授权合同、行政委托合同、行政协作合同、行政责任合同等，如"米袋子省长负责制""菜篮子市长负责制""环境保护责任书"等。这些形形色色的行政责任制有利于克服人浮于事、推诿塞责等官僚主义现象；有利于解决"有权不管事，干事却无权"等问题；有利于上级对下级的控制和管理；有利于理顺行政内部关系，整合行政资源，提高行政效能和效率。"责任书"的方式一般局限于行政系统内部，是行政管理制度的具体化和变通方式，包括权力、责任、利益及奖惩等调控机制，是行政上级进行动员和控制以保证行政实施效果的有效方法。

第二节 行政责任的实现

一、实现行政责任应把握的基本原则

（一）责任原则

责任原则是指行政机关及其工作人员对其所实施的行政行为必须积极承担相应的责任。责任原则的关键是行政机关及其工作人员的行为应当处于责任状态。责任原则要求政府做到以下几点：

一是从根本上说，政府的一切行为都必须符合和有利于公民的意志、利益和需求，都必须对公民承担责任。

二是在行使职责过程中，政府必须迅速、有效地回应社会和民众的基本要求，并积极采取行动加以满足。

三是在完成职责后，如出现差错或损失，应承担行政上、道义上、政治上以及法律上的责任。

四是在行政责任、道德责任、政治责任和法律责任这四种责任中选择正确的责任形式，做到罚当其责。

（二）权责一致原则

行政管理中行政权力与行政责任一致的原则主要体现在以下三个方面：

第一,行政领导者的职责与其行政职位、行政职权是统一的。行政领导者要有行政职位,即行政领导者在国家行政领导机关中所处的法律地位和担任的行政领导职务,这是行政领导者行使职权、履行职责的前提。

第二,行政责任和行政权力是对等的、平衡的。责任和权力是行政组织中的两个基本概念。行政责任是指国家行政机关在行政管理活动中应承担的义务及后果。行政权力是指国家赋予行政机关履行义务和完成行政任务的权力。在设置行政组织时,既要明确规定每一管理层级及其职能部门的职责范围,又要赋予其完成职责所应有的行政管理权力。责任和权力必须是对等的、平衡的,即一个行政组织所承担的责任越大,其拥有的行政权力也应越大,反之亦然。

第三,履行行政领导职责。作为领导者,责任是第一位的,权力是第二位的。权力是尽责的手段,责任才是领导者的真正属性。

(三)法定原则

法定原则是指国家行政机关及其工作人员所负责事项的内容以及采取的措施和法律依据、承担的法律后果等要用法定的形式固定下来。法定原则具体来说包括以下内容:

一是责任义务法定。政府及其工作人员的责任要在法律设定的义务范围内。根据政府行使公共权力这一特征,政府及其工作人员履行其在整个社会中的职能和义务,即法律所要求的义务。这种社会义务不仅意味着政府及其工作人员正确地做事,即不做法律禁止的事,而且意味着政府做正确的事情,即不做有损社会的事情,促使社会变得更加美好。

二是问责依据法定。即首先必须判定何种行政行为要被问责,问责依据必须由法律明确规定,它旨在解决是否应当追究行政责任。用法律规范性文件规定哪些行为属于违法失职行为,便于操作,防止主观随意性,同时使问责主体在行使问责权时有章可循,有规可依,督促政府工作人员更好地履行职责。

三是责任种类法定。行政官员的政治责任、道德责任、行政责任及法律责任应当由宪法和法律规范预先规定,应包括在宪法和法律规范的逻辑结构之中,当出现了违宪行为或违法行为时,应按照事先规定的责任性质、责任范围和责任方式追究行为人的责任。

四是问责程序法定。即必须由特定的问责主体在其法定权限内依照法定的条件和程序,针对行政违法或行政不当行为,追究相应的责任。

(四)平等原则

平等原则是“法律面前人人平等”这一宪法原则的具体表现。它的基本含义是:对任何人或组织的违法行为,都平等地追究法律责任,不允许存在“法外特权”。问责平等原则的基本要求有:

第一，对所有问责客体都必须问责，不能因人而异。

第二，对所有的问责主体来讲也是平等的。不仅被问责对象的上级行政机关及其领导有权问责，下级行政机关同样有权问责；不仅行政机关可以问责本行政机关及其人员，其他权力主体也有权问责行政机关及其人员；不仅权力机关有权问责，非权力机关也有权问责，即公民、新闻舆论、第三组织都可以问责，而且它们的问责同样应被重视。

（五）公开原则

列宁曾经将"完全的公开性"作为广泛的民主原则的两个基本条件之一，认为"没有公开性而谈民主是很可笑的"①。公开是问责制建立和完善必须遵循的又一项基本原则。

公开原则包括以下内容：一是公开行政信息，包括公开关于政府及行政人员各自的权力和职责的信息，尤其是要公开行政首长及职能领导的权力和职责及相互之间的权责关系方面的信息。二是问责公开，就是行政问责所涉及的事由、方式一律向社会公开。三是整个问责程序必须公开，质询、罢免、听证、调查等程序都必须公开，甚至连对问责对象的否定性后果也必须公开。

二、保障行政责任实现的制度安排

行政责任的履行需要科学的制度安排，缺乏责任机制可能意味着政府公务员的为所欲为，"并且潜在的腐败行为将到处发生"②，"需要一种精心设计的责任结构以确保以公民名义行事的人为公民利益付出最大的努力"③。这种精心设计的制度安排最少应含有以下内容：④

第一，行政责任与行政权力需要对等。有权无责或有责无权均不利于行政责任的正常履行。有权无责，是对行政权力的放纵；有责无权，不足以保证行政责任的圆满实现。授权与追责同时作出才是科学、理性的。

第二，行政责任在行政过程中应始终处于主动地位，一旦形成行政授权，在整个行政过程中，行政责任应始终起主导作用，用行政责任去引导行政行为，一定会比任行政权力去引导行政责任而对公共利益带来的益处要大得多，这本身也反映了行政责任是一种监督因素。

第三，行政责任的履行是民主行政的过程，没有公民的监督，行政责任的缺失是难以避免的。处处都存在监督，透明鱼缸效应是行政责任不致缺失的保证。

第四，行政责任履行需要有一支素质精良的公务员队伍，以保证行政责任内部结构的平衡。

---

①《列宁全集》（第6卷），人民出版社1956年版，第131页。

②③ 欧文·E. 休斯：《公共管理导论》，中国人民大学出版社2001年版，第269页。

④ 参见郭济：《行政哲学导论》，黑龙江人民出版社2003年版，第165~166页。

第三节 建设责任政府

一、建设责任政府的理论探讨

全面建设责任政府,对在政府管理中激浊扬清、整肃吏治至关重要,但推进政府行政问责需要进一步夯实其理论基石。对政府行政问责制度比较具有解释力和说服力的是民主政治理论、公共权力的委托—代理理论、交易成本理论、公共选择理论等。

(一)民主政治理论

民主政治理论表明,实施问责制是回应时代要求,推动和保障公众直接参与公共管理的必然抉择。人类实践中曾经出现过直接民主,即享有政治权利的全体公民直接行使最高权力,使公共权力的所有者与行使者同一,不存在公共权力的委托与代理关系。在这个意义上,直接民主没有责任政治所言的政治责任制度,也不会有相应的政治责任观念。

古希腊城邦的民主制是一种直接民主制,因为城邦的地域范围、人口数量有限,所以,由公民大会共同讨论决定重大问题的政治形式成为可能。亚里士多德认为,理想的政治应当是全体公民参与的民主政治,因而政治不应成为统治者终身不离的职业,"由于全体公民都天赋有平等的地位,政治上这种恒业就不可能施行,而且无论从政是一件好事或坏事,根据公正的原则也应该让全体公民参与政治"①。然而,城邦的直接民主制不可能成为适应近代民族国家需要的政治组织形式。近代西方政治哲学的最显著的特点就是,由直接民主制理论向适合近代国家现实的代议制民主理论的转化,代议制民主理论的主要代表人物有卢梭、洛克、哈灵顿、潘恩、密尔等。

主张主权在民原则的法国启蒙思想家卢梭(Jean-Jacques Rousseau)以社会契约论作为理论基础,进而提出由社会契约建立起来的政治国家就是全体人民构成的共同体。他认为,人们在从自然状态向政治社会过渡的过程中互相签订了转让权利的契约,为了保持平等的自由,人们在签订契约时无一例外地把自己的一切自然权利全部转让给了共同体。这样,服从共同体全体一致的"公意"就是服从公民自己。由于"公意"是共同体全体人民的意志,因此,由"公意"所体现的主权所保护的是全体人民的"公共福利"。卢梭进一步认为,主权意志只是一个总的最高意志,要使之作用于国家生活和社会生活的各个方面,还必须建立一个中间体,即政府,由政府这个仆从来执行"公意"。卢梭在其代表作《社

① 亚里士多德:《政治学》,商务印书馆1981年版,第199页。

会契约论》一书中就说过:"就民主制这个名词的严格意义而言,真正的民主制从来就不曾有过,而且永远也不会有……我们不能想象人民无休无止地开大会来讨论公共事务。"[①]于是,解决这一政治问题的普遍主张就是:国家通过一定的制度设计,按照人民的意志,产生出能够代表人民意志的国家权力主体来管理国家、管理社会的公共事务。因此,政府就成为人民权力行使的主要代理人。政府之所以需要负责任,正是因其执掌了社会公共权力的缘故,政府一旦产生就具有权力,而且具有强制性力量。卢梭认为,全体公民拿出自己的一部分权利交由一个民选的集团来统一行使,并与之签订契约,如不能很好地服务公众,这个集团将承担违约的责任——被人民罢免。

英国政治思想家约翰·密尔在《代议制政府》一书中认为,理想上最好的政府形式就是主权属于人民的政府,因此,"能够充分满足社会要求的唯一政府是全体人民参加的政府",但是,"所有的人亲自参加公共事务是不可能的,从而就可得出结论说,一个完善的政府的理想类型一定是代议制政府了"。他反复强调权力与责任相统一的原理,甚至认为,如果能够将权力和责任统一起来的话,"可以把有效权力和完全的责任交给一个人"[②]。哈灵顿(Harrington)在其代议制理论中进一步指出,负责执行的行政官员应由人民选举,任期不宜过长,应实行平等轮流执政的制度。通过这样的轮流任职,"便能依次通过各部分将全体都包括在内"[③]。

事实上,近代以来,代议制民主就一直是西方国家政治运行的一种主要的实践模式。传统代议制民主一般都把责任政治作为民主的一个基本内容或本质特征。

代议制民主为政治责任提供了实践的基础和动力。一方面,公民必须服从政府的合法统治与管理,否则公共秩序就难以维持;另一方面,人民是权力的所有者,政府也必须处于人民的监督之下,政府的政策和行为应以人民的意志为归属,即对人民负责。"人民主权"是近现代宪法建立的基本原则。第二次世界大战以后,西方各国所制定的宪法绝大部分明文规定了这一原则。从民主政治的实现形式来看,现代各国的民主制基本上是代议制:西方普遍实行的是议会制,我国实行的是人民代表大会制。代议制民主是一种典型的间接民主。在这种间接民主制下,选民是将自己决定与管理国家大事的权力委托给了自己选出的代表——各级官吏。在代议制政府产生之后,就存在这样的矛盾,即国家权力的所有者和国家权力的实际操纵者发生了分离。宪法虽然庄严地宣布国家的一切权力属于人民,表明了民主政治制度中权力的最终归属问题,实际上,人民,或者说人民

① 卢梭:《社会契约论》,商务印书馆 2003 年版,第 84 页。

② 约翰·密尔:《代议制政府》,商务印书馆 1982 年版,第 55 页。

③ 哈灵顿:《大洋国》,商务印书馆 1981 年版,第 23 页。

中的多数，是不可能直接操纵和行使国家的一切权力的。在这种分离的情况下怎么办？怎样才能保证实际掌握和运用权力的少数人在权力运行的整个过程中始终代表人民的意志和利益？这就需要民主，需要监督与问责。

民主的经典含义是"人民的权力"或"多数人的统治"。民主政治的关键在于，要确保掌握公共权力的少数人在权力运行的整个过程中受到全社会的监督，防止他们滥用权力和个人专断。当掌握公共权力的少数人滥用权力时，如果感受不到强有力的社会监督的存在，他们手中的权力失去了约束、自我膨胀，必然导致权力腐败、政治腐败。这是人类社会几千年的政治发展史反复证明了的一条规律，无论什么社会，概莫能外。

代议制表明，行政问责制度的全部正当性或根本依据在于"权为民所授"。人民给政府授权，政府给官员授权，官员对人民及政府负责，政府则通过官员向人民负责，官员有责任向公众报告他们的行为，公民有权利要求制裁那些失职渎职的官员，这是民主政治的环节。任何民主政治的实践都表明，如果把这种希望仅仅寄托在掌权者个人素质身上是不行的，绝对不行。因为，一切掌握公共权力的人都容易滥用权力。人类总结自己的政治实践得出了一条规律，即"欲望腐蚀权力规律"，这一规律揭示了个人欲望腐蚀公共权力的特性。三权分立学说的创立者、法国伟大的思想家孟德斯鸠指出，有权力的人在运用权力时非走到极限决不停止。英国历史学家约翰·阿克顿(Lord Acton)甚至认为，权力腐蚀人，绝对的权力绝对腐蚀人。所谓绝对的权力，就是指权力独揽、个人专权、个人专断，而且不受任何限制。所以，解决问题的根本办法就是要对掌权者实行制约，实行监督。

监督的逻辑起点在于，任何民主政治制度的设计必须从坏处着眼，正如英国哲学家休谟(David Hume)的"无赖原则"所阐释的那样，我们在设计政治制度时，必须把一切官吏假定成"无赖"。休谟虽然和我们一样都知道，官吏不可能都是"无赖"，但是，必须假定他们一进入政治生活领域，就有可能成为"无赖"。把一切官吏假定成"无赖"，这没关系，问题的关键在于，要设计出一种制度来保证让"无赖"去为公众利益服务，并且服务好。这种连"无赖"都能去为公众利益服务的制度，肯定是一种人类理想的政治制度。这种人类社会理想的政治制度就是民主制度，就是监督机制。所以说，民主政治制度的设计不能从"好人主义"出发，而要从"无赖原则"出发。由此而来，监督便成为民主政治之必然。从这个意义上说，监督，是民主政治制度的"保护伞"，是民主政治制度的底线和生命线。

针对现代民族国家代议制的弊端，阿伦特(Hannah Arendt)主张用一种参与式民主制度来取而代之。这种制度即联邦制的人民委员会制度："以基层为起点逐渐向上延伸，最后导致一个议会的组织原则。"[①]在阿伦特看来，参与式民主

① 汉娜·阿伦特：《人的条件》，上海人民出版社 1999 年版，第 31 页。

远比代议制民主的职业政客的统治更为可取。没有人能够抱怨自己被排挤在政治之外,因为受排挤的人本来是自己把自己排挤出去的。随着现代信息社会的发展,参与式民主理论产生了越来越大的影响,甚至有不少人认为,传统的代议制民主将为参与式民主所取代。他们认为,由于先进的信息传播手段及整个社会文化教育水平的提高,强调公民真正直接参与政治决定的参与式民主理论越来越成为当代西方民主论的一种重要模式。

帕特曼(Pateman)和麦克弗森(C. B. MacPherson)是当代西方参与式民主理论的主要代表,他们认为,参与式民主能够促进人类的发展。参与式民主所强调的公民对政治和行政生活的直接参与,体现了自下而上的草根民主的兴起,是政治民主和行政民主最充分的体现。

盖伊・彼得斯(Guy Peters)认为,参与式民主最大的特点和优点在于:"它强调公民参与政策过程的所有阶段,而不仅仅是在政策执行后抱怨或提供有关政策执行方式的反馈信息。这种积极的态度能使错误在出现以前就可以得到纠正。"[①]参与式民主理论抛弃了精英治国论的行政原则,强调公民对公共行政和政治生活的直接参与,认为公民的直接参与能够强化公民的政治责任感,培养人们对集体的公共问题的关注,因此有助于形成积极的、对政治事务有更敏锐的兴趣的公民,并有助于强化公民对政府工作直接的监督和推动。

(二)委托—代理理论

委托—代理理论是20世纪70年代由罗斯(Ross)、詹森(Jensen)与麦克林(Meckling)最早提出来的。该理论描述了一种信息不对称条件下的交易关系,委托人购买的是代理人服务与管理的才能,但由于代理人具体管理着事务,掌握着比委托人更多的信息,从而有条件凭借这个优势来获得更多的私人利益,由此造成委托人的损失。因此,委托—代理理论要解决的首要问题之一就是如何监督和制约代理人,尽量降低因代理人行为的扭曲而给委托人带来的损失。正是在这一关键点上,委托—代理理论与政治活动中的权力监督问题有相通之处,或者说,委托—代理理论能够成为权力监督的理论依据。

具体而言,之所以将委托—代理理论作为权力监督或行政问责的理论依据,首先是由权力监督的对象——权力本身的性质决定的。权力就其性质而言,是一种公共资源,社会公众或纳税人作为这种公共资源的实际所有者,不可能独自而排他地对其进行分配,他们需要寻找一个掌管它们的经营者,那就是政府,并将权力付之于它,从而形成第一层的委托—代理关系。继而政府再分级将权力进一步委托,以至最终在社会上形成委托—代理关系链条。

其次,委托—代理理论本身符合权力监督的界定要求。在现实生活中,代

① 盖伊・彼得斯:《政府未来的治理模式》,中国人民大学出版社2001年版,第114页。

理人往往会借信息的不对称而冒道德风险,以滥用权力这种公共资源达到实现个人利益最大化的目的,从而损害委托人的利益。在这种情况下,委托人就要将代理人的权力获取、权力行使以及通过承受风险而使自己的利益趋于最大化的行为置于委托人的监督之下。由此可见,权力监督的发生、运行及其结果实际上就是委托人与代理人两者之间不断博弈的过程。委托—代理理论是符合权力监督这一行为的内在要求的。

再次,将委托—代理理论作为权力监督或行政问责的理论依据是由委托—代理理论实现权力监督的目的所决定的。权力监督的目的就是要使代理人在委托人的监督之下能更好地行使权力,以实现社会公众利益的最大化。委托—代理理论认为,代理人在接受委托人的授权以后,在自利动机的驱使下,会采取相应的行为模式来求得自身利益的最大化。而代理人的行为模式选择则不是随意的,而是要受到两个决定性的因素的制约:一是委托人利益的增长在多大程度上以及如何敏感地依赖于代理人的主观努力,它主要包括权力运行的技术结构的变迁;二是代理人的努力在多大程度上以及如何敏感地依赖于委托人对代理人的监督,它主要反映了权力运行制度结构的变迁。代理人在追求自己各种价值的实现时,必须首先满足委托人利益最大化的需求,否则,它将丧失代理的一切权限,使自己的各种价值目标难以实现,利益受损。委托—代理理论本身有利于权力监督目的的最终实现。

(三)交易成本理论

交易成本理论层面的审视证明,实施问责制是基于对交易成本的考量,因而政府问责制可以成为推进高效廉洁政府建设的杠杆、驱动器和制衡器。

交易是指交互影响的活动。美国经济学家康芒斯(Commons)把交易分为三种:买卖的交易,即平等的人与人之间的自愿交换关系;管理的交易,即契约规定的上下级之间的关系;配额的交易,即法律意义上的上下级之间的关系,主要是政府与公民之间的关系。交易活动至少要有两个人才能发生,因而包含了人与人之间的利益冲突。根据经济学中的理性人假设,交易活动可以看作理性人之间的博弈,显然,交易活动比生产活动更具有不确定性和复杂性,交易活动中存在的交易成本(或称交易费用)比生产活动中需要的生产费用更具有不确定性。

交易成本经济学最早起源于20世纪30年代,自20世纪70年代中期以后,研究交易成本的经济学派成为现代经济学发展中最为活跃的一个学派,西方许多学者都曾对交易成本经济学的产生和发展做出过重要贡献,例如,康芒斯的制度经济学理论、奈特(Frank Knight)的“道德伤害”理论、巴纳德的组织理论等。但是,促成交易成本经济学产生和发展的最为直接的理论渊源是科斯的经典论文《企业的性质》。在《企业的性质》一文中,科斯通过引入交易成本概念,正式提出并分析了这个被新古典经济学所忽视的命题。交易成本实质上是一种人与人之间的关系成本,区别于一般的生产成本(人与自然界之间的关系成本),是人们进行交往与达成合作所需付出的成本(如协商与谈判的成本等)。

以交易成本理论检视问责制,其要义在于它能从政治成本、管理成本和社会成本的视角对问责制何以须为以及何以可为给出令人信服的答案。如若没有厉行责任追究的问责制,政府工作中的种种不良和腐败行径,譬如消极懈怠、敷衍塞责、草率决策、枉法弄权、谋取私利、弄虚作假等,就会因其后果不被追究或追究不力、追究不彻底,导致其责任者,即那些不良官员或部门由于其行为所需付出的成本太低而使其恶行得以泛滥甚至无法遏制。实际上,这些腐败行径已经让国家和社会为之付出了巨大的政治成本、经济成本和社会成本,甚至造成了不可弥补的损失。因此,问责制必须实行,问责制势在必行。

(四)公共选择理论

公共选择理论是现代西方经济学中的一个分支。这里,我们把它和公共行政理论放在一起考察,是因为它把行政学的研究对象——政府及其活动规律纳入自己的分析框架之中。公共选择理论运用现代经济学的逻辑和方法,如经济人的假定、效用最大化、交换及供求分析等,分析现实生活中与民众相关的政治个体的行为特征,以及由此引出的政府及各种政治团体的行为特征,其研究的范围和重点已不在经济学领域,而是延伸和扩展到政府公共政策的制定和执行当中。用其理论创始人布坎南的话来说:“公共选择是政治上的观点,它从经济学家的工具和方法大量应用于集体或非市场决策而产生”,“它是观察政治制度的不同方法”。①

公共选择理论的产生有其特殊的经济和政治背景。第二次世界大战以后,凯恩斯的国家干预理论日渐盛行,并成为新主流经济学的理论支柱。凯恩斯主义认为,市场具有内在的不稳定因素,其自律作用不能有效地实现均衡,保证资源有效配置,实现充分就业。如果政府能积极干预经济,主动采取措施刺激需求,就能够保持经济的快速发展,提供更多的就业机会。政府必须时时防止祸起萧墙,必要时挺身而出,用行政手段干预经济,实施反经济周期政策,调节经济运行偏差,救民于经济灾难的边缘,它把政府干预看作解救市场、弥补市场缺陷的唯一良策。然而,市场并没有按照凯恩斯主义所设想的那样来运行,而是出现了始料不及的滞胀危机,这使人们不得不认识到,在市场失灵的背后可能还存在政府失败的问题。为迎合以“反对国家干预、主张自由放任”的新自由主义的复兴,公共选择理论围绕凯恩斯主义干预动机和行为失败大做文章,认为

① 詹姆斯·M.布坎南:《自由、市场和国家》,北京经济学院出版社1988年版,第13页。

全心全意为人民服务的"哈韦路假设"①是站不住脚的。

政府失败理论是公共选择理论的核心主题。布坎南认为,市场经济条件下政府干预行为的局限性或政府失败问题是现代西方社会面临的种种困难的根源,而政府失败具体表现为公共决策失误、政府工作机构的低效率、政府的扩张和政府的"寻租"活动等。布坎南进而指出:"一方面是由利己主义和狭隘个人利益驱使的个人:'经济人'……另一方面是超凡至圣的超级机器:国家。我们必须从上述虚构中摆脱出来,把调查市场经济之缺陷和过失的方法同样应用于国家和公共经济的一切部门。"②这就为解释政府的行为提供了新的理论依据。

公共选择理论的基本行为假设是:"人是自利的、理性的效用最大化者。"③这种经济人假设具体是指:作为一个人,无论他处于什么地位,无论是在经济活动中还是在政治活动中,其动机和目的都是相同的,都以个人的满足程度最大化为基本动机,都要追求自身利益的最大化。官僚的经济人属性不会因其成为政府官僚而改变,其目标不是公共利益也不是机构效率,而是个人效用。基于这一假定,公共选择理论认为,国家不是神的创造物,它并不具备正确无误的天赋。因为国家(政府)也是一种人类组织,在这里,作决定的人同样会犯错误。进行市场决策的人和进行政治决策的人是同样的,都受自身效用最大化的引导。在政治生活中,政府官员同样扮演着经济人的角色,根据自身的成本—收益比较来选择个人行为,一切政治行为都以个人的成本—收益计算为基础,其行为的成本函数包括生产成本、交易成本和心理成本,收益函数则包括物质因素和精神因素等。政府成员首先也是人,具备一般的人性,政府人员追求个人利益的最大化,必然导致各种不负责任的行为发生,因此,有必要对此加以制止和采取限制措施,这就使构建责任政府、促进责任行政成为必要。

二、构成责任政府的要件

关于责任政府,历来没有一个统一的定义。"责任政府是一个横跨政治学、法学、行政学、管理学等学科的综合性概念"④,从不同学科的视角对责任政府的理解是不同的。

在《布莱克维尔政治学百科全书》中,责任政府是指,一种需要通过其赖以存在的立法机关而向全体选民解释其所作的决策并证明这些决策是正确合理的行政机构,同时,它还需符合责任政府的一般定义的要求。

责任政府作为一种宪政制度的责任政府,其最典型的形式是英国式的责任

① 哈韦路是英国伦敦达官贵族的集中居住地,原设想这里的官员都是一心为公、不为私利的。

② 亨利·勒帕日:《美国新自由主义经济学》,北京大学出版社 1985 年版,第 122 页。

③ 丹尼斯·C. 缪勒:《公共选择理论》,中国社会科学出版社 1999 年版,第 4 页。

④ 何士青、徐进:《责任政府与政治文明》,《国家行政学院学报》,2004 年第 2 期。

内阁制。其基本出发点是议会主权,政府向议会负责。在这种制度下,政府的组成需经议会同意,政府的重大政策需由议会通过,政府成员施政不当及其违法行为需承担责任,比如政府的部分阁员甚至全部阁员在无法得到议会信任时辞职。与责任内阁制相异的是美国式的总统制。在这种制度下,总统、国会与法院实行分权与制衡原则,政府的政治官员虽在任命时需经国会批准,但其施政只对总统负责,无须对国会负责,其进退亦以元首的信任为依归,而不以国会信任与否为转移。

我国有学者认为,责任政府"意味着宪法和法律是政府及其官员施政的准绳;公民的权利与义务受政府切实的保障;政府的渎职、失职与违法行为必须承担法律责任;受政府及其官员公务行为损害的公民,有权提出诉讼并获得赔偿"①。

也有人认为,"责任政府在广义上是指政府对公民依法提出的各种合理要求,都有责任去满足或作出回应;在狭义上是指政府对法律规定的职能负有执行的责任,如果违反,则承担相应的法律责任"②。

这些见解说明,责任政府必须具备以下几个基本要件。

(一)责任政府是承担明确责任的政府

在现代法治国家,虽然政府是行政权的行使主体,但人民是行政权的所有者,政府只是接受人民的委托行使国家行政权,因此必须对人民承担责任。政府对人民承担的责任即为政府责任,具体是指政府及其官员因其享有和行使国家行政权而承担的遵守宪法原则、维护国家法律制度、保卫国家安全、发展公共事业、维护公民生命和财产不受侵犯等方面的责任,具体可以分为积极责任和消极责任。积极责任实际上是一种角色义务。政府掌握着国家行政权,在国家和社会生活中扮演着重要角色,在国家权力体系和国家机构组织体系中具有重要地位,承担与其角色相适应的义务,政府在职权范围内对权力授予者或社会承担相应的责任。消极责任是因没有履行角色义务而应当承担的不利后果或强制性义务。

罗姆瑞克把政府责任分为四种,即官僚责任、法律责任、政治责任和职业责任。中国人民大学的张成福教授把政府责任分为五种③:道德责任、政治责任、行政责任、诉讼责任和侵权赔偿责任。实际上,诉讼责任和侵权赔偿责任均属于法律责任的范畴。

(二)责任政府是切实履行其职能的政府

责任政府与政府职能密切联系,只有切实履行其职能的政府才是责任政

① 陈国权:《论责任政府及其实现过程中的监督作用》,《浙江大学学报》,2001 年第 2 期。
② 何士青、徐进:《责任政府与政治文明》,《国家行政学院学报》,2004 年第 2 期。
③ 张成福:《责任政府论》,《中国人民大学学报》,2000 年第 2 期。

府。政府是国家机关组织的重要组成部分,必然而且必须具有一定的职能。政府职能是国家职能的具体化,是政府的基本任务和行为方向,其内容必然随着历史条件的变化而变化,其重心在不同时期有所不同。建立责任政府首先必须明确政府在某个时期的基本任务,确立政府的工作重心,根据社会经济的发展变化适时转变政府职能。过去,曾有人提出"大政府"模式或"小政府"模式的主张,前者将政府看作万能的,权力高度集中,对社会一切事务进行管理,其结果是政府管了大量不该管的事,而不少该管的事却没有管好;后者实行"无为而治",提倡少干预或不干预社会事务,其结果是政府功能弱化。对责任政府来说,它必须了解自己当前的职能并切实加以履行,明确在一定时期、一定条件下政府应该管什么,不应该管什么,应该弱化那些"不该管、管不好、管不了"的职能,强化那些"应该管、管得好、管得了"的职能。

(三)责任政府是高效、廉洁、诚信的政府

高效是现代政府追求的价值之一,也是衡量责任政府的重要标准。责任政府在履行其职能、对社会实行组织、管理和干预的过程中,能够以尽可能低的成本取得最大的收益,在最短的时间内解决问题;能够从保护公民权利出发对公民的各项请求及时做出反应,对各种行政事务及时通过执法做出反应。当然,高效以合法为前提,责任政府及其人员必须按照法定程序履行其职能,正确行使自由裁量权,及时决策。高效也与精简密切相连,如果机构臃肿、人浮于事、政出多门,既浪费行政经费,又影响问题的及时解决。

廉洁是责任政府的突出特征,如果政府官员为政不廉,政府中以权谋私的腐败现象泛滥,实质上是政府官员以渎职为前提谋取个人私利,将个人利益置于公共利益之上,这样的政府显然是不负责任的政府。一个对公民负责任的政府,其成员必定清正廉洁。只有廉洁的政府,才能承担起对人民的责任。

责任政府是诚信的政府。政府诚信要求政府有法必依,对人民有诺必践,实行政务公开,接受人民的监督,切实承担起对人民的责任。责任政府具有诚信之特征,因为:政府及其成员不仅依法做出职务行为,而且采取有效措施使其职务行为的内容得以实现;政府一旦作出某种承诺,就履行其诺言,不出尔反尔;政府实行政务公开,接受监督。今天,诚信成为为政之要,成为影响政府形象的重要因素,成为衡量责任政府的重要指标。

三、现代责任政府的特征

现代政府要成为一个负责任的政府,应当具备一些共同特征。概括起来,这些特征主要包括以下几个方面。

(一)民主的政府

民主政治在本质上要求公共权力的行使符合民众的意愿,虽然民主的具体

形式有很大的差异。一般而言,民主的形式不外乎两种,即直接民主和间接民主。今天,凡被认为是民主的国家都实行间接的民主。间接民主意味着由人民的代表而不是全体人民自己亲自参加政治权力机构、管理公共事务,在人民的代表与全体人民之间就有一个授权与被授权的关系,这种关系的存在使民主政治表现出责任政治的属性。政府作为民主国家公共行政管理主体的性质,决定了政府必须是民主的。我们需要行政的民主就像人需要空气和阳光一样,它是维持健康的行政机体的必要条件。更重要的是,它是实现和保证公共权力为公共利益服务的唯一可靠的依托,而行政民主首先需要解决的是对行政权力的有效制约问题。为此,负责任的政府必须做到:强化立法机关的立法和监督职能;达到政府功能与市场功能之间的有效均衡;实现中央与地方之间权力的合理配置;等等。

(二)法治的政府

法治已经成为世界各国为民施政的重要理念。正是这种价值追求,使政府的一切行为都纳入了法律的框架内。国家行政机关是法治的客体,而公民和社会是法治的主体。政府的一切权力的来源、政府的运行和政府的行为都受制于法律。法治下的政府必须承担法律责任,受法律监督。政府的行政行为必须在法律规定的范围内按法定程序实施,严格依法行政。行政权不得滥用,必须接受法律的制约,滥用行政权力造成的损害必须经过法定程序予以救济,并对行政违法责任人追究责任。在法治理念支配下的政府则不仅要求人们守法,更要求自己带头守法。

(三)理性的政府

行政管理本质上是对资源的配置,而资源总是相对稀缺的,因而政府可资利用的资源有限,但社会公众对政府的要求又是无穷的,都期待更多、更好的服务与福利。为了对资源作出合理分配,从而更有效地满足公众需求,政府必须进行理性的计算或决策,并运用最佳手段和途径实现行政目标。理性的政府应当有明确的目标,当它面对许多达到目标的方案时,通常能够根据自己的偏好对方案进行合理的排序,政府的偏好会随着社会政治、经济和文化等条件的变化而变化,政府能从诸多方案中选出偏好程度最高者,而且理性政府选择的方案还应具有较高的生产力。

(四)服务的政府

政府作为规模最大的一类组织,掌握着最多的社会资源,首先必须具备守护公共利益、为社会提供服务的能力和素养。政府要认真履行职责,应注重实际工作绩效,特别是公众的满意程度。因为在民主政体中,人民是权力的所有者,行政部门是为主权所有者服务的。政府应该处于人民的控制之下,政府的政策和行为必须以人民的意志为依归,对人民负责。“只有当受治者同治者的关系遵循国家服务于公民而不是公民服务于国家,政府为人民存在而不是相反这样的原则时,才有民主制度存在",而"如果公民控制着他们的领导人,就可以假定后者对(必须对)前者负责"①。如果政府没有很好地为公民服务,那就必须根据国民的一般意志,通过一定的方式来控制行政机关及其活动,防止其肆意追求特殊利益,并对其失职行为作出相应的制裁。

四、建设责任政府的途径

责任政府应该是对公众负责任的政府,但现实中,不少国家的政府往往存在不负责任的现象,其重要原因之一就是缺乏一套完备的行政问责制度。世界各国的行政实践都表明,行政问责制是建立责任政府的重要途径。

(一)行政问责理念是建立责任政府的前提

行政问责蕴涵着责任理念,实施行政问责制会极大地强化各级政府、政府部门和官员的责任意识,使之真正做到执政为民、勤政为民、励精图治,以高度负责的精神及效率与效能兼具的方式服务公众、服务经济和社会的发展。实施行政问责制必然要求政府树立一种向公众负责、公共利益至高无上的行政理念。这种理念会内化为公务员的信念,使负责任成为一种道德习惯,当私人利益和公共利益发生冲突时,可以有意识地克制私利,并在平时的工作中自觉选择向公众负责的道德行为。

在政府管理过程中完善并落实行政责任制,让公务员认识到他们必须为其执行公务过程中的各种违法行为或不当行为承担相应的责任,同时,通过将各种责任与公务员考核联系起来,培养和提高公务员的责任意识、依法行政意识,使公务员在执行国家公务活动过程中严格遵守法纪,依法行政,真正承担各种责任。

(二)行政问责规范是建立责任政府的基础

行政问责规范主要有两个方面的内容:法律义务与责任方式。法律义务,即由国家法律、法规和其他有关文件规定的公务人员必须履行的义务。责任方式,即承担责任(或责任实现)的具体方式,它是因破坏法律上的义务关系(违反法律义务)而产生的法律上的后果。

一般认为,如果一个国家行政机构体系中的权责关系达到了最大限度的对等,就可以说这个国家的行政法治水平是比较高的。反之,若一个国家行政机构体系中存在权责失衡,就可以说该国行政法治水平还有待提高。行政问责制中的责任规范是建立责任政府的基础。行政问责制意味着对政府及其公务员滥用职权、玩忽职守等违法行政和不当行政进行处理和纠正,并依

① 乔·萨托利:《民主新论》,东方出版社 1993 年版,第 38 页。

法追究相关人员由此应负的责任。公务员放弃职权或不依法行使职权,实质上就是不履行行政义务,就是失职,必须受到政纪处分直至追究法律责任,这是对责任政府建设的直接推动。

行政问责制中的责任规范实质上是“依法行政”原则的具体化,宪法和法律是行政问责的依据和最终归宿。这要求首先确定宪法和法律在国家政治生活中的最高权威,形成尊重宪法、尊重法律的政治风尚;其次,必须切实实行对权力的监督和制约,从而使公共权力的行使者在宪法和法律的范围内活动,这是法治的精髓所在,也是行政问责制能够得以推行的制度前提,使政府本身受到宪法和法律的约束,这也为坚决纠正以言代法、以权代法、以权压法、以权抗法、徇私枉法等违法行为提供了制度保证。

(三)行政问责机制是建立责任政府的保障

一个实施问责制的政府就是能对各级政府、政府各部门机构和政府官员的工作与言行进行责任追究的政府,其内涵是把各级政府、政府各部门机构和政府官员所掌控的公共权力与他们所应承担的政治责任、法律责任、行政责任和道德责任联系起来,形成权力与责任、行为实施与行为后果、行为后果与行为主体的荣辱褒贬密切相关的机制。责任追究机制是行政问责制的核心内容,它包含全程的监督问责机制和全方位的监督问责机制。推行行政问责制是把对行政行为的监督、约束辐射到行政权力履行的全过程,使决策者、执行者都要承担相应的责任;是把原有的事后结果追究的单一模式转变为事前、事中、事后的多重约束机制,把惩前和毖后有效地结合起来;是把社会监督制度化,使监督主体在进行问责时能做到有章可循、有规可依,督促政府工作人员更好地履行职责,真正做到“情为民所系,权为民所用,利为民所谋”。

本章思考题

1. 简述行政责任的构成。
2. 实现行政责任应把握哪些基本原则?
3. 构成责任政府的要件有哪些?
4. 如何理解责任政府同时是法治的政府?
5. 你认为应如何建设责任政府?

第十一章

行政绩效

行政绩效是评判政府行政管理活动后果以及政府是否高效的一个重要依据。本章主要介绍行政绩效的内涵、行政绩效的特点、行政绩效的类型以及行政绩效评估等方面的内容。

第一节　行政绩效概述

一、行政绩效的内涵

（一）绩效

何为绩效？有人认为，绩效体现在结果上，比如，伯纳丹（Bernardin）等将绩效定义为在特定的时间内，由特定的工作职能、活动或行为产生的产出记录；而有人认为，绩效体现在行为上，比如，坎贝尔（Campbell）等人的绩效理论认为，绩效不是活动的结果，而是活动本身，是人们实际做的、与组织目标有关并且可以观察到的行动或行为，而且这种行为完全能由个体自身控制。①有人认为，绩效就是效率，具体表现为投入和产出的对比；有人则主张对绩效作更为全面而深入的理解，认为绩效不仅表现为效率，而且表现为效果、效能和效益，相应地，也认为应将效率之外的其他目标及影响后果纳入对绩效的评判之中。

我们认为，绩效是行为与结果的统一，它不仅表现为投入与产出的对比，而且表现为行为与结果所产生的各种影响，表现为多元目标的实现程度。需要注意的是，由于行为是影响结果的一个因素，绩效最终体现为某种结果。

---

① 转引自范柏乃：《政府绩效评估理论与实务》，人民出版社 2005 年版，第 210 页。

(二)行政绩效的含义

目前,对行政绩效并没有统一的定义,人们对行政绩效的理解主要包括以下几个方面:①

第一,行政管理的投入和产出的比例。任何行政管理活动都必须投入必要的人力、物力、财力等各种资源,通过这些投入和消耗与所取得的成果之间的比例关系可以判断行政效率的高低。高效必然是投入少而成本低,时间短而成果大。低效不仅造成高成本低产出的资源和时间的浪费,而且行政管理的成果也不尽如人意。高投入低产出是与公共行政的公共利益原则背道而驰的,是浪费和挥霍纳税人的血汗。如果行政机关和行政工作人员效率低,就会造成巨大的资源浪费。

第二,行政目标的达成度。行政管理活动低成本高产出是考察行政效率的重要方面,但不是唯一的考察因素。如果行政管理的结果与行政目标相差甚远,或完全背离了行政目标,即使成本再低,也不能认为是有效率的。

第三,行政组织的各种要素组合的科学合理程度。行政管理活动是行政组织效能的释放。行政组织的各种要素组合越科学、越合理,其释放的能力就越大,效率也越高。通过测定行政效率,可以确定机构设置是否合理,权责体系是否完整,领导方式、管理方式和办事程序是否科学,规章制度是否健全,人员素质是否优良,各个部门之间和各种行政人员之间的关系是否协调,信息是否畅通等。

第四,行政管理活动社会效益的大小。行政管理是为公众提供公共物品的,是为公众服务的,是为了实现公众利益的,因此,它必须把公众利益和社会效益放在首位,这是行政管理的功能和价值之所在。

我们认为,行政绩效又称为政府绩效,是指政府的行政管理活动所体现出的业绩、效能和效果,以及政府在处理社会公共事务和履行行政职能过程中所体现出的管理能力。

二、行政绩效的特点

(一)多维性

行政管理活动所产生的影响涉及各个方面,相应地,行政绩效也是由不同维度的绩效构成的,如政治方面的绩效、经济方面的绩效、社会方面的绩效等。因此,对行政绩效的评判要考虑不同的维度,某个维度上绩效的好坏并不能说明整个行政绩效的好坏。不过,任一维度上的绩效都会对整个行政绩效产生影响,尽管这种影响在程度上有大有小。

① 参见张旭霞:《公共行政绩效评估》,中国商务出版社 2006 年版,第 7~8 页。

(二)多因性

行政管理活动结果受到多种因素的影响,这些因素包括外部的环境、行政组织内部的管理体制、行政人员的努力程度等。由于多种影响因素的存在,我们就不能不区分每种因素对行政管理结果的影响程度,这样才能明确究竟哪些因素对行政管理的结果产生了积极的影响,而哪些因素又对行政管理的结果形成了明显的制约。比如,为了确定行政人员的努力对行政管理结果的影响,人们提出了"行为绩效"这一概念,使之区别于结果绩效(即行政管理活动的结果所体现出的绩效)。行为绩效是对行政人员行为的一种评价,它与结果绩效是正相关的,行为绩效的提高会促进结果绩效的提高。另外,行为绩效与结果绩效又会在某些情况下表现出明显的不一致,这是因为结果绩效并不是完全受行政人员行为的影响,还有其他方面的一些因素在影响着结果绩效,如果在行政人员的行为不存在偏差的情况下行为绩效与结果绩效发生了不一致,那么,结果绩效的低下就只能在行政人员的行为之外另找原因了。

(三)动态性

行政环境在不断发生变化,行政管理活动也在不断地向前推进,因而行政绩效也处于动态的变化过程中,某一时期的行政绩效只能说明这一时期的行政管理活动情况,它既代表不了过去,也说明不了将来。行政绩效的动态性一是要求人们对行政绩效作出及时的评价,这样才能使所得到的绩效结果信息在行政管理活动中发挥有效的指导作用;二是启示行政组织和行政人员要具有忧患意识与开拓精神,绩效的好坏从一定意义上来讲都成了过去,好的绩效在将来可以转变为坏的绩效,坏的绩效在将来也可以转变为好的绩效,行政组织和行政人员只有树立起强烈的忧患意识和坚毅的开拓精神,才能在成绩面前保持清醒的头脑,在挫折面前保持昂扬的斗志,从而为行政绩效的提高付出长期不懈的努力。

三、行政绩效的类型

站在不同的角度,可以将行政绩效划分为不同的类型。

(一)行为绩效和结果绩效

我们在前面已经对行为绩效和结果绩效有所分析,行为绩效体现的是行政组织和行政人员行为的科学性与合理性程度,结果绩效反映的则是行政管理活动的最终成绩和效果。人们所讲的行政绩效一般是指结果绩效,行为绩效则专门用于对行政组织与行政人员的行为进行评价。

(二)个人绩效和组织绩效

个人绩效是针对个人而言的,组织绩效则是针对组织而言的。组织是由许多个人组成的,个人绩效与组织绩效也存在密切的关联。组织中的个人承担着一定的任务与职责,这些任务与职责是组织任务与职责的分解,因此,个人任务的完成情况直接关系到组织任务的完成情况,个人职责的履行情况直接关系到组织职责的履行情况,没有良好的个人绩效表现,就很难有良好的组织绩效表现。个人绩效与组织绩效从根本上说具有一致性,组织绩效要以个人绩效为基础,个人绩效也要受到组织绩效的影响和制约,在组织绩效长期不良的情况下,个人绩效水平的提高必然会受到很大限制。另外,在一定程度上,个人绩效与组织绩效也存在不一致,有些人的绩效表现比组织的绩效表现要好一些,还有一些人的绩效表现则比组织的绩效表现要差一些,因此,个人绩效与组织绩效的不一致从另一个角度来看就是个人绩效与个人绩效之间的差异。正是由于个人与个人之间存在绩效水平的差异,才会出现个人绩效与组织绩效的不一致。这种不一致具有一定的客观性与合理性,也有助于为组织成员创造一种在工作中争先恐后的竞争氛围,有助于激发组织成员的干劲和进取精神。然而,个人绩效与组织绩效的不一致如果超出了一定的限度,就需要警惕了,因为超出一定限度的不一致很可能意味着有人的绩效表现十分不理想,而个别人过低的绩效水平难免会打破组织内不同成员之间正常的协作关系,从而使行政组织无法实现较高的绩效水平。

(三)单项绩效与整体绩效

单项绩效是指某一个项目的绩效或某一个方面的绩效,整体绩效则是对各个项目的绩效或各个方面绩效的综合。前面我们提到,行政绩效具有多维性,每一个维度的绩效都可被称为单项绩效,如经济绩效就是一个单项绩效,但仅有经济绩效并不能说明整体绩效的情况,要衡量整体绩效,还必须考察政治、社会等其他方面的绩效。如果不加特别说明,人们所说的行政绩效一般是整体绩效。

(四)短期绩效和长期绩效

短期绩效是指在短时期内即可体现出来的绩效,长期绩效则是指需要经历一个较长的时间才能体现出来的绩效。由于行政事务在性质和复杂程度上均存在差异,政府对有些行政事务的处理在较短时间内便可产生效果,而对另一些行政事务的处理则需要经过相对长一些的时间才能产生效果。短期绩效与长期绩效本身并无好坏之分,短期绩效与长期绩效的区分是由行政事务的不同所决定的。现实中,人们批评有的行政组织与行政人员为了短期绩效而不顾长期绩效的做法,这实质上是在反对一些行政组织与行政人员简单地为了绩效而追逐绩效的思想和行为。这些行政组织和行政人员不是考虑如何更好地去处理行政事务,不是根据公众的需求去选择和决定处理哪些行政事务,而是考虑如何更多地树立自己的政绩,是根据树立政绩的需要去选择和决定处理哪些行政事务。这就使一些关系到公众切身利益的行政事务不能得到应有的关注,而那些受到关注的行政事务有不少又与公众的利益缺少关联。这样,短期绩效便引起人们的质疑了:一是短期绩效是否损害了长期绩效,二是短期绩效是否可以称得上是一种真正的绩效,因为它与公众的利益缺乏关联,难以得到公众的认可。因此,行政组织与行政人员不能根据见效的快慢去选择所要处理的行政事务,而应根据公众的需要去选择所要处理的行政事务,对那些关系公众切身利益的行政事务,不论其见效的快慢,行政组织与行政人员都应保持密切的关注,并努力采取积极的处理措施。

第二节 行政绩效评估(一)

行政绩效评估又称政府绩效评估,是指运用科学的标准、方法和程序,对行政绩效进行评定和划分等级。行政绩效评估涉及的内容很多,我们将分两节对行政绩效评估的功能、目标、原则、指标、主体、类型划分、实施程序和制度建设等内容进行介绍。

一、行政绩效评估的功能

行政绩效评估具有十分重要的意义,不同的学者从不同的角度对此加以论述。例如,学者普伦波(Dennis J · Palumbo)和纳米亚斯(David Nachmias)从评估在行政决策中的作用的角度分析了评估的功能,他们认为评估至少具有四项功能:①评估可以判断是否继续执行项目;②评估可以使我们改进公共项目;③评估可以为决策提供信息;④评估可以传递信息和教育社会。

也有人从实践的角度论述行政绩效评估的作用,他们认为,如果政府部门的服务需要继续满足社会需要和实现政府政策目标,就必须进行必要的评估。尤其是改革时期,我们需要评估政策的影响,以保证它们能够达到预期目标。具体来说,评估的优势性主要表现在:①更好地管理项目和提供服务。评估告诉人们项目和服务如何运作、它们的目标和效率以及它们的影响等有用信息。②更好地配置资源。评估可以提高政府机构配置资源的有效性,在资源十分有限的情况下,评估可以为决策提供非常有用的信息。③提高责任心。评估确保管理人员更加富有责任心。

也有学者认为,行政绩效评估的重要性可以从正面和负面两个角度来阐释。正面阐释即从正面论述评估的积极意义,负面阐释则侧重于研究不进行评估或者不能精确评估可能导致的消极后果。经济学家沃尔夫(Martin Wolf)曾从负面的角度讨论评估的重要意义。在他看来,不进行评估或评估不精确会导致以下几种消极后果:①

① 转引自毛寿龙:《公共行政学概论》,中共中央党校出版社 2005 年版,第 335~340 页。

第一,公共物品的过度供给,成本的上升和浪费。当不能很精确地测量政府(非市场)活动的产出和运行时,非市场活动的总供给,或特定的非市场活动的供给(比如,政府的防卫和规划功能)会趋向于较高。当它们的质量和数量经不起检测时,生产这些产品就需要更多的投入(或成本)。多余的成本可以被认为是由于缺乏精确地量度成本的标准而导致的浪费。

第二,鼓励官僚的预算最大化倾向。由于缺乏把利润作为推动或评价其运行标准,非市场机构便根据机构成员和下级单位对扩大预算和保护其免受削减所做出的贡献来对其行为作出评价,机构内的动力是来自于对那些能够"证明成本的合理性而不是减少成本"的成员的奖赏。

第三,导致公共机构内部形成自利性的目标。由于缺少直接的运行指示器,公共机构容易根据自身好恶来确定它们自己的目标和标准,使这种目标和标准服务于自身部门及工作人员的利益并背离为公众服务的宗旨。

二、行政绩效评估的目标

根据评估的侧重点不同,行政绩效评估可以有以下三种目标:

第一,以提高组织绩效为目标的绩效评估。通过绩效评估,促进行政部门组织内部的功能发挥,以达到持续提高组织绩效的目标。提高组织的运行效率和所提供的服务质量意味着对组织的结构和功能不断进行审查,对各种制度及制度间的相互作用进行反思,这就需要建立以绩效为导向的信息系统,采用灵活的管理工具和管理技术。

第二,以优化资源配置为目标的绩效评估。通过绩效评估,确定资源在行政部门与私营部门之间的分配,并进一步明确两者相应的责任和建立相应的外部监控机制。新公共管理运动的兴起使行政部门不再是公共物品和公共服务的唯一提供者,越来越多的私营部门及非营利组织通过合同或其他方式参与公共物品的生产和提供,行政组织和私营组织在公共服务上已建立合作伙伴关系。在确定谁是最有效的公共服务提供者和实现公共资源的最优配置时,绩效评估结果自然成为最重要的参考标准之一。

第三,以节约成本为目标的绩效评估。通过绩效评估,缩减行政组织不必要的活动和开支,以实现增收节支的目标。由于社会事务日益复杂,现代政府的规模也日趋庞大,行政部门的开支在 GDP 中所占的比重越来越大。另外,财政收入的增长速度赶不上政府开支的增长速度,各国政府都面临着削减预算赤字的重任。绩效评估一个很重要的作用就是通过衡量并比较行政部门的组织绩效(效率、效果、质量等),借鉴有效的管理制度、程序和方法,摒弃不必要的活动,从而实现节约成本、增加收益的目标。

我们认为,行政绩效评估的根本目标是在对行政组织及其工作人员的绩效进行客观而全面地把握的基础上实现行政绩效水平的提高,从而使行政职能得到更好地履行,使行政组织及其工作人员更好地承担起自身的责任。

三、行政绩效评估的原则

(一)科学性原则

科学的实践离不开科学的理论,人们的实践活动需要有理论的指导,而且需要有科学理论的指导。行政绩效评估是一种特定的实践活动,这种实践活动的顺利开展同样离不开科学理论的指导。无论是行政绩效评估中指标体系与评估方案的设计,还是绩效评估主体作用的充分发挥,都需要以科学的管理理论作为支持。此外,行政绩效评估科学性的提高还需要借助先进的信息技术等,因为这些技术能够使绩效信息得到更全面的收集,也能使绩效结果得到更客观的测量和更有效的利用。

(二)民主性原则

在行政绩效评估过程中,应将评估指标体系等信息向公众公开,切实增强行政绩效评估的透明度。当然,实行信息公开和公民参与,要依法处理好国家安全与信息公开、政治秘密与公开透明等关系,防止走向极端。

民主性原则还要求行政绩效评估主体的多元化。对行政绩效的评估,仅依靠政府组织的内部评估是远远不够的,更重要的是看公众的满意度如何,也就是说,要充分发挥公众评估的作用,使政府的绩效评估真正体现民主性。事实上,对行政绩效进行评估本身就是民主化进程中的一个重要环节,也是实现民主的一种方式或机制。① 政府的绩效评估为公众提供了一条反映和表达自身意见、建议以及愿望的途径。

(三)全面性原则

全面性原则的一个最基本的要求就是使评估指标体系尽可能从不同侧面反映行政工作绩效的全貌,全方位、多角度完整地描述行政工作的客观状况和实际效果。行政绩效评估指标应能全面覆盖被评估者的职责和功能,而不能有所遗漏,否则,绩效评估的指标就是不完善、不健全的。因此,行政绩效评估指标应形成一个健全的体系,这个体系分为紧密联系着的不同层次,其与被评估者的职能有着严格的对应关系。

(四)可操作性原则

首先,绩效评估指标要能全面覆盖被评估者的职责与功能,但又不能失之烦琐,而应使绩效指标具有规范性且通俗易懂,使相关的绩效数据便于获得、易于测算。烦琐的绩效指标不仅无法突出重点,而且不必要地增加了绩效评估的

① 徐绍刚:《建立健全政府绩效评价体系的构想》,《政治学研究》,2004 年第 3 期。

难度与成本,使绩效评估无法起到应有的效果。全面并不等于烦琐,全面是有重点的全面,绩效指标应在全面性的基础上尽量具有简便性,使其在操作中并不显得过于复杂和困难。其次,行政绩效评估是一个逐步探索、循序渐进的过程,绩效评估的总体设想和方案也是在不断探索和实践中逐步得以完善的。这种循序渐进的过程一方面说明了组织的绩效评估应不断追求完善,另一方面也强调了绩效评估的可行性,一个超前而"理想"的绩效评估方案在理论上可能是完美的,但在实践中却可能是不可操作的,因此,这种所谓"完美"的方案实际上既解决不了什么问题,也不具有太大的价值。

(五)时效性原则

组织的活动处于一个动态的过程中,组织和个人的绩效反映的只是某个时点上的绩效,当时间发生了变化,这种绩效也会发生一定的变化。行政绩效信息的收集和处理都应做到迅速、高效,这样才能使测量出的绩效结果尽可能反映被评估者的实际工作成效,并使这种结果对绩效的改进发挥更有效的作用。实际上,当今社会的快节奏性和政府活动的高效性都要求行政绩效评估坚持时效性原则,否则,行政绩效评估就无法适应高效政府的建设,也不可能发挥出提高政府绩效水平的作用。

四、行政绩效评估的指标

国际上通行的衡量绩效评估的一般性指标是由学者芬维克(Fenwick)提出的3E指标,即经济(economic)、效率(efficiency)与效果(effectiveness),学者福林(Flynn)后来又加入了另一个E,即公平(Equity)。

(一)经济

经济指标关注的是成本的节约,这一指标要回答的首要问题是:某组织在既定的时间内究竟花费了多少钱?是不是按照法定的程序花费金钱?经济指标一般是指组织投入到管理项目中的资源水准,它要求的是以尽可能低的投入或成本提供与维持既定数量和质量的公共物品或服务。成本衡量能很好地体现出预算和实际成本之间的差距,但成本本身并不能衡量服务的效率和效果,因此单一使用成本衡量不能满足绩效评估的要求。

(二)效率

效率要回答的首要问题是:机关或组织在既定的时间内,预算投入究竟产生了什么样的结果。效率可以简单地理解为投入与产出之间的比例关系,其计量方法有单位产品成本和服务成本,或者单位成本能提供的产品和服务的数量。用最低的成本实现最大的效益就是有效率的。

效率可以分为两种类型:一类是生产效率(productive efficiency),是指生产或提供服务的平均成本;另一类是配置效率(allocation efficiency),是指组织所提供的产品或服务是否能够满足利害关系人的不同偏好。配置效率也就是说,政府部门所提供的种种项目,如国防、社会福利、教育、健康等,其预算配置比例是否符合公众的偏好顺序;能否接近帕累托最优,即资源的配置能否实现最大多数人的最大利益。传统经济学认为,当供给者和制造者都有相当数目时,市场本身就具有这种达到最适境界的机能。不过,如果消费者没有太多选择,能否达到帕累托最优则是一个问题。

(三)效果

以效率作为衡量指标仅适用于那些可以量化的或货币化的公共物品或服务,而许多公共服务在性质上很难界定,更难以量化。效果关心的问题在于"情况是否得到改善",关心的是目标或结果。这样,效果通常是指公共服务实现标的(targeting)的程度,也指公共服务对标的团体的状态或行为的影响,如福利状况的改善程度、使用者的满意程度、政策目标的实现程度等。效果通常可以用产出与结果之间的关系加以衡量。

效果可以分为两类:一类为现状的改变程度,例如,公众健康状态、水质的净化程度、道路的耐用程度等;另一类为行为的改变幅度,例如,以犯罪行为的改善幅度来衡量刑事政策的效果。

(四)公平

传统的科层官僚制行政模式重视的是效率、效果,而缺少对公平问题的关注。20世纪70年代以来,在新公共行政理论及新公共服务理论等的推动下,公平问题日益受到重视,并成为衡量政府绩效的重要指标。公平关心的主要问题在于:接受服务的团体或个人是否都受到公平待遇、需要特别照顾的弱势群体是否能够享受到更多的服务,因此,公平指标通常是针对接受公共服务的团体或个人所关心的公正性而言,一般无法在市场机制中加以界定,难以衡量。

以下原则可以指导公平性的衡量:一是帕累托标准使一个人境况变好的同时不能使其他人的境况变坏。帕累托标准的目的是保障最低福利。二是卡尔多—希克斯标准在效益上的净受益者能补偿受损者。该标准的目的是保证净福利的最大化。三是哲学家约翰·罗尔斯(John Rawls)提出的再分配标准使处于条件恶化的社会成员的收益增加。该标准强调再分配福利最大化。

以上是一些一般性的绩效评估指标,它们对行政绩效评估具有一般意义上的指导作用。在实际的行政绩效评估活动中,人们往往还要根据具体情况设计出更为具体而细化的绩效评估指标,从而形成一个健全而严密的绩效评估指标体系。

五、行政绩效评估的主体

行政绩效评估的实施最终需要由评估主体来完成,而任何一类评估主体都有其自身的优缺点,这就在客观上要求绩效评估主体的多元化,以使不同的绩效评估主体之间能够做到优势互补。

一般而言,行政绩效评估主体应包括综合评估组织、直管领导、公众或行政相对人、自我评估主体以及特定评估主体等。①

(一)综合评估组织

综合评估组织评估的主要是传统项目的内容,如制度建设、思想建设、组织建设以及作风建设等。综合评估组织通过实地调查、听取汇报、召开座谈会的形式,以定性评估方法为主。为了防止可能出现的主观随意性,综合评估要求对评估要素尽可能地明确规范,便于操作。比如,制度建设方面规定要有工作管理制度、岗位责任制度和承诺公开制度等指标要素,作风建设方面要求体现遵纪守法、廉洁奉公、勤政为民、作风民主和诚实守信的要素内容。

(二)被评估者的直管领导

直管领导作为独立的评估主体具有不可替代的优势。一般而言,被评估者的直管领导熟悉业务、熟悉部属,了解下属部门的运作情况,切身体察班子素质的优劣、工作质量的高低、政令贯通的程度。同时,直管领导的评估还可以作为一种平衡艺术,把一些在其他评估指标中难以精确反映的工作绩效相对地体现出来,以某种定性方式弥补现行定量评估的缺陷。比如,在政令畅通指标中,可以设置执行计划、完成临时任务、汇报反馈和部门协调等参考要素;在工作质量指标中,可以列入维护稳定、化解难题、应对突发事件、获得上级表彰等指标要素。

从直观的角度来看,直管领导的评估较多地采用定性评估的方法,这样一种设计隐藏着领导主观随意性和走过场的可能性。为此,理想的评估系统要求设定两种制约性的措施:一是直管领导评估指标的所含要素要尽可能清晰可比,要有一定量的可量化因素;二是通过软件开发系统为领导评估设定一个正向分布结构,要求直管领导给下属部门的总体评估分值必须符合设定的正向分布结构。当然,具体的正向分布应该是何种比例,设计开发单位和评估部门事先要商量决定。

(三)公众

将公众作为评估主体,可以直观地体现评估的满意度特征,明确评估的价值取向。通过这样一种"使用者介入"机制,将事实与价值取向结合起来,可以增加评估模式的社会相关性。美国国家公共生产力中心主任马克·霍哲(Mark Holzer)教授非常重视公众作为评估主体的作用,他强调,只有公众参与其中,公共部门才能真正提高管理绩效。

公众作为评估主体,体现了行政绩效评估的核心准则,体现了顾客满意的

① 参见卓越:《公共部门绩效评估的主体建构》,《中国行政管理》,2004 年第 5 期。

服务取向,这也是新公共管理运动的一个基本特征。与工商企业管理领域的顾客满意原则相区别,公共管理领域的顾客满意是有特定内涵的:公共管理的对象可以区分为服务对象、执法对象和管制对象,只有服务对象才可以直接运用顾客满意原则。面对那些执法对象,属于服务的成分,要求做到服务满意;属于执法的成分,就只能要求公共部门的行为必须在根本上符合人民利益,在总体上做到公众满意,不能简单地以某个执法对象的反映作为标准。对于那些管制对象,就更不能盲目套用顾客满意原则了。显然,对警察和监狱来说,公众的安全比罪犯的满意要重要得多;对环保机构来说,公众的安全比企业总经理的满意要重要得多。

(四)自我评估主体

被评估者自身作为评估主体是一个有争议的问题。不少人认为,自我评估会导致走过场,流于形式,自我评估一般倾向于高估自己。其实,只要设计得当,框定那些易比较、易计量的内容,自我评估还是有特定优势的。自我评估了解运作机制,真正把握业绩,至少可以起到简化评估程序、节约评估成本的作用。当然,为了防止自我评估邀功评好,绩效评估指标一定要由自我评估单位、专门评估组织和专家反复切磋,共商而成,绩效指标一定要能够具体量化,用绩效指标的客观性来抵制自我评估可能产生的主观任意性。

(五)特定评估主体

行政绩效评估的主体结构还需要一些特殊的评估主体,这些评估主体的特殊意义在于它们一般是作为防范机制隐性存在,在整个指标体系中,用负数指标显示。通常被评估者在这些评估项目上分值为零,被评估者一旦触及评估内容,评估主体要从整体分数中扣除规定的分数,也就是俗称的触犯了"高压线"。

政府设立的公共投诉中心就是一个特定的评估主体,也是以负数分值发挥作用的。一旦特定的公共部门被投诉成立,或者是经查实后整改不力,公共投诉中心都要在整体的分数中按规定倒扣。此外,在发达国家,依靠独立于政府之外的专门机构进行评估的做法渐成气候。一些国家把政府审计部门作为评估主体,例如,英国的审计委员会、美国的审计总署都是公共绩效评估的生力军。

第三节 行政绩效评估(二)

一、行政绩效评估的类型划分

从不同的角度,可以将行政绩效评估划分为不同的类型。①

① 参见胡税根:《公共部门绩效管理:迎接效能革命的挑战》,浙江大学出版社2005年版,第21~22页。

（一）宏观评估、中观评估和微观评估

从层次上看，行政绩效评估可分为宏观评估、中观评估和微观评估。宏观评估，即对政府行为及其实际所发挥的作用的整体性、综合性的评价。在一个国家或地区的经济与社会的现代化进程中，政府所扮演的角色是不可替代的，其作用也是不可限量的。从近现代以来各国的经验教训来看，政府职能定位合适，作用发挥得当，经济与社会的发展也就迅速；反之，发展缓慢不说，还往往会引发社会动荡与政治不稳定。即使在一国内部，地方政府的行为与该地区的发展也存在极强的正相关关系。地区发展的不平衡既有历史的原因，也有现实中政府领导作用发挥差异的原因。所以，对政府整体性的评估是基于该国家和地区经济与社会发展的实际作出的，其评价指标也是一个综合体系。政府绩效的宏观评估是一个整体的概念，针对的是特定的国家或地区的政府在特定时期内的绩效，如中央政府或某省、某市、某县、某乡镇政府的某个任期。

中观评估，即对政府各职能部门的评估，它起着承上启下的作用，既是宏观评估的基础，政府的宏观绩效正是建立在各职能部门绩效的基础之上；同时，它也覆盖了微观评估的各项内容。

微观评估可以分为两种情况：一是对政府公共工程或政府所实施的某些具体项目或所提供的某些服务进行的评价。政府要向社会提供大量的公共服务，也要兴办大量的公共工程，相应的评估诸如环保部门对某一项目治理是否得当、公安部门对某一具体事项处理得是否合理合法、政府投资的某项工程质量及规格是否存在某种隐患等。二是对国家公务员个体进行的评估。政府的整体绩效正是由一个个的国家公务员的工作所组成的，离开他们的工作，政府就成了抽象的概念。对公务员个人行为的评价，要按照职位分类中的“职位说明书”中的标准对照作出。

（二）规制性评估、描述性评估和警示性评估

根据评估指标的不同，行政绩效评估可以分为规制性评估、描述性评估和警示性评估。规制性评估，又叫说明性评价，这类评价就是对某些绩效特别容易测量的组织进行测评。先是设置一套明确而具体的评价标准，然后把组织的行为与之进行对照，或者通过简单的数量计算就可以量度组织的绩效。

描述性评估，即某些政府部门或项目的绩效无法用具体数据来表达，无法进行定量的考核，只能通过描述事实来说明其绩效好坏。

警示性评估，即政府行为的标尺或边限，如果越过这条边限，这类评估的指标体系就会像“警铃”一样发出警告，从而防止政府出现可能的偏差。

（三）近期评估、中期评估和远期评估

从时限上看，行政绩效评估可以分为近期评估、中期评估和远期评估。政府行为的效果如何，只能在该行为的效果表现出来以后才能作出有效的评估，

有时对于有些政府行为的效果无法在短时间内得出结论,而违背事物发展的规律硬要得出结论,往往会犯错误。实践是检验真理的唯一标准,真正有效的评价是在事物矛盾的各个方面充分暴露以后而不是在此之前,所以,对政府绩效的评估必须有一个时间标准。据此,实施以时间为限的政府绩效评估完全必要。

近期评估是对政府在过去较短时间内行为与绩效的评估,近期评估适用于一些短时间内便可充分展现效果的政府行为,一般以一年为限。

中期评估是对一定时期内政府行为的评估,一般为三至五年。

长期评估是对较长历史时期内政府行为的评估,主要适用于一些需要很长时间才能暴露其效果的政府政策及行为。如在西北地区长期以来执行"以粮为纲"、毁草毁林种粮的政策,导致环境恶化,结果在 2001 年的春天,华北及西北地区频繁出现沙尘暴天气,沙漠化的威胁日益严重,人们的生存环境更加恶劣。而当年"左"的政策推行时,谁都难以给出理性的评价。除了政治上的压力之外,人们还受认识水平的限制,无法完全在特定的历史时期内把握改造自然和社会的规律。

对政府绩效评估究竟选用哪种时间标准,取决于政府行为效果本身。如果该行为的效果可以迅速地体现出来,那就选择近期评估,反之则宜用中、长期时间指标。

二、行政绩效评估的实施程序

行政绩效评估活动是一个过程,是一项有计划、有步骤的活动。

我们认为,在行政绩效评估过程中,要涉及评估什么、谁来评估以及如何评估等几个问题,其中,评估什么关系到评估对象的确定,谁来评估关系到评估主体的确定,如何评估则关系到绩效标准的确定、绩效指标的设置、绩效信息的收集、绩效信息的处理和绩效结果的得出等。因此,我们将行政绩效评估的实施过程划分为如下环节:

第一,确定评估对象。明确评估对象是行政绩效评估的首要环节,如果没有明确的评估对象,那么,行政绩效评估是无法展开也无须展开的。行政绩效可以划分为不同的类型,评估的对象也各不相同。人们可以对个人绩效进行评估,也可以对组织绩效进行评估;可以对单项绩效进行评估,也可以对整体绩效进行评估。究竟要以什么作为评估对象,应根据具体情况而定。

第二,确定评估主体。上一节已经谈到,行政绩效评估主体是多元的,由于不同的评估主体观察事物的角度不相同,某一评估主体所关注的方面可能恰恰是其他评估主体所忽略的,而某一评估主体所忽略的方面可能恰恰又是其他评估主体所关注的。这样,综合不同评估主体的评估结果往往能对评估对象得出比较全面的认识,能对行政绩效得出比较客观的评价。

第三,绩效标准的确定。什么样的绩效是理想的?什么样的绩效是可以让人接受的?什么样的绩效则是不能让人接受的?回答这些问题要依据一定的标准,这种标准便是绩效标准。绩效标准为人们提供了一个评判绩效水平高低的依据,有了明确的绩效标准,就可以对行政绩效进行等级划分,因而绩效标准的确定在行政绩效评估过程中是不可或缺的环节。

第四,绩效指标的设置。对行政绩效的评估要求具体、客观、全面,如果不设置相对细化的绩效评估指标,那么,对行政绩效的评估只能是笼统的。由于笼统,行政绩效评估也难以做到客观和全面。绩效指标应根据具体的评估对象和评估要求设置,既要符合全面衡量行政绩效的要求,也不能过于复杂和烦琐,从而建立一个既比较健全又容易操作的绩效评估指标体系。另外,绩效评估指标的设置还要充分发挥不同评估主体的作用,这种作用的发挥体现为行政组织内上级与下级之间的积极互动,体现为行政组织与外部评估主体的积极互动。当然,不同的绩效指标在绩效评估指标体系中的地位也是不同的,在行政绩效评估过程的这一环节,还应根据绩效评估指标的重要性为其赋予相应的权重。

第五,绩效信息的收集。对需要收集哪些绩效信息或数据,绩效指标一般会有所反映。绩效信息的收集在行政绩效评估中是一项基础性的工作,也是一项关键性的工作,绩效信息的失真必然会从根本上损害绩效评估结果的价值,从而使整个绩效评估变得劳而无功。绩效信息首先要具有真实性,要能客观地反映行政组织以及行政人员的工作状况。此外,绩效信息还应具有全面性,这就要求绩效评估主体通过多种可能的渠道去收集绩效信息。

第六,绩效信息的处理和绩效结果的得出。绩效信息的处理过程就是将绩效信息转换为绩效结果的过程。信息的处理要以信息的收集为基础,但信息处理这一环节的开始并非以信息收集这一环节的结束为前提,在不少情况下,信息的处理与信息的收集是可以同步的。特别是随着信息通信技术在行政绩效评估中运用的逐步深入和拓展,信息处理与信息收集的同步更是具备了有利的技术条件,相应地,绩效评估也变得更加迅捷。信息通信技术的运用还增加了绩效评估的客观性与透明度,这使行政绩效评估所得出的绩效结果也更加具有可信度与说服力。

应该说,当绩效结果得出之后,绩效评估过程便随之结束。但得出绩效结果还不能说是政府开展行政绩效评估的目标所在,政府开展行政绩效评估的目标是从根本上改善和提高行政绩效,而为了改善和提高行政绩效,就涉及一个对绩效结果的运用问题。我们认为,绩效结果的运用主要体现在绩效控制、绩效激励和绩效改进三个方面。绩效控制是一个发现偏差并纠正偏差的过程,偏差则表现为绩效结果与人们预期之间的不一致。绩效控制的主体应善于预测偏差、发现偏差，对可能出现的偏差，控制的主体要有准确的估计，防患于未然；对已经出现的偏差，控制的主体则要有客观的认识和把握，以采取有效的控制措施。绩效激励是指激励主体根据绩效结果对相关的组织和人员采取一定的奖惩措施与激励措施，以起到奖优罚劣、奖勤罚懒的作用，从而激发激励对象的工作干劲和积极性。绩效改进则主要是根据绩效结果为下一周期的行政管理活动进行谋划，制定改进措施，促使未来的行政绩效水平达到一个新的高度。

三、行政绩效评估的制度建设

目前，在行政绩效评估中还存在一些较为显著的问题，为了更好地开展行政绩效评估以及使行政绩效评估发挥更大的作用，必须加强相关方面的制度建设。

（一）加强行政绩效评估方面的立法

依靠法律的力量促进绩效评估的开展，做到依法评估，为行政绩效评估提供制度保障。要通过国家立法或国家行政立法的相关规定，使绩效评估把政府公共管理活动对法律负责、对行为结果负责、对社会公众负责统一在一起。

（二）建设行政绩效评估所要求的信息公开（保密信息除外）制度

信息的公开和透明是开展行政绩效评估的必然要求，因为它能够调动公众的力量对行政部门进行监督和评估。为此，要通过建立健全相应的信息公开制度来保证政府切实以信息的公开为原则、以不公开为例外，从而使公众的知情权、参与权和监督权得到维护，并使公众能够更好地参与到行政绩效评估中来。

（三）建设与行政绩效评估相配套的申诉制度

申诉是一种解决失当问题的特定监督形式，其核心功能是促进公平，保障评估的顺利进行，增强公众对公共服务的满意度。

由于绩效评估在很多方面要依据评估者的经验和价值判断，使绩效评估难免带有一些主观偏见因素。但绩效评估要进行下去，必须授予评估者一定的权力去完成评估，而且不可能完全在评估方法上和评估工具上防止偏见和不公平。这种评估中内在的冲突造成评估的许多不稳定性，必须建立一个适当的机制，让被评估者对评估不当行为"投诉有门"。申诉制度无疑是一个纠错工具：一方面，通过评估申诉程序，启动相应的调查评议来对评估的问题进行评价，促进评估双方的良性互动，保障评估的顺利进行；另一方面，评估申诉本身也是对上级主管领导的一种评估办法，从而更进一步地促进评估的公平和公正，提高评估的能力和评估的效率。

（四）建设与行政绩效评估相适应的激励制度

要使绩效评估真正起到提高行政绩效的作用，政府就必须建立起相应的激励制度，让政府雇员都能意识到绩效结果意味着什么，当达到什么样的结果时可以获得奖励，当出现什么样的结果时会受到惩罚。另外，激励制度还要确保绩效激励依据的是客观的绩效评估数据，如生产率和顾客满意度等，而不是凭管理者的主观判断。只有将绩效激励与客观的绩效结果联系起来，才能真正激发人们提高绩效的动力。

本章思考题

1. 行政绩效具有哪些特点？
2. 如何理解个人绩效与组织绩效之间的关系？
3. 行政绩效评估应遵循哪些原则？
4. 为何要将公平作为评价行政绩效的一个重要方面？
5. 请描述行政绩效评估的实施程序。

第十二章

行政改革

当今政府是一个谋求不断改革、创新与发展的政府，而行政改革与发展在一定意义上可以说是政府在开展行政管理活动的基础上所取得的成果。本章主要介绍行政改革的含义、行政改革的主要环节、西方国家行政改革的理论与实践，以及我国行政改革的主要内容与经验等。

第一节　行政改革概述

一、行政改革的含义

行政改革有狭义与广义之分。狭义的行政改革仅指政府机构改革；广义的行政改革则是指行政系统为适应内外环境的变化，对其自身的功能、结构及其行政人员的行为方式所作的调整和变革，其目的在于使行政系统与环境之间达到动态平衡，从而实现行政效能。具体来讲，广义的行政改革包括行政责权的划分、行政职能、行政组织、人事制度、领导制度、行政方式和行政运行机制等方面的改革。本章主要从广义行政改革的角度进行研究。

由于行政改革是行政主体适应社会政治、经济、文化环境的变迁而进行的自我调整和变革的过程，不同国家不同时期或同一国家在不同发展阶段的具体情况是有所区别的，因此其行政改革的具体内容、具体方式也是各不相同的。就改革的基本方式来看，行政改革有“突变式”和“渐进式”两种类型。“突变式”改革是指在较短的时期内，对整个行政体制进行大幅度的甚至是实质性的调整和变革。这种方式能迅速推进改革，从性质上改变旧的体制，但阻力和风险较大。“渐进式”改革则是指用较长的时间对行政体制的各方面进行逐步的、阶段性的调整和变革。这种方式较稳妥,但进程相对缓慢。两种方式各有利弊和自身的适用性,在行政改革中应立足实际,权衡利弊,做出正确抉择。

二、行政改革的目标

行政改革的目标取向应该以社会经济、政治、文化及其他方面的发展为依据。社会各方面的发展是无终点的,因此行政改革也没有终极的目标,只有动态的阶段目标。在我国社会主义初级阶段,行政改革的目标主要是实现行政管理的科学化、法制化和现代化。

(一)行政管理科学化

行政管理科学化就是建立科学合理的行政管理体系,按照社会发展的客观规律和行政管理自身发展规律实施行政管理。

行政管理是一种社会管理,这种管理首先要符合社会发展的一般规律,如果违背这个规律,即使行政管理再完善、再严密,也不会取得任何社会效益,而只会给社会带来负面效应。行政管理又是一种特殊的社会管理,这种管理必须符合行政管理自身的发展规律,必须通过行政改革使行政主体认识、驾驭社会发展的客观规律和行政管理自身的发展规律,按照这两个规律实施行政管理。

按社会发展的客观规律实施行政管理,首先要求行政机关和行政人员的一切行政行为都必须顺应社会生产力发展的要求;其次要求行政管理应符合人民的意志,维护人民的利益;最后要求行政管理克服主观随意性,要严格按科学的原则办事。按行政管理自身规律办事,即要求无论是对管理对象的管理,还是对管理主体的管理,都必须符合行政管理的总体目标,都要有利于行政职能的充分履行。

(二)行政管理法制化

行政管理法制化就是建立完备而健全的行政法律体系,依法办事,用法律来规范一切行政行为,用法律来规范一切社会行为。

行政管理是由国家授权实施管理,是代表人民的根本利益,按人民的意志实施管理。国家的法律是统治阶级意志的表现,因此,行政管理必须是法律的管理,把行政管理建立在牢固的法制基础之上,用行政法律规范来调整管理者与被管理者双方的关系,规范双方的行为。只有这样,才能增强行政管理的权威性,充分发挥行政管理的效能,保障政策的连续性和稳定性。

(三)行政管理现代化

行政管理现代化就是要建立灵敏高效的行政更新机制,使行政管理跟上时代发展的步伐,不断实现观念更新、人员更新、组织更新、制度更新和管理方式、技术方法的更新。

实现行政管理现代化是一个历史过程,这是因为,社会的发展是无止境的,行政管理现代化的标准和目标也只能是动态的、不断变化的,不可能永远停留在一个水平上。

行政管理科学化、行政管理法制化和行政管理现代化是一个完整的体系,是互相联系、互相促进、互为条件、互为补充的,三者结合成为行政改革的整体目标,不能任意分割。总的来说,就是通过改革,使行政管理满足形势发展的要求,做到更科学、更合理、更合法。

三、行政改革的主要环节

行政改革涉及行政管理的各个环节,归纳起来大致有以下三个方面。①

(一)权力和职能结构方面的改革

权力和职能密不可分,权力是根据职能赋予的,职能的履行又要靠权力的运用来保证。权力结构和职能结构是一致的。权力结构和职能结构方面的改革就是按照社会经济、政治、文化和其他方面发展的要求,调整行政权力和职能的分配形式,实现行政权力和职能的合理配置。

1. 行政职能转变。行政职能转变主要应理顺三个方面的关系:一是中央和地方政府的关系,包括中央职能主管部门与地方政府之间的"条块"关系;二是政府和企业之间的关系;三是政府与其他社会组织之间的关系。改革的核心就是调整好行政体系内部纵向和横向的权力配置与职能配置,明确行政系统与社会组织的权责和职能分工。

2. 组织机构改革。组织机构改革的实质在于按照社会经济发展和行政职能变化的要求,重新调整行政组织机构,使权力和职能在行政组织内部配置更合理。改革的关键是转变政府职能,在重新划分职能的基础上调整、精简政府机构,建立运转灵活、精干高效的政府行政管理系统。

3. 领导体制改革。领导体制改革就是在担负行政决策和指挥职能的领导中枢内,调整和明确划分权责,改革权力运用和职能履行的方式,完善和健全以委员会制为权力结构和职能结构特征的、民主化和科学化的行政决策体制,完善和健全以首长制为权力结构和职能结构特征的、坚强有力的指挥系统。

(二)人事关系方面的改革

人事关系包括行政组织中人与事的关系、人与人的关系、人与组织的关系等。人事关系方面的改革主要是通过改革实现行政组织中人与事的配合得当、人与人的关系协调、人员在组织中的分布合理,提高工作人员的素质能力,更新其观念,形成发现、遴选、培养、任用人才的健全机制。

人事关系方面改革的主要措施是对现行干部人事制度进行改革,而人事制

① 参见林子英:《简明行政管理学》,华南理工大学出版社 2001 年版,第 308~311 页。

度改革的重点是建立和推行国家公务员制度,实现对国家干部的分类管理和对国家公务员的科学管理。

(三)管理方式方面的改革

管理方式方面的改革主要是要求政府进行角色转换,改变过去传统、陈旧的管理方式,建立一整套规范、有效的政府行为模式。

1. 健全行政法制。健全行政法制,就是要摒弃以长官意志管理的方式,确立以法律管理为主的管理方式,这是行政管理方式的根本性变革。这方面改革的意义已超越了行政管理方式本身,它制约和影响着体制方面的改革和人事方面的改革。健全行政法制的核心是依法行政,就是贯彻"有法可依,有法必依,执法必严,违法必究"的方针。

2. 革新传统的领导方式。革新传统的领导方式,就是要摒弃家长制、一言堂,缩小权威式领导和命令式领导的范围,拓宽参与型和协商式领导的范围,探索行政首长负责制条件下的民主管理方式。

3. 办事方式的改革。办事方式的改革主要是简化办事手续,改革烦琐的办事制度,提高办事效率。办事方式是行政管理中最具体、最普遍的管理方式,它直接反映着政府的形象和行政管理的效率。改革办事方式的关键是建立简明、规范、科学的行政程序,形成新的行政运行机制。

四、行政改革的意义

行政改革是当代世界各国普遍关注的问题,也是行政学研究的重大课题。研究行政改革,探讨行政发展的基本趋势,是建立适应社会发展需要的新型行政体制、促进行政管理科学化和现代化的必然要求。

(一)行政改革是时代发展的必然要求

和平与发展是当今世界的两大主题,世界要和平,国家要稳定,人类要进步,这已经成为当代世界的主旋律。随着世界格局多元化的发展,促进世界向和平方向发展已成为许多国家政府的一项重要职能。同时,随着经济全球化、一体化的发展,各国政府的综合协调和宏观调控功能势必大大增强。为此,政府必须对传统的行政职能和行政管理方式进行适时的调整和变革,以适应国际形势发展的需要。

(二)行政改革是促进经济发展和民主建设的需要

在当代国际政治环境相对稳定而经济竞争日益激烈的条件下,无论是发达国家,还是发展中国家,都面临着发展经济、加强民主政治建设的中心任务。谁能在保持政治局面稳定的基础上实现经济又好又快的发展,谁就能赢得21世纪。因此,各国政府纷纷进行行政改革,通过管理观念、管理制度、管理机制和管理方式的调整,促进经济的发展。同时,通过行政改革,建立适应市场经济发展的行政法规制度、监督制度、廉政制度、民主制度等,增强政府行政管理活动的公开性和民主性,拓展人民群众参政议政的渠道,促进政府与社会公众之间的相互沟通和理解,从而较好地调节上层建筑和经济基础、生产关系和生产力之间的矛盾,保持社会、国家的安定团结。

(三)行政改革是提高行政效率的必要手段

提高行政效率是行政管理研究的出发点和落脚点,也是各国政府行政管理活动的基本目标。为了实现行政效率的提高,需要行政职权的合理划分,行政职能的科学配置,组织机构及其人员的精干高效,人事制度、领导制度的不断完善,行政法规、行政制度的建立健全,以及行政管理方式方法的科学化与现代化等,而这一切都需要通过行政改革才能得以实现。不进行行政改革,旧的行政弊端无法克服和消除,新的行政体制不可能形成和运作。因此,行政改革是提高行政效率的基本途径和重要手段。

第二节 西方国家行政改革的理论与实践

一、西方国家行政改革的理论指导

(一)重塑政府理论

重塑政府理论,又称为企业家政府理论,其代表性人物是美国学者戴维·奥斯本(David Osborne)和特德·盖布勒(Ted Gaebler)。1992年由奥斯本与盖布勒合著的《改革政府——企业精神如何改革着公营部门》一书的出版,标志着重塑政府理论的产生与形成。该书给我们提供了一幅改革政府的新蓝图。其核心思想是:主张解决政府各种问题的唯一正确的价值选择,在于重新定位政府的职能,按照企业家精神重塑一个"企业化政府",即将"顾客至上""重视成本""注重效率""激励竞争"的企业精神与理念注入政府组织,以"活化公共管理",重塑一个精干、强能、高效的新政府。重塑政府理论为人们重新定义政府提供了一种新思维、新范例,而书中提出的十大原则就是构成这幅改革蓝图的基本框架,也成为重塑政府理论的主要内容。

1. 起催化作用的政府。政府的职能应该是掌舵而不是划桨。这一原则强调把制定政策(掌舵)与提供服务(划桨)两种职能相分离,政府作为掌舵者不应是无所不在的操桨型政府,而是能够制定合乎公平正义政策的导航型政府;政府的主要功能不是直接提供服务,而是确保服务的提供与持续。因此,要发挥好政府的掌舵作用,就必须将政府原有的执行性和服务性工作尽量地分离出去,交给其他部门或社会组织承担。

2. 社区和公民参与的政府。重塑政府理论认为,利用社区资源实现公共利益目标是政府与公民合作的重要内容。在政府难以解决的无数繁杂公共问题上,“社区”却具有独到的优势。例如,公共政策议题的处理常常是在中央或各级地方政府,而社区主义却强调自下而上的参与,使公共政策的制定更符合民众最直接的需求。因此,为了改变官僚主义者控制公共服务权,必须提倡社区主义,不仅要把居民视为服务对象,而且要培养他们参政议政和管理社区事务的能力,造就热爱社区并具有高度自我服务能力的市民,以低成本提供优质的服务。①

3. 竞争性政府。把竞争机制引入社会公共服务的提供中,竞争意味着活力,竞争有利于公共服务品质的提高。政府应抛弃公共服务的垄断心态,鼓励民间参与公共服务的提供。竞争性政府一是需要通过合同外包和竞争招标等方式,促使私营部门为提供公共服务展开竞争;二是必须打破公共部门的垄断,迫使公共部门与私人企业展开竞争;三是必须为政府内部的服务工作创造竞争机制,促使公共部门展开以“赢得顾客”为目标的质量竞争。

4. 有使命感的政府。有使命感的政府首先要清除多年积累的陈规陋习,实现“规则导向”战略向“超越规则”战略的转变,应以人民的福祉为依据,在合法范围内,行政人员应以使命为指引,发挥创意,以弹性、有效、快捷的方法完成任务。

5. 以效果为导向的政府。传统官僚制政府关注的是投入,而不是结果。而企业型政府讲究成本与收益之间的比率,是“结果为本”的政府,强调工作的实际结果,预算和绩效并重。

6. 以顾客为导向的政府。传统官僚制政府开展行政管理活动是以自身的权力为中心的,更多地是着眼于便利管理人员和服务提供者而不是顾客;民主政府则是以创造民众利益、服务民众为目的,用市场的观点来说,就是针对顾客的需求来提供服务。因此,企业型的政府应以顾客为导向,改变传统的服务提供方法,建立顾客回应系统,善于聆听顾客的呼声,满足顾客的要求。

7. 有事业心的政府。有事业心的政府应强调如何开源节流,努力在公务人员中树立浓厚的成本意识和经济意识,鼓励节约和避免浪费。与此同时,它也强调增加利润的观点,认为机关应发挥企业经营的精神,鼓励进行有效的投资,以获得更多的收益,克服政府财政困境。

8. 有前瞻性的政府。企业型政府认为事先的预防重于事后的治疗,重视战略思考和长期规划,能够尽量针对未来可能发生的问题,事先作出妥善的安排。因此,有前瞻性的政府要做两件根本性的事情:它们使用少量成本预防,而不是花大钱治疗;它们作出决定时尽一切可能考虑到未来。

① 董世明:《行政管理学》,湖南人民出版社 2003 年版,第 273 页。

9. 分权的政府。分权的政府抛弃传统层级制的集权模式,努力调动各方面的积极性和创造性;强调组织结构的扁平化,简化层级,打通上情下达和下情上传的通道;突出参与管理,分散公共机构的权力,授权地方政府或派出机构,发挥因地制宜的功能,对内讲求参与管理,授权部下,通过集体努力,提高行政效率。

10. 以市场为导向的政府。以市场为导向的政府应抛弃对行政性计划的特殊偏好,运用市场的力量进行变革。它鼓励民间扮演政府过去承担的部分角色,使社会机构共同分担营运的风险,参与处理某些公共事务,刺激政府机关提高行政效率。①

奥斯本与盖布勒重塑政府的基本理念可以概括为"用企业家的精神来改造政府",但这并不意味着全部按照企业家的价值标准和原则来处理一切政府事务,而是要在国家主义与自由放任主义两个极端之间规划出具有中间性质的"第三条道路"。重塑政府理论既不赞同始于20世纪30年代罗斯福新政的"大政府",也不完全赞同始于20世纪80年代盛行的里根政府的自由市场逻辑,转而寻求兼容二者的优势又弥补二者的缺点的第三种政府公共管理模式,构成了"重塑政府"的新的行政改革理论。

尽管奥斯本和盖布勒的重塑政府理论受到了广泛的赞誉,但也不乏批评之声。如有的学者认为,企业的自主性与政府的责任性之间、企业的隐秘性与政府的民主开放性之间、企业风险承担与政府公共财物处置责任之间存在巨大的矛盾。②

(二)治理理论

要准确了解"治理"这一概念在当代西方的新变化,首先要将之与"统治"区分开来。治理与统治最本质的区别就是统治的主体一定是政府,而治理的主体并非一定是政府机关,它可以是私人机构,也可以是公共机构和私人机构的联合。从统治的角度来看,政府是中心,甚至也是目的;从治理的角度来看,公民是社会管理的主人,政府是公民解决问题的手段。治理强调国家与公民社会的合作、政府与非政府的合作、公共机构与私人机构的合作、强制与自愿的合作。统治是政府凭借权威,通过发号施令、制定政策和实施政策对社会公共事务实行单一向度的管理。治理则是一个上下互动的管理过程,它主要通过合作、协商、伙伴关系、确立和认同共同的目标等方式实施对公共事务的管理。统治的权力运行方向总是自上而下的,而治理凭借的是合作网络的权威,其权力向度是多元的、发散的。

研究治理理论的著名学者格里·斯托克(Gerry Stoker)在各国学者们研究

---

①② 董世明:《行政管理学》,湖南人民出版社2003年版,第275页。

的基础上对治理这一概念总结出了五种主要的观点:①治理意味着一系列来自政府但又不限于政府的社会公共机构和行为者;②治理意味着在为社会和经济问题寻求解决方案的过程中存在界限和责任方面的模糊性;③治理明确肯定了在涉及集体行为的各个社会公共机构之间存在权力依赖;④治理意味着参与者最终将形成一个自主的网络,这一自主的网络环境在某个特定领域中仍有发号施令的权威,它与政府在特定的领域中进行合作,分担政府的行政管理责任;⑤治理意味着办好事情的能力并不只限于政府的权力,不限于政府的发号施令或运用权威。

在关于治理的各种定义中,全球治理委员会的定义具有很大的代表性和权威性。该委员会于 1995 年发表了一份题为《我们的全球伙伴关系》的研究报告,并在该报告中对治理做出了如下界定:治理是各种公共的或私人的机构管理其共同事务的诸多方式的总和。它是使相互冲突的或不同的利益得以调和并且采取联合行动的持续的过程。它既包括有权迫使人们服从的正式制度和规则,也包括各种人们同意或以为符合其利益的非正式的制度安排。它有四个特征:治理不是一整套规则,也不是一种活动,而是一个过程;治理过程的基础不是控制,而是协调;治理既涉及公共部门,也包括私人部门;治理不是一种正式的制度,而是持续的互动。[①]

但是,在西方的治理理论中也潜藏着一种危险的论调,如全球治理理论过分地强调治理是建立在政府的作用和国家的主权无足轻重、民族国家的疆界模糊不清这一前提之上,强调治理的跨国性和全球性。这种论调的危险在于,客观上有可能为强国或跨国公司干涉别国内政、推行世界霸权政策提供理论上的支持。对此,我们必须有清醒的认识。

(三)新公共服务理论[②]

新公共服务理论是公共行政领域新近兴起的一种新的理论。新公共服务理论是以美国著名公共行政学家罗伯特·B.登哈特为代表的一批公共行政学者基于对新公共管理理论的反思,尤其是对作为新公共管理理论精髓的企业家政府理论(即重塑政府理论)缺陷的批判建立起来的。

登哈特夫妇在其合著的《新公共服务:服务,而不是掌舵》一书的第一章首先对传统公共行政和新公共管理进行了分析,通过分析,肯定了新公共管理相对于传统公共行政的比较优势,但是他们同样指出了新公共管理的局限性,指出了新公共管理只是代表一种政府治理方式,不能涵盖所有的政府理论与实践,还存在其他治理方式的选择,即新公共服务理论。他们指出,过去的 100 年

① 俞可平:《治理与善治》,社会科学文献出版社 2000 年版,第 4~5 页。

② 参见珍妮特·V.登哈特,罗伯特·B.登哈特:《新公共服务:服务,而不是掌舵》,中国人民大学出版社 2004 年版。

来,公共行政领域并没有停留在进行改革的说辞上,相反,其思想和实践都经历了一个丰富而曲折的理论基础演进和实践发展的过程,其中许多重要实质性发展并不能归入“新公共管理”的标题之下,因此我们的选择就不止两种。接着,在提出了存在其他公共治理模式的前提下,他们认为新公共管理应该与他们所提倡的新公共服务理论进行比较,除了新公共管理之外,新公共服务也应成为公共治理的一种新的取向。

与新公共管理和传统公共行政相比,新公共服务理论的观点主要包括:

1. 服务而非掌舵。对公务员来说,越来越重要的是要利用基于价值的共同领导来帮助公民明确表达和满足他们的共同利益需求,而不是试图控制或掌控社会新的发展方向。

在过去,政府在所谓的“掌控社会”的过程中发挥了重要作用,但现代生活的复杂性有时却使这样的作用不仅不合时宜,而且不太可能。为当今社会生活和政治生活确定结构和方向的那些政策和规划,乃是许多不同的集团和组织互动的结果,是许多不同观点和利益的混合物。在很多情形下,把公共政策当作政府决策过程的结果已不再具有任何意义了。政府事实上就是个参与者,并且在大多数情况下是非常重要的参与者。当今用于指导社会的那些公共政策是一系列复杂因素相互作用的结果,这个过程涉及多个集团和多重利益,这些集团和利益最终以令人迷惑和不可预测的方式组合在一起,政府不再处于控制地位。在这种新的现实条件下,政府的首要作用不是通过管制和命令来指挥公众的行动(尽管这样做有时可能是合适的),也不是简单地建立一套惩戒规则和激励措施(“大棒”与“胡萝卜”),将人们引导到“合适的”方向上来。相反,政府的作用从控制转变为议程设定,把合适的参与者集中到谈判桌前进行磋商和谈判,或者作为中间人促成公共问题的解决(通常是通过公共机构、私人机构和非营利机构结成联盟的形式进行)。在公民积极参与的社会中,公共官员不再只是扮演服务直接供给者的角色,他们将越来越多地扮演调解者、中介以及裁判员的角色,而这些新的角色所需要的不是管理控制的老方法,而是要求他们具备新的技能——协商和解决冲突的新技能。

2. 公共利益是目标而非副产品。公共行政官员必须促进建立一种集体的、共享的公共利益观念,这个目标不是要找到由个人选择驱动的快速解决问题的方案,而是要创立共同的利益和共同的责任。

新公共服务提出,建立社会远景目标的过程并不能只委托给民选的政治领袖或被任命的公共行政官员。事实上,在确立社会远景目标或发展方向的过程中,广泛的公众对话和协商是非常重要的。政府的作用将更多地体现在把人们聚集到能无拘无束、真诚地进行对话的环境中,共商社会应该选择的发展方向。以这些协商为基础,才能建立具有广泛基础的社区、国家或民族的远景目标,才能为未来提出指导性的理想。相比之下,通过这种协商过程来形成一系列简单的目标并不重要,重要的是通过该过程,促使行政官员、政治家和公民处于思考社区和国家预期发展前景的过程之中。

除了这种促进作用,政府还肩负着道义责任,即确保解决方案的产生完全符合公正和公平的规范。政府不仅要积极行动,以促成公共问题的解决方案,而且有责任确保这些解决方案在实质和程序上都与公共利益保持一致。换言之,政府的作用将是确保公共利益居于主导地位,确保解决方案本身和提出解决方案的过程符合公正、公平和平等等民主价值准则。

简言之,政府应当积极地为公民提供舞台。在这个舞台上,公民能够通过对话,清楚地表达共同的价值观念,并形成共同的公共利益观念。公共行政官员不应该仅仅通过促成妥协而简单地回应不同的利益需求,而应该鼓励公民采取一致的行动。这样,他们就可以理解各自的利益,具备更长远、更广博的社区和社会利益观念。

3. 思考要具有战略性,行动要具有民主性。满足公共需要的政策和计划项目可以通过集体努力和合作的过程得到最有效并且最负责任的实施。新公共服务理论认为,为了实现集体的远景目标,下一步就是要确定角色和职责,并拟定具体的行动步骤,迈向预期的理想目标。同样,这种思想并不只是确立远景目标,然后交给政府工作人员去实施;相反,它意味着将各方力量集中到实施计划的过程中,而这些计划将通向理想的目的地。通过参与和推动公民教育计划、培养更多的公民领袖,政府就可以激发公民自豪感和社会责任感的回归。新公共服务理论家希望这样的自豪感和责任感能够演变成在多个层次上都得到体现的强烈愿望,因为所有各方都共同致力于创造参与、合作、达成一致的机会。

4. 服务于公民,而不是服务于顾客。公共利益是就共同价值对话的结果,而不是个人自身利益的聚集,因此,公务员不仅要回应"顾客"的需求,更要关注建设政府与公民之间、公民与公民之间的信任与合作关系。新公共服务理论认为,政府与公民之间的关系不同于工商企业与其顾客之间的关系,在公共部门中,即使是确定谁是顾客都很困难,因为政府的服务对象远不止直接的顾客。政府也服务于这样一些人:等待服务的人,没有积极地寻求服务但可能需要服务的人,服务受益者的后辈,直接受益者的亲友,甚至还有一些不想成为顾客的顾客,如那些因超速行驶收到罚单的人。

另外,在表达自己的利益需求时,政府的一些顾客比另一些顾客拥有更多的资源和更强的技能。就像在私人部门中一样,这是否说明他们应该得到更好的对待?显然不是。在政府中,公平和平等的原则在服务供给中起着重要作用。

尽管持续改进公共部门服务供给的质量具有明显的重要性,但新公共服务理论仍旧认为，政府不应当首先或专门地回应“顾客”自私的短期利益；相反，担当公民角色的人们必须表明他们关心更广泛的社会，表明他们致力于那些超越短期利益的事务，表明他们为发生在其邻里和社区的事情承担个人责任的意愿。此外，政府必须回应从广泛意义上界定的公民，而不只是法律意义上的公民。那些并非法律意义上的公民和个体，不仅常常获得政府项目的服务，而且也可以受到鼓励去参与并融入所在社区。无论如何，新公共服务试图鼓励更多的人履行他们作为公民应该承担的责任，并促使政府对公民的呼声作出快速敏捷的反应。

5. 责任并不简单。公务员不应当仅仅关注市场，他们也应该关注宪法和法令，关注社区价值观、政治行为准则、职业标准和公民利益。责任问题极其复杂，但传统公共行政和新公共管理都倾向于高度简化这个问题。例如，按照传统公共行政的经典解释，公共行政官员只是直接地对政治官员负责。人们希望让政治家制定政策，让官僚们执行政策。而新公共管理理论认为，应赋予行政官员较大的空间，让他们按企业家的方式行事。

在新公共服务理论家看来，这些模式没有反映出当今公共服务的需求和现实状况。相反，行政官员受到并且应当受到一系列复杂的制度和标准的影响，并且应该对它们负责。具体来说，这些制度和标准包括公共利益、宪法和法律、职业标准、社会价值观念和标准、民主准则等。而影响公务员并要求他们对其负责的那些制度和标准又以复杂的方式互动着。例如，公民的需求和期望影响着公务员，但公务员的行动也影响着公民的预期；法律规定了公共行政官员的行为参数，但公务员适用法律的方式不仅影响法律的实际贯彻执行，而且也影响立法者并使其修改法律。换言之，公共行政官员与复杂的治理体系的各种竞争性规范、价值观与偏好之间相互影响，这三个变量不仅与公共行政官员相互影响，也体现了责任的基本要点。

新公共服务理论意识到这些责任的现实性和复杂性。它承认，在规范相互冲突和重叠的情况下，公共行政官员陷入了复杂的价值冲突之中，但它接受了这种现实性，并论及公共行政官员在这种情形下怎样才能够和应当怎样服务于公民和公共利益。新公共服务理论认为，当公务员仍旧负责确保公共问题的解决方案符合法律、民主规则和其他约束条件时，就不应该简单地在事后来判断产生于社区的意见和建议的恰当性；相反，公共行政官员的作用在于让公民了解这些冲突和行为参数，以便使这些实际情况成为讨论过程的一部分。这样做不仅获得了现实的解决方案，同时也确立了公民权和责任。

6. 重视人而不只是生产率。在管理和组织方法方面，新公共服务理论强调“依靠人来管理”的重要性，生产率改进、流程再造和绩效测量等都被视为设计管理制度的重要工具。新公共服务理论认为，如果不能同时充分地关注组织个体成员的价值观和利益的话,那种控制人们行为的企图是无法达到效果的。况且,即使这些管理和组织方法能够取得成效,它们也不会培养出负责任的、活跃的和热心公益的雇员或公民。

如果期望公务员尊重公民,那么,那些管理公共机构的人也应该尊重公务员。新公共服务理论意识到,公共行政官员的工作具有极大的挑战性和复杂性,他们不能仅仅被视为渴求官僚工作的稳定性的雇员(传统公共行政的看法),也不能仅仅被看作市场的参与者(新公共管理的观点);相反,公务员的动机并不仅仅是工资和稳定性,他们希望能够改善其他人的生活。

为了给雇员和公民提供机会以巩固其公共服务动机和价值观,参与、合作和授权成为组织内外的共同规范。

7. 重视公民权胜过重视企业家精神。致力于为社会做出有益贡献的公务员和公民要比具有企业家精神的管理者能够更好地促进公共利益,因为后一种管理者的行为似乎表明公共资金就是他们自己的财产。

新公共管理鼓励公共行政官员像工商业企业家一样去思考和行事,这导致了相当狭隘地看待所追求的目标——使生产率最大化、满足顾客需求、接受风险和充分利用风险带来的机会。新公共服务理论明确提出,公共行政官员并不是其机构和项目的业务所有者,政府为公民所有。因此,在新公共服务理论看来,公共行政官员应该在思想上意识到,公共项目和公共资源并不属于他们自己。相反,作为公共资源的管家、公共组织的管理人、公民权和民主对话的促进者、社区参与的催化剂、街道层次的领导者,公共行政官员已经接受了服务于公民的职责。这种视角与只注重利润和效率的企业所有者的视角完全不同。新公共服务进而认为,公共行政官员不仅必须共享权力、通过民众展开工作、作为中间人促成解决问题的方案,而且必须把他们在治理过程中的作用重新概括为负责任的参与者而非企业家。

公共行政官员角色上的这种改变对公务员面对的种种挑战和责任具有深刻的意义。第一,公共行政官员所必须了解和管理的不仅仅是项目的要求和资源。要服务于公民,公共行政官员不仅必须了解和经营本机构的资源,也必须意识到其他的支持和帮助来源并与其建立联系,使公民和社区参与到该过程中来。第二,当公共行政官员采取冒险行为时,他们并不是拥有自己实业的企业家,因为企业家能够作出这样的冒险决定,并且知道承担这种冒险的后果。公共部门的风险有所不同,新公共服务理论认为,风险和机遇共存于民主社会的公民权和共享责任这一更广泛的框架之中,所以,公共行政官员并不能独自决定怎样做才是对社会最好的。如果对话和公民参与一直进行下去,就可以及时发现机遇和潜在的风险。需要考虑的重要因素是,公共行政官员在回应机遇时,采取直接的冒险行为所产生的收益是否超过了信任、合作和分担责任所需要的成本。

二、西方国家行政改革的具体实践

第二次世界大战以后，随着社会的发展和国家干预的加强，各国政府的行政职能和管理范围不断扩大，行政机构和人员编制日益增加。政府机构的剧增导致了机构臃肿、人浮于事、公共开支不堪重负、行政效率低下等弊端。为了摆脱政府的困境，促进经济的高速发展，自20世纪70年代末以来，西方各国政府都积极地推进行政改革。①

（一）缩小行政管理范围，强化政府宏观调控和综合协调功能

为减轻政府负担，缩小政府行政管理范围，当代西方各国行政改革的一个基本趋势就是分散、转移政府的专业管理职能，普遍采取如下改革措施：

1. 国有企业私营化，将部分国有企业或资产卖给私人经营。英国自1979年撒切尔夫人上台后便积极推行私营化运动，至1994年止，已有46%的国有企业私营化，包括电信、煤气、电力、供水、钢铁、铁路等部门。国有企业产值占国民生产总值的比重由1980年以前的8%降为3%。② 法国在第二次世界大战后，为恢复战争造成的严重破坏，曾由国家出面直接兴办和管理较多的企业，计划性指令较多。但随着经济的恢复和发展，法国已将一些国有企业逐步改为国家控股、参股或转为私营企业，特别是1986年以后，法国政府通过法律规定推行大规模的民营化计划。美国、日本、德国也在一定程度上实行了国有企业的民营化。

2. 公共事务管理民营化，将公共事务或部分政府职能委托给民间团体或私人管理。日本政府将清洁卫生、维修公用设施、修建学校等公共事务委托给地方自治体、民间团体或个人管理，除社会福利设施外，其他公共事务的委托管理面高达80%左右。美国、英国政府也将公共服务事业承包给私营企业，据统计，美国大约有35%的地方政府让私营公司负责收集城市垃圾，42%的地方政府使用私人企业经营公共汽车系统。

3. 政府业务合同化，把政府主管的部分业务工作推向市场，由政府与企业签订合同，以保证其业务目标的实现。法国政府20世纪60年代末首先在政府和企业间实行合同制。政府与企业通过谈判签订合同，明确规定双方的义务，企业按合同规定履行义务，政府则据此对其进行监督并支付酬金。这种形式自20世纪70年代以来在西方各国普遍推行，业务内容由过去的后勤事务扩大到环境保护、公用设施维护、消防和救护服务、选民登记、犯人的监护管理、公共项目的论证与规划、公共组织的绩效评估等。在政府业务合同化改革中，英国的

① 参见夏书章：《行政管理学》（第3版），中山大学出版社2003年版，第368~371页。
② 中央机构编制委员会办公室：《各国政府行政管理与改革》，1995年10月。

"下一步行动"方案和新西兰的公司化改革尤为激进。两者的共同点是把部内的中下层组织转变为具有独立性质的单位,实行经理负责制,经理被赋予机构、编制、人事管理和财务等方面的自主权。这一改革实现了上下级关系由直接隶属到合同关系的转变,实现了上级对下级的控制由着眼于工作过程到着眼于工作结果的转变,体现了决策与执行分离的趋势。

上述改革措施对缩小政府管理范围,减少政府雇员人数并缓解由此产生的管理困难和政府财政赤字无疑开辟了一条新的途径。各国政府普遍重视计划手段与经济手段、法律手段的综合运用,一方面,通过制订指导性的经济计划,对国民经济的发展前景作出预测,对经济的长处和短处作出分析,向经济和社会组织提供政府的经济政策和市场发展前景的综合信息,制定保持市场正常运行的规则。另一方面,通过预算调控、货币金融调控、物价调控等经济手段以及法律手段对市场进行调控,以保证市场的正常运行和竞争的公正性与合法性。此外,各国政府普遍加强了宏观调控和综合协调部门,建立和完善综合协调的机制。如美国的总统府,英国的内阁委员会、财政部,法国的总统府、经济计划厅,德国的联邦总理府、计划司、联邦经济部,日本的总理府、总务厅等,都是承担宏观调控和综合协调的重要部门。

(二)调整中央与地方关系,扩大地方政府的权力

中央与地方关系的调整是当代行政改革的重要内容之一。20世纪70年代以来,这方面的改革呈分权和集权两种趋势,但以地方分权为主流。美国罗斯福总统当政的时候,为了摆脱当时经济危机的阴影,提出了"合作联邦主义"的口号,大大地加强了联邦政府的权力,至20世纪60年代中央集权发展到顶峰,弊端也日益显现。因此,自从20世纪70年代以来,美国政府对中央与地方的关系进行了调整。特别是自里根上台以后,里根政府提出了"还政于州"的口号,给州政府更多的自主权。克林顿政府也积极推行放权的原则:政府的社会职能逐步转移给州和地方政府。日本制定了关于改革国家与地方关系的方针和推进地方分权的基本法,实施地方分权的特例制度,使地方政府在地方建设等方面具有更大的自主权和主动性。希腊1982年至1988年的改革也是以大规模转移中央政府职能,给省以更大的自主权为特征的。而其权力下放的重点是重大投资权,这在很大程度上强化了地方政府的职能,强化了地方政府管理本地区社会经济发展的手段。法国更是把权力下放和权力分散作为行政改革的突破口,1992年颁布了关于地方议员行使职权的条件以及地方行政运作方式的法律文件,从而形成了关于权力下放和权力分散的基本格局。

需要特别指出的是,在当代西方各国的分权与放权的改革中,各国政府都坚持财权集中、事权分散的原则,既保证国家整体利益得以维护,又充分调动地方政府的积极性,同时也不同程度上强化了中央政府对地方政府的严格有效的

监督,加强中央的宏观调控。

(三)精简机构,改革传统科层组织制度

传统的科层组织制度是以政府垄断为基础,以严密的分工、明确的权责制度、健全的层级节制体系和规章制度为特征的。随着社会的发展和国家干预的加强,科层组织制度产生了机构庞大、效率低下和行为形式化等弊端。因此,改革传统的科层组织制度,建立精干、合理、高效的政府机构成了当今各国政府改革的重要目标。澳大利亚政府1983年末颁布了《澳大利亚公共机构改革》方案,确立了机构改革的总体目标,1987年,在合理划分职能的基础上对政府部门进行了调整合并,把28个部精简为18个部。日本政府于1984年对《国家行政组织法》进行了修改,此后,撤销了54个设在地方的中央分局,并对12个省厅的内部机构进行了大幅度的调整合并。美国克林顿政府时期更是积极推行压缩政府规模、裁减联邦雇员及放松管制的改革,将政府部门的一些机构成建制地转移出政府,如人事总署就将拥有700多人的调查队变为私人企业。其他各国政府也在不同程度上进行机构的合并与调整,在组织结构上压缩层级,减少中间管理层次,简化内部规章制度,实行参与式管理、参与式决策,对解决非经常性问题则多用临时机构,如特别委员会、项目小组等。

(四)注重公务员制度的改革和完善,加强公务员定员管理

英国1968年的《富尔顿报告》反映了西方各国公务员制度改革的基本趋势。该报告详细分析了传统文官制度的弊端,指出公务员缺少专业知识、政府缺少有效的通才管理者、晋升制度不合理等,并建议打破原有的职位分类方法,建立统一的文官队伍的等级,强调文官队伍知识结构和业务能力的专业化以及增加文官队伍的流动性等。《富尔顿报告》的许多主张都被英国政府采纳,如成立文官部统一管理文官,取消过多的文官职责,成立文官学院以加强对文官业务能力的培训,改革文官选拔方法,更多地录用企事业单位和地方政府中有经验、有专长的人员等。《富尔顿报告》对其他各国公务员制度的改革产生了深远的影响。

在西方各国的公务员制度改革中,还普遍采取了紧缩编制、精简冗员的做法。其中,日本政府在加强公务员的定员管理、削减公务员人数方面的做法很值得借鉴。1968年至今,日本政府已进行了多次削减定员,每次2~5年,每年大约按1%的目标实施。日本政府在人事管理方面的"渐减"计划及其采取的"多退少补"原则,使日本的公务员队伍逐步得到精简,实现了世界各国中少见的行政编制的"负增长"。

(五)简化行政工作程序,改进行政管理的方式方法

西方各国政府在简化行政程序方面普遍采取以下做法:①缩小审批事项的管理范围;②下放审批权限;③废除失效、过时的条例;④合并重复的审批程序

和审批制度;⑤简化申报程序和审批手续等。

例如,澳大利亚政府于 1985 年采取措施废除了所有过时无用的条例,规定了新条例的时效,并明确了不同行政层级的条例审批权限;1987 年 1 月又作出新规定,要求所有有关企业管理的条例在提交部长会议之前,必须经政府企业管理条例检查小组对其可行性和实效性进行全面审议,使之简单易行。丹麦政府于 1983 年推出了公共行政现代化计划,其中重要内容之一也是简化行政条例和行政程序,取消失效和过时的条例,改革条例的审批方法。

当代西方各国政府管理方式方法改革的另一个基本趋势就是,注意将私人企业的成功管理办法引入政府管理中来。在这方面,英国、美国的做法尤为突出。英国每一届政府研讨行政改革的班子都聘请私人企业的管理专家参加,并在改革过程中引入现代企业管理的经验,1979 年的"效率评审计划"则几乎是现代化大企业所普遍采用的效率评审技术在政府中的翻版。美国政府受企业界"重塑管理"运动的影响,也进行了"重塑政府"的改革。

第三节　我国行政改革的主要内容与经验

本节所讲的主要是改革开放以后我国的行政改革。

一、我国行政改革的基本原则

行政改革是一项复杂的系统工程,为了保证行政改革的顺利进行,我国在推进改革的过程中应始终遵循如下几项原则。

(一)坚持适应性原则

任何行政改革都应和本国当时的实际情况相适应,要综合考虑国家现实的生产力发展水平、产业结构现状、市场经济发展程度以及社会接受能力等因素。只有从本国国情出发,才能保证行政改革取得成功。我国是发展中国家,处于社会主义初级阶段,具有区别于西方国家的政治、经济与文化环境,这决定了我国的行政改革必须立足于自身实际,而不能简单套用西方国家的改革模式。另外,我国幅员辽阔,各地经济社会发展不平衡,这又决定了在进行行政改革时必须照顾到各地的特殊情况。

(二)坚持整体性原则

行政体制本身是一个由许多要素组成的系统。行政改革要追求整体效益和综合效能,必须着眼于全局和整体,不能只追求局部的某一个单一目标。改革开放以前,我国所进行的行政改革只局限于精简机构,很少触及行政体制的其他要素,因而行政改革的成效并不明显。机构改革固然是行政改革中重要的一环,但如果只从机构本身去改革机构,不考虑系统中导致机构臃肿的其他行政要素，如不相应地进行政府职能转变、人事制度改革、领导体制改革，不相应地健全行政法制，行政机构改革的成效也难以得到体现和保障。因此，只有坚持整体性的原则，实行系统的配套改革，才能使行政体制改革取得实效。

（三）坚持科学性原则

科学性原则就是要运用现代管理科学来指导行政改革，实现政府行政管理的科学化。坚持科学性原则主要体现在要充分运用现代化管理科学原理和世界各国政府管理的先进经验，通过改革使政府职能结构科学化；要建立和健全科学的、民主的决策系统；要进一步完善公务员制度；要建立科学的行政工作制度，简化行政程序；要广泛采用现代化的科学技术设备，大力推进电子政务和数字治理。

二、我国行政改革的主要内容

新中国成立后，我国曾进行过多次行政改革，但都是在不触动高度集中的行政管理体制这一前提下进行的。1978 年 12 月中国共产党十一届三中全会的召开标志着我国进入了改革开放的新时代，2013 年党的十八届三中全会召开以后，我国又进入了一个全面深化改革的历史时期，对行政改革提出了进一步的要求。40 多年来，我国的行政改革经历了由单项改革到综合改革、由局部探索到全面推进、由改革旧体制到建立新体制的发展过程。在此过程中，我国行政体制改革的主要内容包括：

第一，调整政府职能，优化政府职能结构。这主要是通过政府职能重心、职能关系、职能方式的转变，明确各级政府的职能范围和界限，建立起政府职能的合理结构。

第二，重新划分管理权限，调整政府行政权力结构。针对我国长期以来形成的行政权力过分集中的问题，我国进行了以权力下放为导向的改革，实行中央向地方放权，政府向企业、社会放权，并进行政府部门与部门之间的权力调整。

第三，改革政府机构，建立精简、统一、高效的行政组织。通过机构改革和人员精简，着重解决政府职能交叉、机构重叠、层次繁多、推诿扯皮、人浮于事等问题，以适应市场经济体制发展的需要。

第四，简化行政工作程序。为了改变我国原有行政体制中责权不清，程序繁杂，行政效率低下的弊端，我国进行了一系列简化行政程序的改革，梳理和再造政务服务流程，努力形成科学、高效的行政运作机制。

第五，改革政府人事管理制度，推行国家公务员制度。我国人事制度改革的重点是建立和推行国家公务员制度。《国家公务员暂行条例》于 1993 年 8 月 14 日正式颁布，并从 1993 年 10 月 1 日起在全国正式实施。2005 年 4 月，全国十届人大常委会第15次会议审议并通过了《中华人民共和国公务员法》，并自2006年1月1日起施行，同时废止《国家公务员暂行条例》。2018年12月，第十三届全国人民代表大会常务委员会第七次会议修订，修订后的《中华人民共和国公务员法》自2019年6月1日起施行。

第六，健全行政法规和加强行政监督。依法行政是行政管理现代化的重要标志，也是我国行政改革的重要目标之一。改革开放以来，我国通过建立健全行政立法制度和强化行政监督的力度，使行政管理逐步走上依法行政的法制化道路。

第七，采用新的技术设备，不断更新办公手段，大力推进电子政务。为了进一步提高行政管理水平，我国政府积极应用先进的信息技术，逐步采用现代化的办公设备，办公自动化水平和管理数字化智能化水平有了显著提高。

此外，我国还进行了行政领导体制、行政决策体制、财政税务和金融管理体制、科技体制和教育体制等方面的改革。

三、我国行政改革的主要经验

我国在推进行政改革中的主要经验如下所述。①

（一）立足中国国情，坚持因地制宜、区别对待

一个国家的行政体制是由本国的政治、经济、文化、历史等因素决定的，只有从国情出发，才能保证行政改革取得成功。我国人口众多、幅员辽阔，人口14亿、占世界人口约20；我国是发展中国家，虽然GDP总量已于2010年位居世界第二，但人均GDP还比较低，仍处于社会主义初级阶段；我国实行的是以公有制为主体的社会主义市场经济制度，政府承担着对公有制财产的保值增值等重要责任。这决定了我国政府的职能比西方国家要广泛、复杂得多，决定了我国的行政改革必须从国情出发，否则，再好的改革设想也是空中楼阁，没有实用价值。此外，还要看到，我国的经济发展有很大的不平衡性和不充分性，其发展水平由沿海到内陆到西部呈梯次状态，且每个地区、每个县市之间特别是城乡之间的发展水平也有很大的差异。这种客观上的差异性要求在把握行政改革总目标和实行改革时，必须注意照顾各地的特殊情况，使具体政策有一定的灵活性。因此，我国在推进行政改革的过程中，应注重从各地实际出发，不搞"一刀切"，允许各地在遵循改革的总原则和总方针的前提下，在改革的具体步骤和方法方面因地制宜。中央政府则根据各地情况的不同实行分类指导，使改革更符合各地实际。

① 参见夏书章：《行政管理学》（第3版），中山大学出版社2003年版，第380~382页。

（二）坚持以发展经济为中心，与经济体制改革相配套

政府行政体制作为社会的上层建筑，既反作用于经济体制，又受到社会经济发展水平和经济体制的制约，它一定要服从和服务于社会经济的发展和经济体制改革的需要。我国的行政改革始终坚持以经济建设为中心，围绕经济建设事业进行，无论是机构的精简，还是人员的调整，都服从发展经济的需要，同时，把转变政府职能、促进政企分开、使企业拥有真正的自主权摆在突出位置，并随着经济体制改革的进程而不断深化。实践证明，这是我国行政改革取得成功的一项重要原则。

（三）正确处理改革、发展和稳定的辩证关系

我国正处于改革的攻坚期和发展的关键期，没有社会的安全与稳定，不可能发展经济和深化改革。而经济的持续和快速发展是社会稳定的基础，改革又是经济发展的基本动力。因此，发展是目的，改革是动力，安全与稳定则是推进改革和发展的基本前提。40 多年来，我国政府在推进行政改革过程中，十分注意从整体上把握这三者之间的辩证关系，把改革的力度、发展的速度和社会可承受的程度统一起来，把不断改善人民生活作为处理改革、发展、稳定关系的重要结合点，使之相互协调、相互促进。特别是在机构精简、人员分流等涉及人民切身利益的敏感问题上，始终注意采取积极稳妥的方针，既坚定不移地推进改革，又妥善安置富余人员，在保持政府工作连续性和社会稳定的前提下，使改革达到预期的目的。

（四）坚持对外开放，广泛吸收和借鉴国外发达国家的行政改革经验及我国传统的行政精华

对外开放是我国的一项既定国策，是促进改革、加快改革的成功之路。世界各国在长期的行政管理实践中积累了许多经验，这是人类的共同财富，尤其是西方发达国家政府在发展市场经济中创立的某些经验，很值得我们学习和借鉴。同时，我国是一个具有悠久历史的文明古国，几千年的行政历史为当今中国的行政改革提供了丰富的养料。我们在行政改革中既坚持对外开放，注意吸收和借鉴当今世界各国行政改革的成功经验和做法，学习发达国家科学管理的方式方法，也要注意弘扬中国传统文化的精华，古为今用，促进有中国特色的行政体制的建立和完善。

（五）坚持分步实施、逐步到位的渐进改革方式

改革是对各种利益和权力的重大调整，必然会引起权益格局和社会关系的重大变化，也必然会遇到许多矛盾和问题，这就决定了我国的行政改革具有相当的复杂性、艰巨性和长期性，不可能一蹴而就、一步到位，而必须采取渐进的方式。因此，我国在推进行政改革的过程中，注重发挥试点的作用，采取从点到面、从局部到整体、从表层到深层分步实施的做法，自上而下地逐步推行，使改

革取得了明显的效果。

本章思考题

1. 行政改革的意义与必要性何在？
2. 请分析治理与统治的区别。
3. 简述新公共服务理论的主要观点。
4. 西方国家自 20 世纪 70 年代以来对中央与地方的关系进行了怎样的调整？
5. 我国行政改革的经验主要有哪些？

参 考 文 献

[1] AGE JOHNSEN, Balanced score card: the oretical perspectives and public management implications[J]. Managerial auditing journal, 2001, 16(6):319~330.

[2] KENNETH WOODSIDE, Policy instruments and the study of public policy [J]. canadian journal of political science, 1986, 19(4):775-793.

[3] YEE-CHING LILIAN CHAN, Performance measurement and adoption of balanced score card: a survey of municipal governments in the USA and Canada[J]. The international journal of public sector management, 2004, 17(3):204~221.

[4] JAMES P. LESTER, JOSEPH STEWART, JR. 公共政策导论[M]. 2 版. 影印版. 北京:中国人民大学出版社,2004.

[5] ROBERT H. FRANK, BEN S. BERNANKE, 微观经济学[M]. 2 版. 影印版. 北京:清华大学出版社,2003.

[6] 曼昆. 经济学原理[M]. 3 版. 影印版,北京:清华大学出版社,2006.

[7] 戴伊. 理解公共政策[M]. 11 版. 影印版,北京:北京大学出版社,2006.

[8] 邓小平文选(第 2 卷)[M]. 北京:人民出版社,1994.

[9] 列宁全集(第 6 卷)[M]. 北京:人民出版社,1956.

[10] 马克思恩格斯全集(第 23 卷)[M]. 北京:人民出版社,1972.

[11] 马克思恩格斯选集(第 3 卷)[M]. 北京:人民出版社,1972.

[12] 马克思恩格斯选集(第 4 卷)[M]. 北京:人民出版社,1972.

[13] 休斯. 公共管理导论[M]. 北京:中国人民大学出版社,2001.

[14] 哈贝马斯. 公共领域的结构转型[M]. 上海:学林出版社,1999.

[15] 魏伯乐,扬 · 芬格. 私有化的局限[M]. 上海:上海人民出版社,2006.

[16] 法约尔. 工业管理与一般管理[M]. 北京:中国社会科学出版社,1982.

[17] 卢梭. 社会契约论[M]. 北京:商务印书馆,2003.

[18] 孟德斯鸠. 论法的精神[M]. 北京:商务印书馆,1982.

[19] 亚里士多德. 政治学[M]. 北京:商务印书馆,1981.

[20] 彼得斯,冯尼斯潘. 公共政策工具:对公共管理工具的评价[M]. 北京:中国人民大学出版社,2006.

[21] 古德诺. 政治与行政[M]. 北京:华夏出版社,1987.

[22] 穆迪. 决策:获得较佳决策的方法[M]. 北京:人民交通出版社,1988.

[23] 科斯,阿尔钦,诺斯,等. 财产权利与制度变迁:产权学派与新制度学派译文集[M]. 上海:上海三联书店,上海人民出版社,1994.

[24] 纳特,巴可夫. 公共和第三部门组织的战略管理:领导手册[M]. 北京:中国人民大学出版社,2001.

[25] 林布隆. 政策制定过程[M]. 北京:华夏出版社,1988.

[26] 奥斯本,盖布勒. 改革政府:企业家精神如何改革着公共部门[M]. 上海:上海译文出版社,2006.

[27] 伊斯顿. 政治生活的系统分析[M]. 北京:华夏出版社,1999.

[28] 缪勒. 公共选择理论[M]. 北京:中国社会科学出版社,1999.

[29] 诺斯. 经济史中的结构与变迁[M]. 上海:上海三联书店,1991.

[30] 库珀. 二十一世纪的公共行政:挑战与改革[M]. 北京:中国人民大学出版社,2006.

[31] 彼得斯. 政府未来的治理模式[M]. 北京:中国人民大学出版社,2001.

[32] 孔茨,韦里克. 管理学[M]. 10 版,北京:经济科学出版社,1998.

[33] 阿伦特. 人的条件[M]. 上海:上海人民出版社,1999.

[34] 阿尔蒙德,小 G. 宾厄姆·鲍威尔. 比较政治学:体系、过程和政策[M]. 上海:上海译文出版社,1987.

[35] 里普森. 政治学的重大问题:政治学导论[M]. 北京:华夏出版社,2001.

[36] 斯蒂尔曼二世. 公共行政学:概念与案例[M]. 北京:中国人民大学出版社,2004.

[37] 亨利. 公共行政与公共事务[M]. 8 版. 北京:中国人民大学出版社,2002.

[38] 萨托利. 民主新论[M]. 北京:东方出版社,1993.

[39] 弗雷德里克森. 公共行政的精神[M]. 北京:中国人民大学出版社,2003.

[40] 泰勒. 科学管理原理[M]. 北京:中国社会科学出版社,1980.

[41] 库珀. 行政伦理学:实现行政责任的途径[M]. 北京:中国人民大学出版社,2001.

[42] 邓恩. 公共政策分析导论[M]. 2 版. 北京:中国人民大学出版社,2002.

[43] 马斯洛. 动机与人格[M]. 3 版. 北京:中国人民大学出版社,2007.

[44] 奈斯比特. 大趋势:改变我们生活的十个新方向[M]. 北京:中国社会科学出版社,1984.

[45] 安德森. 公共决策[M]. 北京:华夏出版社,1990.

[46] 布坎南. 自由、市场和国家[M]. 北京:北京经济学院出版社,1988.

[47] 费斯勒,凯特尔. 行政过程的政治[M]. 北京:中国人民大学出版社,2002.

[48] 登哈特,登哈特:新公共服务:服务,而不是掌舵[M]. 北京:中国人民大学出版社,2004.

[49] TOM CHRISTENSEN, PER LAEGREID. 后新公共管理改革:作为一种新趋势的整体政府[J]. 中国行政管理,2006,9.

[50] 哈灵顿. 大洋国[M]. 北京:商务印书馆,1981.

[51] 密尔. 代议制政府[M]. 北京:商务印书馆,1997.

[52] 北京大学社会学系. 21 世纪与中国社会学:庆祝北京大学社会学系建系 20 周年学术讲座论文集[M]. 北京:北京大学出版社,2004.

[53] 陈庆云. 公共政策分析[M]. 北京:北京大学出版社,2006.

[54] 陈振明,薛澜. 中国公共管理理论研究的重点领域和主题[M]. 中国社会科学,2007,3.

[55] 陈振明. 公共管理学[M]. 北京:中国人民大学出版社,2005.

[56] 陈振明. 公共政策分析[M]. 北京:中国人民大学出版社,2003.

[57] 丁煌. 我国现阶段政策执行阻滞及其防治对策的制度分析[J]. 政治学研究,2002,1.

[58] 丁煌. 西方行政学理论概要[M]. 北京:中国人民大学出版社,2005.

[59] 丁煌. 行政学原理[M]. 武汉:武汉大学出版社,2007.

[60] 丁煌. 政策执行阻滞机制及其防治对策:一项基于行为和制度的分析[M]. 北京:人民出版社,2002.

[61] 范柏乃. 政府绩效评估理论与实务[M]. 北京:人民出版社,2005.

[62] 傅广宛. 非线性视角中的公共政策执行过程[J]. 中国行政管理,2003,5.

[63] 傅明贤. 行政组织学[M]. 北京:高等教育出版社,1991.

[64] 高培勇,崔军. 公共部门经济学[M]. 北京:中国人民大学出版社,2001.

[65] 高志亮,李忠良. 系统工程方法论[M]. 西安:西北工业大学出版社,2004.

[66] 郭济. 行政哲学导论[M]. 哈尔滨:黑龙江人民出版社,2003.

[67] 郭庆旺,赵志耘. 公共经济学[M]. 北京:高等教育出版社,2006.

[68] 胡宁生. 现代公共政策学[M]. 北京:中央编译出版社,2007.

[69] 胡税根. 公共部门绩效管理:迎接效能革命的挑战[M]. 杭州:浙江大

学出版社,2005.

[70] 胡象明.公共部门决策的理论与方法[M].北京:高等教育出版社,2003.

[71] 蓝志勇,陈国权.当代西方公共管理前沿理论述评[J].公共管理学报,2007,3.

[72] 李和中.21世纪国家公务员制度[M].武汉:武汉大学出版社,2006.

[73] 李路路,宋臻."有限理性"视角下的组织决策:基于一个援助扶贫项目的个案研究[J].社会,2007,5.

[74] 李慎之.什么是中国现代学术经典[J].开放时代,1998,5.

[75] 林尚立.国内政府间关系[M].杭州:浙江人民出版社,1998.

[76] 刘树成.现代经济辞典[M].南京:凤凰出版社,江苏人民出版社,2004.

[77] 罗豪才.行政法学[M].北京:北京大学出版社,1996.

[78] 马国贤.政府绩效管理[M].上海:复旦大学出版社,2005.

[79] 马骏,郭巍青.公共管理:新的研究方向[J].武汉大学学报(社会科学版),2002,1.

[80] 毛寿龙.公共行政学概论[M].北京:中共中央党校出版社,2005.

[81] 齐明山.行政学导论[M].北京:中国人民大学出版社,2001.

[82] 钱穆.中国历代政治得失[M].北京:生活·读书·新知三联书店,2001.

[83] 沈亚平.公共行政学[M].天津:天津大学出版社,2005.

[84] 汪永成.政府能力的结构分析[J].政治学研究,2004,2.

[85] 王绍光.中国公共政策议程设置的模式[J].中国社会科学,2006,5.

[86] 王晓瑜,郭松海,张宗坪.住房社会保障理论与实务[M].北京:中国经济出版社,2006.

[87] 温德诚.政府精细化管理[M].北京:新华出版社,2007.

[88] 吴建南,马亮,杨宇谦.中国地方政府创新的动因、特征与绩效[J].管理世界,2007,8.

[89] 吴琼恩,周光辉,魏娜,卢伟斯.公共行政学[M].北京:北京大学出版社,2006.

[90] 吴照云.管理学[M].5版.北京:中国社会科学出版社,2006.

[91] 伍启元.公共政策[M].香港:商务印书馆,1989.

[92] 夏书章.行政管理学[M].3版.广州:中山大学出版社, 2003.

[93] 项继权,罗峰,许远旺:构建新型农村公共服务体系:湖北省乡镇事业单位改革调查与研究[J].华中师范大学学报(人文社会科学版),2006,5.

[94] 谢识予:经济博弈论[M].上海:复旦大学出版社,2002.
[95] 徐玖平,胡知能,王绥.运筹学[M].2版,北京:科学出版社,2004.
[96] 徐理明.国家公务员制度[M].北京:高等教育出版社,1999.
[97] 严学丰.生产管理学[M].上海:上海财经大学出版社,1996.
[98] 姚国章.电子政务原理[M].北京:北京大学出版社,2005.
[99] 俞可平.治理与善治[M].北京:社会科学文献出版社,2000.
[100] 岳经纶.和谐社会与政府职能转变:社会政策的视角[J].武汉大学学报(哲学社会科学版),2007,4.
[101] 张成福,党秀云.公共管理学[M].北京:中国人民大学出版社,2001.
[102] 张成福.重建公共行政的公共理论[M].中国人民大学学报,2007,4.
[103] 张国庆.公共行政学[M].3版.北京:北京大学出版社,2007.
[104] 张金鉴.行政学典范[M].台北:三民书局股份有限公司,1979.
[105] 张金鉴.行政学新论[M].台北:三民书局股份有限公司,1984.
[106] 张金马.公共政策分析:概念·过程·方法[M].北京:人民出版社,2004.
[107] 张曙光.制度·主体·行为:传统社会主义经济学反思[M].北京:中国财政经济出版社,1999.
[108] 张文显.法理学[M].3版,北京:法律出版社,2007.
[109] 张永桃.行政管理学[M].北京:高等教育出版社,2003.
[110] 中央机构编制委员会办公室.各国政府行政管理与改革[M].1995.
[111] 周志忍.新时期深化政府职能转变的几点思考[J].中国行政管理,2006,10.
[112] 朱玲.后发地区的发展路径和治理结构选择:云南藏区案例研究[J].经济研究,2001,10.
[113] 朱永新.管理心理学[M].2版.北京:高等教育出版社,2006.
[114] 卓越.公共部门绩效评估的主体建构[J].中国行政管理,2004,5.
[115] 邹海林,徐建培.科学技术史概论[M].北京:科学出版社,2004.